《中国公共文化政策研究实验基地观察报告（2019～2020）》编委会

顾　　问　冯天瑜

主　　任　马秦临

委　　员　马秦临　王　丰　王列生　王明亮　王　冬
向　勇　齐勇锋　祁述裕　孙一刚　李　松
李康化　吴江波　宋文玉　张永新　陈　波
陈少峰　陈向红　金元浦　单世联　赵　雯
胡惠林　饶　权　贾旭东　郭　阳　韩永进
傅才武　燕东升　魏　建　魏　冀　魏鹏举
周　宇

课题组工作人员

杜　方　孙丁鑫　赵　嘉　高　玥　于爱国
王浩任　李一帆　陈　庚　彭雷霆　肖　波

中国公共文化政策研究实验基地观察报告

(2019~2020)

ANNUAL REPORT ON THE EXPERIEMENTAL BASE OF
CHINESE PUBLIC CULTURAL POLICY RESEARCH (2019-2020)

武汉大学国家文化和旅游财政政策研究基地

主编/傅才武　陈庚

社会科学文献出版社
SOCIAL SCIENCES ACADEMIC PRESS (CHINA)

摘　要

2012年，武汉大学国家文化和旅游财政政策研究基地启动“国家公共文化政策研究实验基地”（以下简称“实验基地”）项目建设计划，拟在东中西部地区建立100家文化政策观察点，覆盖省、市、县、乡镇四级文化机构，在全国范围内遴选一批具有代表性的文化事业单位和文化企业作为国家公共文化政策研究实验基地，构成我国公共文化事业与文化产业领域的实证观察研究网络。

本报告立足于100家“国家公共文化政策研究实验基地”的观察数据与理论思考，围绕我国“文化政策”这一重大问题，对中国基层文化单位改革与发展的微观进程进行观察和分析，主要反映近年来我国在公共文化发展、文化体制改革等方面的政策问题，在此基础上检视和评价我国公共文化政策效应，为完善国家公共文化政策提供实践支撑和理论支持。

本书分为总报告、专题篇、区域篇、案例篇四个部分。总报告从宏观层面梳理了近三年我国公共文化政策的发展演变及其阶段特征，以“国家公共文化政策研究实验基地”为中心对公共文化机构的绩效进行评价，分析了当前国家公共文化政策执行过程中存在的问题，并由此提出了优化我国公共文化政策的几点建议。专题篇集中了近年来基层文化工作者来源于实践工作的理论思考，就当前图书馆、博物馆、群众文化机构、非物质文化遗产保护机构等存在的问题以及对于公共文化政策的要求进行了理论阐述。区域篇集中了近年来不同地区基层文化机构工作中来源于实践的理论思考与创新对策，介绍我国东、中、西部实验基地具有代表性的文化服务工作创新案例，展现区域特色，提供文化工作思考新路径。案例篇汇集了多家“国家公共文化政策研究实验基地”的典型经验，聚焦于基层文化机构的体制机制创新、管理创新、社会服务创新等问题，试图以案例研究的方式为人们了解我国基层公共文化改革发展的前沿与趋势提供一个观察“窗口”。

序

进入21世纪以来，随着国家文化行业改革发展的不断提速，一系列作用于公共文化领域、文化产业领域、对外文化交流领域的文化政策密集出台，在保障公民文化权利、推动文化改革与发展、建设社会主义文化强国的过程中发挥更加显著的作用。在获得文化政策红利的同时，相关文化决策机构及研究机构也面临着不断检视政策效应、观测政策执行效果、完善健全政策体系的历史性任务。但如何检视政策效应、谁来评价、采取何种手段和方式评价？这一系列问题不同程度体现了文化行业部门和研究机构在文化政策研究和制定过程中的困惑。党的十七届六中全会《中共中央关于深化文化体制改革推动社会主义文化大发展大繁荣若干重大问题的决定》提出，“整合哲学社会科学研究力量，建设一批社会科学研究基地和国家重点实验室，建设一批具有专业优势的思想库，加强哲学社会科学信息化建设”，为文化决策部门和高校研究机构完善相应的专门性研究机构指明了实施路径。

2012年，在文化部财务司和财政部教科文司的直接支持和领导下，武汉大学国家文化和旅游财政政策研究基地启动了“国家公共文化政策研究实验基地”（以下简称“实验基地”）建设，拟在东中西部地区选择100家文化政策观察点，覆盖省、市、县、乡镇四级文化机构。该项目在全国范围内遴选一批具有代表性的文化事业单位和文化企业作为国家公共文化政策研究实验基地，构成我国公共文化事业领域与文化产业领域的实证观察研究网络。实验基地建设采用“政策研究+基层实践+效用评价”的模式，提供一种自下而上的观察国家文化政策绩效的视角。相关部门和高校下大力气进行实验基地的建设，旨在从学术和实证研究的双重角度检视和优化国家文化政策的设计和执行过程，为国家财政文化主管部门提供决策的理论依据，推动文化政策在实验基地先试先行，同时为文化行业部门对接基层需求、提炼重大问题、解决实际问题提供一种研究和观察通道。

在当前中国经济社会发展大转型和国家经济文明、政治文明、文化文明、社会文明和生态文明建设“五位一体”的社会环境下，文化作为一种战略性力量引领经济社会发展的独特价值逐步显现。特别是国家文化强国战略的确立，对文化政策的设计和执行提出了更高的要求，它要求公共政策产生更大的效用。实验基地的设立，对于观察当前我国文化改革发展的微观过程具有重要的意义。

第一，建立了中央财政文化部门与基层文化机构的信息沟通渠道。通过创新政府、高校、基层文化机构的合作机制，形成公共文化政策研究的信息体系，可以疏通理论联系实际的信息传播与反馈渠道，便于政府和研究机构直接从实践一线了解和获取当前文化体制改革、文化政策实施、公共文化服务体系建设的最新动态，及时掌握我国文化建设领域的新变化，为公共文化政策的制定和修订提供理论和实践依据，以理论创新推动文化行业的改革发展。

第二，有望成为国家文化政策先试先行的试验田。实验基地设计的一个重要职能是能够承担文化政策试验的责任。一项文化政策从制定到执行要有一个较长的周期，同时，政策的执行也要经过实践的检验。利用实验基地的先行试验功能，为国家政策的出台提供先期经验，有利于减少文化政策制定过程中的不确定性，也有利于在实践的基础上进行政策效应的评估，建立政策制定、执行与修正的快速反应机制，这样不仅有利于提高政策制定的科学性，也将会极大地提高文化政策执行的效果。

第三，有利于建立一条基层文化机构表达文化政策诉求的“通路”。在中国，文化机构设置复杂、体系庞大，尽管基层文化机构规模大、影响面广，但由于存在因层级而产生的信息传达功能性障碍，广大的基层文化单位在文化领域的话语权仍较为微弱，他们的诉求难以得到完整和对称性的传达。实验基地的设立，以及基于实验基地年度数据的《中国公共文化政策研究实验基地观察报告》的出版，为基层文化机构提供了向相关决策层面传达信息、表达政策需求的平台。

第四，代表了当前人文社会领域研究模式的创新。从研究层面说，设立实验基地并由此连通政府、研究机构和基层文化单位，可使理论研究和行动研究融合，这种模式是新形势下建设国家专业型新型智库的基础，也是2012年教育部关于在全国高校设立“2011协同创新中心”的本意。实验基地的设计布局，涵盖了我国各类文化事业机构与文化企业，可形成供高校和政府有关部门进行长期观察的公共文化政策研究网络；同时以高校科研机构为桥梁，连接了政府主管部门与基层文化单位，有利于形成文化领域理论研究对接实践需求的有效通道，是高校积极参与决策咨询，主动开展前瞻性、对策性研究，充分发挥思想库、智囊团作用的一种路径创新。

截至2017年，武汉大学国家公共文化政策研究实验基地已发展到100家，涵盖图书馆、博物馆、文化馆（群艺馆）、文化站、剧团、非遗中心、文化企业和艺术研究机构等不同类型的文化机构。为发挥这些实验基地在文化政策制定、执行和优化中的作用，武汉大学国家文化财政政策研究基地以这100家实验基地为研究对象，同时观照行业发展态势，结集各类文章汇编成《中国公共文化政策研究实验基地观察报告》，从行业观察、理论探讨、案例研究的层面进行系统的梳理和分析，展现当前国家文化政策主导下公共文化行业及基层文化机构的生存与发展现状、改革创新成就和基层文化工作者对公共文化机构发展的理论思考。《中国公共文化政策研究实验基地观察报告》按年度出版，以期建立政府相关行业部门、高校及其他研究机构观察中国基层文化单位改革与发展过程的一个“微观窗口”。

是为序。

编　者

目　录

Ⅰ　总报告

2019～2020年国家公共文化政策研究实验基地观察报告
…………………………………………… 傅才武　王　冬　魏　冀 / 001

Ⅱ　专题篇

我国群众文化机构服务区域均等化实证研究 ……… 彭雷霆　陈逸芳 / 019
文化领域事权与支出责任划分的国际经验研究及其启示
…………………………………………………… 陈　庚　谢佳彤 / 037
关于提升文化馆（站）服务效能的对策与意见探究 ………… 唐健春 / 051
公民阅读权利保障的法治化进程：构建、更新与实施 ……… 张春春 / 063
中国基层公共图书馆第二次转型发展刍议 …………………… 赵家华 / 076
“互联网＋”时代公共图书馆特色资源建设的探讨 ………… 杨　惠 / 087
我国园艺园林博览事业的热发展与冷观察 …………………… 阮班富 / 097
关于推动非物质文化遗产与文化创意产业融合发展的思考与建议
…………………………………………………… 徐　益　申　华 / 110
中国蹴鞠演进史的考古诠释 ……………………………… 马国庆 / 117

推进秭归县文化和旅游融合发展的路径探究 ……… 郑　燕　周　末 / 134
潜江市文旅融合发展的实践与思考 ……… 杨代林　潘世茂　陈忠梅 / 145

Ⅲ　区域篇

重庆市基层公共文化产品供给研究 ………………… 罗智敏　杨　梅 / 154
关于云南省保山市文化改革创新机制建设的探索与分析
……………………………………………………… 鲁兴勇　杨润艳 / 167
广西桂林市农家书屋现状、问题及对策研究
…………………………………………… 毛向群　唐　涛　陆梁娟 / 177
山东省博物馆美育传播现状及对策研究 ………………………… 席　丽 / 185
十堰市传统技艺的保护与发展路径探析 ………………………… 王　平 / 196
十堰市文化产业发展现状及对策研究 …………………………… 陈秋娟 / 204
“一带一路”倡议背景下鄂州文化产业创新发展模式探究
……………………………………………………… 秦昌林　牛　琴 / 216
陕西省文化和旅游深度融合的实践与创新
——以西安“曲江模式”为例 ………………………………… 穆平潮 / 228
麻城市红色文化资源的利用与价值开发研究 ……… 周银枝　黄咏红 / 243

Ⅳ　案例篇

基层公共文化服务体系建设中的“以需定供”模式研究
——以泸县创建四川省首批现代公共文化服务体系示范县为例
…………………………………………… 肖　鹏　孙尚萱　李　川 / 251
关于我国博物馆策展实践的思考
——以重庆市博物馆系统优秀展览评选活动为例 ………… 牟元义 / 266

浅谈博物馆与社区文化共建新模式
——以武汉博物馆为例 …………………………………… 杨 颖 / 277
鄂州博物馆“吴都古韵”文博小课堂手工教具制作活动初探
…………………………………………………………………… 方 燕 / 286
新时代公共图书馆服务效能提升探索
——以山东省图书馆为例 ………………………… 鹿 贺 王孟媛 / 296
图书馆阅读推广服务探析
——以襄阳市图书馆“齐悦读”读书会为例 ……………… 邓 辉 / 307
文化馆文化志愿服务的实践探索
——以青岛市文化馆为例 ……………………………… 李凤艳 / 316
西安市鄠邑区文化馆文化惠民的实践探索与基本经验
…………………………………………………… 程君宝 陈 蕾 / 328
关于优化基层文化机构人员结构的经验与启示
——以十堰市选拔聘用社会文艺辅导员为例 ……………… 韩 谦 / 338
“戏曲院线”联盟模式初探
——以湖北省黄梅戏剧院与黄冈保利剧院管理公司合作为例
…………………………………………………… 李 智 高焕香 / 348

Contents ………………………………………………………………… / 355

总　报　告

General Report

2019～2020年国家公共文化政策研究实验基地观察报告

傅才武　王冬　魏冀*

摘　要： 公共文化政策研究实验基地的观察表明，2018年以来，在构建现代公共文化服务体系的战略目标导向下，公共文化领域积极适应机构改革趋势，大力推进重点文化工程和项目建设。在国家文化政策的推动下，博物馆、图书馆、文化馆和乡镇综合文化站等公共文化机构的服务效能得到提升，文化服务惠及人数稳步增长。但同时我们也观察到，实验基地文化机构在落实新时期文化体制改革目标任务的过程中仍然存在较大差距；同时，部分公共文化机构存在投入绩效递减、专业人才流失以及绩效评价激励机制不全等问题。建议要顺应国家文化和旅游融合发展大势，探索文旅融合发展的政策路径，

* 傅才武，武汉大学国家文化发展研究院院长、教授；王冬，财政部科教和文化司处长；魏冀，文化和旅游部财务司预算管理处处长。特别说明，本报告为研究成果，与作者任职无关。

以形成新的改革发展机会；建立完善公共文化服务绩效考评体系，形成优化财政投入结构、提升文化单位绩效的动力；着力加强基层公共文化机构的数字化建设，发挥数字信息平台的全覆盖功能，缩小城乡和东西部公共文化服务差异，提高公共文化服务的标准化均等化水平。

关键词： 公共文化政策　公共文化服务　实验基地

2018 ~2019 年是全面贯彻落实党的十九大精神的重要阶段。为贯彻落实十九大“坚定文化自信，推动社会主义文化繁荣兴盛”的战略要求和 2020 年基本建成国家公共文化服务体系的目标，国家文化和旅游部、财政部持续推进现代公共文化服务体系建设。为观察当前公共文化服务体系建设的进展，武汉大学课题组以国家公共文化政策研究实验基地为观察对象，比较分析 2018 ~2019 年国家公共文化建设情况，对近年的公共文化政策实施效果进行评估。

一　2018 ~2019 年的公共文化政策与实践演进

（一）公共文化政策演进

2018 ~2019 年，围绕贯彻落实党的十九大报告中关于国家公共文化服务体系建设的战略要求，国家陆续出台了多种法律法规和政策措施，包括国家文化机构的重组与合并，全国公共文化服务领域规划的调整完善以及乡村振兴战略下乡村文化旅游业的发展，形成了我国公共文化行业发展新的动力。

第一，2018 年国家文化与旅游部门的合并，是文化领域和旅游领域的重大事件。2018 年 3 月，十三届全国人大决定文化部与国家旅游局合并，组建文化和旅游部。4 月 8 日，文化和旅游部正式挂牌，同时将原公共文化司合并重组为公共服务司，承担全国公共文化服务和旅游公共服务的指导、协调和推动工作。与中央层面的机构调整相呼应，地方政府也在 2018 年上半年完成相关机构改革工作，各省逐步成立文化和旅游厅，地市和县成立了文化和旅游局。

领导管理机构的合并重组，对行业格局带来重要影响，不仅有助于实现文化产业、文化事业和旅游业管理的协同，也将促进文化资源和旅游资源的统筹利用，为文化和旅游行业带来新的发展机遇。“文化 + 旅游” 成为国内经济发展的重要推动力量。2018 年 3 月，国务院办公厅印发《关于促进全域旅游发展的指导意见》，就推动全域旅游发展做出部署。2019 年 8 月，国务院办公厅发布《关于进一步激发居民文化和旅游消费潜力的意见》。2019 年 9 月 5 日，文化和旅游部公示全国 71 个“首批国家全域旅游示范区”。此外，在文旅融合的大背景下，我国旅游公共服务的价值被进一步挖掘，形成文化和旅游融合的节点，文化和旅游业进入了新的发展阶段。

第二，鼓励社会力量参与公共文化建设仍然是近年来国家文化政策的一个重要方向。2018 年 11 月，文化和旅游部、财政部联合印发《关于在文化领域推广政府和社会资本合作模式的指导意见》。此项政策为社会资本特别是民营企业进入文化领域拓宽了渠道，有助于形成多元化、可持续的投入机制，弥补文化建设中政府投入的不足。

第三，公共文化服务绩效考核进一步得到重视。在关于公共文化服务机构的绩效考评规章制度建设中，2019 年 1 月 15 日文化和旅游部颁布《国有文艺院团社会效益评价考核试行办法》，目的是推动国有文艺院团把社会效益放在首位，实现社会效益和经济效益相统一，充分发挥国有文艺院团在繁荣发展社会主义文艺中的示范引领作用，通过完善考核制度，有效提升我国社会公共文化服务能力与水平，更好地服务于大众。

第四，公共文化服务数字化建设也获得新的政策动能。2019 年 4 月，文化和旅游部发布《公共数字文化工程融合创新发展实施方案》，挖掘数字文化服务发展潜力，推动公共数字文化工程全面融合发展。2019 年 5 月 16 日，国务院办公厅发布《数字乡村发展战略纲要》，提出要建设互联网，助推乡村文化振兴，建设示范基地，推进乡村优秀文化资源数字化，以“互联网＋中华文明”行动计划为抓手推进文化数字资源进乡村（见表1）。

表1　2018～2019年国家出台的重要公共文化政策

日　期	出台政策	出台部门
2018年3月	《关于促进全域旅游发展的指导意见》	国务院办公厅
2018年11月	《关于促进乡村旅游可持续发展的指导意见》	文化和旅游部
2018年11月	《关于在文化领域推广政府和社会资本合作模式的指导意见》	文化和旅游部 财政部
2019年1月	《国有文艺院团社会效益评价考核试行办法》	文化和旅游部等
2019年4月	《公共数字文化工程融合创新发展实施方案》	文化和旅游部
2019年5月	《数字乡村发展战略纲要》	国务院办公厅等
2019年8月	《关于进一步激发居民文化和旅游消费潜力的意见》	国务院办公厅
2019年9月	关于公示首批国家全域旅游示范区名单的公告	文化和旅游部

（二）公共文化发展的实践进展

2018年，我国公共文化领域建设“稳中有进”，部分领域文化建设取得明显成效。

第一，财政保障推动了公共文化领域的稳步持续增长。2018年度，中央财政通过一般公共预算安排208亿元用于公共文化服务体系建设。一是全国5万余个博物馆、纪念馆、美术馆、公共图书馆、文化馆（站）等公共文化设施持续向社会免费开放；二是引导和支持地方落实国家基本公共文化服务指导标准和地方实施标准，其中，为专门支持精准实施戏曲进乡村、村综合文化服务中心设备购置、县级应急广播体系设备购置等项目，推动增加贫困地区公共文化产品供给，安排资金11.6亿元；三是选派和培养文化工作者，加快推动边远贫困地区、边疆民族地区和革命老区文化人才队伍建设；四是支持民族地区文化事业发展，保障群众基本文化权益。①

① http：//finance.youth.cn/finance_ gdxw/201812/t20181204_ 11803941.htm，2019－8－10.

第二，积极贯彻落实相关文化法律法规，推进公共文化机构改革发展。2018年，为进一步贯彻落实《中华人民共和国公共文化服务保障法》《中华人民共和国公共图书馆法》等，文化部门先后开展了公共文化服务保障法贯彻落实情况督察，切实推动法律和各项改革举措落地生根，推动在有条件的地区开展县级文化馆、图书馆总分馆制建设和公共图书馆、文化馆法人治理结构改革试点。

第三，文化志愿服务得到大力推进。2018年，文化和旅游部与中央文明办发布了关于开展文化志愿服务工作的通知，要求持续开展面向革命老区、边疆地区、民族地区、贫困地区的“春雨工程”“阳光工程”“圆梦工程”等文化志愿服务活动，举办“文化暖心”慰问演出活动，引导带动各地加大对特殊群体文化权益的保障力度。同时加强场馆志愿者的招募培训等服务工作，为志愿服务提供有效保障。

第四，文化领域重点项目和工程建设稳步推进。完成了第三批创建国家公共文化服务体系示范区（项目）验收工作与第四批示范区评选准备工作。同时完成第六次全国县级以上公共图书馆评估定级工作，切实增强人民群众的文化获得感，持续提升公共文化服务效能。此外，文化和旅游部于2018年3月启动“中国民间文化艺术之乡”评审命名工作，旨在进一步推动民间文化艺术繁荣发展，丰富群众文化生活，弘扬中华优秀传统文化。

第五，积极实施文化惠民活动。2018～2019年，文化和旅游部相关机构先后开展了戏曲进乡村工作，为国家级贫困地区12984个乡镇配送了77094场文艺演出。组织全国广场舞展演活动，共举办展演活动6225场，参演团队64564支，参演群众达209.4万人，吸引超过4206万人次观看①。举办第七届中国农民歌会、第九届中国少年儿童合唱节，开展“歌声伴着我成长”第五批全国新创少儿歌曲征集推广活动。务实推进“厕

① 《中华人民共和国文化和旅游部2018年文化和旅游发展统计公报》，《中国文化报》2019年5月30日。

所革命”工作，在厕所建设、技术应用、管理体制创新和文明提升行动方面稳步推进。

二　基于实验基地的国家公共文化政策效果检视与评价

截至2019年7月，在国家文化和旅游部、财政部门的支持下，武汉大学新增广西壮族自治区7家公共文化政策研究实验基地。至此，武汉大学国家公共文化政策研究实验基地已经涵盖我国东部、中部、西部、东北9个省份的图书馆、博物馆、文化馆（群艺馆）、演出团体、文化站、非物质文化遗产中心等各类文化主体，覆盖了省级、地市、县、乡镇各级各类公共文化机构。本文主要以图书馆、博物馆、文化馆、文化站四类公共文化服务机构作为本年度重点观察对象进行政策效果分析。

（一）实验基地2018年度主要改革发展情况[①]

通过整理武汉大学各公共文化政策研究实验基地2018年工作总结，并结合实验基地2018年文化活动统计表数据，实验基地本年度的主要改革发展现状如下。

1. 实验基地图书馆积极学习和贯彻落实《公共图书馆法》

2018年，实验基地图书馆积极学习和贯彻《公共图书馆法》，探索新的发展思路。如湖北省图书馆认真学习《公共图书馆法》的内涵，举办全省公共图书馆馆长培训班，解读新颁布的《公共图书馆法》，组织修订《湖北省公共图书馆条例》，推动出台《湖北省公共文化服务保障条例》。黑龙江省图书馆以《公共图书馆法》的颁布实施为契机，加强业务工作的规范化、标准化，拓展图书馆服务创新和可持续发展的新空间。山东省禹城市图书馆组织开展《公共图书馆法》《制度汇编》等专题学习，加强图书馆队伍建

① 《2017～2018年武汉大学公共文化政策研究实验基地统计数据及年度工作总结报告》，内部统计资料。

设，提升服务水平。

2. 积极响应国家公共数字文化建设要求，推进文化数字化服务工作

如南京图书馆开启了公共文化服务云平台建设工作，全省活动管理和资源加载基本完成，完成了少儿数字图书馆基于共享工程“公共文化服务云平台应用”的建设任务。山东省图书馆加强数字基础服务，努力做好数字图书馆推广工程、文化共享工程和公共电子阅览室建设计划等数字文化惠民工程，并开展微平台移动服务。乐山市图书馆积极推进数字化建设，启动地方文献资源数字化工程，四大数字平台全部面向广大读者开通，并于2018年完成文化资源数字化建设项目招标。重庆三峡博物馆利用互联网技术探索智慧展览，在“2018中国国际智能产业博览会”上所展示的MR、VR体验项目深受观众喜爱。重庆市北碚区文化馆加入重庆群众文化云服务，将其与馆内网站建设优化组合，发挥“互联网+”的优势，对数字文化体验厅参观人数、成本核算及设备体验率做了详细的统计，提供了翔实的基础数据。各实验基地文化机构在数字化方面进行了积极的探索。

3. 强化人员业务素质培训与提升科研理论水平

实验基地公共文化服务机构积极探索人员的理论培训和理论研究工作，重庆市北碚区文化馆坚持基层文化指导员培训制度，结合数字文化馆远程教学平台，对全区17个街镇的基层文化指导员暨分馆从业人员开展集中艺术普及培训，借助现代化数字手段提升文化机构专业人员工作素养。乡镇文化站也积极开展农村文化培训，湖北省浩口镇综合文化站举办了文化工作者的业务理论培训，广西自治区贺街镇文化站积极培养基层优秀文艺人才、加强农村骨干队伍建设。山东省博物馆出台“学术兴馆”的新措施，着力提高博物馆科学研究水平，2018年获批2项山东省社会科学规划研究重点课题和10项省艺术科学重点课题，出版展览图录与学术著作9部；全馆业务人员发表学术论文100余篇。实验基地文化机构对人员的科研研究和理论培训，为提升公共文化机构服务能力和服务水平提供了基础保障。

4. 大力开展文化精准扶贫工作

2018 年，黑龙江图书馆、鄂州博物馆、枝江市博物馆、恩施非遗文化保护中心、湖北省浠水县文化馆、广西自治区合浦县博物馆以及龙江文化站等实验基地文化机构先后开展“文化扶贫”工作，助力精准扶贫。黑龙江图书馆推进“贫困地区公共数字文化服务提档升级”项目，建设乡镇服务点和数字文化驿站，并开展关爱留守儿童成长相关主题的系列推广活动，有效提升了贫困地区的公共文化服务水平；恩施非遗文化保护中心深入贫困山区乡村，完成了 2018 年市政府购买公共文化服务文化惠民演出 140 场；浠水县文化馆深入贫困地区送去文化资料与生活物资；龙江文化站积极组织文艺轻骑队到贫困村进行文化惠民演出 18 场。实验基地各文化机构积极响应国家精准扶贫的号召，为文化扶贫贡献力量。

5. 积极发展文创产业，促进事业与产业融合

促进事业与产业融合是当下部分文化机构探索文化发展的创新举措。南京图书馆与南京大丰堂文化传媒有限公司合作共建“南图文创艺术中心”，力图打造一座集文化创意开发、销售、体验和休闲于一体的文创艺术中心。重庆三峡博物馆在文创产品开发试点工作中进行了“协同创新”“跨界融合”的探索，搭建了校、馆、企三方合作平台，产生了较好的社会效益和经济效益。

武汉大学课题组对回收的公共文化政策研究实验基地 2018 年基本数据进行统计分析，得出以下结果。

（1）图书馆方面，2018 年实验基地中共有公共图书馆 22 家。其中，省级场馆 6 家、市级场馆 6 家、县级场馆 10 家。从投入层面来看，相比 2017 年，2018 年实验基地省级和市级图书馆财政拨款显著增加，增幅分别为 22.9% 和 32.3%，而县级图书馆财政拨款下降 13.2%；除省级场馆从业人员数略有增加外，市县级图书馆从业人员数分别下降 4.9% 和 11.2%；从藏书量指标来看，省级增幅为 13.8%，市级增幅较大，为 49.7%，县级增幅为 7.0%。从产出层面来看，除市级图书馆总流通人次下降外，省级和县级图书馆总流通人次增幅为 5.5% 和 4.1%。从整体投入产出来看，2018 年省级和县级的文化服务效率要高于市级（见表 2）。

表2　2017～2018年实验基地公共图书馆投入产出指标均值

层级	统计指标		2017年	2018年	增幅(%)
省级	投入指标	财政拨款(万元)	962.6	1183.1	22.9
		从业人员数(人)	266.2	267.5	0.4
		藏书量(万册)	627.8	714.5	13.8
	产出指标	总流通人次(万人次)	235.7	248.7	5.5
市级	投入指标	财政拨款(万元)	175.3	232.1	32.3
		从业人员数(人)	60.7	57.7	-4.9
		藏书量(万册)	129.5	193.9	49.7
	产出指标	总流通人次(万人次)	107.5	84.3	-21.6
县级	投入指标	财政拨款(万元)	22.6	19.6	-13.2
		从业人员数(人)	14.2	12.6	-11.2
		藏书量(万册)	22.7	24.3	7.0
	产出指标	总流通人次(万人次)	12.0	12.5	4.1

（2）博物馆方面，2018年共回收15家实验基地博物馆数据，其中省级馆2家、市级馆3家、县级馆10家。从投入指标来看，2018年省级博物馆财政拨款下降8.4%，市级、县级博物馆增幅明显，分别达到31.5%、94.2%。各级博物馆藏品数均有上升，其中省级博物馆上升53.3%、市级博物馆上升幅度为29.3%、县级博物馆增幅100%，但市县博物馆藏品基数小，尽管增幅大但绝对数值不高。在产出指标上，省级博物馆举办展览次数的涨幅为9%，参观人次略有上升；市级博物馆展览举办次数与参观人次均有所上升，分别上升26.1%和6.6%；县级场馆举办展览次数略有降低，但参观人次上升了13.3%。从整体投入产出来看，市级和县级的文化服务效率要高于省级（见表3）。

表3　2017～2018年实验基地各级博物馆投入产出指标均值

层级	统计指标		2017年	2018年	增幅(%)
省级	投入指标	财政拨款(万元)	11599.0	10621.1	-8.4
		从业人员数(人)	195.0	194	-0.5
		藏品数(万件/套)	13.5	20.7	53.3
	产出指标	举办展览次数(次)	15.1	16.3	9.0
		参观人次(万人)	209.5	212.5	1.4

续表

层级	统计指标		2017 年	2018 年	增幅(%)
市级	投入指标	财政拨款(万元)	2347.5	3088.9	31.5
		从业人员数(人)	102.0	100.0	-1.9
		藏品数(万件/套)	5.8	7.5	29.3
	产出指标	举办展览次数(次)	18.0	22.7	26.1
		参观人次(万人)	79.8	85.1	6.6
县级	投入指标	财政拨款(万元)	290.8	564.7	94.2
		从业人员数(人)	24.3	25.5	4.9
		藏品数(万件/套)	0.3	0.6	100.0
	产出指标	举办展览次数(次)	3.0	2.9	-3.3
		参观人次(万人)	15.7	17.8	13.3

（3）文化馆方面，2018 年实验基地中共有文化馆近 20 家。其中省级场馆 5 家、市级场馆 7 家、县级场馆 5 家。数据显示，2018 年，省级文化馆财政拨款有一定幅度的减少，市级财政拨款增长 1.1%，县级财政拨款增长 9.1%；各级文化馆从业人员均有所下降。从产出指标来看，省级和县级文化馆提供服务次数有明显增加，而市级文化馆服务次数下降 6.2%。同时，各级文化馆文化服务人次均有所增加，增幅分别为 10.8%、8.2% 和 19%。整体上看，县级文化馆文化服务绩效略高于省级和地市级（见表 4）。

表 4　2017～2018 年实验基地文化馆投入产出指标均值

层级	统计指标		2017 年	2018 年	增幅(%)
省级	投入指标	财政拨款(万元)	2158.5	2029.5	-5.9
		从业人员数(人)	71.5	67.4	-5.7
	产出指标	文化服务次数(次)	134.8	148.7	10.3
		文化服务人次(万人次)	13.8	15.3	10.8
市级	投入指标	财政拨款(万元)	1130.3	1442.6	1.1
		从业人员数(人)	55.7	55.6	-0.1
	产出指标	文化服务次数(次)	122.4	114.7	-6.2
		文化服务人次(万人次)	7.3	7.9	8.2

续表

层级	统计指标		2017年	2018年	增幅(%)
县级	投入指标	财政拨款(万元)	314.2	342.8	9.1
		从业人员数(人)	14.0	10.0	-28.5
	产出指标	文化服务次数(次)	79.6	120.2	51.1
		文化服务人次(万人次)	16.3	19.4	19.0

（4）文化站方面，2018年实验基地中共有文化站15家。与2017年相比，文化站从业人员数基本稳定，财政拨款增加幅度达到42.9%。在产出上，文化服务次数与服务人次均呈下降趋势，下降幅度分别为9.1%和26.7%。总体上，基地文化站投入在增加，但产出效率整体上在下降（见表5）。

表5　2017~2018年实验基地文化站投入产出指标均值

指标	统计指标	2017年	2018年	增幅(%)
投入指标	财政拨款(万元)	28.1	40.0	42.9
	从业人员数(人)	5.2	5.1	-1.9
产出指标	文化服务次数(次)	111.6	101.4	-9.1
	文化服务人次(万人次)	7.1	5.2	-26.7

（二）公共文化政策研究实验基地绩效分析[①]

为进一步分析实验基地公共文化机构的绩效情况，我们将其与全国同级同类型机构做简要比较分析。

1. 图书馆绩效分析

省级层面，实验基地省级图书馆绩效水平高于全国省级图书馆绩效水平。投入方面，2018年实验基地省级图书馆财政投入均值为1183.1万元，略高于全国省级图书馆1159.9万元的均值，从业人员数量和藏书量也高于

① 注释：本部分比较数据中，因实验基地机构数量有限，且各类型文化机构处于不同程度经济文化水平地域，故部分指标与全国指标均值存在一定差异。

全国平均水平；产出方面，实验基地和全国省级图书馆的总流通人次均呈上升趋势，全国图书馆总流通人次涨幅为7.4%，略高于实验基地。综合来看，实验基地省级图书馆投入产出绩效较高，但增长水平略低于全国均值。

地市级层面，与全国市级图书馆平稳发展趋势相比，实验基地市级图书馆整体产出效益有明显下滑。投入方面，2018年实验基地市级图书馆财政拨款为232.1万元，低于全国市级图书馆平均水平（250.7万元），从业人员数量与藏书量均值高于全国市级图书馆水平。产出方面，实验基地市级图书馆总流通人次均值为84.3万，高于全国市级图书馆流通人次均值，但相对于2017年下降较明显，下降幅度为21.6%。

县级层面，实验基地县级图书馆整体服务水平低于全国均值。投入方面，2018年实验基地县级图书馆财政拨款均值为19.6万元，低于全国财政拨款37.2万元的均值，藏书量均值高于全国县级图书馆水平，从业人员与全国图书馆均值基本持平。从产出指标上看，实验基地2018年总流通人次为12.5万，有所增长但低于全国均值。总体比较而言，实验基地县级图书馆的投入水平和产出水平均有待提升（见表6）。

表6 2018年实验基地图书馆与全国图书馆投入产出均值比较

层级		投入指标						产出指标	
		财政拨款(万元)		从业人员数(人)		藏书量(万册)		总流通人次(万人次)	
		均值	增长率	均值	增长率	均值	增长率	均值	增长率
省级	基地	1183.1	22.9	267.5	0.4	714.5	13.8	248.7	5.5
	全国	1159.9	3.0	193.3	-0.5	541.6	3.0	232.3	7.4
市级	基地	232.1	32.3	57.7	-4.9	193.9	49.7	84.3	-21.6
	全国	250.7	4.3	40.6	-1.3	72.7	5.8	67.5	9.7
县级	基地	19.6	-13.2	12.6	-11.2	24.3	7.0	12.5	4.1
	全国	37.2	47.6	12.1	0.8	18.6	8.7	17.1	11.0

2. 博物馆绩效分析

省级层面，实验基地省级博物馆改革优势明显，绩效水平较高。从投入看，2018年实验基地省级博物馆财政拨款均值为10621.1万元，高于全国平均水平，从业人员数量以及藏品数量均值高于全国省级博物馆均值。从产出指标看，实验基地省级博物馆举办展览次数与总参观人次两者均高于全国省级博物馆指标均值，表明实验基地省级博物馆投入与产出成正比。

地市级层面，实验基地市级博物馆文化服务绩效水平高于全国市级平均水平。从投入看，2018 年实验基地市级博物馆财政拨款增长至 3088.9 万元，高于全国市级博物馆均值，从业人员数量略有下降，藏品量较上年增加 29.3%，且均值高于全国市级水平。从产出指标看，实验基地市级博物馆总参观人次与展览次数均有提升，且远高于全国均值水平。综合来看，实验基地市级博物馆 2018 年文化服务绩效有所提升。

县级层面，实验基地县级博物馆绩效水平低于全国县级博物馆平均水平。投入方面，2018 年实验基地县级博物馆财政拨款均值为 564.7 万元，远高于全国县级博物馆财政拨款均值，从业人员数量以及藏品量也高于全国县级博物馆均值。但从产出指标上看，2018 年实验基地县级博物馆举办展览次数低于全国县级博物馆水平，下降 3.3%；实验基地县级博物馆的参观人次有所上升，高于全国水平。总体来看，尽管实验基地博物馆的参观人次高于全国水平，但投入水平远高于全国水平。因此，相对而言，实验基地县级博物馆的运行绩效有待提升（见表 7）。

表 7　2018 年实验基地博物馆与全国博物馆投入产出均值比较

层次		投入指标						产出指标			
		财政拨款（万元）		从业人员数（人）		藏品量（万件/套）		举办展览次数（次）		参观人次（万人次）	
		均值	增长率	均值	增长率	均值	增长率	均值	增长率	均值	增长率
省级	基地	10621.1	-8.4	194	-0.5	20.7	53.3	16.3	9.0	212.5	1.4
	全国	4413.9	-12.2	98.7	-6.5	6.8	-5.5	10.4	44.4	85.3	6.9
市级	基地	3088.9	31.5	100.0	-1.9	7.5	29.3	22.7	26.1	85.1	6.6
	全国	786.8	-15.3	29.5	-0.3	0.7	0.0	7.0	66.6	30.6	2.3
县级	基地	564.7	94.2	25.5	4.9	0.6	100.0	2.9	-3.3	17.8	13.3
	全国	254.0	7.2	15.9	-1.2	0.45	-10.0	4.6	130.0	15.2	2.0

3. 文化馆绩效分析

省级层面，实验基地省级文化馆效益低于全国省级平均水平。投入方面，2018 年实验基地省级文化馆财政拨款为 2029.5 万元，低于全国省级文化馆 2885 万元的均值；但从业人员数量均值 67.4 人，高于全国同级文化馆均值。产出方面，实验基地省级文化馆文化服务次数增长至 148.7 次，低于全国省级文化馆 274.5 次的平均水平，服务人次的均值和增长率都明显低于全国水平。实验基地省级文化馆的服务绩效有待提升。

地市级层面，实验基地市级文化馆绩效低于全国水平。从投入指标来看，实验基地市级 2018 年文化馆财政拨款均值为 1442.6 万元，高于全国市级文化馆平均投入；从业人员平均为 55.6 人，也高于全国市级文化馆从业人员 28.9 人的均值。从产出指标来看，实验基地市级文化馆文化服务次数均值下降至 114.7 次，文化服务人次平均为 7.9 万，两者均低于全国市级文化馆均值。这反映出市级文化馆投入高于全国水平但产出并不理想，需要优化投入结构并提高产出水平。

县级层面，实验基地县级文化馆产出效益较高。从投入指标来看，2018 年实验基地县级文化馆财政拨款为 342.8 万元，高于全国县级文化馆财政拨款 194.5 万元的均值；从业人员数量平均为 10 人，低于全国县级文化馆 13.7 人的均值。从产出指标来看，实验基地文化馆文化服务次数与全国均值持平，但文化服务人次均值增加至 19.4 万，高于全国平均水平。综合来看，实验基地县级文化馆产出效益较高（见表 8）。

表 8　2018 年实验基地文化馆与全国文化馆投入产出均值比较

层次		投入指标				产出指标			
		财政拨款（万元）		从业人员数（人）		文化服务次数（次）		文化服务人次（万人次）	
		均值	增长率	均值	增长率	均值	增长率	均值	增长率
省级	基地	2029.5	-5.9	67.4	-5.7	148.7	10.3	15.3	10.8
	全国	2885.0	9.0	58.0	-2.1	274.5	32.7	44.8	53.9
市级	基地	1442.6	1.1	55.6	-0.1	114.7	-6.2	7.9	8.2
	全国	844.1	3.9	28.9	-1.3	333.1	7.3	18.1	28.3

续表

层次		投入指标				产出指标			
		财政拨款（万元）		从业人员数（人）		文化服务次数(次)		文化服务人次（万人次）	
		均值	增长率	均值	增长率	均值	增长率	均值	增长率
县级	基地	342.8	9.1	10.0	-28.5	120.1	51.1	19.4	19.0
	全国	194.5	-44.2	13.7	-6.1	120.2	-18.6	7.7	1.9

4. 乡镇综合文化站绩效分析

实验基地文化站整体文化产出效益情况不理想。从投入指标来看，2018年实验基地文化站的站均财政投入为40万元，高于全国平均水平。实验基地文化站从业人员均值为5.1人，高于全国文化站从业人员均值（3.2人）。从产出指标来看，实验基地文化站产出比上年有所下降，但文化服务次数和服务人次都远高于全国平均水平。综合历史的情况看，乡镇综合文化站的服务绩效处于持续下降过程中（见表9）。

表9　2018年实验基地文化站与全国文化站投入产出均值比较

项目	投入指标				产出指标			
	财政拨款（万元）		从业人员数（人）		文化服务次数(次)		文化服务人次（万人次）	
	均值	增长率	均值	增长率	均值	增长率	均值	增长率
基地	40.0	42.9	5.1	-1.9	101.4	-9.1	5.2	-26.7
全国	31.7	40.8	3.2	10.3	38.1	9.7	0.9	34.7

（三）简要结论

——公共文化政策对公共文化机构的导向和激励效应明显，在财政投入持续增长的情况下，大部分公共文化机构服务供给能力持续提升，文化法治建设不断完善，我国公共文化服务的发展环境得到进一步优化，大部分公共文化机构的服务水平得到稳步提升。在实验基地中，除地市级图书馆和文化站外，省级图书馆、县级图书馆及各级博物馆、市级以外的文化馆2018年的服务人次都比 2017 年有所增长。

——公共文化机构的财政保障标准和保障方式存在进一步优化的空间。研究数据表明，当前基层部分文化场馆存在着财政投入增长但产出（服务）增长较慢或者负增长的情况。同时，也存在投入减少、产出同步减少的情况。对于大部分公共文化机构而言，单纯增加财政投入的方式已难以带来更高效率和效益，需进一步通过深化文化管理体制改革，以提升服务效能。

——实验基地文化机构的绩效考核评价机制有待完善。近年来在财政投入持续增长的环境下，公共文化机构的发展普遍进入提质增效的新阶段，“花钱必问效”。但全国范围内并没有形成绩效评价的工作机制，也缺乏一套有效的公共文化服务绩效考核评价体系。在这种情况下，各类公共文化机构难以进行绩效测试，也就难以准确评估和定位自身发展问题，导致了公共文化服务效能不高、效率偏低等问题。

——公共文化机构发展存在较为明显的区域性、层级性差异，均等化水平有待进一步提高。在实验基地和全国各层级的比较中可以看出，各层级和不同省域的公共文化机构的发展参差不齐。省级层面普遍投入较高、绩效较高，地市级、县级和农村公共文化建设较为薄弱，绩效欠佳。同时，经济条件好、财政投入多的地区及其场馆，公共文化绩效水平也较高。

——公共文化数字化建设对于文化行业具有重大意义，尽管在国家主导下文化机构的数字化步伐加快，但与其他行业相比较仍存在巨大落差。主要问题包括专业基础设施短缺、平台建设不足、专业人才匮乏等，尤其是部分县级文化机构以及乡村文化事业在信息数字技术发展方面仍存在明显的短板。

三　政策建议

（一）适应国家文化和旅游融合大势，探索文旅融合发展路径

2018 年，国家文化和旅游部正式组建，我国的文化领域和旅游领域迎

来新的发展局面。对公共文化机构而言，文化和旅游融合开辟了新的发展道路。因此，公共文化机构要积极适应文化和旅游融合发展的新环境，把握融合发展的新机遇，积极探索文旅融合发展的新路径。

第一，政策层面，地方政府要根据国家文化与旅游融合的战略部署，加快出台促进相关地区文旅融合的政策和措施，为公共文化机构的改革发展提供政策引领和措施保障。第二，机制层面，与国家文化和旅游机构改革步伐相协调，调整和优化公共文化机构内部机制和部门架构，积极适应新的文化与旅游的环境变化，增加旅游业务板块，联结文化和旅游公共服务。第三，人才结构方面，重视对于新型文旅复合型人才的培养，加强文化领域工作人员专业业务培训，既要让文化从业者了解旅游管理和规划知识，也要让旅游管理者增长文化管理知识。第四，产品方面，要加强博物馆、图书馆、文化馆等文创产品设计与开发能力，加强文化与旅游部门的联动，使更多的文创产品进入旅游市场。

（二）完善公共文化服务绩效考评体系，优化财政文化投入结构

基于对实验基地文化机构的观察，我们发现既存在部分机构经费投入不足的状况，又存在部分公共文化机构投入增加而绩效持续下降的情况，需要强化绩效评价激励，推进财政文化投入结构的优化。

第一，改变传统因素法下的财政文化投入预算模式，建立因素法与绩效评价相结合的财政投入原则，以绩效评价机制引导公共文化机构财政投入结构的优化。第二，参照《国有文艺院团社会效益评价考核试行办法》等，探索制订图书馆、博物馆、文化馆、文化站等文化机构的绩效评价考核办法，建立全国性的公共文化机构评价指导标准，鼓励各地根据地方实际情况出台本地公共文化机构绩效考核办法；特别是要通过分类研究，根据不同类型的文化机构建立不同的绩效评价指标体系。第三，委托第三方机构进行绩效评价，并强化绩效评价结果的应用，将绩效评价结果与财政保障水平和保障方式挂钩，将绩效评价结果与单位的荣誉、奖励相联系。

（三）充分利用数字技术缩小区域和层级差异，提升公共文化服务的均等化水平

目前，我国公共文化服务体系建设中存在的区域差异和层级差异，既有区位发展水平因素的影响，也有政策执行情况的影响。要提高全国公共文化服务的均等化水平，需要进一步完善相关激励政策。

第一，强化公共文化服务标准建设，以标准化促进均等化，补齐中西部和基层公共文化发展短板，在配置上将公共财政资源向基层以及经济欠发达地区倾斜，优化各层级与区域间公共文化资源的配置，逐步缩小地区之间公共文化服务的差距。第二，加快城乡之间公共文化服务一体化建设，探索实施城乡基本公共服务设施网络体系的一体化覆盖以及基本公共服务产品和服务统一供给体系下的网格化管理。第三，重点建设基层文化队伍，落实人员配备、待遇保障、激励机制等方面的政策措施，特别是要积极培养数字化人才队伍。注重培养和提升基层文化人员的数字化设备操作与数字化资源开发的能力。第四，加强基层公共文化数字化发展的网络基础设施建设，尤其是乡村基层文化基础设施建设，通过数字化、信息化设施设备的新建、更新和改造，完善公共数字化支撑平台，增强公共文化机构数字化发展的承载能力，通过有计划地推进公共文化服务的数字化进程，缩小中西部和层级间的差异。第五，进一步统筹推进“数字乡村”“市县文旅云”“智慧城市”建设，助力实施文化扶贫战略，加强信息资源整合共享与应用。

专 题 篇

Special Reports

我国群众文化机构服务区域均等化实证研究

彭雷霆 陈逸芳*

摘 要： 群众文化机构作为我国特有的公共文化机构，具有鲜明的“中国特色”，同时，其设施网络体系覆盖了省、市、县、乡镇等多个层级，在我国各公共文化机构中覆盖范围最大，服务对象最为广泛。推动群众文化机构服务均等化对于实现我国基本公共文化服务均等化至关重要。基于区域均等化的视角，本文构建了群众文化机构服务均等化评估体系，应用泰尔指数法对2011～2016年我国群众文化机构服务均等化程度进行实证研究。结果显示：我国群众文化机构服务存在区域不均衡现象，呈现“东西隆起，中部塌陷”态势；且2011～2016年非均等化程度进一步加深，财政拨款

* 彭雷霆，武汉大学国家文化发展研究院副院长、副教授，研究方向为公共文化服务。陈逸芳，武汉大学国家文化发展研究院硕士研究生，研究方向为公共文化服务。

和从业人员是导致非均等化的主要因素。本文据此提出相关对策建议。

关键词： 群众文化机构　均等化　泰尔指数

2013年11月，党的十八届三中全会通过《中共中央关于全面深化改革若干重大问题的决定》，明确提出构建“现代公共文化服务体系”，促进基本公共文化服务的标准化、均等化。2015年1月，中共中央办公厅、国务院办公厅印发的《关于加快构建现代公共文化服务体系的意见》对加快构建现代公共文化服务体系、推进基本公共文化服务标准化均等化做了全面部署。我国公共文化服务体系建设以公共文化机构为骨干，公共文化机构服务的均等化是实现基本公共文化服务均等化的主要渠道。群众文化机构作为我国公共文化机构的重要组成部分，同样被赋予了满足公民基本文化需求、保障公民基本文化权益的重要职能，在实现基本公共文化服务均等化方面承担了重要责任。

本文所指群众文化机构是指“各级文化部门主办的开展群众文化活动的场所，主要包括文化馆（含综合性文化中心、群众艺术馆）、文化站”①，对于推动实现我国基本公共文化服务均等化至关重要。首先，从层级分布上看，我国群众文化机构领域建立起了由省（市）级的群众艺术馆，市、县级的文化馆，及乡镇综合文化站等组成的设施网络体系，相较于图书馆、博物馆等公共文化机构，群众文化机构进一步延伸到基层，因而最有利于推动实现基本公共文化服务均等化。其次，在功能定位上，群众文化机构作为我国特有的公共文化机构，“具有更鲜明的‘中国特色’，更贴近基层人民群

① 本文对“群众文化机构”的定义参考《中华人民共和国文化和旅游部2017年文化发展统计公报》，https：//www.mct.gov.cn/whzx/whyw/201805/t20180531_833065.htm，最后访问日期：2018年12月21日。

众多样化的文化需求”[①]。而数量上，群众文化机构在全国的覆盖范围最大，服务对象最为广泛。2017 年末全国共有群众文化机构 44521 个，其中乡镇综合文化站 33997 个，远超过同期全国公共图书馆（3166 个）和博物馆（4721 个）的数量[②]。

随着基本公共文化服务均等化这一概念的提出，国内很多学者进行了相关研究。本文对学界已有的相关研究成果从以下两个方面进行梳理：一是在分析方法的选择上，目前学界对于基本公共文化服务均等化的量化评估方法主要有均等化系数法[③]、熵值法[④]、基尼系数法[⑤]、差异系数法[⑥]、泰尔指数法[⑦]。二是从研究对象的选择上看，目前国内学者的研究主要是对全国或者具体某一省份的基本公共文化服务、图书馆服务的均等化进行实证研究，如陈晓红[⑧]对我国公共图书馆资源配置的公平性进行实证研究，胡弢[⑨]研究了我国公共图书馆服务水平的地区差异，方标军、丁宏[⑩]以江苏省的公共图书馆为研究对象。相比之下，目前学者们较少把目光聚焦到群众文化机

① 巫志南：《免费开放背景中文化馆功能定位思考》，《艺术评论》2012 年第 2 期，第 10 ~ 12 页。

② 资料来源：《中华人民共和国文化和旅游部 2017 年文化发展统计公报》，https：//www.mct.gov.cn/whzx/whyw/201805/t20180531_ 833065.htm，最后访问日期：2018 年 12 月 21 日。

③ 陈彪：《浙江省基本公共文化服务均等化研究》，浙江大学硕士学位论文，2009。于萍：《四川省基本公共文化服务均等化问题研究》，浙江大学硕士学位论文，2011。宋先龙：《我国西部地区基本公共文化服务均等化问题研究》，浙江大学硕士学位论文，2011。

④ 曹佳蕾、刘珺：《基本公共文化服务均等化评价指标体系建构与实证研究——以皖江城市带为例》，《池州学院学报》2015 年第 4 期，第 44 ~ 47 页。

⑤ 彭雷霆、皮彦芳：《基本公共文化服务均等化实证研究——以陕西省为例》，《文化软实力研究》2017 年第 6 期，第 61 ~ 69 页。

⑥ 靳大娟：《重庆市基本公共文化服务均等化研究》，重庆大学硕士学位论文，2013。

⑦ 王晓洁：《中国基本公共文化服务地区间均等化水平实证分析——基于 1999 年、2009 年数据比较的考察》，《财政研究》2012 年第 3 期，第 26 ~ 29 页。

⑧ 陈晓红：《我国公共图书馆服务均等化研究》，《图书馆建设》2011 年第 11 期，第 27 ~ 30 页。

⑨ 胡弢：《我国公共图书馆服务均等化测度及空间格局分析》，《图书情报工作》2015 年第 7 期，第 83 ~ 90 页。

⑩ 方标军、丁宏：《江苏省公共图书馆服务均等化测评与分析——基于泰尔指数法的实证研究》，《新世纪图书馆》2014 年第 3 期，第 5 ~ 9 页。

构服务的均等化研究上。本文拟从区域差别①的视角，利用相关统计数据，对2011～2016年我国群众文化机构服务均等化水平进行实证分析，进而探讨推进我国群众文化机构服务均等化建设的相关策略。

一　指标体系与评估模型

（一）指标体系及资料来源

本文的研究对象为群众文化机构，以全国31个省份的群众文化机构作为基本研究单元。研究群众文化机构服务的均等化，需要建构一套评价指标体系。就基本公共文化服务均等化的内涵来讲，均等化包含了全体公民享有基本公共文化服务的机会均等和结果均等。机会均等方面由于缺乏相关的统计数据无法进行定量研究，因此学界对基本公共文化服务均等化的定量评估基本都是基于结果均等这一角度，根据公共文化资源在地区间配置的均等程度或者说居民所享有公共文化资源的差距程度来刻画基本公共文化服务的均等化程度②。因此，本文刻画群众文化机构服务均等化程度的依据是各地区居民享有的群众文化机构的资源投入和由资源供给带来的服务产出的均等性。依据科学性、可比性、可操作性等原则，对于资源投入以从业人员数量、财政拨款、实际使用房屋建筑面积作为代表人、财、物投入的测量指标，对服务产出以提供文化服务次数及文化服务惠及人次作为测量指标。具体评估指标体系如表1所示。资料来源于《中国文化文物统计年鉴》（2012～2017）及《中国统计年鉴》（2012～2017）。

---

① 本文区域划分参考《中华人民共和国文化和旅游部2017年文化发展统计公报》。东部地区包括：北京、天津、上海、辽宁、山东、江苏、福建、浙江、广东；中部地区包括：河北、海南、山西、黑龙江、吉林、江西、安徽、河南、湖北、湖南；西部地区包括：内蒙古、重庆、四川、贵州、云南、广西、西藏、甘肃、陕西、宁夏、青海、新疆。

② 傅才武、张伟锋：《基本公共文化服务均等化研究——模型构建与实证分析》，《图书馆杂志》2018年第8期。

表1　群众文化机构服务均等化评估指标体系及权重

一级指标	权重(%)	二级指标	权重(%)	备注
群众文化机构资源投入	50	从业人员数量	33.33	
		财政拨款	33.33	由"基建拨款"和"业务活动专项经费"两部分组成
		实际使用房屋建筑面积	33.33	由"业务用房面积"和"对公众开放阅览室面积"两部分组成
群众文化机构服务产出	50	提供文化服务次数	50	包括"组织文艺活动次数""举办训练班班次""举办展览个数""组织各类理论研究和讲座次数"
		文化服务惠及人次	50	包括"文化活动观众人次""训练班培训人次""展览参观人次""理论研讨和讲座参加人次"

（二）评估模型

本文拟采用泰尔指数（Theil Index，下文简称TI）法对我国群众文化机构服务均等化水平进行定量评估。泰尔指数最早是由Theil于1976年研究国家之间的收入差距时首先提出，主要通过考察人口与其所占有的收入是否匹配来判断资源分布的公平性。其计算公式如下：

$$Theil\ Index = \sum_{i=1}^{n} W_i \log(W_i/P_i)$$

其中 W_i 表示各组人口收入占全部收入的比例，P_i 表示各组人口占总人口的比例。在本文中，W 指的是本文所选取的五个指标，i 表示指标的数量。当 $W_i = P_i$ 时，泰尔贡献率等于0，表明该指标的分布处于绝对公平状态；当 $W_i > P_i$ 时，泰尔贡献率大于0，表明该区域在资源分配中占优势地位；当时 $W_i < P_i$，泰尔贡献率小于0，表明该区域在资源分配中处于不利地位。测算步骤如下。

（1）分别计算某个指标各省份的泰尔贡献率：泰尔贡献率 $= W_i \log(W_i/P_i)$；

（2）由各省份泰尔贡献率加总求和得到某个指标的泰尔指数：

$$TI_{某个指标} = \sum W_i \log(W_i/P_i)$$

（3）由各指标的泰尔指数通过加权求和得到群众文化机构的泰尔指数，根据本文所采用的权重，最终计算公式为：

$$TI_{资源投入} = (TI_{从业人员} + TI_{财政拨款} + TI_{房屋建筑面积}) \times 33.3\%$$
$$TI_{服务产出} = (TI_{提供文化服务次数} + TI_{文化服务惠及人次}) \times 50\%$$
$$TI_{群众文化机构} = (TI_{资源投入} + TI_{服务产出}) \times 50\%$$

二　我国群众文化机构服务区域均等化实证分析

在分析步骤上，首先从纵向时间维度上测算 2011 ~ 2016 年全国群众文化机构服务均等化的泰尔指数，从而对近年来全国群众文化机构服务均等化水平的变化情况有一个总体把握；其次从横向区域维度上，即对东部、中部、西部三大区域进行测算，进而分析我国群众文化机构服务区域间、区域内的均等化情况及其影响因素。

（一）全国群众文化机构服务均等化泰尔指数纵向测算

1. 近年来全国群众文化机构服务均等化程度呈下降趋势

由图 1 可知，2011 ~ 2016 年，全国群众文化机构的泰尔指数从 0.034 增长为 0.047，增长了 38.2%，说明近年来全国群众文化机构服务的非均等化程度呈进一步加大趋势，其中 2011 ~ 2013 年泰尔指数几乎不变，2013 ~ 2016 年泰尔指数增幅较大。从区域间和区域内泰尔指数看，2011 ~ 2016 年区域内泰尔指数一直高于区域间泰尔指数，且在这期间区域内泰尔指数增长了 0.009，大于区域间泰尔指数增长的 0.004。这说明我国群众文化机构服务的非均等化主要在于东、中、西三大区域内部的非均等，而三大区域间的均等化情况则优于区域内的均等化情况，且近年来区域内非均等化态势的加剧速度大于区域间的非均等化态度。

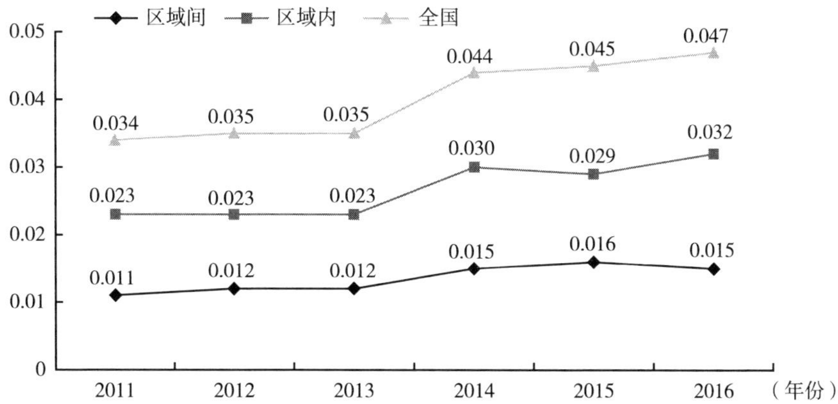

图 1　2011～2016 年全国群众文化机构服务均等化泰尔指数

2. 全国群众文化机构服务均等化的主要影响因素是财政拨款和从业人员

图 2 反映了 2011～2016 年全国群众文化机构各指标的泰尔指数的变化趋势。由图 2 可知，近年来财政拨款的泰尔指数一直维持在较高位置，总体上远高于其他指标，2011～2016 年仍呈现一定幅度的增长，可见财政拨款的非均等化是导致群众文化机构服务非均等化的主要原因。但其增幅小于其他多数指标，说明近年来财政拨款的非均等化趋势得到一定程度的控

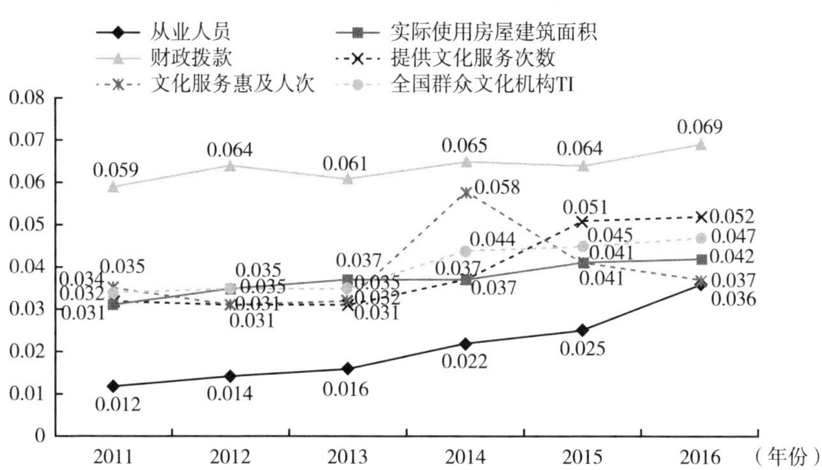

图 2　2011～2016 年全国群众文化机构各指标泰尔指数

制。另外，值得关注的是从业人员这一指标的泰尔指数虽然较其他指标小，但近年来其增幅最大，从0.012增长到0.036，且从2013年到2016年增长幅度较大，与全国群众文化机构泰尔指数变化趋势相符，表明文化人才非均等化程度的加大是导致近年来全国群众文化机构服务均等化程度下降的主要因素。

（二）全国群众文化机构服务均等化泰尔指数横向测算

1. 全国31个省份群众文化机构服务均等化泰尔指数测算

图3是2011年和2016年全国31个省份群众文化机构泰尔指数的分布图。总体来看，全国31个省份中东部、西部省份多数具有比较优势，中部省份处于劣势地位，基本呈现“东西隆起，中部塌陷”① 态势。其中，东部的上海、浙江、北京、广东等发达省市的泰尔贡献率较高，尤其是上海和浙江在各省份中遥遥领先；西部的新疆、西藏等边疆少数民族地区的泰尔贡献率也较高，处于有利地位；而中部各省份的泰尔贡献率基本均为负值，其人

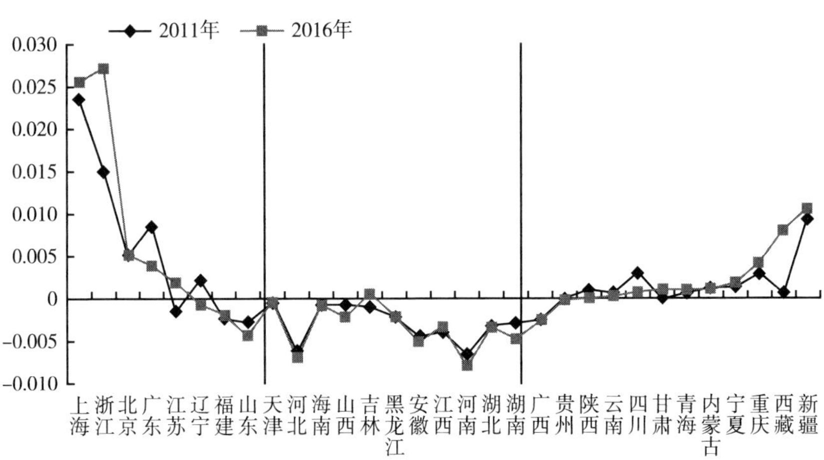

图3　2011年、2016年全国各省份群众文化机构泰尔指数

① 余冬林：《基于DEA的我国东中西部地区群众文化机构投入及其绩效评价》，《文化软实力研究》2017年第3期，第84~93页。

口对资源投入及服务产出的享有在全国处于劣势。另外，值得注意的是，从2011年到2016年，部分省份的泰尔指数的变化反映了近年来群众文化机构服务非均等化趋势的进一步加剧，尤其体现在东部的上海、浙江，以及西部的西藏、新疆等省份的泰尔指数的陡然上升上，而中部的河北、河南、湖南等省份的泰尔指数则进一步下降。

2. 区域间群众文化机构服务均等化泰尔指数测算

（1）东部、西部较中部具有比较优势，且近年来这种优势越发明显

通过对2011～2016年群众文化机构的区域间泰尔指数的测算，如图4所示，可以看出，近年来群众文化机构的区域间泰尔指数从0.011上升到0.015，呈现较小幅度的增长趋势。从东、中、西三大区域的泰尔贡献率来看，东部、西部的泰尔贡献率一直为正值，且东部大于西部；中部的泰尔贡献率一直为负值，可见，群众文化机构服务均等化水平在区域间的分布呈现“东西隆起，中部塌陷”态势，东部处于最有利地位，西部次之，中部处于最不利地位。另外，2011～2016年，东部的泰尔贡献率从0.032增长到0.037，西部从0.013增长到0.017，而中部从－0.034降到－0.038。可见，近年来群众文化机构的区域间差距进一步增大，呈现“优者更优，弱者更弱”的马太效应。以2016年为例，中部人口占全国人口的37.3%，但在群

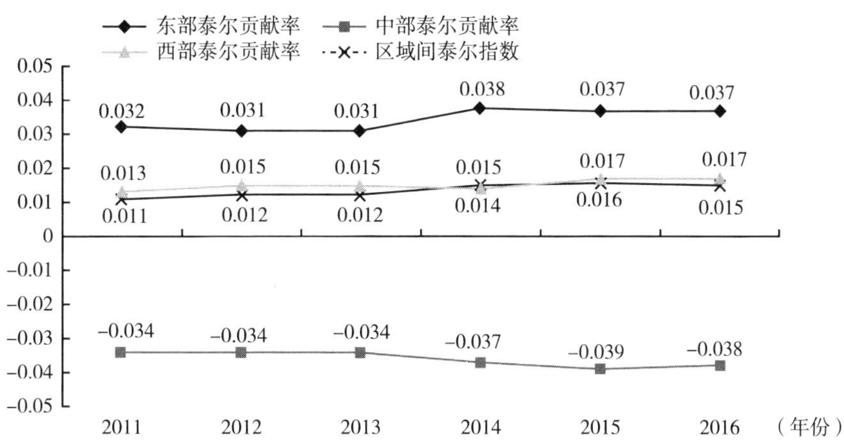

图4　2011～2016年群众文化机构区域间泰尔指数

众文化机构从业人员、实际使用房屋建筑面积、财政拨款上分别占全国总量的33.5%、25.9%、22.5%，均未达到与所服务人口相匹配的水平，导致其服务产出也未能达到相应的水平。相较于东部在公共文化服务发展中具备的经济等基础优势与西部的政策倾斜优势，中部在群众文化机构等公共文化服务的发展中基础优势和政策优势“两不靠”，因此“中部塌陷”格局日益明显。

（2）总体上，资源供给能够得到正向的服务产出，但区域间的服务效果存在差距

由表2可知，在资源供给和服务产出上，东部、西部的泰尔贡献率均为正值，中部的泰尔贡献率均为负值。可见，从区域间看，群众文化机构的资源供给优势能转化为正向的服务产出，但转化效果在区域间存在差距。在资源供给上，东部的泰尔贡献率为0.014，西部为0.020，西部在资源供给上优于东部，但服务产出上东部的泰尔贡献率远高于西部。可见，东部群众文化机构的资源供给获得了较好的服务产出成果，而西部的资源供给没能够得到较好的正向反馈，其服务产出有待提高。从发展基础来看，东部公共文化服务的发展主要是基于自身经济优势等带来的良好发展环境，它相对于西部而言已逐渐形成较为成熟的发展模式，因而能够把资源优势较好地转化为服务产出，而西部目前的公共文化服务发展还处于依靠国家政策倾斜带来的资源优势，还未能很好地转化为实际的服务效果。

表2　2016年群众文化机构区域间泰尔指数

项目	东部	中部	西部	泰尔指数
从业人员	-0.024	-0.016	0.050	0.010
财政拨款	0.056	-0.050	0.016	0.023
房屋建筑面积	0.067	-0.041	-0.007	0.018
提供文化服务次数	0.046	-0.040	0.007	0.013
文化服务惠及人次	0.036	-0.042	0.020	0.014
资源供给	0.014	-0.036	0.020	0.017
服务产出	0.041	-0.041	0.013	0.013
群众文化机构服务	0.037	-0.038	0.017	0.015

从各指标看，2016 年群众文化机构区域间泰尔指数最高的是财政拨款这一指标，说明财政拨款是引起区域间非均等化的最主要因素。在群众文化机构经费来源上，东部经济发展水平高，相应的文化事业经费支付能力强，而中西部地区所能获得的中央财政补贴差距极大，因而也就导致了中部群众文化机构在经费来源上的巨大弱势。而从业人员的泰尔指数数值最小，说明其在区域间的均等化程度较高。但东部、中部从业人员的泰尔贡献率为负值，西部的泰尔贡献率为正值，且东部的贡献率最小，说明在从业人员方面东部处于最不利地位。

3. 区域内群众文化机构服务均等化泰尔指数测算

（1）影响东部均等化的主要省份是上海和浙江，主要影响因素是财政拨款

如表 3 所示，2016 年东部群众文化机构泰尔指数为 0.044，只有上海、浙江和北京的泰尔贡献率为正值，上海和浙江在东部群众文化机构服务中占绝对优势，这两大省份是影响东部群众文化机构服务均等化的主要省份。其他省份的泰尔贡献率均为负值，山东排在末位。从资源投入和服务产出看，只有上海、浙江和北京的泰尔贡献率为正值，其他省份的泰尔贡献率均为负值，可见，上海、浙江等省市能够把资源投入优势较好地转化为正向的服务产出。近年来，上海和浙江积极利用数字信息技术整合公共文化服务资源，更好地满足了群众的文化服务需求。如上海在 2016 年推出了“文化上海云”，打造“一站式”数字公共文化服务平台①，通过大数据平台让公共文化服务从供给端发力转化为需求侧的精准定位，实现了“百姓点单”制，创造了更好的服务产出效果。

从各指标来看，财政拨款的泰尔指数最大，说明东部各省份间财政拨款的差异是导致区域内非均等化的主要因素，上海和浙江的财政拨款的泰尔贡献率远高于其他省份，而山东则远低于其他省份。2016 年，上海、浙江和山东的人口分别占东部人口总数的 4.9%、11.4% 和 20.3%，但其财政拨款

① 《以创新为动力，以基层为重点》，国际在线，2017 年 7 月 7 日。

表 3　2016 年东部各省份群众文化机构泰尔指数

省份	从业人员	房屋建筑面积	财政拨款	提供文化服务次数	文化服务惠及人次	资源投入	服务产出	群众文化机构
北京市	0.003	-0.003	0.011	0.023	-0.002	0.004	0.011	0.007
天津市	-0.002	-0.050	-0.002	0.001	-0.005	-0.003	-0.002	-0.002
辽宁省	0.009	-0.011	-0.010	-0.005	-0.011	-0.004	-0.008	-0.006
上海市	0.025	0.012	0.077	0.085	0.030	0.038	0.057	0.048
江苏省	-0.011	0.019	-0.010	-0.017	-0.016	-0.001	-0.017	-0.009
浙江省	0.012	0.056	0.045	0.034	0.066	0.037	0.050	0.044
福建省	-0.002	-0.005	-0.011	-0.010	-0.010	-0.006	-0.010	-0.008
山东省	-0.018	-0.024	-0.032	-0.018	-0.018	-0.025	-0.018	-0.021
广东省	-0.002	-0.009	0.001	-0.028	0.005	-0.004	-0.011	-0.007
泰尔指数	0.013	0.029	0.068	0.065	0.040	0.037	0.052	0.044

占比分别为 15.5%、19.5% 和 8.8%。可见，上海、浙江在财政拨款的人均占有率上具有绝对优势，而山东省财政拨款的占比则远低于其人口占比。另外，提供文化服务次数的泰尔指数也很高，为 0.065，仅低于财政拨款的泰尔指数，也是影响东部群众文化机构服务均等化的主要因素，主要原因在于上海、浙江提供的文化服务次数与人口的比值高于其他省份，服务产出效果显著。

（2）中部各省份群众文化机构服务差异较小，财政拨款是差异的最主要影响因素

如表 4 所示，2016 年中部群众文化机构泰尔指数为 0.009，远低于东部的 0.044，说明中部各省份之间的差异远小于东部。由前文可知，中部各省份在全国群众文化机构的资源占有中处于劣势，因此这种均等只是各省份均处于较低水平的均等。其中吉林、湖北等省份的泰尔贡献率为正值，在中部处于优势地位，而河北、河南等省份的泰尔贡献率为负值，处于劣势地位。从资源投入和服务产出来看，吉林、江西的资源投入优势没能转化为服务产出优势，而湖北却能以较少的服务投入产生较好的服务效果，其服务产出的泰尔贡献率为中部最高值。这主要得益于湖北省近年来相关政策措施的制定，如《关于加快构建现代公共文化服务体系的实施意见》《湖北省基本公

共文化服务实施标准（2015 ~ 2020）》等，同时湖北积极推进社会文艺团队建设和“百姓舞台”文体广场建设，动员全社会广泛参与，让服务内容更加贴近群众生活。

表 4　2016 年中部各省份群众文化机构泰尔指数

省份	从业人员	房屋建筑面积	财政拨款	提供文化服务次数	文化服务惠及人次	资源投入	服务产出	群众文化机构
河北省	-0.009	-0.009	-0.014	-0.002	-0.014	-0.011	-0.008	-0.009
海南省	-0.002	-0.002	0.003	-0.002	-0.001	-0.001	-0.001	-0.001
山西省	0.001	0.013	0.002	0.004	-0.002	0.005	0.001	0.003
吉林省	0.035	-0.001	0.031	0.004	-0.002	0.022	0.001	0.011
黑龙江省	0.008	0.006	0.009	0.003	0.001	0.008	0.002	0.005
安徽省	-0.009	-0.007	-0.007	0.006	0.001	-0.008	0.004	-0.002
江西省	0.004	0.009	0.000	-0.005	-0.003	0.004	-0.004	0.000
河南省	-0.002	-0.019	-0.020	-0.002	0.000	-0.014	-0.001	-0.007
湖北省	-0.012	0.014	0.011	0.006	0.017	0.004	0.011	0.007
湖南省	0.001	0.00	0.002	-0.009	0.008	0.004	-0.001	0.002
泰尔指数	0.016	0.011	0.018	0.003	0.005	0.015	0.004	0.009

从各指标来看，中部财政拨款的泰尔指数同样为最大值，说明财政拨款是导致中部区域内非均等化的最主要因素，但其差异远小于东部。其中吉林财政拨款的泰尔贡献率远高于其他省份，而河南、河北则远低于其他省份。另外，中部从业人员的泰尔指数也较高，为 0.016，也是影响中部群众文化机构服务均等化的主要因素，吉林省从业人员数同样占据绝对优势，而湖北、安徽等省份则处于劣势。从服务产出指标看，中部在提供文化服务次数和文化服务惠及人次上的泰尔指数均较小，说明中部各省份在服务产出上差距较小。

（3）影响西部均等化的主要省份是新疆和西藏，最主要影响因素是从业人员

如表 5 所示，2016 年西部群众文化机构泰尔指数为 0.029，在东部与中部之间，西部各省份之间的差异小于东部，但大于中部。西藏、新疆、重庆

等省份的泰尔贡献率为正值，处于优势地位，而广西、四川等省份的泰尔贡献率为负值，处于劣势地位。

表 5　2016 年西部各省份群众文化机构泰尔指数

省份	从业人员	房屋建筑面积	财政拨款	提供文化服务次数	文化服务惠及人次	资源投入	服务产出	群众文化机构
内蒙古自治区	0.003	0.006	0.006	-0.004	-0.005	0.005	-0.004	0.000
广西壮族自治区	-0.016	-0.017	-0.018	-0.013	-0.008	-0.017	-0.010	-0.014
重庆市	-0.001	0.006	0.011	0.006	0.017	0.005	0.012	0.008
四川省	-0.021	-0.002	-0.009	-0.002	-0.005	-0.011	-0.003	-0.007
贵州省	0.000	-0.006	-0.005	-0.009	-0.006	-0.004	-0.008	-0.006
云南省	-0.007	-0.009	0.001	-0.010	-0.003	-0.005	-0.006	-0.006
陕西省	0.003	-0.005	-0.006	-0.007	-0.009	-0.003	-0.008	-0.006
甘肃省	0.012	0.001	-0.001	-0.005	-0.007	0.004	-0.006	-0.001
青海省	0.001	0.000	0.008	0.000	0.003	0.003	0.002	0.002
宁夏回族自治区	0.001	0.006	0.004	0.007	0.005	0.003	0.006	0.005
西藏自治区	0.058	0.023	0.038	0.008	0.003	0.040	0.005	0.022
新疆维吾尔自治区	0.014	0.023	0.004	0.061	0.031	0.014	0.046	0.030
泰尔指数	0.046	0.025	0.032	0.032	0.017	0.034	0.024	0.029

从各指标来看，西部从业人员的泰尔指数是各指标泰尔指数的最大值，为 0.046，说明从业人员是导致西部地区非均等化的最主要因素。西藏从业人员的泰尔贡献率远高于其他省份，而四川、广西等则远低于其他省份。2016 年，西藏人口仅占西部人口总数的 0.9%，但从业人员占比达到了 6.6%；而四川人口占 22.1%，但其从业人员占比仅为 14.3%。可见，西藏在从业人员分配上具有极大的优势，而四川则处于劣势。另外，财政拨款和提供文化服务次数的泰尔指数也较高，均为 0.032，也是影响西部群众文化机构服务均等化的主要因素。在财政拨款上，西藏同样占据绝对优势，广西等省份处于劣势。在服务产出上，

新疆将其资源投入优势转化为良好的服务产出效果，西藏的服务产出效果则不明显，而重庆市则能够把较小的资源投入优势转化为较好的服务产出。近年来，重庆市不断创新公共文化服务方式，提高服务能力，如大渡口区、渝中区积极探索文化馆的总分馆模式，而北碚区则通过利用数字信息技术搭建了群众文化艺术远程培训系统，实现“一人辅导、全区受益”，提高了服务效能。

三　结论及政策建议

通过以上对我国群众文化机构服务均等化的实证分析，得出以下结论。

（一）我国群众文化机构服务存在区域不均衡，近年来非均等化程度加深

从区域间均等化看，东部和西部处于优势地位，中部居于劣势地位，且除“从业人员”外，各指标均与东部、西部存在较大落差，呈现“东西隆起，中部塌陷”态势，近年来这一非均等化态势进一步加剧。从区域内均等化看，东部非均等化程度最深，中部均等化程度最高，但中部各省份的均等只是低水平的均等。基于此，应该从以下两个方面改进。

首先，针对区域间不均衡，尤其是近几年逐步加深的“中部塌陷”态势，中央政府应该从顶层设计层面进行政策调整，加大对中部群众文化机构的政策扶持和资源投入力度，以解决中部发展起点优势和政策资源优势“两不靠”的局面。此外，除了依靠政府的政策资源突破外，中部各省份还应当创新服务机制，如通过政策撬动社会资本投入以及通过政府购买等方式激发民间自发性文艺团体的力量，动员全社会广泛参与，从而实现把较少的资源投入转化为较好的服务产出成果。

其次，针对区域内不均衡，可以构建群众文化机构的区域联盟，实现区域内合作，在技术层面上实现“线上”“线下”两条腿走路。通过组建区域联盟，联合多个省份群众文化机构的优势资源，打破地方性人才、服务资源以及服务能力的限制，实现文化发展成果共享，提高人民群众的文化成果享

有水平。一方面，群众文化机构的基本职责在于提高全社会基层文化活动的组织化水平，指导基层群众活动有序开展。通过区域联盟，就“线下”活动的开展进行交流合作。另一方面，由于我国属于地域比较宽广、群体比较多的国家，文化需求个性化明显，相对于原来的加大投入等传统手段，利用新兴的互联网技术更有助于实现均等化的突破。因此，通过互联网技术将不同省份、不同区域的公共文化资源整合成一个整体，并建立一个统一的公共数字文化资源服务平台，可使得公众能够一站式获取公共文化资源与服务，改变公共文化资源分布不均及欠发达地区资源匮乏的现状。

（二）影响群众文化机构服务非均等化的主要因素是财政拨款和从业人员

首先，无论是从全国、区域间还是从区域内来看，财政拨款均是影响群众文化机构服务均等化的主要指标。2011 年，文化馆（站）实行免费开放后其人员等基本支出由同级财政部门予以保障，开展基本公共文化服务项目所需经费由中央和地方财政共同负担，中部中央财政补贴 50%，西部补贴 80%，对东部实行“以奖代补”。这种经费补贴形式决定了群众文化机构所能获得的经费取决于地方政府的经济实力和中央财政转移支付的比例。地区经济发展水平是群众文化机构发展的基点，经济发展水平差异决定了公共文化服务发展的起点差距，而中央政府财政拨款可以作为调节起点差距的手段，平衡地区差异。但目前中央政府的财政投入方式实际上拉大了这种差距。由表 6 可以看出，尽管 2011～2016 年国家对群众文化机构的财政拨款增长了 85.8%，但地区间的投入差距实际加剧了原来的不均衡状态，2016 年中部的人均财政拨款远低于全国平均水平。东部经济发展水平高，相应的文化事业经费支付能力高，而中、西部的财政补贴比例差距大，导致区域差距进一步加大。另外，东部的上海、浙江等省份的群众文化机构借力发达的地方经济在全国群众文化机构中独占鳌头，西藏、新疆、青海等边疆及少数民族地区由于政府的政策倾斜与地广人稀而占据优势，而河南、河北等省份的经济发展水平则难以平衡其巨大的人口负担，从而处于劣势。

表 6　2011 年、2016 年群众文化机构财政拨款情况

财政拨款	东部	中部	西部	全国
2011 年(万元)	500384.2	274064.7	348423.5	11228724.0
2016 年(万元)	975616.5	471137.7	639891.5	2086645.7
增长率(%)	95.0	71.9	83.7	85.8
2011 年人均(元/人)	10.6	5.4	9.6	8.4
2016 年人均(元/人)	19.9	9.1	17.1	15.1

其次，近几年从业人员的非均等化加剧了群众文化机构服务的非均等化。就目前来看，群众文化机构仍按照行政区划进行机构设置，从而进行人员配置，从业人员数量与行政区划的数量直接挂钩，而与服务人口往往不相匹配。从区域间来看，西部在从业人员配置上占绝对优势，而东部处于最不利地位。就服务人口来看，西部地广人稀，东部人口较为密集。2016 年，东部人口占全国的 35.5%，但其群众文化机构数仅占 22.9%，从业人员仅占 29.4%，而西部以 27.1% 的人口占了 39.1% 的群众文化机构数及 37.1% 的从业人员。目前，这种人口的统计方式还是按照户籍人口进行计算，而实际上东部还承担了更多外来务工人口的服务需求，因此东部在从业人员上的实际缺口应该更大。从区域内来看，从业人员是影响西部群众文化机构服务非均等化的最主要因素，原因主要在于西藏与四川等省份之间的分配差距，西藏地广人稀，而四川作为人口大省，按行政区划进行人员配置而不考虑服务人口，这必然导致两者在人均资源占有上差距极大。

因此，在财政投入上，在加大中央财政转移支付资金投入的同时，应当调整支出比例，重点加大对中部的投入，防止“中部塌陷”形势的进一步加剧；在区域内还应当重点加大对经济欠发达省份、人口大省等省份的投入，以缩小差距。在人员保障上，应该调整原来按行政区划进行编制配置的方式，按照地区实际服务人口调整人员编制；另外，在编制限制情况下，应通过政府购买等方式配备与服务人口相匹配的文化从业人员，以提高服务质量。

2015 年我国提出加快构建“现代公共文化服务体系”，2016 年《公共文化服务保障法》出台，我国进入构建“现代公共文化服务体系”的新阶段，基本公共文化服务“从无到有”的问题基本得到解决，现在到了“从有到优”提质增效的阶段。党的十九大提出我国的主要矛盾发生变化，国民的生存性需求已经得到满足，要实现“人民日益增长的美好生活需要”，必须改善文化这种发展性需求“不平衡不充分”的局面。基本公共文化服务均等化成为构建“现代公共文化服务体系”的基本内涵。而群众文化机构作为“中国特色”的公共文化机构，对于推动基本公共文化服务均等化起着至关重要的作用。因此，应当着力于推进群众文化机构服务均等化，以保障人民群众的基本文化权益，满足人民群众的基本文化需求。

文化领域事权与支出责任划分的国际经验研究及其启示

陈 庚　谢佳彤*

摘　要： 建立事权和支出责任相适应的制度是我国推进全面深化改革的重要杠杆。在文化领域，合理划分中央与地方政府间文化事权和支出责任对深化文化体制改革至关重要。当前，美、德、英、法等西方文化强国已经有较为成熟的经验和模式，形成政府事权与支出责任划分立法、事权范围划分及支付主体明确、财政转移支付制度化等政策经验。借鉴西方经验，明确文化事权与支出责任划分原则、科学划定文化事权与支出责任边界、优化文化领域转移支付制度，是破解我国文化事权症结、推动文化体制改革的重要路径。

关键词： 文化事权　支出责任　公共财政　国际经验

文化领域事权，是指依据政府职能产生、通过法定程序明确的中央与地方政府管理国家文化事务的权力。“支出责任”是指各级政府为提供公共文化服务而必须承担的财政开支及其相关责任。近年来，政府间事权与支出责任划分成为党和国家全面深化改革的重要议题。自 2012 年国务院常务会议

---

* 陈庚，副教授，博士，主要从事文化体制、文化产业与文化政策研究。谢佳彤，武汉大学国家文化发展研究院硕士研究生，研究方向为文化产业管理。

讨论通过的《国家基本公共服务体系“十二五”规划》首次提出“明确政府间事权与支出责任”以来，党的十八届三中全会的决定、2014 年《深化财税体制改革总体方案》、2015 年《关于改革和完善中央对地方转移支付制度的意见》、2016 年《中华人民共和国国民经济和社会发展第十三个五年规划纲要》和《关于推进中央与地方财政事权和支出责任划分改革的指导意见》以及 2018 年《基本公共服务领域中央与地方共同财政事权和支出责任划分改革方案》，对事权与支出责任划分的重要性、划分的原则和方向、具体划分方案和举措等做了层层递进式的政策要求，为中央和地方事权与支出责任划分明确了方向、指明了路径。

在文化领域，分税制改革确立的我国文化事权与支出责任划分机制，总体上顺应了我国文化行业改革发展的体制结构，发挥了以政府力量推动全国文化快速发展的重要作用。但随着社会主义市场经济体制的不断完善和文化体制改革的不断深化，文化领域中央地方事权与支出责任划分逐步出现了边界不清、财权与事权不匹配、事权与支出责任不对应的情况，但目前国家关于文化领域事权与支出责任划分的相关政策要求和具体措施并未明确。因此，优化和完善当前文化领域事权与支出责任划分，就成为深化文化体制改革、推动文化大发展大繁荣的一个迫在眉睫的重要议题。西方发达国家由于较早进入市场经济体制，中央和地方事权与支出责任的划分模式也较为成熟和完善，从西方国家经验分析和理论总结中找寻答案，对优化中国文化领域事权与支出责任划分具有重要的启示和借鉴意义。

一　西方主要发达国家文化事权与支出责任划分模式

目前，以美、英、德、法、加拿大等为代表的西方文化产业强国已形成较为成熟的文化事权与支出责任划分模式，依据其各级政府职能，可大致分为金字塔形、灯笼形、倒梯形、哑铃形结构四种。

（一）以美国为代表的“金字塔形”结构

在部分市场经济高度发达、政策法律体系完善的国家，财政对公共文化的投入呈现中央政府拨款较少、州县政府较多的“金字塔形”的投入结构。美国是这种投入结构的典型代表。

美国政府体系由联邦、州和地方三级政府组成，财政支出范围与各级政府事权相匹配，只有与国家发展战略关系重大的少量事务与支出集中在联邦政府，而区域性和地方性的具体事务与支出则主要由州和地方政府承担。如美国联邦政府负责关系到全国利益的州际事务与公共服务等，财政支出更具有统筹性和覆盖性；州政府通常负责联邦政府事权以外的、没有授权地方政府处理的一切事务，涉及的公共服务内容较联邦政府更为细化；郡县地方政府主要处理当地事务，财政支出具体到本地的各行各业。此外，转移支付是美国联邦政府财政支出的重要形式之一，主要有三类：一是有条件的转移支付拨款，即必须按指定用途和方式使用资金；二是配套性转移支付拨款，即接受资金的州或地方政府需要安排一定的配套资金；三是无条件转移支付，即联邦政府不指定用途，具有财力补助性质，但金额较小①。

具体到文化领域，由于美国实行高度自由的市场经济体制，其文化事权由联邦、州与地方各级艺术基金会担任，并没有政府层面的文化管理机构，但其文化事权与支出责任划分仍大体与美国各级政府的事权与支出责任划分模式相同。中央层面，联邦政府委托国家艺术基金会、国家人文基金会、博物馆与图书馆事业学会、文化协会等第三部门负责资助，鼓励和促进关系全国的文化创新和文化产业发展，注重战略性和引导性。在地方层面，美国州和地方政府也主要由州立和地方文化委员会、文化艺术基金会和协会等支持文化发展，这些地方机构配合政府政策，通过税收激励社会参与本地文化发展，并给予非营利文化机构经费资助，直接迅速地促进本地区文化发展，其

① 文政：《基于中央与地方政府间关系的财政支出事权划分模式研究》，重庆大学博士学位论文，2008。

文化事权涵盖领域较中央层面文化组织更广泛，财政支出也更具体多样。总体而言，美国文化事权与支出责任划分呈现“金字塔形”结构，表现出明显的“重心下移”特征。如2006～2010年，联邦、州和地方政府对艺术的投入比例分别为17.9%、32.8%和49.3%①。

此外，欧洲的西班牙、瑞士等国的文化支出也属于这种结构。2016年，西班牙中央政府在娱乐、文化和宗教领域投入21.93亿欧元，州/区政府28.51亿欧元，市政府73.39亿欧元；瑞士2016年中央政府投入4.74亿欧元，州/区政府16.35亿欧元，市政府29.75亿欧元②，总体都符合重心下移的“金字塔形”文化事权与支出模式。

（二）以德国为代表的“灯笼形”结构

在实行三级财政体制的西方国家中，部分国家的中间层财政（州政府）承担着较大的事权和支出责任，联邦政府和地方政府只承担较小的事权和支出责任，呈现“灯笼形”的财政支出结构。这种结构以德国为代表。

德国《基本法》对联邦、州、地方三级政府所承担的事权做了明确的规定，每一级政府都主要承担本级政府一级行政、财务管理与相关社会事务，涉及全国与国际方面的统筹规划由联邦政府主要负责③。支出责任方面，德国采取“分担分配原则”，联邦和州执行各自事权的费用开支由各自承担；各州执行联邦委托任务的相关费用由联邦承担，但必须专款专用；联邦和州共同承担的职责，由双方协议各方负担的比例；对于超过各州财政负担的事务，联邦政府通过拨款支付的方式给予协助④。在转移支付方面，德国政府采取纵向平衡（上下级政府间）和横向平衡（各州之间）两种方法

① 张启春、李淑芳：《基本公共文化服务财政保障模式——来自国际的经验》，《湘潭大学学报》（哲学社会科学版）2014年第4期。

② 资料来源：欧盟统计局，2016年欧盟各国各级政府在“文化、娱乐和宗教”方面的支出统计，http：//ec.europa.eu/eurostat/statistics-explained/index.php/Government_ expenditure_ on_ recreation，_ culture_ and_ religion。

③ 冯勤超：《政府交叉事权及财政激励机制研究》，东南大学博士学位论文，2006。

④ 冯勤超：《政府交叉事权及财政激励机制研究》，东南大学博士学位论文，2006。

对财政支出进行再次分配①。

在文化领域，德国以州政府为主导的管理特点决定了其事权和支出责任划分的基本模式。德国政府将大多数的文化管理权下放给地方政府处理，州和地方负责本区域内的文化政策、文化艺术支持和区域文化项目资助等。在文化支出责任划分上，德国以州和直辖市政府为主体，联邦和地方政府所占比例较小，呈现“中间大、两头小”的特征，州政府投入占77%左右，联邦政府投入比重保持在13%左右，地方政府的投入占11%左右(见表1)。

表1　德国各级政府2006～2013年公共文化支出及所占百分比

单位：亿欧元，%

政府级别	文化支出	2006年	2007年	2008年	2009年	2010年	2011年	2012年	2013年
联邦政府	金额	10.11	10.66	11.11	12.25	12.45	12.46	13.09	13.34
	占比	12.5	12.6	12.5	13.2	13.2	13.2	13.7	13.4
联邦州与直辖市政府	金额	62.80	64.40	68.29	70.10	—	—	—	—
	占比	77.4	76.1	76.9	76.2	—	—	—	—
地方政府	金额	8.22	9.54	9.41	9.30	—	—	—	—
	占比	10.2	11.3	10.6	10.5	—	—	—	—
合计		81.13	84.60	88.81	91.27	93.80	94.03	94.93	98.92

注：本表参考了2012年德国文化资金投入报告与德国统计局官网2005～2013年各级政府公共文化支出数据。由于德国文化资金投入报告所包含数据只到2009年，且德国统计局官网数据对政府层级的划分与文化资金投入报告并不完全一致，两表仅有联邦政府与各级政府合计投入完全一致，因此2010～2013年德国各级政府公共文化支出缺少联邦州与直辖市、地方政府的具体数据。

*资料来源：德国统计局，2005～2013年公共文化支出，https://www-genesis.destatis.de/genesis/online/data;jsessionid=479F877E9DD78A007BF84D5375C95123.tomcat_GO_1_2?operation=abruftabelleAbrufen&selectionname=21621-0001&levelindex=1&levelid=1525890302851&index=9。

(三)以加拿大、英国为主的“倒梯形”结构

在西方国家中，部分国家的财政文化支出按照政府层级的高低依次递

① 文政：《基于中央与地方政府间关系的财政支出事权划分模式研究》，重庆大学博士学位论文，2008。

减。中央政府（联邦政府）是财政文化支出的主要力量，支出比例一般高达40%以上，然后是州政府，投入最少的是地方（市）政府，呈现一种“倒梯形”的投入结构。这种类型以英国、加拿大为代表。

英国的政府结构较为复杂。英国由准三级政府构成，郡级及以下政府统称为地方政府①，行政结构总体而言以中央政府与地方政府为主，预算结构也主要分为中央预算和地方预算（英格兰、北爱尔兰、威尔士、苏格兰、各直辖市和大伦敦地区以下的郡/市政府预算）。事权方面，英国中央政府负责统一制定重大的全国性财政政策，具体事务绝大部分由中央政府在各地的派出机构承担，地方政府根据自身财力大小提供一些补充性的、地方性的服务②。对地方的转移支付在中央财政支出中占有相当大的比重，地方财政支出的2/3主要靠财政转移支付提供，进而使各地在基本公共服务能力方面达到均等，但均等的范围仅限于“公共产品”，如教育、卫生服务、警察、消防、公路维修等经常性开支部分③。

具体到文化层面，英国的文化事权主要由文化传媒与体育部掌握，从宏观决策出发，确保英国文化艺术独特的竞争优势，保障公民的文化权益，弘扬英国文化艺术，推动文化交流；地方政府则在宏观文化政策的指导下，做出相应具体的促进本地文化发展的举措。在文化支出责任上，由中央政府负责调控英国公共文化与文化产业，地方政府则主要负责本地的文化事务，且大多依靠中央政府的转移支付来达成政策目标。因此，英国中央政府在公共文化支出上所承担的事权与支出责任较地方政府更多，起到的主导作用也更强（见表2）。

---

① 内容参见 GOV. UK：“Understand how your council works”，https：//www. gov. uk/understand-how-your-council-works/types-of-council。

② 文政：《基于中央与地方政府间关系的财政支出事权划分模式研究》，重庆大学博士学位论文，2008。

③ 陈绍飞：《中央与地方财权、事权关系的国际比较研究》，山西财经大学硕士学位论文，2008。

表 2　英国中央与地方政府 2010～2016 年公共文化支出及所占百分比

单位：亿英镑，%

政府级别	文化支出	2010 年	2011 年	2012 年	2013 年	2014 年	2015 年	2016 年
中央政府	金额	73.00	74.00	71.00	78.00	66.00	78.00	64.00
	占比	55.3	57.4	57.3	61.0	58.4	62.4	58.2
地方政府	金额	59.00	55.00	53.00	50.00	47.00	47.00	46.00
	占比	44.7	42.6	42.7	39.1	41.6	37.6	41.8
合计		132.00	129.00	124.00	128.00	113.00	125.00	110.00

资料来源：英国公共支出统计网，https：//www.ukpublicspending.co.uk/year_ download_ 2010UKbn_ 17bc1n_ 807088#usgs302。

加拿大的事权与支出结构划分也属于倒梯形结构。加拿大十分强调文化发展的主体性和主权观念，将在国际、国内一切文化艺术活动中维护加拿大国家主权作为所有文化艺术机构的最高准则①。为达到这一目的，中央政府承担了较大的文化事权和支出责任，2005～2010 年五个年度的联邦政府投入比例都高达 40% 以上，省/地区政府则保持在 29%～32%，市政府占比也较低，占 28% 左右（见表 3）。

表 3　加拿大各级政府 2005～2010 年公共文化支出及所占百分比

单位：亿美元，%

政府级别	文化支出	2005～2006 年	2006～2007 年	2007～2008 年	2008～2009 年	2009～2010 年
联邦政府	金额	35.43	37.23	37.45	40.06	41.64
	占比	42.9	43	40.6	41	41.1
省/地区	金额	24.19	25.64	28.78	30.41	30.23
	占比	29.2	29.6	31.2	31.1	29.8
市	金额	23.06	23.75	26.11	27.29	29.49
	占比	27.9	27.4	28.3	27.9	29.1
合计		82.68	86.63	92.34	97.77	101.36

资料来源：加拿大统计局，2005～2010 年公共文化支出，http：//www.statcan.gc.ca/pub/87f0001x/2012001/t029-eng.htm。

① 王志东等：《文化产业一本通》，山东人民出版社，2013。

（四）以法国为代表的“哑铃形”结构

在西方文化事权与支出责任划分中，还有一种较为常见的类型，即“哑铃形”财政支出结构。在此结构中，中间层财政主体承担的文化事权较小，支出责任也较少，中央政府和地方政府承担更多的文化事权和支出责任。这种类型以法国为代表。

法国是一个比较典型的集权国家，分为中央、大区、省、市镇四级，权力主要集中于中央。各级政府的事权划分如下：中央政府掌管内政、外交、军事、经济、文化等各个方面；大区政府制定本地区发展五年计划，支持本地区发展等；省级政府决定本省的财政预算，负责地方税收，制定城镇规划，管理省内社会经济文化教育等事务；市镇政府负责组织和建立市镇行政机构和其他公共机构，管理辖区内社会经济文化教育等事务。相应的，在文化领域，法国中央文化及通讯部主要负责为各总司和公立机构提供咨询建议，指导文化部的各项改革，制定、协调和评估各领域各项文化政策；地方层面，大区、省、市文化局大多数整合艺术教育、都市计划、社会福利、观光、文化等相关业务，促进文化艺术、遗产等在本地的发展①。

法国各级政府在划分四级政府事权的基础上明确各级政府的支出责任：中央政府主要支出项目分为费用支出（指经常性事务开支）、资本支出（指用于固定资产购置支出）和军事支出三大类；大区财政支出以经济发展和职业培训等为主；省和市镇的支出项目则更为细化，主要包括行政经费、文化卫生事业费、社会福利支出等。除此之外，法国中央财政还通过转移支付支持地方财政，支付方式有两种：一种是一般性的补助，它是不针对某一具体项目、不附加任何条件的财力转移补助，地方政府可以统筹安排。另一种是专项补助金，它是对地方兴修的专项工程的补助②。在整个投入结构中，

① 内容参见：法国文化，http：//www. fjweb. fju. edu. tw/french-culture/culture_ francaise. htm。

② 文政：《基于中央与地方政府间关系的财政支出事权划分模式研究》，重庆大学博士学位论文，2008。

法国中央政府和基层政府对文化投入比例高，中间层级的投入比例较低，是一个典型的“哑铃形”投入结构（见表4）。

表4　法国各级政府2010～2016年公共文化支出及所占百分比

单位：亿欧元，%

政府级别	文化支出	2010年	2011年	2012年	2013年	2014年	2015年	2016年
中央政府	金额	286	291	300	309	301	285	278
	占比	48.7	49.1	49.9	49.3	49.5	49.2	48.9
大区政府	金额	21	18	18	16	16	16	16
	占比	7.3	3.0	3.0	2.6	2.6	2.8	2.8
省级政府	金额	61	57	45	51	45	46	47
	占比	10.4	9.6	7.5	8.1	7.4	7.9	8.3
市镇政府	金额	217	229	238	251	245	232	227
	占比	37.1	38.7	40.0	40.0	40.3	40.1	40.0
合计		585	592	601	627	607	579	568

资料来源：法国统计局，2010～2016年公共文化支出，https：//www.insee.fr/en/statistiques/2839334？sommaire=2839395。

此外，欧洲的捷克、爱沙尼亚、挪威、瑞典、乌克兰都属于哑铃形的投入结构（见表5）。

表5　部分欧洲国家各级财政文化支出情况

单位：亿欧元，%

国家	年份	全国	中央政府	占比	州/区	占比	市	占比
捷克	2010	11.00	3.50	31.82	1.15	10.49	6.34	57.69
爱沙尼亚	2010	2.50	1.37	54.89	0.70	0.28	112.30	44.87
挪威	2010	21.86	9.86	45.14	1.37	6.29	10.61	48.57
瑞典	2010	25.15	11.30	44.94	3.68	14.64	10.16	40.43
	2011	263.25	11.72	44.53	3.94	15.00	10.65	40.47
乌克兰	2010	6.76	2.82	41.77	1.41	20.91	2.52	37.33
	2011	7.60	2.84	37.33	1.85	24.35	2.91	38.32

资料来源：欧洲文化政策与趋势网，http：//www.culturalpolicies.net/web/index.php。

二　西方发达国家文化事权与支出责任划分的基本经验及其启示

（一）西方经验特征分析

1. 政府事权与支出责任划分法定化

政府职责是事权和支出责任划分的基础和前提。首先，各国大多通过法律来确定各层级政府的职责、事权和支出责任，如联邦德国的各级政府间职责和财政支出责任范围，是由《德意志联邦共和国基本法》（即国家宪法）依据分权自治与适当集中统一相结合的原则确立起来的，多年来虽然有局部的调整，但其基本框架没有发生大的变化；其次，明确划分各级政府职能范围和事权，是政府间财政转移支付的前提，如加拿大主要依靠宪法、判例等因素决定各级政府间事权的划分；最后，各级政府职责与财政支出责任范围的调整，也需要通过法律程序进行，如英国的财政转移支付制度，主要是根据各大城市、郡、县等各级政府所承担的不同职能，计算出各级政府实施这些职能所需的资金。各级政府间事权和财政支出责任基本实现了法定化，并细化至文化领域，为全社会文化组织和各级政府提供一种相对稳定的行为规范。

2. 政府间事权划分范围清晰，支出责任主体明确

西方各国的中央（联邦）政府和地方政府均形成了各自主要职责和财政支出责任范围，从实践看，各个国家的中央（联邦）政府文化事权与职责范围大致相同，主要负责涉及国际关系、国家文化政策制定、文化产业发展等重大事项，其余对当地居民的文化生产与生活有直接影响的具体项目，则交由省（州）和地方政府来承担。虽然因国情与文化传统存在差异，各国各层级政府在文化领域的事权权重也有所不同，如美国为确保文化产业自由多样化发展，将文化事权更多地下放至州市政府，而英国、加拿大则更强调本国文化艺术的主权性与独特性，文化事权更多集中于中央政府。但总体而言，各国政府间文化事权的划分都边界清晰、范围明确。由于政府间事权

划分清晰，各类文化支出的责任主体也就更为明确：文化事权下放，则地方政府承担较多支出责任；文化事权集中，则中央政府起到主导作用，有利于发挥各级政府的功能和作用[①]。

3. 事权、支出责任与财力高度匹配

依据政府事权与职责类别，政府支出职责大体可分为四部分：一般服务职责对应支出（政府自身活动所需支出）、公共和社会职责对应支出（直接面向社会提供的各种公共服务支出）、经济服务职责对应支出（经济管理、企业经营活动相关支出）、其他职责对应支出（一般性转移支出）[②]。由于事权边界与支出主体清晰，西方各国不同层级政府各项支出职责划分明确，并与本级政府在相应领域的支付能力相匹配。具体到文化领域，文化事权范围较小的政府层级，其支出责任相对较少；文化事权范围较广的政府层级，其支出责任相对较多，财政政策倾斜度更大，政府可用于公共文化服务发展的财力也更充裕，确保各级政府能完全承担其文化支出责任，有效促进其文化事权范围内的文化发展。如美国地方艺术委员会因需要对接所在地区的艺术团体与具体文化项目，其文化事权范围更广泛且具体，支出责任也更大，但同时也拥有足够的可用于扶持本地艺术团体的财力，支付能力与支出责任相匹配。

4. 多种财政支出制度相互结合，目标明确、重点突出

综合运用多种财政支出方式是国外文化财政支出的成功经验之一，对直接支出和多种转移支付方式的综合运用，既能够保证中央政府政策意图的贯彻执行，又能够充分发挥地方政府的自主权和积极性。但在综合运用多种财政支出方式时也需注意主次轻重，确保各种财政支付方式的政策意图和针对性与国情相吻合。以美国为例，美国政府多利用专项文化资金资助地方文化机构与公共文化服务，较少直接支付某一地区的文化服务建设，其目的主要是实现公共文化服务水平均等化，使地区间文化财政支出差距应保持在合理水平内，促进各州、各地方文化资源合理配置，实现公平与效率的基本统

① 宋立根：《划分政府间财政支出责任的国际经验》，《经济研究参考》2003 年第 34 期。

② 陈绍飞：《中央与地方财权、事权关系的国际比较研究》，山西财经大学硕士学位论文，2008。

一，保证地方政府的文化领域事权与本地区公共文化服务与文化建设能力的大体均衡①。

（二）启示与建议

在政府事权与支出责任方面，我国总体上遵循中央统一领导、地方分级管理、下级服从上级的原则，地方政府事权与支出责任几乎是中央或上级文化事权的延伸和翻版，呈现“上下对口、职责同构”的特征，文化领域也采取相同的模式。随着我国市场经济体制的逐渐确立，以及文化体制改革的不断深入，现有文化事权与支出责任划分存在的问题越发显露：一是中央和地方文化事权与支出责任划分“上下不清”“职能错位”，在一定范围内相互交叉冲突，或者出现“真空”领域；二是职能界限上，政府与市场责任“边界不清”，政府事权行使“越位”与“缺位”并存；三是文化专项转移支付项目种类多、规模小、投入散，监管机制不健全②。尽管我国与西方主要发达国家的国情不同，但在文化事权与支出责任划分方面的一些基本原则和做法，对我国优化文化事权与支出责任划分仍具有重要意义。

1. 明确各级政府之间文化事权与支出责任划分的基本原则

西方各国普遍采用以宪法和其他相关法律条文划分政府间事权与支出责任范围的方法，从根本上确保了各级政府履行职责的有效性与政府间财政关系的协调性③。因此，建议我国在优化中央地方事权和支出责任划分时要统筹安排，协调平衡，以法定事权，以权定责任。第一，要兼顾中央权威和地方积极性，既要避免过多关注全国利益而造成权力过于集中，也要避免过多关注地方或局部利益而造成事权与财力分散。第二，要对接《宪法》《国务院组织法》《地方各级人民代表大会和人民政府组织法》等涉及事权划分的

① 内容参见：纽约艺术联盟，Who Pays for the Arts? —Income for the Nonprofit Cultural Industry in New York City，https：//www. nyc-arts. org/page/arts-research。

② 傅才武、宋文玉：《创新我国文化领域事权与支出责任划分理论及政策研究》，《山东大学学报》（哲学社会科学版）2015 年第 6 期，第 1～20 页。

③ 张瑛：《西方发达国家事权划分与财政支出结构的比较分析》，《中南财经政法大学研究生学报》2006 年第 6 期。

基本法律，积极推进相关专业法、行业法的立法进程，并针对城市与农村政府事权与责任实践经验，建立普遍认同的调整机制和程序，在稳定性和可调整性基础上界定各级政府部门间事权和支出责任划分的原则、种类、范围和权限。第三，要坚持“谁请客，谁买单”，控制并减少事权集中于上级政府、支出责任集中于下级政府的现象，确保各级政府的决策权与支出责任对等。在存在一定交叉管理或“真空”管理的区域，应当按照能力对等原则，在地方政府能力与管辖范围内的事务由地方政府负责，超出其能力与管辖范围的情况则由上级或中央政府出面协调。

2. 科学划定文化事权与支出责任边界

西方经验表明，事权与支出责任划分的关键在于明确边界，主要包括政府与市场的边界，以及中央和地方的边界两大内容。在政府与市场边界方面，根据我国对文化事业与文化产业的区分原则，涉及公共文化服务的“文化管理”“公共文化服务”“文化遗产保护”“文化交流”等公共产品由政府承担主要支出责任，保障人民群众的基本文化权利；涉及文化产业的经营性产品交由市场自行组织生产和销售，为人民群众提供多样化的文化服务。除此之外，各级政府可以自身为主导，广泛动员、鼓励引导各类文化企业、社会组织和个人以多种形式参与文化市场建设开发，构建政府投入、民间参与、社会兴办等多元化的文化服务投入与文化市场发展新机制。

在中央和地方事权与支出责任划分方面，要结合不同层级政府的比较优势，清楚界定各级政府相应文化事权与支出责任，明确划定政府与市场边界。在各级政府职能划分层面，可以根据“受益范围”“行动效率”“技术难度”三项标准，将需要财政保障的文化事权和支出责任划分为“中央事权、中央承担支出责任的事务”“地方事权、由地方承担支出责任的事务”“中央为主、地方协同，共同按比例承担支出责任的事务”和“地方为主、中央补助（奖励）的事务”四大类①。

① 傅才武、宋文玉：《创新我国文化领域事权与支出责任划分理论及政策研究》，《山东大学学报》（哲学社会科学版）2015 年第 6 期，第 1 ~ 20 页。

3. 优化文化领域财政转移支付制度

在传统支出体系外建立专项转移支付制度是西方国家的通行做法。对我国而言，文化领域的转移支付制度尽管在不断成熟和完善，但仍存在着专项多、项目分散，以及监管不力等问题。因此，建议要清理和规范现有文化专项转移支付项目，厘清中央与地方政府各自需要充分保障的文化事权与支出责任，加大以中央投入为主的转移支付力度，确保地方政府财力与其文化支出责任相匹配。同时，属于中央地方共同事权的事务，要优化当前支出责任分担比例，将支出责任适度上移；属于中央政府文化事权但委托地方政府管理的事务，中央设立专项转移支付，承担支出保障责任，同时建立健全对地方政府的管理绩效的考核规范①。

三　结语

党的十九大报告提出，深化文化体制改革，完善文化管理体制，是推动社会主义文化强国建设的必要途径。文化体制改革的不断深化，既要关注于本体的文化行业体制和政府管理体制的完善和优化，还必须建立与之相适应的财政保障体系，也即要进行科学合理的文化事权与支出责任划分，才能充分发挥财政在文化改革发展中的杠杆作用，对文化的大发展大繁荣起到助推作用。反之，即便建立了完善的适应社会主义市场经济体制的新型文化体制结构，但囿于财政体制的不配套或滞后，文化的改革发展也难有持续的内在动力。美、英、法、德、加拿大等西方文化发展强国科学合理的文化事权与支出责任划分，为其文化发展提供了重要保障，尽管中外存在着管理模式、发展基础、财政体制等方面的差异，但其部分普适性经验对我国文化事权与支出责任的划分仍有重要借鉴价值。从西方国家寻找经验，结合我国实情进行改造或优化使用，仍不失为推进我国文化改革发展的一条可行道路。

① 傅才武、宋文玉：《创新我国文化领域事权与支出责任划分理论及政策研究》，《山东大学学报》（哲学社会科学版）2015年第6期，第1～20页。

关于提升文化馆（站）服务效能的对策与意见探究

唐健春*

摘　要： 由于我国区域经济文化发展不平衡，地区间发展差异大、城乡二元化结构明显，公共文化服务体系建设和发展形成了差异化格局，公共文化服务仍然面临着诸多不协调、不匹配、不一致的矛盾。要想切实解决面临的问题，补齐文化馆（站）建设中存在的短板，提升公共文化服务效能，就需要进一步明确责任，认准目标，在实践中不断总结经验，促进现代公共文化服务体系的科学化、规范化发展。本文围绕提升文化馆（站）的服务绩效展开探索，提出落实政府主体责任，加强行业监管，完善评估机制以及扩大文化服务机构影响力等一系列有效路径。

关键词： 公共文化服务　文化馆　文化站

现代公共文化服务体系建设是传播先进文化、引领时代潮流、提升公民文明素质、弘扬社会主义核心价值观的重要载体和平台，也是充分保障人民

---

* 唐健春，研究馆员，编剧、导演，四川省文化馆副书记、副馆长，四川省公共文化专家库专家，中国戏剧家协会会员，四川省戏剧家协会理事，四川省作家协会会员，四川省群众文化学会副会长，四川省社会音乐研究会会长，四川省社会舞蹈研究会会长等。长期从事文艺创作、戏剧评论、公共文化理论研究和大型文艺活动组织策划。

群众基本文化权益的重要载体。加快推进公共文化服务体系标准化、均等化建设步伐，切实满足老百姓对美好生活的新期待，让人们享有更多的文化获得感，这是各级政府的基本责任，也是全社会的共同诉求。当下，公共文化服务体系建设与过去比较已经发生显著变化，尤其是在硬件建设与经费投入上，基本度过了“有没有”的建设状态，但是在向“好不好”的新时代发展阶段迈进过程中，公共文化服务体系建设和服务还面临着诸多不协调、不匹配、不一致的建设和发展矛盾。要想有效提升文化服务效能、满足社会需求，需着力补齐文化馆（站）事业建设短板，促进现代公共文化服务体系科学化、规范化发展。

一　公共文化服务效能化建设的制度基础基本形成

随着公共文化时代的到来，我国文化建设和发展跨入了新的历史时期。公共文化最显著的特征和最重要的价值是明确了公共文化服务体系建设责任主体，厘清了基本定义，定位了各关联方的职能职责，进一步明确了政府主导、社会参与及保障人民群众基本文化权益的基本原则，建立和完善了一系列的基本制度和推进措施，为促进现代公共文化服务体系建设作出了制度安排。

2017 年 2 月 23 日，文化部发布《文化部“十三五”时期文化发展改革规划》，公布了国家“十三五”时期文化建设的总体要求、目标方向、主要任务及重要举措，其中重点规划了现代公共文化服务体系构建的目标和内容；2017 年 5 月，中央颁布了《国家“十三五”时期文化发展改革规划纲要》，描绘了“十三五”时期我国文化发展改革蓝图，以及创新公共文化服务运行机制，构建普惠性、保基本、均等化、可持续的现代公共文化服务体系的内容；2017 年 9 月，中宣部、文化部等发布了《关于深入推进公共文化机构法人治理结构改革的实施方案》，着力优化体制机制，不断增强运转活力；2017 年 7 月 7 日，文化部发布《“十三五”时期公共数字文化建设规划》。这一系列的发展规划和实施方略从提高建设水平、优化运转方式、创新体制机制、保障产品供给、提升服务效能等多方面提供了政策引领并绘制了发展蓝图。特别是2017年3月1日颁布的《中华人民共和国公共文化服务保障法》，为进一步推动公共文化服务体系的建设和发展夯实了制度基础。《中华人民共和国公共文化服务保障法》的颁布是公共文化服务体系建设和发展进入法治化轨道的重要标志，其根本的出发点和落脚点是消除差别，实现均等，让人民群众充分享有公共文化服务，提升广大人民群众的文化获得感和满意度，为保障人民群众的公共文化权益提供了法制保障。

二　文化馆（站）效能化建设的现状和存在的问题

当前，公共文化服务效能化建设是社会普遍关注的热点问题，但公共文化服务体系表现出的效能低下也是客观事实。公共文化服务效能不高的问题应该只是其表象，更深层的原因是建设基础不牢，如果基本建设不完善、要素聚合不充分，仅片面地强调提升服务效能是缺乏现实依据的。通过系统分析可以发现公共文化服务效能低下的原因，除了文化馆（站）自身存在服务低效问题之外，建设基础薄弱才应该是主要原因，如果只把目光定格在服务效能低下的现象中，而忽略对导致公共文化服务低效现象背后的本质因素的研究与破题，这对于公共文化建设补短板、提效能是没有多少实际帮助的。因此，本文对文化馆（站）服务绩效水平影响因素进行了深入剖析。

（一）公共文化建设方面存在短板

《中华人民共和国公共文化服务保障法》明确，各级政府是履行公共文化服务体系建设的责任主体，在公共文化的建设上，各级政府既是公共文化服务体系建设的资源保障方，也是优质公共文化产品的提供方，还是公共文化服务效能的监管方。因此，公共文化建设水平和效果也更多地取决于政府的主动性和积极性，各级政府是否充分履行了主体责任，是公共文化服务体系建设水平和质量最直接的体现。

1. 发展不平衡，地区之间公共文化建设基础存在差异

总体来说，我国在经济发展上存在区域差距，地区之间经济发展不平衡的矛盾较为突出，因而存在东部和中西部不同区域经济发展差别。现阶段来看，东部地区经济发达，民生水平相对较高，而中西部地区受经济发展落后的制约，民生水平相对较低。经济发展实力不均衡的现状，表现在公共文化建设上也形成差异化格局。客观上讲，从文化建设现状来看，经济发达地区，文化设施建设水平要高一些，公共文化产品供给和服务的效果相对而言也要好得多，东部地区在文化建设方面表现出资金足、建设优、供给畅、效果好的优势；而中部、西部地区由于受经济发展实力弱的拖累，在文化建设上一般极易出现建设不优、资金短缺、设施闲置、供需错位现象。我国公共文化服务体系建设水平存在的差异，导致区域不平衡、地区不平衡、城乡不平衡矛盾比较突出。

2. 认识不同步，政府主体责任履行效果不一致

文化建设缺位与其说是受制于经济水平，不如说更多地体现在政府对发展的认识差距和责任担当不足上。文化发展意识不仅表现在认识水平上，也反映在发展方式上，在政府主体责任得到基本落实的地区，其公共文化建设基础就比较扎实，人民群众的基本文化权益就能够得到良好保障。很多地方往往是基于政府及其首脑的主观意愿进行公共文化建设，而不完全是基于对文化自身建设发展的内在需求。多年来，在经济社会发展中，一些政府仍然存在“重经轻文”“重经损文”发展理念，文化长期被视为“软”的发展方式而不受重视。特别是在一些经济欠发达地区，经济是发展“硬”指标，是突出政绩的重要抓手，也是对干部考核的具体指标，因而常被政府抓在手上追踪落实。而相对来说文化是“软”指标，既无考核要求，也无发展压力，因而长期容易被忽略。

3. 建设不充分，公共文化服务体系建设实效性不强

我国早就颁布了文化馆（站）建设标准，但是实际建设状况和整体运转效果并不乐观。文化馆（站）建设由于存在制度性保障不足等种种问题，已呈现资源配置严重不均现象，从而对提升服务效能造成了极大困难。

首先，是文化基础设施建设不达标，同时存在切实利用起来、可持续性地有效运转困难的问题。其次，责权不明晰，定位不精准。部分政府机关在管理职能与公共文化服务机构之间的责权边界、履职方式还不够清晰，运行机制的科学性还有待提高，在具体运转过程中“管办不分”“责权不明”的现象依然存在。这些现象都严重影响着文化服务体系建设时效性的增强。

（二）文化馆（站）服务效能存在短板

公共文化服务体系建设的出发点和落脚点最终都体现在服务上，公共文化服务效能理应是社会最关注、政府最关心的现实问题。文化馆（站）建设水平和发展现状当下最突出的问题表现在有的机构功能作用发挥不足、建设基础质量不高、管理质量不高、运行效果不好、群众满意度下滑等方面。

1. 定位不精准

综合来看，文化机构体系分层不明确、职能不分明、建设无标准成为文化馆（站）业务建设和日常运行中的发展枷锁，使其显得进退失据。尤其是在基层，由于基层文化资源相对较少，政府可利用的资源有限，为了应付繁重的工作任务，容易将有关或无关的工作一并交由文化馆（站）来完成，使其任务不断叠加，工作超负荷运转，导致文化馆（站）该干的事没有干好，不该干的事又推脱不掉，长期延续着上级安排什么工作，自己就机械式完成任务的局面。缺乏严格的功能定位，文化馆（站）变成了政府部门的“预备队”，充当着应付各种临时应急任务的“替补队员”，而对自身建设、发展规划、人才培养这些推动事业发展所不可缺少的主要职能任务却无力关注、无心顾及，极易导致文化馆（站）主业荒废、基本建设脱轨。

2. 功能不完善

文化馆（站）业务功能逐渐单一化矛盾日渐突出，使自身的服务功能、社会效能危机隐现。依照业务规范，文化馆（站）涵盖开展阵地建设服务、策划开展文艺活动、实施文艺培训、指导群众文艺创作、从事基层调研暨学术研究等业务类别。从以上几大项分类来看，当下各级文化馆（站）的自身建设状况和要素配置结构要实现与上述分类相适应的功能配置，并达到业务规范所要求的履职标准显然是很困难。

一方面，文化馆（站）业务宽泛度和涵盖面已极大地超越其自身建设规格；另一方面，其自身实际能力和资源配置方式支撑不了这庞大无边的功能定位和任务需求，因而很容易陷入一种尴尬的现实际遇——社会需求度高、服务供给不上的窘境。比如：从艺术普及业务分类上看，文学、戏剧、曲艺、音乐、舞蹈、美术、书法、摄影等都是艺术普及的职能范畴，但是其自身的建设水平和现有资源配置状况无法支撑这些基本功能的有效发挥。当下，在文化馆（站）日常的业务活动中，基本能够实现业务全方位覆盖的文化机构十分稀少，能够达到行业“标配”的更是凤毛麟角。因此，很多文化馆（站）在开展的阵地业务活动中，活动内容与开展方式仍然无法摆脱“音乐舞蹈、唱唱跳跳”的单一循环模式，这种现象不仅反映出文化馆（站）业务功能逐渐单一化，同时也表明公共文化服务机构引领社会文化发展的能力在逐步萎缩。而由于资源短缺，文化馆（站）在发挥业务功能时难以达到应有的功能化、标准化。对社会资源的过度依赖，反映出文化馆（站）处于自身能力弱化、创新意识匮乏的惯性发展模式中。

3. 服务不充分

现行体制中，文化馆（站）专业化的业务考评办法还没有有效构建，常态化考评也只注重行政化而忽略专业性，如自身建设、功能作用、队伍素质、绩效评估这些关乎事业发展、专业实力、社会影响面等最本质的检验标准基本缺失。这就导致文化馆（站）的自身建设和事业发展不是按照行业指南或业务规范的方式运转，很多时候只能是依照文化馆（站）长个人的思维方式、兴趣爱好在推进工作和开展业务建设，馆（站）长的个人素养、自身能力和行事方法便决定了公共文化服务机构的整体实力以及事业发展格局。很多机构在工作开展或实施重大文化项目中，只有短期安排、没有长远规划，只顾眼下完成任务、不重提升质量日渐成为日常运行中的惯性驱动程序。

三　文化馆（站）效能缺失的历史成因

从历史角度来看，作为与共和国同时代建设的文化馆（站）经历了漫长的发展历程，尤其是在计划经济发展阶段，群众文化事业走过了一段曲折的发展道路，由于当时经济发展水平有限、财政投入不足，文化馆（站）自身建设发展受到很大影响。进入公共文化时期后，政府责任能力逐渐增强，文化投入不断增加，尤其是在基础设施建设、财政资金保障、资源配置上都有了较大的改善，给文化馆（站）事业发展带来了转机。但是不可否认，从计划经济向市场经济过渡，在群众文化向公共文化转型中，虽然文化馆（站）摆脱了生存处境，但客观来说，其自身建设和事业发展还没能真正实现与新时代同步转型并轨、发展升级。因此，今天的文化馆（站）建设现状于市场经济发展要求而言，无疑还表现出诸多不适应、不匹配的状况，无论是发展理念、自身建设还是运转方式、服务效能等，诸多方面还负载着长期积累的历史欠账，管理机制上还遗留着一些陈规积习，在应对公共文化服务现代化建设的挑战中准备得还不够充分，没有达到政府和社会公众对文化馆（站）服务效能化建设的期望。

（一）自身建设受限，履职能力不足

公共文化服务领域内，与博物馆、图书馆相比较，文化馆（站）是最为特殊的建设系统。一方面是机构众多、体系完备。它在省、市、县、乡、村五级公共文化服务网络中实现了全覆盖，无论是城市还是乡村角落，无处不在的文化馆、站、室遍布城乡。另一方面是任务繁重、职能边界模糊，任务容量远远超越了自身建设水平和承载能力。一是体量庞大，而结构松散。尚未构建起一整套适应自身建设需求和促进行业发展的系统化、标准化、规范化的理论支撑体系，由于学科建设滞后，其发展理念和建设方式缺乏应有的支撑点和驱动力。二是缺乏符合“全民艺术普及”任务需求的专业人才队伍。文化馆（站）是专门从事群众文艺组织、辅导的专业文化机构，其

作用是向全社会提供优质、高水准的艺术指导服务，专业人员的基本个人素养、基本专业技能这些基本从业标准、业务要素规范尚待完善。

（二）观念略显陈旧，发展方式粗放

虽然公共文化服务运行多年，但是文化馆（站）的发展理念、建设标准、运行方式、服务意识与公共文化发展要求和最终目的之间还存在距离，表现出“工作导向展不开”“发展节奏跟不上”“服务社会接不拢”现象。除了客观存在的困难因素之外，这也与行业内长期形成的固守陈规而疏于创新，只重眼前任务而缺乏发展远见的职业素养和规划能力密切相关。从群众文化向公共文化过渡，不是简单的名词变换，要真正实现转型升级，需要造就一批拥有新思想、学习新方法、掌握新技术、运用新手段、走在最前沿的优秀行业领路人和懂管理、有专长的复合型人才队伍，现有的“守门员式”选人方法、“保姆式”管理模式，“外行管内行”的建设格局与现代公共文化服务体系建设要求的科学管理、效能优先原则还不完全适应。

（三）体制机制僵化，运转活力不足

近年来，政府加大投入，改善了公共文化服务机构的生存条件，加强了资源保障，使过去的“僵尸机构”逐渐在苏醒，“空载模式”得到改变，公共文化服务设施实现了有效运转。但是，公共文化服务基本运转起来以后，公共财政的供给效能原则还没能完全建立起来，公众的服务需求也没被充分挖掘，机构自身建设、运转能力不足，在供需对接上与社会大众文化需求之间具有一定的差距。一方面是体制僵化、机制不活、管理方式粗放。计划经济管理模式和平均主义分配方式以及“大锅饭”等导致的“不作为”“慢作为”现象，延缓了公共文化服务的效能提升速度；另一方面是建设模式陈旧，激励机制缺乏。公共文化服务机构体量大、效率低，人数多、人才少，创造创新实力不济，导致公共文化产品供给在质与量上都存在严重不足。因此，在新的职责任务发生巨大转折面前，文化馆（站）自身适应新形势、转变新职

责、完成新任务的能力略显欠缺，与新时代新要求和社会公众的新期待还没能实现有效接轨，自身从旧的建设格局向新的发展方式的过渡还没有能够完全到位，这是其难以补齐却又不得不补齐的发展短板。

四 加强文化馆（站）效能化建设的策略及建议

（一）进一步落实相关主体的法定责任

1. 落实政府主体责任，强化政策引领作用

强化政府的主体责任，是加强公共文化建设基础、提升公共文化服务效能的前置条件。推动各级政府的主体责任有效落实，具体表现在建设规范和保障机制上，关键是找准功能定位、规范基础建设、保障资源配置，切实优化各级文化馆（站）系统以前长期不规范、无规则的运行环境。充分发挥政府在政策引领、制度设计、基础建设、规范管理、优化考核等方面的基础性作用，确保法律明确的建设责任能够得到有效的落实。

2. 加强行业监管，完善评估机制

一是制定科学设计标准，构建行业运行考评机制。大力加强政府统筹协调，解决多头管理、资源分散问题，建立公众参与评价制度、需求征询制度，落实以人民为中心的思想。二是加快构建政府主导、社会公众参与的评估机制，增强广大群众对公共文化机构的“艺术普及”满意率测评。公共文化服务以保障人民群众基本文化权益为目的，群众认可度和满意率就是最根本的检验标准。公众的公共文化需求能否得到有效满足，群众对专业艺术活动的参与能不能得到基本保障，对公共文化产品是否满意，这是公共文化服务中必须要面对的问题。要进一步切实提高效率，扩大服务面向，提高社会公众和服务对象评价的权重，在实际工作中、在具体实践中检验专业技术人员的从业素养、技能水平和专业能力，锻造务实作风，锻炼实战能力，扩大社会的影响力，提升人才队伍建设的“含金量”，大力推进公共文化服务的效能化建设。

（二）加大文化馆（站）服务效能建设力度

1. 加强自身建设，扩大社会影响面

第一，完善公共文化服务阵地功能。创新服务模式，进一步建设和完善固定设施，提升文化阵地优化率，扩展文化阵地辐射面，强化阵地服务的专业性，让群众“愿进来”“进得来”“留得下”，把公共文化阵地建设成为区域协调“联络点”、规划统筹“大本营”、指导服务“中心站”、人才资源“信息库”的开放的众望所归的“文化资源运转中枢”。第二，优化公共文化产品供给内容，有效整合、利用社会资源。在内容上要全方位、多门类输送产品。要积极探索人力资源保障机制，建立“文化志愿者”服务机制，整合社会资源，激活民间文化活力，吸引觉悟高、技能强、有专长的社会骨干力量参与文化传播。第三，形成支撑基本服务能力的基础资源规模和结构，推动资源的流动与共享。形成文化资源的整合效应，共建共享，实现公共文化服务均等覆盖、全域到达。第四，整合信息资源，改变文化信息“孤岛效应”。加快数字化传输平台建设步伐，加大文化传播力度，切实让信息流动起来，让资源活跃起来，打造文化信息快捷化、便利化的传输方式，充分发挥文化馆（站）的功能作用。

2. 加强能力建设，提升社会认可度

在公共文化服务中，要切实强化自身建设，提升公共文化产品和服务供给能力，做到专业设施有效配置、专业技术有效保障、专业人员有效配备、专业服务有效到达，提升广大群众的满意度。文化馆（站）承担着全民艺术普及任务，对职责范围内的业务工作，要克服资源短缺、队伍不齐、人手不足等问题，对本职业务职能职责进行全方位、无漏项的全域覆盖、有效运行。可以通过构建培训机制，从提升队伍素质以及优化人才环境入手，优化配置专业化人员，提升文化馆（站）的专业水准和履职能力。

（三）推进职业化建设进程

文化馆（站）亟待构建从业标准和严格的评价规范，改善从业领域专业人才队伍素质参差不齐，职业精神弱化，管理方式松懈，“本领恐慌、能力危机”现象。

1. 改变管理团队“非专业化现象”

职业素养，既是实现专业化发展的保证，也是实现专业队伍建设的前提。推动事业的有效发展，得益于科学化的规划、专业化的管理、效率化的实施，要取得良好的发展效果，需要构建职业化建设标准。文化馆（站）存在着的管理团队职业化程度不高、专业能力不强的矛盾和问题极大地降低了专业文化机构的职业水准，弱化了专门行业的权威性。

职业意识体现在管理制度化、运转效能化、用人科学化、评价标准化、激励规范化上就是要符合职业规范和职业要求。还要建立职业标准：公共文化服务的提供方式、提供内容、提供质量，应该符合职业规范标准，而不是仅凭服务单位管理者的主观理解随意施行。要提升职业素养，就要具有“人事相宜”的资质，说“内行”话、办“内行”事，切忌瞎指挥、乱作为。职业素养要求在进行日常管理、实施重大项目、使用调配人才等方面都具备职业水准。

2. 消除专业队伍技能平庸状况

当下文化馆（站）专业队伍的从业情况令人担忧，人才队伍的专业化水平不高，社会影响力、引领性难以达到广泛社会认同，从而导致一系列制约文化馆（站）事业发展的“现象”出现，比如“专业不专”现象、“能效不符”现象、“人岗不适”等现象，拉低了公共文化专业机构的艺术权威性和社会号召力。要提升文化馆（站）的自身能力，需要着力完善机制、改革现状、推动发展。第一，加强专业化建设，严格从业上岗标准。第二，强化制度标准，优化管理机制。第三，强化认证标准，切实改变“非专业人员”担任“专业职务并从事专业管理”状态，消除“人岗不适”现象。

（四）切实加大社会公众对公共文化服务效能评估的权重

公共文化产品及服务对象是广大社会公众，公共文化产品及服务供给是否精准、对接是否到位，公众的满意度有多高、获得感有多强，对此最关注、最明白的是社会公众。公共文化服务效能高表现为公共文化产品及服务能有效抵达社会公众，公共文化服务机构创新服务方式，打通供需对接障碍，提高服务社会的质量和效果，增强服务社会的自觉性，有效缓解社会旺盛的文化需求与公共文化产品量少、质劣的矛盾。一要推进公共文化机构法人治理结构改革，切实建立以理事会为主要形式的法人治理结构，进一步健全社会有效进入机制，扩大社会参与面，增强运转活力，提高供需对接精准性，转变公共文化机构“封闭式”的行政化运行模式。二要有效建立社会公众参与公共文化服务效能评估机制，解决公共文化服务社会评价权重缺失状况，强化公共文化服务供需对接的绩效评估和反馈，形成需求倒逼，提升公共文化服务社会化水平、满足社会公众在参与公共文化服务过程中的诉求，强化其权益意识，推动现代公共文化服务体系标准化、均等化建设。

五　结语

公共文化服务效能化建设既是国家总的要求，也是法律的明确规范，更是人民群众的迫切期待。提高公共文化服务效能，就需要研究困扰效能化建设的矛盾和问题，找准公共文化建设中效能缺乏的根本症结和难点，针对制约效能提升的顽症和积弊，切实破题。存在的矛盾和困难，既有主观方面的原因，也有客观方面的原因，尤其是体制机制方面的基础性难题，客观上说已经超越文化馆（站）自我解决问题的能力，需要从顶层政策设计和制度建设层面去破除制约公共文化服务效能提升的症结。总之，公共文化服务效能化建设，是一个复杂的系统工程。首先，需要政府的充分履职，只有各级政府的公共文化建设主体责任能得到有效落实，公共文化服务体系建设基础才会牢固，提升公共文化服务效能才有物质依托。其次，公共文化服务机构是提升公共文化服务效能的直接责任单位，应该在政府强化建设基础的前提下，强化内部管理，优化人才队伍，创造优质品牌，提升服务水平，打造与经济社会发展相匹配的人民群众广泛参与、积极认同的现代公共文化服务载体和平台。

公民阅读权利保障的法治化进程：构建、更新与实施

张春春*

摘　要： 近年来，我国公共文化立法进程加快，立法体系不断完善，进一步规范了公共文化服务机制建设并有效促进了我国公共文化服务体系完善。本文梳理了国外及我国公民阅读权利保障法治化的进程，提出依法治理、依法办馆、依法享用从法制化走向法治化的观念革新思路，并从精准配料、优化结构、主体转型、加强意识等方面提出了推进现阶段我国公民阅读权利保障的实践措施。

关键词： 公民阅读权利　法治化　全民阅读　公共图书馆

习近平同志在党的十九大报告中，做出“中国特色社会主义进入新时代，我国社会主要矛盾已经转化为人民日益增长的美好生活需要和不平衡不充分的发展之间的矛盾”的重大战略判断，同时提出“满足人民过上美好生活的新期待，必须提供丰富的精神食粮”。进入新时代、化解新矛盾、满足新期待，必须在推动高质量发展的基础上进一步保障公民的基本文化权利，阅读权利是公民最基本的文化权利。由此可见，无论是政府决策还是公民的心愿都表明了这样一个不可否认的事实——公民阅读权利保障的法治化

* 张春春，副研究馆员，黑龙江省图书馆业务管理办公室副主任，研究方向为阅读权利、信息公平等，主持国家社科基金项目1项、省艺术科学规划项目1项，已发表论文7篇。

趋势势不可当。

从公民阅读权利法治化的实践道路来看，包括法的制定与法的实施两个环节，而两者之间需要通过更新观念来使政府行为更能满足公民的文化需求，使公民更了解法治化建设与自身应享有的阅读权利，使相关责任者更能找准实施方向，从而提高公民阅读权利责任主体的参与度以及责任主体之间的黏合度，依法保障公民阅读权利。

一　体系构建：全民阅读立法溯源

（一）国外阅读权利保障法治化进程及经验

1. 韩国

早在20世纪60年代，韩国全民阅读活动开始兴起，整个社会掀起了关于“为提高素质而阅读”的政策热潮。对于全民阅读的推进，可见于其阅读权利保障法治化进程。1963年，韩国颁布了《图书馆法》，截至2006年，该法共被修订11次；2007年，“读书振兴”正式从图书馆的法律框架下分离出来，由国会设立了《读书文化振兴法》，经两次修订成为今天的《阅读文化振兴法》。回溯韩国阅读权利保障的法治化进程可以发现，阅读权利保障从具体活动、基础建设层面上升到了文化的高度。在国家立法的带动下，韩国许多市、区都设立了本地区的阅读文化振兴条例与计划，这些法规在保障全民阅读促进机制的稳定性的同时，也增强了机制内部的不断繁衍和创新能力。

纵观韩国阅读权利保障的法治化进程，可总结出如下经验：第一，明确政府的职责。韩国在阅读权利保障的法治化进程中，始终将阅读权利的保障归为政府责任，这使得无论是国家层面的法律还是地区的条例与计划都发挥了最大效力，这也反映出其法治化的目的，即促进全民阅读、保障阅读权利是提升国民智力、提高国家软实力的政府根本任务之一。第二，法律体系具有灵活性。韩国在阅读权利保障法律建设过程中，充分体现了长期性和计划性，而反观具体的法律条款，并未进行细枝末节的规定，这给法律的实践带来了可操作的空间及便利性，而其长期规划又有效地限制了它的操作空间。

2. 美国

美国是最早且最成功推进全民阅读的国家之一，尤其是其对未成年人阅读权利保障的推动非常出色。1983 年，美国国家优质教育委员会向政府和教育部提交了一份教育报告《国家在危急中：教育改革势在必行》，引发美国政府及社会各界深刻反思。1997 年，克林顿总统做了推进全民阅读的报告，同年发起了“美国阅读挑战”（America Reads Challenge）计划，并成立了美国阅读挑战办公室，签署了“美国阅读工读项目”（America Reads Work-study Program）。之后，美国在阅读权利保障的法治化进程中身体力行三十年，留下了不少可供借鉴的宝贵经验：第一，尤其关注对未成年人阅读能力的培养。通过其为数不多的阅读立法可以看出，美国政府认为未成年人阅读能力的培养关乎未来在全球竞争中的竞争能力及所能承担的社会责任。第二，具有引导性和保障性。美国的各项阅读法案在推动并指导阅读的同时也关注到了对阅读权利的保障，而非强制阅读。

3. 日本

2013 年，经济合作与发展组织发布了首次“国际成人能力评估计划”调查报告，结果显示：在阅读能力方面，日本成人居首。之所以领先，得益于其优秀的阅读推广活动及发达的出版业、借阅设施网络的保障。从国家和政府层面建立促进阅读的机制起步于 2000 年后，2001 年日本国会通过了《少年儿童读书活动推进法》，2002 年日本内阁发布了《推进少年儿童读书活动基本规划》，2005 年通过了《文字及印刷品文化振兴法》。有了法规的保障，日本阅读推广工作在资金上有了保障，并把保障阅读权利上升到国家文化振兴的战略层面。

从日本阅读权利保障的法治化进程中，我们可以总结出如下经验：第一，构建了较完备的立法体系。从日本的法治化进程来看，并没有一部较全面的阅读法律，但公民阅读权利保障的理念从阅读推广活动到法律实施贯穿始终，多部法律都对保障阅读权利有所体现，它们相互配合，构建了较完备的立法体系。第二，关注未成年人阅读。与美国相类似，日本有关阅读的立法主要集中在对未成年人阅读能力培养和阅读推广活动上，这得益于起步较早的未成年人阅读促进活动实践。

（二）我国阅读权利保障法治化进展

与之相比，我国阅读权利保障的相关工作起步较晚。本文对我国与阅读权利保障相关的法律、法规、文件进行了解，以政府文件为主、其他全民阅读相关信息为辅，结合全民阅读活动开展情况，整理我国全民阅读的立法实践，在总结国外阅读权利保障法治化的发展历程及成功经验的基础上，梳理我国阅读权利保障的法治化进程，大致可分为如下几个阶段。

第一阶段：酝酿期（20 世纪 90 年代至 2014 年）。20 世纪 90 年代，我国全民阅读活动开始起步。1997 年，中央宣传部、文化部、国家教委等九部委发布了《关于在全国组织实施“知识工程”的通知》，它以发展图书馆事业为手段，旨在提高整个民族的思想道德素质和科学文化素质。2006 年，中央宣传部、文明办等十一部委向全国发布了《关于开展全民阅读活动的倡议书》，提出了“全民阅读”，倡导推广“世界读书日”。我国在党的十七届六中全会决议（2011 年）、党的十八大报告（2012 年）、2014 年政府工作报告中都明确提出了开展全民阅读活动。同时，自 2011 年起国家新闻出版广电总局每年都发布关于推进全民阅读活动的通知。该阶段，国家逐渐重视全民阅读工作，全国各地开展全民阅读活动的热情高涨，活动的内容及形式各具特色。与此同时，大家也意识到在开展全民阅读活动的同时相应的制度体系缺位的问题，于是社会各界开始呼吁就全民阅读立法，从而充分保障公民的阅读权利。

第二阶段：发展期（2014 年至今）。2014 年起，无论是国家层面的还是地方性的全民阅读相关法律文件开始不断涌现。2015 年，中共中央办公厅、国务院办公厅印发了《关于加快构建现代公共文化服务体系的意见》，该意见从统筹推进公共文化服务均衡发展、增强公共文化服务发展动力、加大公共文化服务保障力度等方面提出了任务要求，为公民阅读权利保障法治化提供了系统保障，促进基本公共文化服务标准化、均等化。2016 年 2 月，国家新闻出版广电总局公布了《全民阅读促进条例（征求意见稿）》，开始面向社会征求意见。我国国家级阅读权利保障的行政法规开始基本形成。2016 年 12 月 25 日，十二届全国人大常委会会议通过了《中华人民共和国公共文化服务保障法》，同年 12 月国家新闻出版广电总局正式发布《全民阅读“十三五”时期发展规划》，这是我国首个国家级全民阅读规划，建立了全民阅读工作的长效机制。至 2017 年 11 月 4 日，十二届全国人大常委会表决通过了《中华人民共和国公共图书馆法》，作为公民阅读的主要服务设施的公共图书馆，其首部专门法的问世必将进一步推动阅读权利保障工作，也标志着我国阅读权利保障法治化取得了阶段性成果。与此同时，2014 年起，地方性全民阅读促进法规、制度遍地开花，各地纷纷出台相关制度以保障公民的阅读权利，这些地方性法规将阅读权利保障纳入了各地方政府的工作规划中，这一阶段国家级法规与地方性制度交相辉映，基本完成了我国公民阅读权利保障的法律体系构建。

总体而言，现阶段我国所构建的公民阅读权利保障的法律体系是在总结提炼我国公共文化服务发展方针政策和创新实践、借鉴其他国家全民阅读立法经验的基础上，建立起来的我国阅读权利保障的基本制度体系，从现阶段来看，它无疑是良法。但法治化的过程本身就具有历史性和动态性，对良法的评价也会因时而易、因地而易。纵观国外成功经验，阅读权利保障的法治化过程无不是在“立法—实践—修正”的反复中不断进步的。因而下一阶段，我们要完成的是从法制化向法治化的转变，不断将公民阅读权利保障法治化推向成熟。

二　观念更新：从法制化走向法治化

法治化的实现要观念先行，法治观念是实现法治化的精神动力。在公民阅读权利保障法治化的进程中有三个要素：政府、阅读服务设施、公民，本文所论述的阅读服务设施以公共图书馆为例。基于目前我国公民阅读权利保障的法律体系，结合法治化进程中的现实需求，应尽快更新政府、图书馆、公民的观念，依法治理、依法办馆、依法享用。

（一）依法治理：政府主体责任的法治化

公民阅读权利保障的法治化首先要解决的是政府层面观念更新问题。公民阅读权利的保障是政府主导下的一项需要持续完善的系统工程，需要各级政府及相关部门合力且联动，以形成具有整体性、协同性及高效性的责任主体。全民阅读是我国树立文化自信所要完成的公共文化服务领域的一项重要任务，保障公民阅读权利的法律体系已经基本构建完成，并且已经成为我国基础的公共文化政策，这就意味着：对于图书馆，政府必须履行管理责任；对于公民，政府必须履行其服务责任。

从经验来看，我国全民阅读工作起步晚，尚不能总结出成熟的经验以供借鉴，国外虽不乏成功的案例，但由于政治环境、社会形态的差异，简单“移植”难免出现“水土不服”的现象。因此，要推进我国公民阅读权利保障法治化，政府依法治理是关键。根据新公共服务理论，公共管理者在其管理公共组织和执行公共政策时，主要承担为公民服务和向公民放权的职责，工作重点既不是为政府航船掌舵，也不是为其划桨，而应该是建立一些明显具有完善整合力和回应力的公共机构，在公共行政中突出“以公民为中心”的治理理念。也就是说，政府要树立以服务公民为导向的理念，关注法治化进程中的平等性、参与性、服务性、民主性等公共行政文化价值标准，提高对公共图书馆治理的参与度，建立与公民之间的持续的良性互动，积极征集公民对于阅读权利保障法治化进程的意见和建议，加快向服务型政府转变。

（二）依法办馆：图书馆社会责任的法治化

就图书馆层面的法治化来看，其核心是依法办馆。《公共图书馆法》的实施为图书馆阅读服务提供了强有力的法律依据，认真研读该法及其相关法律，不难发现其法治观念。

1. 平等服务

作为保障公民阅读权利的公共文化服务设施的图书馆来说，必须以满足人民日益增长的精神文化需求为落脚点，为每一个公民所提供的阅读服务必须是平等的，即平等服务。

2. 专业服务

对于提供阅读服务来说，图书馆有其天然的专业优势。就建设目的来看，现阶段图书馆以解决人民日益增长的美好精神文化需要和不平衡不充分公共文化服务之间的矛盾为出发点和落脚点。公共图书馆要以对文献的加工整理、开发利用为基础服务，以组织开展针对不同群体的、形式多样的、内容丰富的阅读推广活动为拓展服务，要积极地为不同阅读群体提供专门化服务，提高图书馆的社会服务效率，将标准化与个性化有机结合，打造品牌阅读活动，提升阅读服务的品质。

3. 社会合作

《公共图书馆法》第十三条“公共图书馆服务网络建设坚持政府主导，鼓励社会参与”，第四十八条“国家支持公共图书馆加强与学校图书馆、科研机构图书馆以及其他类型图书馆的交流与合作，开展联合服务。国家支持学校图书馆、科研机构图书馆以及其他类型图书馆向社会公众开放”，这体现了我国公民阅读权利保障立法体系的“政府主导、社会力量广泛参与”观念。作为阅读服务设施的公共图书馆应尽快更新理念，加大与社会机构合作的力度，充分挖掘社会资源以开展全民阅读活动；同时也要调动社会力量的积极性，让其加入图书馆建设中来，推进图书馆事业全面发展，进而保障公民阅读权利。

（三）依法享用：公民权利保障的法治化

公民阅读权利的法治化是全民共同参与的一项基本文化事业，它反映的是公民对于自身文化权利的自觉意识和独立意识，需要全民的积极性和主动性。而我国民众恰恰缺乏这种主观能动性、主体性，缺少对自身权利的关注，因此在公民阅读权利保障的法治化进程中，要尽快更新观念，全民守法，依法利用公共阅读资源，享用公共阅读设施。

首先，权利保障的程度是我国公民阅读权利法治化的核心指标，其中，全民法治意识的培养和强化尤为重要。我们要意识到：法律不是对人的约束，而是人民的“自由的圣经”；法律不应以义务为本位，而要以权利为本位；人民自己而非政府才是法治的主体，政府或政府的行为恰恰是法治的客体；在法治化的状态下，人不再仅仅是生物意义上的人，更是法律之下的人，人与人是平等的，不再是依附性的而是相互独立的；在法治化的状态下，每个人都能充分发挥自己的潜能、实现自己的价值，因为法律为他创造了一个正常的社会生活条件。

其次，法治化进程的前提是良法的建立。我国虽然已经建立起较完整的公民阅读权利保障的法律体系，但是几乎所有领域的立法实践无不在告诉我们一个经验，任何立法体系都需要在实践中不断修正，以使其更符合时代的发展规律和贴合人民的精神诉求。要想进一步完善阅读权利立法体系，全民阅读的实践是最好的标准。

最后，公民的阅读权利保障的法治观念，有利于我国在国际人权领域的对话，有利于得到国际社会更多的理解与支持，从而使我国在全球化的浪潮中获得更多有利于自身发展的外部政治、经济、文化环境，争取到更多的国际合作。

三　法律实施：公民阅读权利保障的法治化路径选择

（一）推动法治化进程的要素分析

已有的对于全民阅读法治化、阅读权利保障法治化的研究大多集中于个别因素的探讨，本文将应用系统工程理论来分析公民阅读权利保障的法治化进程，旨在提出具有系统性、完整性、长效性的法治化路径。1979 年，钱学森曾在《大力发展系统工程，尽早建立系统科学的体系》一文中提出：“社会主义法治需要一系列法律、法规、条例，从国家宪法直到部门法的规定，集总成为一个法治的体系，严密的科学的体系，这也是系统工程，法治系统工程。”下文笔者将用更贴近法治化的结构方式，辩证地把公民阅读权利保障的法治化当作系统工程来看待，勾画出法治化的整体性图示，见图 1。

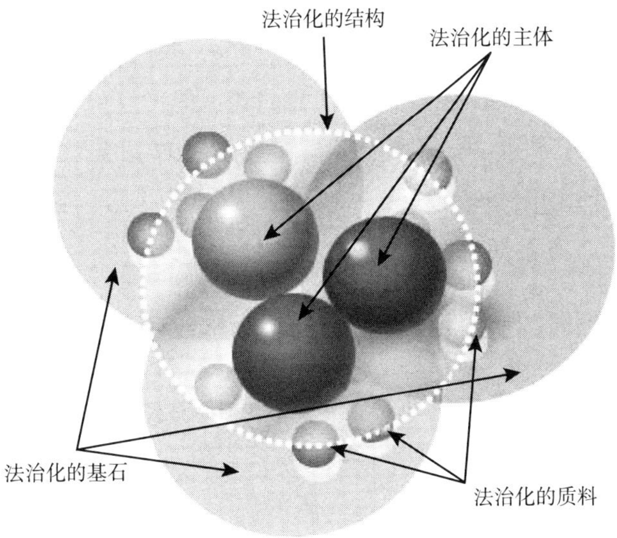

图 1　公民阅读权利保障法治化示意

作为系统工程的公民阅读权利保障法治化可分为两大组成部分，即显性要素和隐性要素。其中，显性要素对法治化有直接的影响，这从图 1 中可以直观地看到。隐性要素内涵于显性要素之中，无法直接观察到，其作用通过显性要素发挥出来，包括法治意识、法治精神、法治价值等。

（二）精准配料：完善立法体系

任何法律的建设都不是一蹴而就的，尤其是公民阅读权利保障的法治化。阅读权利保障路径是随着人民日益增长的精神文化需求而变化的，因此，法律需要不断地修订与完善。首先，全民阅读的法律体系存在效力困境。例如，国家级的《全民阅读促进条例（草案）》以及深圳、湖北、吉林、江苏、黑龙江等地的地方性全民阅读促进条例（办法），虽然已基本形成我国公民阅读权利保障的法律体系，包含了全民阅读促进工作的组织架构、管理模式、任务和目标等基础内容，但仍存在立法结构欠妥、义务性规定不完备、法律责任设置不清晰等问题，需要依据全民阅读实践，进一步修订与完善。其次，尽快出台《公共图书馆法》的配套制度。《公共图书馆法》是经全国人大通过的图书馆行业的最高法律，它所阐述的是有关公共图书馆建设与发展的原则性、全局性的内容，是我国图书馆体系的“上层建筑”，需要配套制度、行业规范等法律法规去细化图书馆具体业务规范。同时，要发挥中国图书馆学会及各地图书馆学会的作用，在指导、督促所辖区图书馆具体工作的同时，为制度的建立与修订提供“一手资料”。

（三）优化结构：深化图书馆治理结构改革

法治化进程的基本形态即法治化的结构，公民阅读权利保障法治化的结构可以理解为图书馆事业层面的法治化，它主要体现为普遍均等性、免费获取、开放共享、知识自由等。要优化法治化的结构我们要解决两方面的问题：图书馆的运行与管理，图书馆的体系化布局。

首先，《公共图书馆法》已经为我们明确了公共图书馆的管理者是政府，同时，政府也是公共图书馆的建设主体。各级政府及相关部门依照《公共文化服务保障法》《公共图书馆法》及其他相关法律要求建设、治理职责内的辖区图书馆。通过建立健全公共图书馆法人治理结构，科学地引入外部人员主要是服务对象参与决策和监督，进而实现决策权、执行权和监督权之间的相互协调、科学运行。目前，我国图书馆法人治理结构建设已经走过试行期，进入全面推进阶段。纵观我国公共图书馆法人治理实践，不难发现存在的最突出问题是绝大部分图书馆的法人治理结构形式大于内容，这也是我们在推进法人治理结构建设中必然要经历的阶段。此外，政府应加大对公共图书馆法人治理结构运行情况的考评力度，使法人治理结构真正发挥作用，推动有效解决阅读服务中的公平和效率问题。

其次，《公共图书馆法》已经从全局明确了图书馆发展的基本方略，以坚持政府主导和鼓励社会参与为原则，以建立覆盖城乡、方便实用的公共图书馆服务网络为目标。我国针对各级图书馆的建设与发展情况，确立了县级图书馆总分馆制，确保了基层图书馆的“辐射”范围，促进阅读服务向城乡延伸。这对县级以上公共图书馆提出了更高的要求，即要进一步促进阅读服务的标准化、规范化以及业务能力的专业化、高效化。同时，这也对主管部门的治理能力提出了更高的要求，即要构建更加高效、科学的公共图书馆服务体系。

（四）主体转型：落实政府责任

首先，要让公民在法治化的过程中有发言权。单纯地依靠自上而下的普法来推进法治化进程难以调动公民的积极性，使得法治化建设困难重重。况且公民阅读权利的保障本身就需要公民自我有阅读兴趣与自发地享用权利。那么，要调动公民的积极性就必须在法治化建设的过程中让公民能够顺畅地参与其中，这就要求法治化的第二主体即政府积极、主动地收集民意，构建合适的评价平台，进而形成两方信息的良性互通。

与此同时，根据《公共图书馆法》第四条、第五条的规定，政府要进一步落实对于第三主体图书馆的建设主体责任与管理主体责任，依法推进公共图书馆事业的建设，根据阅读服务设施的事权和支出责任，不仅要将公共图书馆经费纳入本级预算，而且应尽量加大投入，同时做到及时、足额拨付。在保障经费的同时，也要保障图书馆正常运行所需要的人员，配备数量足够且具有专业技能的工作人员，尤其要保障基层图书馆有足够工作人员，使公民阅读权利保障法治化在多方主体的合力联动下良性发展，推进全民阅读立法体系落地生根。

（五）加强意识：唤醒公民阅读权利的法治意识

在推进法治化的进程中，公民依法享有阅读权利、充分利用公共阅读资源是关键，可见，法治意识是核心。如何使公民具有强烈的法治意识呢？在全民阅读法律体系相对完整、信息不对称现象基本消除的今天，图书馆需要从被动提供服务到主动提供服务、从以馆内阵地服务为主到基于读者需求选择服务场所的服务转型，引导读者由被动接受阅读服务状态，逐渐过渡到主动提出需求并主导阅读服务方向，进而提升其阅读权利保障的法治意识。

（六）树立精神：培育主体的法治精神

公民阅读权利的法治化需要其中的每个主体都具有较强的法治责任感和一定的法治自觉性，这就要求在立法体系基本构建完成之后加强对法律落实的教育与宣传推广。在受训人员的范围上，不仅要对图书馆馆长及馆员进行相关法律培训，还应该加强对图书馆的主管部门的领导及相关工作人员的培训，尤其要注意对基层图书馆馆员的培训与教育。在培训的内容上，不要只做《公共图书馆》的解读，还要系统全面地就全民阅读的法律体系做讲解，让受训者从公共文化服务体系的全局性以及文化自信建立与坚守的高度去深入思考，通过全局与部分、构建与落实、传承与创新的思维过程，结合自己的职责提出最有效的法治化实施方法。同时，要培养文化主管部门领导及相关工作人员、图书馆人、公民的法治精神，让其渗透至图书馆的治理、全民阅读工作的推进以及各项阅读活动中。文化主管部门领导及相关工作人员对于法律要“知敬畏”“树信仰”，并将法治精神贯穿始终，运用自己的法治思维去科学决策；图书馆人则要将法治精神结合自己的业务知识，融入图书馆运行与阅读服务中去，开拓业务领域，将阅读服务覆盖到每一个群体、每一个人；而每个公民要将法治精神带到自己的阅读行为中去，充分利用图书馆，在行使自身阅读权利的过程中不断修正制度，推进公民阅读权利保障走向法治化。

参考文献

中国新闻出版研究院、江苏省全民阅读办：《国外全民阅读法律政策译介》，译林出版社，2015，第5页。

巫慧：《从我国全民阅读调查数据看全民阅读立法的必要性与可行性》，《知识管理论坛》2015年第2期。

〔古希腊〕亚里士多德：《政治学》，吴寿彭译，商务印书馆，1965。

周界：《我国全民阅读中的政府责任研究》，湖南师范大学硕士学位论文，2016。

蒋永福：《图书馆学基础简明教程》，知识产权出版社，2012。

杨春福：《自由·权利与法治——法治化进程中公民权利保障机制研究》，法律出版社，2007。

钱学森：《大力发展系统工程，尽早建立系统科学的体系》，《光明日报》1979 年 11 月 10 日。

〔法〕卢梭：《社会契约论》，李平沤译，商务印书馆，2011。

杨春福：《保障公民权利——中国法制化进程的价值取向》，《中国法学》2002 年第 6 期。

柯平：《图书馆事业法治化：环境、模式与道路》，《图书情报研究》2019 年第 1 期。

〔美〕伯尔曼：《法律与宗教》，梁治平译，三联书店，1991。

中国基层公共图书馆第二次转型发展刍议

赵家华*

摘　要： 在当前我国基层文化机构改革的大趋势下，中国基层公共图书馆将进入第二次转型发展阶段。中国基层公共图书馆的第二次转型发展，是一次从“以书为本”走向“以读者为本”的大转型大发展，这次转型需要实施“基层公共图书馆硬件改造与建设工程”和“基层公共图书馆服务体系创新转型构建工程”，把“以书为本”“泛服务”“等服务”“服务少数人”的老业态，变成“以读者为本”“精准服务”“互动服务”“服务多数人”的新业态。

关键词： 基层公共图书馆　转型发展　读者导向

中国基层公共图书馆主要指市（州）、县（区）及以下公共图书馆。当今社会，随着信息科技的发展，传统的“纸本图书馆”已经逐渐走向现代的“纸本 + 数字 + 信息化的图书馆”，这是新中国成立以来基层公共图书馆的第一次大转型大发展，也是一次以顺应互联网信息时代发展为

* 赵家华，光漫艺术创始人，词作家，云南省音乐文学会副会长，武汉大学国家公共文化财政政策研究基地（国家文化创新研究中心）特聘研究员，重点研究中国基层公共文化服务体系建设、中国乡村文化、文化旅游产业发展和第二次世界大战中缅印战区抗日战争图书文献。

主的成功大转型。尽管全国基层公共图书馆这次转型发展的情况千差万别，但是，毫无疑问这次转型发展取得了多方面的成果，为中国基层公共图书馆的继续发展奠定了坚实的基础。这表现在：一是图书馆的图书馆馆藏建设（资源建设）实现了数字化，形成了“纸本＋数字”的新的图书馆馆藏业态，图书馆馆藏普遍得到了前所未有的扩容。二是图书馆的服务与管理走向了数字化和信息化，总体服务能力和服务手段得到了显著的改观和提升，跟上了时代发展的步伐。三是全面实施标准化建设，并取得了可喜的成效。四是全面实施免费开放服务，拆除了全民到馆阅读的所有门槛。五是在图书馆治理和服务等多方面进行了积极的改革发展探索。

但是，这次转型也让基层公共图书馆一直面临的“读者数量不足”的问题更加凸显出来。不少地方图书馆依然只是服务了不成比例的“少数人”，读者数量不足的问题非但没有解决，反而显得更严重。针对此种现象，国家也实行了诸如图书馆联盟、总分馆制、法人治理结构改革、农家书屋工程、建设城市书房、开展“你读书我买单”活动等措施，也收到了积极的效果，但是从全局来看，图书馆领域的“大趋势”“大格局”和基本的业态并未得到根本改变。

针对此种窘境，笔者 10 余年来对北京、上海、浙江、江苏、广东、山东、湖南、湖北、广西、贵州、重庆、四川、云南、西藏、辽宁、吉林、黑龙江、台湾等近 20 个省份（地区）的相关市（州）、县（区）基层公共图书馆进行专项调研，同时查询了大量国外特别是美国、英国、芬兰、俄罗斯、日本、韩国等国家的相关图书馆建设的资料，发现中国基层公共图书馆“读者数量不足”的问题是中国基层公共图书馆第一次转型留给人们的一个最具挑战性的大课题，要破解中国基层公共图书馆“读者数量不足”的难题，必须推动进行第二次大的转型发展。而中国基层公共图书馆的第二次转型发展之路究竟要怎么走，这是一个非常复杂的课题。本文将就这一问题对我国公共文化图书馆的发展道路展开讨论。

一 中国基层公共图书馆转型发展的基本态势

（一）一次从“以书为本”走向“以读者为本”的转型大发展

长久以来，“以书为本”的思维定式固化了我国的办馆模式、服务模式和管理模式。“以书为本”的图书馆有两个最大的特征：一是以书为中心（包括纸质书和电子书）建书库、购置书架、购买设备、购买图书，按照“国图法”对图书进行分类上架，然后就是配备一些“守书人”等，这种方式在工作评估上无可挑剔。二是缺乏真正为人民服务的意识，没有太多地站在公众的角度去思考、去建设、去服务，也没有把太多的精力和心思放在亲近读者、了解读者、沟通读者、组织引导读者和有效服务读者上。最后图书馆与读者就形成一种最简单的关系。来借书的就是读者，不来借书的就是“公众”。当然，这样的图书馆最值得炫耀的数字，一般都是馆舍面积、藏书数量和财政拨款这三个数字；而日均服务读者人数、全年服务读者人数、读者人数占辖区总人口的比例、财政投入与服务读者人数比值等指标却并不理想。

“以读者为本”则是把“读者”作为图书馆建设的根本，作为图书馆工作的核心，一切围绕“读者”来作文章。在观念上、理论上、建设上、服务上、运营上和管理上都“以读者为中心”，紧紧围绕读者的实际需求去建设、运营和管理图书馆。“书”不再是“本”，广大读者才是“本”。人们关注的不再是简单的馆舍面积，而是馆舍所提供给读者的在馆阅读环境和阅读条件；人们关注的也不再是简单的藏书总量，而是对不同领域、不同行业、不同专业、不同年龄读者的实际需求，图书馆所能满足的情况。衡量一个图书馆建设得好不好、档次高不高，日均服务读者人数、全年服务读者人数、读者人数占辖区总人口的比例、财政投入与服务读者人数比值等数字将被摆到更加重要的位置，成为综合绩效评估的主要依据。

（二）实施“基层公共图书馆硬件改造与建设工程”，建设以读者为本的“大书房”

一直以来，传统的书库只能满足“藏书和图书外借”的功能，这就是过去在“以书为本”的观念指导下建成的“大书库”，这种“大书库”最大的特征是两个：一是它的“封闭性”。它对于读者来说是冰冷而神秘的，没有任何亲和力。虽然有些书库也向读者开放，但是里面密密麻麻、拥挤不堪的书架书柜，让人透不过气来。二是同一性。所有的图书都库藏，一方面显得这些书都很珍贵，国有资产必须认真管理，哪怕是一些极其易耗的图书都被一视同仁；另一方面也在默默而又郑重地告诉读者——“这不是读书的地方”。其实，基层公共图书馆读者数量不足，追根溯源就是从这里开始的。

再说“书房”，商务印书馆第六版《现代汉语词典》称之为“读书写字用的房间”。要将上述“以书为本”的“大书库”改建成“以读者为本”的“大书房”，只要认真理解了《现代汉语词典》的解释，再设身处地地想一想我们自己想要的书房是什么样的，就知道该怎么做，也知道“以读者为本”的“大书房”应该是什么样的了。首先，书房的内外环境都应该是幽静、舒适的，而且要有一定的空间。其次，书房的功能至少有两个，一个是坐下来读书，另一个是坐下来写字。坐下来读书有只凳子似乎也就行，坐下来写字则还必须有张桌子。当然，还得有一些配套的现代辅助设施。最后，书房里图书的摆放和管理是有讲究的，多数人都会把它分为一般图书、专题性图书和珍贵图书三大类进行摆放和管理。要锁起来进行特藏管理的只有“珍贵图书”。

公共大书房与私家书房最大的不同就是它的公共性、开放性和交流性。公共性决定了它是服务于公众的，是大家共同的大书房。开放性决定了它是面向读者开放的，除了那些“特藏珍贵图书”外，其他在馆阅读图书都应该是可以自助自取的；而外借的所有图书和在馆阅读“特藏珍贵图书”才需要按规定办理相关手续。交流性就是读者之间的相互交流和相互影响性。

这是一个地方读书风气培养、形成的关键所在，也是读书方法改进、读书质量提升不可或缺的。

把基层公共图书馆“以书为本”的“大书库”改建成“以读者为本”的“大书房”并不是不可能的天方夜谭，因为一些地方已经有这方面的成功探索。现代管理手段那么多，只要引入一下超市管理的理念和技术，把“以读者为本”的“大书房”建成“知识大超市”“智慧大超市”“文化大超市”就解决问题了。

然而目前大部分的建设还停留在原本的“书库”概念上，因此，国家应当重视起来：一是加大对新型图书馆的科研投入，用更加先进、更加完善可行的科研成果去支撑基层公共图书馆的创新设计和建设。二是严格审批新建图书馆的规划设计和建设，设计理念落后的建议不要审批通过，以免造成新的投资浪费。

（三）实施“基层公共图书馆服务体系创新转型构建工程”，建立切实服务群众的新业态

当前，我国基层公共图书馆中“泛服务问题”非常严重。何谓图书馆的泛服务问题？简单地说就是图书馆长期以书为本，缺乏大读者群的支撑，泛泛地去服务社会，最终导致魅力不足、读者数量不足的问题。基本业态大多是建一个“以书为本”的“大书库”，不断地买些书藏到书库里，再外加期刊阅览室、少儿阅览室、盲文图书室、电子阅览室、地方文献室、培训室等一些在馆阅读、培训的场所和外借服务窗口；然后搞几个编制，配几个人把书守起来，长年在那里“等人来借书”。姜太公钓鱼，愿者上钩，来一个算一个。名义上说是服务大众、服务所有人，实际上只服务了少之又少的人。认真分析基层公共图书馆的“泛服务问题”，笔者认为至少有以下五个主要表现。

第一，“以书为本”，把藏书多少作为衡量图书馆建设的最重要标准，而且不太关注图书的质量，只要数量够就行，甚至许多图书早已过时、无人问津却仍然没有更新。缺乏“总体的图书构建设计”，缺乏主要服务人群指

向性设计。第二，“等人来借书”的服务观念。虽然每年也努力开展一些读者工作，举办一些读者活动，但是往往不得要领，走走形式，影响甚微，事倍功半。第三，缘木求鱼式的服务时间安排。如果按可能到馆读书时间来推算，正常的工作时间里有两个大的读者群体是没有时间到图书馆来读书的。那就是占当地人口绝大多数的学生和上班人员。这一时间段最有可能到馆读书的人只有老年人、闲散读者和少数急需查询资料的上班族。但是，图书馆的作息时间大多与机关、学校、企事业单位一样，那肯定就只能是服务少数人了。近些年来国家一直强调要错时服务，故这种情况有所好转。第四，图书管理员的服务大多停留在“守书人”的层次上，对馆藏图书缺乏系统了解、浏览、阅读、研究，欠缺向读者有效宣传、推介、导读的意识和能力，与读者沟通的最重要的管道没有很好地接通。第五，数字化、网络化和信息化的“服务管网”表面上都很先进、很现代，实际上不少地方并没有打通“最后一公里”，甚至还在一些读者面前挡着一堵墙，没有真正发挥出应有的作用。

二　实施“基层公共图书馆服务体系创新转型构建工程”的建议

要把这种“以书为本”“泛服务”“等服务”“服务少数人”的老业态，尽力变成“以读者为本”“精准服务”“互动服务”“服务多数人”的新业态。这是一个比实施“基层公共图书馆硬件改造与建设工程”，将“以书为本”的“大书库”建设成“以读者为本”的“大书房”更为复杂、更为艰巨的大工程。

（一）构建有效的“大读者群”，找到重点服务的对象，从而找到服务全民、服务大众的支撑点、突破点和着力点

一般来说，对基层公共图书馆的“大读者群”可先按读者年龄将其划分为“四大读者群”：学前儿童大读者群；在校学生大读者群；青壮年大读

者群以及中老年大读者群。四大读者群中，每个年龄段的大读者群都可以再分为若干“次读者群”。如“在校学生大读者群”可再分为：小学、初中、高中、大学等不同的读者群等。再如“青壮年大读者群”，可从行业专业的角度分为工业、农业、商业、机关、美术、摄影、书法、工程、文创、旅游等不同的读者群。这些读者群在不同的地方也是有所区别的。如一个以农业为主的地区和一个以工业或商业或其他产业为主的地区，读者群的构成是不同的，读书的需求也是有所不同的。满足不同读者群对图书的不同需求，既是基层公共图书馆的建馆目标和有效服务路径所在，也是避免基层公共图书馆同质化、办出个性和特色的关键所在。只有对基层公共图书馆各个读者群体进行深入的研究，不断构建起属于自己的有效的大读者群，再依托这些大读者群的支撑，才能拉动更大的读者群的形成，进而形成大众读书、全民阅读的风气。

（二）紧紧围绕大读者群的阅读需要切实搞好图书资源建设转型发展

有了大读者群意识，培养构建起了自己有效的大读者群，更加显现了建设“质量大书房”的意义和价值。

第一，对现有馆藏图书进行一次全面清理。一是淘汰报废掉那些不能再阅读的图书，切实解决图书馆馆藏图书“虚浮症”的问题。二是将继续可用来阅读的图书进行分类优化。首先区分出一般图书和特藏图书，并分别做好摆放、管理。然后再重点对应不同的大读者群区分出综合类图书和专题性图书，再分别进行调整、充实，使之不断适应不同大读者群的需求。这里有一个比较严肃的问题，那就是第二次转型后基层公共图书馆的图书分类是继续按照现行的“国图法”分类呢？还是要在“国图法”的基础上结合基层公共图书馆服务大读者群的实际进行调整优化？还是全面新建更为适合的基层公共图书馆图书分类法？我只能把问题提出来，希望大家在实践中研究这个问题并给出答案。

第二，对图书馆图书进行新的总体设计和建设。按照“以读为主兼顾珍藏，质量优先兼顾数量，优先满足大读者群需求兼顾大众”的总原则，对图书馆图书建设进行新的总体设计，并按规划设计搞好优化建设，补短扬长，使之与服务大读者群进而服务大众的目标相匹配，并建立实施优化和淘汰图书的动态机制，使图书馆充满时代气息、内在活力和亲和力、吸引力。

（三）创新内部分配与管理机制，借助现代科技新手段保证基层公共图书馆高效运转

这是基层公共图书馆第二次转型发展中一个十分重要的核心转型工程。没有这一工程的高质量实施，“以书为本”“泛服务”“等服务”“服务少数人”的老业态既不可能主动让位，创建“以读者为本”“精准服务”“互动服务”“服务多数人”的新业态的希望也会就此落空。

全国各地基层图书馆情况千差万别，工作中不应该也不能一刀切，一定要因地制宜、科学对待。基本的原则是：①以读者为本的原则；②因地制宜的原则；③责权与人、财、物相匹配的原则；④馆内服务与馆外服务相协调的原则；⑤纸质图书与电子图书相协调的原则；⑥大读者服务与服务公众相协调的原则；⑦报纸期刊阅读与大读者群图书构建相协调的原则；⑧研究、培训、宣传与服务大读者群工作相协调的原则；⑨综合共享与专题相协调的原则；⑩活力与效能相协调的原则。

在进行基层公共图书馆内部机构创新设置和科学配置馆内人力、物力、财力的过程中，还有两个最绕不开，必须去面对、去解决好的问题：一是关于人力投入的问题。既要解决数量不足的问题，又要解决素质不高、能力不强的问题。二是科学管理和高效运转的问题。既要创造全新的运营、服务和管理的新机制，又要借助现代科技新手段确保高效运转。上海图书馆把“科技情报服务”的职能与图书馆原有职能有机结合起来服务政府、服务企业、服务社会、服务读者的做法值得重视和学习。它给图书馆带来的不只是服务职能的增加，还有引领先进科技的主动权、先进的图书馆运营服务业态的特点。

（四）树立多元读书观和多元服务观，紧紧围绕大读者群的多元阅读需要，创新构建多元精准服务读者的现代图书馆服务管网体系

多元读书观是指人们对读书多元性的认知和所形成的基本观念。这里强调多元图书观的重点是以下几点：一是要充分认识图书内容的多样性。虽然现在人们有时也抱怨好书不多，特别是可以传世的精品图书不多，但是要说书不多肯定不对。图书的多样性一方面让读者有了更多的选择，另一方面也大大增加了读者选择的难度。图书馆要主动帮助读者做一些选择、引导和推介。二是要充分认识图书样式的多样性。过去主要是纸质图书一种，现在既有纸质图书，又有电子图书，还有大量可移动的讲座性“读物”，而且笔者非常倾向将互联网知识储存的部分也视为一种新型的“图书”。如果这样算现在的图书样式已经达到四种之多（不含古代和民间的其他样式）。三是承认和重视读者读书方式的多元性。事实上我国早已进入多元读书时代，读有形的纸质图书、电子图书是读书，看碟、听讲座，在网络浏览学习应该也是一种读书。四是基层公共图书馆对全民读书负有重大责任而且是社会“保底”的责任，任务光荣艰巨；但是，公共图书馆负不了全部责任。在全民读书方面教育部门是主力，此外，成人中还有很多人喜欢自己买书读，既读书又藏书。年轻一代中很多人已经不再喜欢读纸质图书，而更喜欢在电脑上读、在手机上读、在网上搜索浏览阅读。不到图书馆读书不等于人们不读书。

然而，公众读书参与度较低是基层公共图书馆必须思考的问题。我认为现在人们不喜欢到图书馆读书，原因是多方面的。既有社会的原因，也有图书馆自身的原因，还有读者自身的原因。我认为人们读书的场所、读书的方式、读书的渠道、读书的需求等都已从过去的相对单一变成了多元；但是基层公共图书馆多元化服务读者的观念并不到位，多元化精准服务读者的管网构建并不健全、不畅通，跟不上多元读书社会的需求变化，没有找到自己的立足之地和着力点，满足不了读者多元的需求，不具备新时代图书馆应有的魅力和活力，这是最主要的原因。要解决这个问题，就必须树立多元读书观和多元服务观，紧紧围绕大读者群的多元阅读需要，构建新的多元精准服务

读者的现代图书馆服务管网体系。

第一，在馆阅读多元精准服务新体系的构建。前面已经涉及这方面的内容，这里要强调的首先是纸质图书与电子图书应双管齐下、互为补充、协同共进，不能搞成“两张皮”。其次是图书与期刊、报纸也应按主题分类来进行整合。要让在馆阅读的读者在一个场地既能读纸质图书，又能读电子图书，还能浏览相关期刊和报纸。

第二，馆外阅读多元精准服务新体系的构建。一是电子图书的阅读网络的建设。这既是这些年来各个基层公共图书馆积极探索的一个突破口，也是未来发展的主要路径。但是，现在这方面的“管网”大多是要么不健全，要么不通畅，要么不便捷，要么推介培训不到位、落不了地、入不了户；花了很多力气，但事倍功半，读者寥寥无几。要改变这种现状就要紧紧围绕大读者群的多元阅读需要，借助5G等更为先进的技术，构建新的多元精准服务读者的现代图书馆服务管网体系，使之真正成为人们足不出户就能实现得心应手读书的方式和基层公共图书馆精准服务读者的主要方式。二是外借纸质图书读者服务网络的建设。过去有很多积极的探索和尝试。诸如建设图书流动箱、流动点、图书分馆等等，虽有一些效果，但是大多还是“等服务”，只不过离读者更近一些罢了。可以探索“外卖式送书”方式，如果再借助物联网、大数据的理念和技术，应该是一件很有前途的事，这样读者外借纸质图书的服务渠道就会更加畅通，效率就会大大提高，精准服务就会变成现实，图书馆纸质图书外借覆盖能力就会大大提升，覆盖面就会进一步扩大，读者群也会明显扩大。

第三，科学合理设定基层公共图书馆精准服务时间。首先，为了让在校学生大读者群和青壮年大读者群有更多的到馆在馆阅读时间，能不能把基层公共图书馆的开馆时间法定为早上9点至晚上10点？这不是要图书馆的人员多加班，而是要配备与之相应的人员换班。只要把以上三个方面都认真做好了，紧紧围绕大读者群的多元阅读需要的多元精准服务读者的现代图书馆服务管网体系也就基本建设起来了，基层公共图书馆的转型发展之路的“最后一公里”也就打通了。

（五）创新建立基层公共图书馆与读者、社会、政府的常态互动机制，让基层公共图书馆不断保持应有的魅力、活力

创新建立基层公共图书馆与读者、社会、政府的常态互动机制，至少包括以下几个方面的内容：一是图书馆图书建设规划、设计与淘汰互动机制；二是政府、图书馆及其内设相关部门的积极、超前引导读者的互动机制；三是各大读者群的需求反馈收集互动机制；四是社会各界的参与和社会建议的互动机制；五是图书馆建设、运营、服务、管理的公众评价互动机制。这种全面互动的机制建立起来之后，不仅可以突破“馆长买书大家读”、“你读书我买单”和“政府独家办馆”的局限，而且可以不断培育图书馆与读者、社会、政府的良性互动，使基层公共图书馆保持持续的魅力、活力，为“以读者为本”“精准服务”“互动服务”“服务多数人”的新业态提供强有力的原动力。

三　结语

总体而言，中国基层公共图书馆的第二次转型发展之路既宽广，又漫长。它既是一项基层公共图书馆自身拓展、提升、转型、发展的创新工程，也是一项重大的政府惠民工程和民族文化振兴工程，任务庞杂，涉及面比较广。因此，需要国家纳入计划、推动实施。诸如超前的科研支撑、规划的制定、相关法规修改完善、相关配套政策出台、动员社会广泛参与和支持，以及制定与之相配套的投入机制、统计管理机制和绩效评估体系等都需要国家和地方各级政府的高度重视和有力推动才能最终顺利实现。

“互联网 +”时代公共图书馆特色资源建设的探讨

杨　惠*

摘　要： “互联网 +”时代，特色馆藏建设是图书馆建设发展的重点。特色资源建设是增强图书馆竞争力和核心价值的有效手段，建立地方特色资源库并开展特色资源服务，不仅能提升图书馆的知名度，对保护和传承地方文化、促进地区经济文化发展也具有重大意义。本文对公共图书馆的特色资源建设情况进行深入细致的研究，具体分析了公共图书馆特色资源建设的意义、现状、存在的问题，并针对存在的问题提出了相应的对策，从而探讨公共图书馆特色资源建设之路，以促进公共图书馆特色馆藏建设事业的发展。

关键词： “互联网 +”　公共图书馆　特色资源

当今，图书馆正进入与互联网深度融合的“互联网 +”时代，有着体验性、便捷性、创新性和免费互动性等特征，运用云计算和大数据，图书馆正不断提升自己的业务管理能力、资源共享能力和服务创新能力。

公共图书馆是文献信息的集散地，是一个有历史文化积淀的文化场所，是社会公共文化服务体系的重要组成部分，在满足广大人民群众文化信息需

* 杨惠，云南省保山市图书馆副研究馆员，研究方向为图书馆资源建设。

求方面起着重要的作用。而面向特定读者群的个性化服务将是公共图书馆特色资源建设的方向，它将与图书馆的群体性服务形成互补，在不同的方面和层次上满足读者的不同需求，从而使公共图书馆在与众多信息服务机构的竞争中处于不败之地。在“互联网＋”时代，互联网为地方特色资源建设和服务提供了有力的技术支撑和全新的载体平台，使地方特色资源能够被便捷、有效地获取、加工、检索和利用，从而极大地提升了图书馆转化利用信息资源的效能。

一　公共图书馆特色资源界定

（一）公共图书馆特色资源的含义

公共图书馆特色资源指只有本馆特有或本馆收藏丰富而别馆却相对缺乏的各种馆藏资源，以特色数据库为主体。公共图书馆特色数据库由图书馆结合本区域社会经济文化科技的发展现状，依托图书馆文献信息资源特色性、独有性、增值性，按照一定的标准规范，立足馆藏信息资源，针对用户的信息需求，对某一领域或专题有利用价值的信息进行收集、分析、评价、处理、储存，并将该部分资源进行数字化处理，形成不同类型的数据库，以满足读者个性化的需求。特色资源数据库充分反映了本单位在同行中具有的文献和数据资源特色，是能够体现公共图书馆特藏文献和数据资源特色的信息总汇，是图书馆在充分利用自己的特色馆藏的基础上建立起来的一种具有本馆特色的可供共享的文献信息资源库。

（二）公共图书馆特色资源建设的意义

1. 必要性

公共图书馆进行特色资源建设具有一定的必要性。公共图书馆作为重要的文化信息服务机构，应提供多方面、全方位的服务。但若所有公共图书馆都建设或者购买相同的信息资源，读者接受的是同质化的信息服务，则图书馆将对读者失去吸引力，图书馆建立信息资源库的价值也将大打折扣。

公共图书馆的读者需求日益呈现多样性和多层次性，虽然绝大多数读者的需求是一般性的信息资源，但特殊类型（如研究型）读者，则需要图书馆提供某个领域或某个范围内全面而系统的信息资源。因此公共图书馆应该根据自己的条件建设特色资源，并开展特色资源服务。

2. 重要性

公共图书馆进行特色资源建设具有重要意义。首先，特色资源是公共图书馆核心竞争力的源泉，因为只有具备独特性的资源，公共图书馆才能够彰显与众不同的优势，吸引读者利用该馆资源。特别是在大数据时代，海量的信息通过不同的渠道溢出，人们获取知识的路径不再局限于图书馆，人们可以通过电视、广播、互联网等媒介，在最短的时间内获得第一手资料，若图书馆仍固守传统的资源整合与服务，将难以获得发展。

此外，挖掘地方传统文化和地方特色资源，建立地方特色资源库并开展特色资源服务，不仅能弘扬地方传统文化，也能促进地区经济文化发展，还对保护和传承地方文化具有重大意义。

二　公共图书馆特色资源建设的现状

（一）特色资源称谓各异

各地公共图书馆特色资源栏目设置各异，未能形成统一的标准与规范，譬如有自建资源、特色馆藏、自建数据库、特色资源库、地方特色数字资源库、特种文献、电子资源、其他数据库、自制二三次文献、专题资源、自建特色资源数据库、特色数据库、特色库资源、特色文献等不同名称。

（二）特色资源类型繁杂

特色资源主要收录了反映特定地域的政治经济、历史文化、文学艺术、自然资源、地理环境、山水风貌、名胜古迹、民族宗教、人物典故、风土人情、资源物产、非物质文化遗产、重要人物事件及方言等各方面的文献资料。特色资源的内容多数涉及一定区域内各方面的地方史料、地方志、行业志、年鉴等，载体形式多数是文本、图像及多媒体资源。其宗旨在于展示独具特色的地方文化和历史风貌，为读者提供丰富的资源内容和多样化的欣赏视角。

各级公共图书馆特色资源发展趋势呈现多样性，缺少相互之间的合作与交流，各自为政，自成体系。有的图书馆急功近利、盲目跟风，追求人有我有、人无我有，以致内容上过于复杂，没有突出“专”“特”，存在实用性不强、优点不突出的问题。

（三）特色资源建设方式多样

部分公共图书馆在特色资源建设中，采取本馆多部门合作自建的方式。但由跨部门合作承担若干项目，容易出现环节衔接出错或沟通协调不畅的现象，这将影响特色资源建设的进度和质量。

目前，公共图书馆建设地方特色资源通常有三种方式，即本馆自建、项目外包以及本馆与其他单位合建的形式。随着“互联网 +”时代信息技术的快速发展，网络化带来的挑战不容忽视，现代信息技术是图书馆搞好信息服务的强有力支撑，是图书馆实现网络化、智慧化的重要桥梁。而图书馆的信息技术外包已是一种潮流。图书馆在人力、财力或物力方面都存在严重不足，把资源库建设工作相关环节外包是图书馆发展的有效措施之一。

（四）特色资源建设水平参差不齐

尽管大部分图书馆都重视特色资源数据库建设，但各馆特色资源数据库建设水平存在明显差异。首先，选用技术平台差异大，部分省级馆已建成特色资源数据库的统一检索平台，读者可方便地实现一站式检索，而其他中小型馆特色资源数据库选用的技术平台差异明显，部分只是简单的资料罗列，缺失检索功能。其次，各馆特色资源数据库的系统性和收全率差异大。系统全面是特色资源数据库建设的重要标准，应尽可能把关于某一主题的文献资源收集完整，否则就难以形成特色，其实用价值也会大打折扣。最后，部分图书馆本身也缺乏特色资源整体规划和布局，追求数量，忽视质量，形式主义严重。

三　公共图书馆特色资源建设中存在的问题

（一）资源重复建设现象普遍

各地图书馆地方文献资源建设由于缺乏统一规划和协调组织，在部分特色资源数据库建设的过程中，未能充分了解到本地区乃至全国相关数据库的建设情况，造成与其他图书馆数据资源建设的雷同，这主要表现为内容重复、选题相同或相似。

目前，公共图书馆特色资源重复建设的现象相当普遍，如：地方不同类型图书馆纷纷斥巨资购置相同内容的数据库；在自建数据库中，反映本地区旅游资源、风景名胜、历史遗迹等内容的资源交叉重复。有些馆各自为政，未能做到相同数据库的共享，使得各馆举自身之力建设各自的数据资源，这些重复建设不仅加大了用户获取所需信息的难度，而且造成了不必要的资金和资源浪费。

（二）资源建设缺乏规范性

尽管国家图书馆已经制定了文献数字化加工标准规范和元数据标准规范，要求每个图书馆按照元数据标准和著录规范加工、整理和组织相关的文献信息资源，但在实施过程中，部分图书馆缺乏对资源组织的规范化与标准化认识，存在标引不规范等问题。同时由于缺乏有效的组织与管理，且各馆所使用的运行软件、技术标准和运用格式等也存在差异，故不同图书馆形成差异明显的特色资源数据库模式，缺乏统一性和规范性。已建特色库大多在各自的系统平台上进行建设，缺乏统一标准，导致特色库资源不能被有效地检索利用，共享困难，从而形成信息孤岛。

（三）特色资源库网站建设水平较低，检索方式单一

网站是公共图书馆特色资源对外服务的窗口，由于在对文献资源进行加工中缺乏标准规范和技术力量不足，多数公共图书馆已建立的特色资源库网站功能较为单一，界面较为简单，检索功能也有限，大多只能对资源进行简单的访问和对题录数据进行浏览，不能提供高级检索、二次检索和读者定制资源等功能，只有较少图书馆能实现整合多个资源库和跨库检索等功能。此外，部分公共图书馆资源的特色仅停留在网页上，未能把体现自身特色的资源深度挖掘出来。

（四）资源共享困难，利用率低

多数图书馆特色资源数据库中，仅有少量特色库提供读者上网查阅、检索和浏览全文服务，大多数特色资源库是自建自用，有内外网 IP 限制，对馆外读者限制较多。已建特色资源库存在数据质量不高、信息不完备、全文保障率不高、检索不方便、不能正常提供访问等诸多问题，加之图书馆宣传推广力度不够，导致读者对已经建成的特色资源库不了解，利用率低。

（五）综合性专业人才缺乏

在“互联网+”时代背景下，图书馆馆藏资源整合实质上是通过互联网平台来更新用户和图书馆间滞后的资源交互方式，使之更快捷、实用、有效。这就要求图书馆员必须具备较高的专业素养，不仅能够有效地组织和管理信息资源，还能为用户提供及时准确的信息资源利用服务。从事特色资源建设的工作人员，除了需要具备图书馆基础知识以外，还需同时具备一定的地域历史文化知识以及一定的计算机实践基础经验，特色资源库建设涉及数据库的开发与管理、数字化资源的加工与处理等，对建库人员的多媒体技术与计算机技术有较高的要求，也就需要综合素质高的人才。但是，目前很多图书馆员存在观念滞后、知识老化、创新意识不足等问题，尚未能符合这一要求。

（六）特色资源宣传力度欠缺

部分图书馆对特色资源的建设不重视，对特色资源库的宣传推广力度明显不足。这主要表现在：一方面未能广开特色文献收集的宣传渠道，给社会更多更广泛的采集引导，特色资源缴集意识未能在社会上形成共识。另一方面就是已经建成的图书馆特色资源库的对外宣传力度不够，只在馆内个别部室有标志牌显示，未能充分利用媒体，如电台、电视台、微信、微博等现代化的宣传服务平台进行广泛而有效的宣传和推广。结果是：外界有研究需要的读者找不到使用资源的渠道，而从事该项工作的馆员的劳动成果未能在社会上得到广泛的应用。

四　公共图书馆特色资源建设的对策

（一）提高认识，加大投入，加快建设步伐

在“互联网 +”时代，利用信息技术自建特色资源数据库是开展数字图书馆建设的必由之路。公共图书馆管理层应该充分认识到数字资源建设的艰巨性，进一步提高对特色资源数据库建设重要性的认识，加大资金投入，争取国家共享工程和数字图书馆推广工程的特色资源建设资金以及社会公益事业基金等；进一步完善硬件设施，争取经费、人才上的支持，加大特色资源数据库建设力度，为开发特色库创造良好的条件，确保特色资源库建设按预期目标顺利进行和完成；从而加快特色资源建设步伐，进一步丰富图书馆馆藏特色资源，使图书馆在馆际合作与竞争中占据有利地位。

（二）建立统一标准，规范特色数字资源的开发

在“互联网 +”背景下，图书馆必须对地方文献信息资源进行系统整合。这就要求图书馆在特定平台上，按照一定的组织原则、规范和标准，利用先进技术把特定范围内的各种不同来源、性质和格式的地方信息资源进行

筛选、融合、类聚、重组，实现地方文献资源间的无缝链接和优化组合，从而形成一个结构更优、效能更好、效率更高的地方特色资源体系。图书馆必须严格采用国际标准或国家标准来规范业务行为，以促进图书馆地方文献数字资源开发中标准的统一。各级公共图书馆也可以根据各地市县乡公共图书馆的实际情况，结合国家标准制定统一的收录标准，联合编目、联合建设，规范特色资源的建设，实现特色数字资源的标准化开发，避免资源的浪费，实现资源的优化配置。

（三）建立全文数据库和多媒体数据库

特色资源数据库不能只停留在传统的书目、题录和文摘性数据库或停留在改变载体形式的单纯文献电子化阶段。只有深层次地对文献进行组织、加工、整理，建立涵盖题录、文摘、全文、图像、音频和视频等各种类型的数据库，才会有更高的社会价值和文化效益。目前，部分大型图书馆已建设地方文献书目数据库、地方文献全文数据库、地方多媒体资源特色数据库、地方资源导航库等，还有各种各样的地方特色音频资料和视频专题片。各级图书馆应结合本地的实际情况，加大力度建设表现形式多样、音视频内容丰富、地方特征鲜明的各类特色资源数据库，使之具有很强的视觉冲击力，以便能够吸引更多的读者，从而提高数据库的利用率。

（四）走联合协作、共建共享之路

受资金、人力和物力的影响，面对繁杂的地方文献，任何一个图书馆都无法完全覆盖，面对各种类型的读者需求，任何一个图书馆都无法独自满足，所以必须走共建共享的合作道路。特色资源数据库建设对人才、资金和资源条件的要求，对于少数条件较好的大型图书馆来说，并不困难，而对中小型图书馆来说，就会面临较多的困难。特色资源建设中存在的一些困难和问题仅靠单个图书馆的力量是难以解决的，因而走联合协作、共建共享之路已成为业内人士的共识。公共图书馆必须将信息资源建设工作作为一项社会工程，利用新技术，由众多图书馆与情报机构分工协作，实现地方文献资源数字化，共同创建一个优良的信息资源共享体系。各公共图书馆应该打开门户，将自己的特色数字资源推广开来，以实现特色资源的共享。除通过参与“全国文化信息资源共享工程”来实现共享外，各级公共图书馆还应考虑通过其他途径来实现特色资源的共享，如特色资源的互联网发布、图书馆网页上相互链接等方式，最大限度地发挥特色资源的使用价值。

（五）加强人才培养，提高信息技术水平

高素质的图书馆员队伍是建设特色资源库的核心和关键，特色资源库的质量、规范程度与图书馆相关从业人员的素质水平密切相关。特色资源库建设人员应具备一定的专业知识以及技术技能，同时对特色库侧重的方向和发展动态有比较深入的了解，能对文献信息进行加工、组织和准确标引。对于参与特色资源库建设和服务的馆员来说，不仅要具有图书馆学的基本知识，还要掌握计算机、网络、数据库等方面的技能，更要熟悉不同数据库和检索软件功能。图书馆要对建设队伍进行针对性的定期培训，促进建设人员知识结构互补和更新，提高其专业素质。特别是进入“互联网 +”时代后，人们的上网习惯已经从台式计算机转移到移动终端，图书馆必须适应新形势的要求，积极了解、熟悉并熟练运用这些新媒介，挖掘其具有的超强服务功能。因此，图书馆必须培养出一支面对新媒介能进行实际应用、研发和推广的专门人才队伍。还可以通过外引内培等方式，不断增强人员的技术能力，从而全面提升团队服务的整体水平。

（六）加强特色资源网站建设及宣传，提升服务效益

特色数据库网站是特色资源库的服务窗口，必须以方便读者获取所需资源为宗旨，结合服务模块合理排版布局，根据资源分类设置清晰明了的导航栏目，并设计快速多样的检索途径。特色数据库网站应该整合各种资源库，实现对多种类型资源或多个数据库的跨库检索，方便读者一站式检索和使用特色资源。

公共图书馆特色资源建设的最终目的是让读者享受到更加优质的文化服

务，从而提升社会整体的文化素养。因此，在公共图书馆特色资源建设中，要加大宣传力度，让社会成员深入了解公共图书馆特色资源的概况、具体特色。只有这样，读者才能够主动利用特色资源进行文化活动。为了让广大读者广泛了解特色资源数据库，图书馆可将本馆的特色资源库通过多种形式广而告之，如公告栏、专题讲座、读者培训等；也可以在微博、微信等新媒体上进行宣传；还可以利用互联网进行信息发布，扩大特色资源库的影响力，提高社会成员的积极性和强化公众的资源利用意识。这样，用户才能对特色资源数据库做深入、细致的了解，才会认识到特色资源数据库的价值，数据库的利用率才能得到有效提高，从而增大图书馆特色资源数据库服务的效益。

五　结语

公共图书馆特色资源建设不是一蹴而就的，需要图书馆工作人员以及社会成员的共同努力。在“互联网＋”时代背景下，公共图书馆特色资源建设必将被赋予新的内容，配套服务必将被赋予新的形式，图书馆特色资源建设将是图书馆工作的重点，是创新图书馆服务的重要举措。因此，各级公共图书馆要进一步强化特色意识，从各方面大力加强图书馆特色资源建设，积极推进公共图书馆特色资源建设与服务，以满足人们日益多样化的文化需求。

我国园艺园林博览事业的热发展与冷观察

阮班富*

摘　要： 园艺园林博览业是博览业的重要组成部分。自昆明成功申办1999年世界园艺博览会起，我国园艺园林博览业迅速发展，整体发展态势良好，但依旧存在问题，值得我们仔细思考。本文以我国园艺园林博览事业为研究对象，从园艺园林博览会入手，先分析我国园艺园林博览事业现存的问题，再探究背后的深层原因，最后就如何实现园艺园林博览事业的可持续健康发展提出对策建议。

关键词： 园艺园林　博览会　博览事业

1999年，我国在昆明第一次成功举办世界园艺博览会（简称“世园会”），此后，沈阳、台北、西安、青岛、唐山、北京相继成功申办并顺利举办，目前，扬州已被确定为2021年世界园艺博览会的举办地。世界园艺博览会的成功举办，不仅展示了我国改革开放的成就，促进了我国与世界各国的经济、文化、科学技术交流，还推动了我国园艺园林事业的发展。在成功申办1999年世界园艺博览会后，我国于1997年在大连举办首届中国国际园林博览会（简称“园博会”），此后每两年举办一次，从未间断。在参与或举办世界园艺博览会及中国国际园林博览会的同时，多个省份先后举办了省域园林园艺博览会。在过去20多年里，我国的园艺园林博览事业发展迅

* 阮班富，教育学硕士，鄂州市第三中学高级教师。

速，呈现多层级、多维度的特征。以中国国际园林博览会为例，在内容方面，逐步从展出微缩景观、花艺向建设影响地方经济发展的长久运营型大公园发展；在技术方面，逐步引入生态修复、垃圾场填满、沼气利用等技术；在影响方面，随着国际大师园、设计师创意园的单独建设以及由园博会（创意展园）衍生出的一系列国际交流活动陆续展开，园博会的主要覆盖群体由举办地民众扩大至全世界的园林行业人士。

除有效推动了我国园艺园林事业的发展外，世界园艺博览会和中国国际园林博览会的成功举办，还在很大程度上改善了我国文化旅游事业的供给结构，开辟了广阔而丰富的现代园艺园林游。此外，还对生态中国、美丽中国建设发挥着示范性引领作用。自 1978 年起至今，我国改革开放事业取得了非凡成就，社会生产力水平得到显著提升，在追求社会经济发展的同时，我国日益重视生态环境保护，特别是在 21 世纪中国特色社会主义建设进入新的历史阶段时。从强调注重生态文明建设到提出“美丽中国”概念，我国向世界表明了建设生态中国和美丽中国的坚强决心和坚定信心。世界园艺博览会和中国国际园林博览会的成功举办、园艺园林事业的快速发展，证明了我国建设生态中国和美丽中国的智慧和能力。另外，世界园艺博览会和中国国际园林博览会的成功举办，也为我国搭建起联系世界、走近世界舞台中央的大平台。

我国园艺园林博览事业发展态势整体不错，但是发展过程中出现了一些问题和现象，值得我们加以关注并认真思考。

一　我国园艺园林博览事业发展中存在的问题

（一）密度大、层级多，示范性引领作用弱化

举办园艺园林博览会最直接的目的是展示各国、各城市在建设和改善人居环境方面的最新理念、最新技术和建设成果。同时，各国和各城市可以借助园艺园林博览会这个舞台进行交流，共同探讨、相互借鉴，加快人居环境

建设的进程。从这一层面看，举办园艺园林博览会的最重要目的在于发挥它在人居环境建设方面的示范性引领作用。20 世纪 90 年代，我国城市住房制度改革正式起步，房地产事业得到了前所未有的快速发展，与之相伴，我国的城市建设和城市规模进入了前所未有的快速扩张期。在此期间引入世界园艺博览会并形成我国园艺园林博览会事业发展体系，对于促进我国人居环境建设无疑具有积极作用。

表 1　世界园艺博览会举办地与举办年份统计

国别	年份								
荷　兰	1960	1972	1982	1992	2002	2012			
德　国	1963	1973	1983	1993	1995	2003	2005		
奥地利	1964	1974							
法　国	1969	1994							
加拿大	1976	1980	1997						
英　国	1984								
意大利	1996								
比利时	1997								
日　本	1990	2000	2004						
泰　国	2006								
土耳其	2016								
中　国	1999	2006	2010	2011	2013	2014	2016	2019	2021

资料来源：历届世界园艺博览会一览表［EB/OL］，http：//www. horti-expo2019. com/2017 - 12/25/content_ 50162774. htm，2017 年 12 月 25 日。

表 1 是世界园艺博览会的举办地与举办年份统计表。从表 1 可知，荷兰从 1960 年到 2012 年共举办世界园艺博览会 6 次，大致是每隔 10 年举办 1 次；德国自 1963 年至 2005 年共举办 7 次，前 30 年每隔 10 年举办 1 次；加拿大在 20 世纪 70 年代至 90 年代约 20 年的时间里共举办 3 次，正好每一个年代举办 1 次；日本在 1990 ~ 2004 年共举办 3 次，平均每 5 年举办 1 次。我国在 1999 年至 2021 年的 22 年间，举办（含拟举办）9 次世界园艺博览

会，1999 年至 2010 年大约每 5 年举办 1 次，2011 年至 2021 年举办频率加大。上述对比可从一个侧面说明我国人居环境建设在这 20 多年间取得了显著成果，我国社会经济在这 20 多年里总体发展较好。但我们必须承认，人居环境的建设和改善是一个长期的渐进过程，人居环境的建设理念和技术创新需要有一个逐步发展和运用的过程。在 22 年间连续 9 次举办世界园艺博览会，对于一个发展中国家而言，密度显然偏大，频率显然偏高。

由于每一届世界园艺博览会都有申办失败的情况，所以世界园艺博览会的举办次数并不能完全准确地反映我国和其他国家在举办世界园艺博览会的热衷度上的差别。相比之下，中国国际园林博览会的筹划全由我国自行安排，不受他国影响，可以更好地体现我国对于举办园艺园林博览会的态度。

表 2　中国国际园林博览会举办情况一览

年份	举办地点	展期(月)	占地面积(公顷)	投资概算(亿元)
1997	大连	6	—	—
1998	南京	0.5	3～4	—
2000	上海	1	—	—
2001	广州	2	23	—
2004～2005	深圳	6	66	—
2007～2008	厦门	6.5	676	—
2009～2010	济南	8	345	20.6
2011～2012	重庆	6	220	—
2013	北京	6	220	—
2015～2016	武汉	8	213.77	40
2017～2018	郑州	8	119	—
2018～2019	南宁	6	658	—

资料来源：百度百科。

表 2 是中国国际园林博览会举办情况一览表，从表 2 中可以看出，从 1997 年到 2019 年，我国大约每 2 年举办 1 次中国国际园林博览会，由于不少博览会的展期是跨年的，因此有多届几乎是连着举办的。对照表 1，可以发现

2013 年我国既举办了中国国际园林博览会，又举办了世界园艺博览会[①]。

除去世界级、国家级园艺园林博览会外，我国还举办省级和市级园艺园林博览会。表 3 反映的是截至 2019 年 12 月我国部分省份举办园艺园林博览会的届数情况。

表 3　部分省份已举办园艺园林博览会届数（截至 2019 年 12 月）

省份	届数	备注	省份	届数	备注
辽宁	11	—	江西	4	—
山东	6	—	湖北	2	—
广西	7	—	河北	4	—
宁夏	6	—	江苏	11	2022 年将举办第 12 届
广东	11	2020 年将举办第 12 届	—	—	—

资料来源：百度百科。

园艺园林博览会的过大密度和过多层级，极易导致展会缺少有分量的创新作品而沦为参展会员们无甚新意的作品的简单聚合。这会大大削弱园艺园林博览会的交流借鉴价值，无法发挥示范性引领作用。

（二）规模大、占地广，农用耕地与城市建设用地被挤压

我国举办的历届世界园艺博览会的参展场馆数量为 120～300 个，中国国际园林博览会的参展场馆数量为 70～150 个，省级园艺园林博览会的参展场馆最少约 30 个，最多的超 70 个。园艺园林博览会规划园区面积大，资金与技术投入需求大，维护成本高，建设周期长。不同于一般的贸易博览会，园艺园林博览会的永久性场馆用以重复办展的可能小且需要相当完备的交通等配套服务设施。由表 2 可知我国举办的国家级园艺园林博览会中，园区规划面积最大的超过 600 公顷，面积最小的约 4 公顷，中等规模的为200～400 公顷。表 4 是我国曾举办或将举办的世界园艺博览会的基本概况。

① 我国辽宁锦州是 2013 年世界园林博览会的举办地。

表4　中国曾举办或将举办的世界园艺博览会基本概况

年份	城市	规模	展期（天）	规划（公顷）	投资概算
1999	昆明	A1	184	—	—
2006	沈阳	A2 + B1	184	246	—
2010	台北	A2 + B1	—	—	—
2011	西安	A2 + B1	178	418（水域188）	—
2013	锦州	—	—	—	—
2014	青岛	A2 + B1	—	241	—
2016	唐山	A2 + B1	170	506	—
2019	北京	A1	162	960	—
2021	扬州	A2 + B1	—	220	—

注：按照国际园艺生产者协会的分类标准，A1类是指大型国际园艺展览会，这类展览会需要在展览会开幕日期前6～12年提出申请，此类展览会必须包含园艺业的所有领域。A2类是指国际园艺展览会，这类展览会至少要有6个不同的国家参展。B1类是指长期国际性园艺展览会，这类展会每年度只能举办一届。

资料来源：百度百科。

从表4可知，在我国曾举办或将举办的世界园艺博览会中，园区规划面积最小的为220公顷，最大的达960公顷，其中包括水域面积。另外，我们还可知这些世界园艺博览会建设规模大、展期较长。我国申办的9届世界园艺博览会中，A1类大型国际园艺展览会共2届，A2 + B1类博览会共6届。

至于省级园艺园林博览会的规划面积，囿于数据的可得性，笔者仅在此做一个推测：一个省级园艺园林博览会一般有9～15个市（县）、若干个大型企事业单位、若干知名大学以及若干国际友好城市参展，一般参会展馆按60个计算，规划面积至少为150公顷。需要说明的是，上述面积仅指园艺园林博览会规划用地，并不包括配套设施建设用地。

规模大、占地广的园艺园林博览会的频繁举办，势必会造成对农用耕地的侵占以及对城市公共建设用地的挤压。

（三）规模受限、主题重复，难以充分发挥文化旅游价值

深圳的“世界之窗”和“锦绣中华”是旅游项目中的优秀案例，成功原因在于其首次把国内外的代表性旅游景点浓缩在一个区域里。首次，意味着开创性和独一无二，因而对游客具有极强吸引力。但若我国有 5 ~ 10 个城市重复建设类似景区，其独一无二性便不复存在，旅游价值基本上可以归零。世界园艺博览会是各国展示交流人居环境建设发展理念以及建设成果的一扇“世界之窗”，不仅是进行国际政治、经济、外交活动的舞台，还是文化旅游的可选项。世界园艺博览会这扇“世界之窗”汇聚了多个国家和城市关于人居环境建设的成果分享，与生态、文化、科技等密切相关，有着极大的文化旅游价值，由于世界园艺博览会往往具备众多园艺园林素材，故类似于园林。或拥有新奇独特的设计，或充满异域情趣，或满载历史文化底蕴，是园林旅游项目的基本看点，山水成趣、人景和谐是园林建设的基本主题。世界园艺博览会和中国国际园林博览会由于规模大、园艺园林素材丰富、参展主体排列组合多样，每一届均有新奇看点。但是，如果园艺园林博览会的覆盖地域有限、园艺园林素材单薄、参展主体少且恒定，就很难办出具有新意的展会，文化旅游价值将十分有限。我国省、市级园艺园林博览会就存在这一问题。

表 5　历届江苏省园艺园林博览会举办地点与主题情况

届别	年份	展期(天)	主　题	具体地址
第一届	1999	19	绿满江苏	南京玄武湖
第二届	2001	14	绿色时代——面向 21 世纪的生态园林	徐州云龙公园
第三届	2003	14	春之声绿色奏响曲	常州红梅公园
第四届	2005	36	蓝天碧水　吴韵楚风	淮安钵池山公园
第五届	2007	29	山水神韵·江海风	南通园博园
第六届	2009	30	水韵绿城·印象苏中	泰州园博园
第七届	2011	30	精彩园艺　休闲绿洲	宿迁市滨湖新城
第八届	2013	30	水韵·芳洲·新园林——让园林艺术扮靓生活	越江扬中市

续表

届别	年份	展期(天)	主 题	具体地址
第九届	2016	30	水墨江南·园林生活	苏州市吴中区，占地110公顷
第十届	2018	30	特色江苏　美好生活	仪征枣林湾生态园
第十一届	2021	30	锦绣江苏·生态慧谷	南京汤山国家旅游度假区

资料来源：百度百科。

此外，目前我国园艺园林博览会的主题重复度高、创新性较弱，这也影响了园艺园林博览会文化旅游价值的发挥。下面以江苏省为例。江苏省是我国园林大省，是具备最多园艺园林素材的省份，是举办富有新意的园艺园林博览会潜力最大的省份。表5是历届江苏省园艺园林博览会举办地点与博览会主题情况，从表5中可以看出，不管园艺园林博览会的主题如何变化，都离不开“山”“水”“绿色”“生态”等内容，这并不是因为江苏省园艺园林博览会不求创新，而是因为园艺园林博览会本就是要展示人居环境建设，主题的变动会受较大限制。

园艺园林博览会具有较大的文化旅游价值，但是出于覆盖地域有限、素材资源单薄、参展主体恒定、主题缺少创新等原因而难以充分发挥旅游文化价值。

（四）成本高、回报慢，公共财政支出使用效率较低

2015年在武汉举办的中国国际园林博览会的规划园区面积达213公顷，投资概算为40亿元。按此标准，我国举办一次世界园艺博览会，投资概算为80亿～260亿元；举办一次国家级园艺园林博览会，投资概算为18亿～70亿元；举办一次中等规模的省级园艺园林博览会，投资概算不会少于7亿元，高者可近20亿元。不论是世界园艺博览会还是国家级园艺园林博览会，都是非贸易性展览会，资金投入主体是公共财政。园艺园林博览会回收资金的渠道一是门票收入，二是通过园艺园林博览会的影响力提高邻近地块的商用价值，再对商用地块进行拍卖以获得收益。我国中心城市和一般省会

城市举办世界园艺博览会和中国国际园林博览会的投入与回报之比较高。如，据相关资料，深圳举办2004年中国国际园林博览会，直接收入达15亿元，其中门票收入共计1.5亿元；昆明世博园自开放起至今，门票收入已超13亿元，年均收入超1亿元；西安世博园自2011年开放起至今，累计门票收入已超5亿元。不过，细究以上数据，可发现门票收入远不及投入，且只是总收入的一小部分，主要收入应是周边商业地块的土地溢价收入。相对于世界园艺博览会和中国国际园林博览会，省级园艺园林博览会由于覆盖地域有限、影响力有限，加之受高层级园艺园林博览会吸纳游客的影响，门票收入非常有限。此外，某些城市的土地溢价指数也较低。这些城市若盲目举办省级、市级园艺园林博览会，短时间内往往难以回收资金。

举办园艺园林博览会，除了要在展会开幕前及开幕期间投入大量建设资金以外，还需投入大量资金用于展会闭幕后的景区运营维护。西安世博园在国内外享有较高声誉，备受旅客青睐，文化旅游发展状况良好。西安世博园运营管理有限公司原副总经理齐彬曾说西安世博园接待人次达1572万人次，闭幕后约三年时间里，每年游客为200万人次左右。我们可以按此估算三年的门票收入。对于弥补世博园在植株保养、花木更新、设施维护、设备更新、营销管理、日常开支等方面的支出而言，门票收入仅是杯水车薪。我国诸多国博园、省博园的园区规模和西安世博园不相上下，但影响力和社会声誉远不及西安世博园，换言之，这些园区面临着较大的资金回收挑战。

（五）参展方式较为固定，参展主体积极性不高

世界园艺博览会由主办国政府组织或由政府委托有关部门承办，中国国际园林博览会由我国国家住房和城乡建设部联手地方政府举办。具体办会（展）方式上，在我国，一般都是由申办成功的城市的政府承办，由地方政府无偿提供土地，制定办会办展总体规划，向各成员单位发出参展邀请，再由有参展意向的单位提供参展作品并承担相应的费用。从我国已举办的历届世园会和园博会情况看，除部分友好国家和友好城市参展外，主要是各省、自治区与直辖市展馆以及本省的市（县）展馆，附带少量的企业展馆和知

名大学展馆。就省级园艺园林博览会而言，参展主体基本为本省份的市（县）展馆以及少量省城内企业展馆和大学展馆，部分省级园艺园林博览会也有少数友好城市展馆。这意味着不论在何处办会办展或是举办何种级别的会或展，参展主体均较为固定。若会展频繁、层级过多，展馆主创人员易丧失热情。

每届园艺园林博览会都需动员住建、园林、文化、旅游、设计、财政等多个部门，既劳心劳力又耗费金钱，且其文化旅游价值以及获得回报能力有限，若参展主体的积极性和热情度不高，那我国园艺园林博览会必将沦为“食之无味，弃之可惜”的鸡肋，园艺园林博览事业将无法实现可持续发展。

二　我国园艺园林博览事业发展过热过快的深层次原因

我国园艺园林博览事业发展过热过快，有多方面的深层次原因。

（一）综合国力增强提供发展动力

坚持生态优先、绿色发展是我国在不断探索、反思人与环境的关系后得出的发展理念，加强生态文明建设是我国社会主义事业建设发展到一定阶段后的要求。一系列生态环境问题让我们深刻认识到绿水青山就是金山银山，为保护生态环境，我国采取了退耕还林、退田还湖等一系列措施，并提出了建设生态文明和美丽中国的目标。特别是在党的十八大以后，随着我国综合国力跃升到新的发展阶段，政府加大了对生态文明和美丽中国建设的投入，我国有数百个城市被列入园林化城市建设的名单，与此同时，我国也更需要对外交流、共同发展。园艺园林博览会恰以“人居环境建设”为主题，且正是政治、经济、文化等的交流平台，因而得以蓬勃发展。

（二）房地产业开发助推发展加速

1990 年到 2019 年是我国城镇化建设快速发展的 30 年，也是我国房地产经济突飞猛进的 30 年。一方面，发展房地产事业是为了改善人居环境，举办园艺园林博览会是为了分享关于建设和改善人居环境的理念和经验。在推进城镇化和发展房地产业的过程中，适当举办园艺园林博览有助于举办地借鉴其他国家或地区在人居环境建设和改善方面的成功经验，有利于推进本地人居环境建设、助推自身房地产业发展。另一方面，对于举办园艺园林博览会的城市来说，获得园艺园林博览会潜在的经济利益是主要目的。规划一个园区，可以提升其周边可供房地产开发的土地的溢价指数，从而盘活一方经济。某些三四线城市热衷于举办园艺园林博览会，主要是希望通过办园办会提高城市土地的商用价值。对房地产业的依赖、对土地溢价的过高期望，让许多地方政府把发展目光聚焦到园艺园林博览会。

（三）忽视发展规律，破坏发展秩序

作为会展经济的一种，园艺园林博览会有其自身特点和发展规律。首先，占地面积大，建设周期长，维护成本高，投入回报慢；其次，园艺园林建设技术更新慢，人居环境理念变化周期长，举办频率如果过高，园艺园林博览会的示范性引领作用将得不到有效发挥。一些地方政府未充分掌握园艺园林博览会的发展规律，加之国家缺乏有效监管，导致某些省市盲目举办园艺园林博览会，园艺园林博览事业发展不够健康。

三　促进我国园艺园林博览事业健康发展的对策与建议

促进我国园艺园林博览事业健康发展的核心，在于通过规范我国各省份申办或举办园艺园林博览会的频率、规模、层级、内容，以形成适度、合理、有序的园艺园林博览事业发展格局。

（一）合理调控各省份申办园艺园林博览会的频率，始终保持园艺园林博览会在改善人居环境方面的引领作用

举办园艺园林博览会，要遵循园艺园林事业的发展规律，要适应园艺园林旅游市场的供给与需求规律。频繁申办世园会，每两年举办一次国博会，

既不适应园艺园林博览事业自身在人居环境改善方面更新换代的速度，也不符合园艺园林旅游业的供需情况。笔者认为，身为一个快速发展的发展中国家，我国举办世园会的频次以每7～12年1次为佳，举办国博会的频次以每5～8年1次为佳，目前的频次偏高。为此，建议中央政府调控各省份申办世园会及举办国家级、省市级园艺园林博览会的频次，与此同时，各地方政府也应自行调控举办频次。

（二）严格管理园艺园林博览会的建设用地，发挥园艺园林博览会在发展循环经济、集约经济方面的示范作用

要改变我国举办园艺园林博览会动辄占地数百公顷甚至是上千公顷的现象。我们应该牢记土地是不可再生资源，要清醒地认识到不少建设项目会对农用耕地、城市建设用地构成挤占的事实。园艺园林博览园的占地面积较大，尽管具有创造收益的潜力，但这是以放弃农业耕地和城市建设用地为代价的。基于此，一方面，我们应严格控制园艺园林博览会的用地规模，减少对农业耕地和城市建设用地的不必要侵占；另一方面，我们应合理经营园艺园林博览园，发挥其在发展循环经济、集约经济上的示范作用。

（三）规范地方园艺园林博览会的举办模式，改变地方园艺园林博览会的举办方式

各地方政府是否举办园艺园林博览会、具体如何举办园艺园林博览会，应当是地方政府的内部事务。但从目前情况看，国家还是应出台指导性意见加以规范。如我国的省级园艺园林博览会，不宜比照世园会和国博会的举办模式。举办频率上，不应是每两年1次；举办规模上，用地规模不宜超过30～50公顷；举办方式上，不提倡每次展会每个市（县）都要办展馆。另外，建议改变地方园艺园林博览会的举办方式，笔者认为地方园艺园林博览会可以采取市（县）园艺园林建设现场会的形式，即成为地方园艺园林建设的文化旅游宣传会、官方人居环境建设经验交流的闭门会，如可借鉴广州将“庙会”和“园艺园林博览会”加以融合的方式。

（四）强调园艺园林博览会的内容创新，做到每一届展会都是对园艺园林文化旅游事业的有效供给

举办园艺园林博览会，要避免千会一面、大同小异，要在主题和内容上寻求创新。建设园艺园林博览园，要精益求精，要实现从求大求多到求精求新的转变，坚持“办一园，就是一个新景点，就是一个精品”的原则。园艺园林博览园或以新胜，或以奇胜，或以趣胜，或以异胜，或以幻胜，或以虚胜，只有别具一格、引人入胜，让游客纷至沓来、流连忘返，才是对园艺园林文化旅游事业发展的有效供给。

关于推动非物质文化遗产与文化创意产业融合发展的思考与建议

徐益　申华*

摘　要： 传统的非物质文化遗产在新时代下面临诸多问题，老龄化的受众群体不断制约着其发展，现代文化创意产业是以文化为背景的新型产业，其主体为文化。本文围绕如何推动优秀传统文化创新发展展开研究与探索，旨在利用文创的创新思维来发展当下的非物质文化遗产，有效推进非物质文化遗产的年轻化进程。

关键词： 文化创意产业　非物质文化遗产　文化自信　创新性发展

文化创意产业是我国当下经济发展的新增长点，对促进传统行业转型和革新具有重要价值。传统的非物质文化遗产面临着如何传承和创新的时代命题。充分发掘非物质文化遗产资源，促进非遗与文创融合发展，是实现优秀传统文化创新性发展的重要路径。

一　我国文化创意产业的发展现状与趋势

“文创”是文化创意产业的简称，是新时代催生出的一种以文化为主体的新型产业，它大量被应用于广播影视、动漫、音像、传媒、视觉艺术、表

* 徐益，曲阜市文化馆馆长，研究领域为群众文化。申华，曲阜市文化馆，研究领域为群众文化。

演艺术、工艺与设计、雕塑、环境艺术、广告装潢、服装设计、软件和计算机服务等方面，文创的普及性和高效的传播力，让我们在现代生活的方方面面都能够看到它的影子。文创思维是基于文化创意产业的一种创新性思维模式，文创思维是文化创意产业得以不断发展以及不断适应这个时代的基础，这种创新性思维可以在很大程度上提升文创产品的利用率和传播力，可以使基于文创思维出现的文创产品更加年轻化，促进文化创新力发展，为其增添新鲜活力。

“文创”的概念最早出现于欧洲，在工业化完成以后，服务业和高附加值的制造业的兴起促使文化创意产业出现，这是一个国家或地区经济转型的实际需求。20 世纪 60 年代欧洲社会文化多元化异军突起，使得当时欧洲社会的主流文化不断受到冲击，欧美年轻人中开始出现一种反对主流文化、追求个性解放和多元文化的思潮。在我国改革开放以后，一些年轻人中间也出现了这种现象，尤其是 20 世纪末和 21 世纪初，曾经风靡一时的日本、韩国电影和电视剧在我国产生了很大的影响，大量的文化输出也使得日本、韩国赚取了大量的外汇，甚至在一个时期里我国形成了被称为“哈日”“韩流”的日韩文化热，这种文化现象同样值得我们深思。

在全球化进程中，尤其是互联网的高速发展让整个世界联系得更加紧密，经济一体化、技术共享、文化交流已经是不可阻挡的潮流。但是每一个民族和国家的文化都是独一无二的，如果我们不能关注自身的文化，随着全球化进程的不断推进，必将受到外来文化的冲击，时代的进步和社会的发展需要我国有自己的文化创意产业。

近年来，我国出台了一系列扶持与鼓励文化创意产业的政策规划，如《文化产业振兴发展规划》《国家“十三五”时期文化发展改革规划纲要》等规划中均支持文化创意产业发展。在这一系列政策的有力保障下，我国文化创意产业迎来了新的发展机遇，同时也面临新时代的挑战。

从发展优势来看，国内各大城市重视发展文化创意产业，纷纷出台相关政策并划拨专项资金扶持文化创意产业发展，并在结合自身特点的基础上探索属于自己的文化符号，使得文化创意产业近年来在国内各大城市的 GDP

中所占的比重和绝对利润值都在逐年增长，新增文化创意产业企业和从业人数逐年增多，我国文化创意产业发展有着良好的前景。结合现状来看，文化创意产业的发展未来将会呈现大众化、技术化、智能化、网络化与国际化几大趋势，要完善财政支持结构，建设良性管理机制，利用“文化＋科技”打造文创 IP，重构文化创意内容生态，积极拓展文化创意产品的开发空间以促进我国文化创意产业良性发展。

二 我国非物质文化遗产发展的困境与出路

（一）“老非遗”的“死胡同效应”

这里说的“老非遗”，是指旧的传承形式下一些濒危但非常有价值的非物质文化遗产。非物质文化遗产的普及性强和受众多的特点使得它有很坚实的群众基础，它贯穿了我国整个文明的发展进程，和我们的生活息息相关，对我们的生活方式产生了很重要的影响，是一个国家或民族对美好生活的追求，代表了一个时期技艺的高度，同时也体现了一个时代审美的高度，但是这种传承结构是非常脆弱的，几乎经不起太多的“风吹雨打”，很多非物质文化遗产就是随时代、生活方式和环境的改变而消亡，这些非物质文化遗产因为没有很强的适应性而只能昙花一现。不懂变通、抱残守缺、食古不化以及传承方式单一会导致非物质文化遗产的消亡，旧的传承方式很容易让其走进一个“死胡同”，并且连带导致与其相关的其他非物质文化遗产渐次消亡的现象，我们称这种现象为“死胡同效应”。这种效应很常见，这种现象的出现是由非物质文化遗产的两面性决定的，非物质文化遗产既有传播性强和普及性高的特点，也有相对封闭和制约因素太多的特点。

非物质文化遗产大多有很长的历史，时至今日，它们早已褪去当年的光彩。现代社会是年轻化的社会，未来也将是年轻人的时代，非物质文化遗产只有适应了年轻人的心理才能适应这个时代的需求。推动非物质文化遗产年轻化的进程、使其不断适应这个年轻化的时代是消除非物质文化遗产“死胡同效应”的唯一途径。消除“死胡同效应”的最好办法就是解放思想，大胆创新。而更加年轻化的文创思维能够有效消解“老非遗”的一些困境。文创思维模式下的创意性改造可以对非物质文化遗产进行重新定义和再次包装，可以通过各种创意将一些即将消亡的非物质文化遗产重新融入我们的生活。

（二）“新非遗”的“蝴蝶效应”

“新非遗”具有新的传播方式和新的传承方式。“新非遗”与“老非遗”的根本区别就在于前者融入了文创思维模式，这使得“新非遗”更加具有创意性，也更加年轻化，这种创意性和年轻化使其更加适应这个时代的需求。“新非遗”的受众群体在很长一段时间里老龄化现象十分严重，非常多的年轻人对非物质文化遗产并不感兴趣，甚至不知道什么是非物质文化遗产，这种传播和传承中的断层持续了很长一段时间，但是未来的社会是年轻人的社会，如果年轻一代都不再关注非物质文化遗产会非常不利于非物质文化遗产的发展。新非遗的发展方向应该是文化创意产业，在保留原有技艺特点的同时加入现代元素，通过好的创意和全新的营销模式使其不断适应年轻人的消费倾向。

目前，中国特色社会主义进入新时代，我国的社会主要矛盾已经转化，这也使得我国将建设文化强国提到了国家战略层面上来。随着新时代下社会主要矛盾的转化和国家战略的不断推进，以及振兴传统工艺计划的实施，作为与我们生活息息相关的非物质文化遗产将迎来新的发展机遇，大量的宣传和平台的搭建使得更多的年轻人了解了非物质文化遗产，进而加入其中，逐渐地从一个传播者变为传承者。年轻人的加入使得非物质文化遗产的受众群体逐渐趋于年轻化，但是这种年轻化同样过于单一，这种单一的年轻化依然无法让非物质文化遗产真正走出“死胡同效应”。真正的年轻化应该是全方位的年轻化，尤其是在传承和传播方式上，同时技术和工艺上的年轻化革新也非常重要。旧作坊式的思维模式已经不能适应这个时代了，这个时代需要的是更加有创意和朝气的文化创意产品。

三 非遗与文创的融合发展思路

非物质文化遗产是串联历史文化的重要纽带，非物质文化遗产的产生和发展离不开人们的生产生活方式，是依托人们的劳动而产生发展的，反映的是普通百姓的生活百态，它是民俗学研究的活标本。但是非物质文化遗产不能只做标本，尤其不能只待在博物馆里面，待在博物馆里面是无法完整地呈现非物质文化遗产全部的面目的，无法让人们切身感受非物质文化遗产所传递的人文温度。现代人尤其是年轻人要切身去体悟非物质文化遗产所表达的意义，就要想办法利用非物质文化遗产改善自己的生活，说白了就是要“用非遗”而不仅仅是“看非遗”。非物质文化遗产的艺术性和实用性，使它在面向年轻人的时候具有很大的开发潜力，它也是文化创意产业十分需要的重要载体。

在使“非遗”文化与文创发展相结合的问题上，必须契合年轻人的需求。年轻人的消费市场是巨大的，要想让年轻人接受并使用非物质文化遗产，就要考虑年轻人的消费习惯以及消费倾向。年轻人的思想相对不成熟，年轻人追求新奇是较为普遍的消费现象。互联网的发展，使得年轻人可以接触各种各样的文化信息。如何在多元文化社会中脱颖而出，是非物质文化遗产所面临的问题。很多时候非物质文化遗产将自己标榜成为高端消费品，甚至俨然成为一种奢侈品，这让很多人望而却步，更不要说收入水平一般的年轻人了。这些不理性的定位和盲目追逐利益的心态，使得非物质文化遗产已经在逐步丧失其赖以生存的群众基础。高端消费者用不上，普通消费者用不起，是很多非遗产品正在面临的尴尬境遇。放下身段，不忘初心，让普通人都能接受，才能够适应这个时代，文创的前瞻性可以更好地使非遗产品适应这个时代，以及更好地符合年轻人的需求。当前，非遗所欠缺的就是前瞻性，很难把握时代潮流的走向；而文化创意产业缺少的是创作载体，非物质文化遗产的多样性可以为文化创意产业提供源源不断的创意灵感，二者的融合可很好地弥补彼此的短板。用文创思维去改造非物质文化遗产，推动非物质文化遗产的年轻化进程，让年轻人真正感受到传统文化的温度，才是这个时代非物质文化遗产应该前行的方向。

“非遗”与文创融合的关键在于“创意”。非物质文化遗产和文化创意产业天然具有可融合性，但是融合二者的关键就是“创意”。2017 年故宫文创的营业额达到了 15 亿元，据《中国证券报》统计，这个营业额已经超过 1500 多家 A 股上市公司的营收水平；2018 年底，故宫口红、彩妆系列发售，仅仅 10 个小时就销售 5 万多件，销售额超 500 万元。借助实用创意，既展现了故宫厚重大气的文化底蕴，又呈现了新时代的蓬勃朝气，而这些创意的创造者和受用者都是年轻人，年轻人成为故宫文创奇迹的创造者。年轻人可以说是文化创意产业的主力军，是决定文化创意产业如何发展的关键，也决定了非物质文化遗产发展的方向。年轻人的思维更加跳跃也更加具有创意性，他们通过这种高创意性的文创思维模式对传统的非物质文化遗产进行改造，使其更加适应新时代的需求，或者说是年轻人的需求。非遗文创一定要在适应年轻人追求新奇消费观念的同时注重实用性，非物质文化遗产的初衷就是让人可以使用，非遗文创如果丧失了非物质文化遗产的实用性，就丧失了非物质文化遗产的灵魂，最后也只能沦为“快餐文化”。非遗文创应该走一种平民化的高端路线，这句话看似很矛盾，其实不然。平民化是非遗文创的群众基础，它能够更好地抓住年轻人这一消费主力军，这种平民化的高端路线只是一种相对的高端，而不是全面的高端，全面高端就会失去群众基础，尤其是年轻人这一群体，所以平民化的高端非遗文创更多应该是在文化上的高端和思想上的高端，当然非遗文创的最终目的是带动消费，变相地刺激传承与传播，但是一味地追求利益的最大化，最后的结果只能是非遗资源和文化创意的二次浪费。

四 结语

非物质文化遗产经历了漫长岁月的打磨才留存到现在。新时代下，存续下来的非物质文化遗产必将迎来更多的挑战，而战胜这些挑战的关键就是推进非物质文化遗产的年轻化进程。非物质文化遗产的年轻化不仅指受众人群的年轻化，也是指技术和技艺的年轻化，这必将是一场来自非物质文化遗产的革新。而这一革新的助推器就是非遗文创，如何利用非遗文创将决定未来非物质文化遗产的发展方向。非遗文创的基础是文创人才的培养，文创人才的层次和眼界是决定这场革新成败的关键所在。非遗文创最终还是要朝文化创意产业去发展，但是这种文化创意不能浅尝辄止，而要不断深入挖掘非物质文化遗产传达的文化内涵，在使其不失传统技艺特点的同时，兼具实用性和现代感。利用文创思维和“互联网＋”的推广模式，继续搭建非物质文化遗产的传播平台，不断地扩大年轻的非物质文化遗产受众群体，全面推进非物质文化遗产的年轻化进程，这才是非物质文化遗产健康可持续发展的必由之路。

中国蹴鞠演进史的考古诠释

马国庆*

摘　要： 蹴鞠，是中国古代绵延了两千多年的足球运动，也是一项影响了中国两千多年的体育项目和娱乐方式。蹴鞠经历了起源、繁荣、走向衰弱等阶段，每个阶段都有相关的文献记载。文物作为各时期文化的实物载体，对佐证历史有着至关重要的作用。本文通过列举蹴鞠发展各个阶段的文物，与当时的文献记载、时代背景相互印证，对蹴鞠演进史进行考古方面的诠释。

关键词： 蹴鞠　考古　文物

一　蹴鞠与世界足球的起源

蹴鞠相当于中国古代的足球运动。“蹴”即用脚踢，“鞠”指皮制的球，“蹴鞠”意为用脚踢球，是中国古代足球的名称，又叫“蹋鞠”“蹴球”“蹴圆”“筑球”“踢圆”等。蹴鞠最早的说法是“蹹踘”，出现在刘向的《战国策·齐策一》中，在《史记·苏秦列传》中则写作“蹋鞠”。“蹴鞠”这一最为普遍的叫法，最早出现在司马迁的《史记·扁鹊仓公列传》中。“蹴鞠”中“蹴”“鞠”两字的写法在古代典籍中各不相同，但都出于古文通假的原因，并无实质性差别。如《史记·卫将军骠骑列传》索隐：“今之

---

* 马国庆，中国淄博齐文化研究院副院长、齐文化博物院院长。

鞠戏，以皮为之中实以毛，蹴蹋为戏。”《词渊》释“鞠”曰：“皮毬也。踢毬，古谓之蹴鞠。亦曰蹵鞠。”汉代以前的叫法是“蹋鞠”，汉代初年两词并用，汉以后才确定“蹴鞠”为基本叫法。

随着生产力水平的提高和制球工艺的进步，唐代出现了充气的球，“蹴鞠”的名称随之发生变化。唐颜师古的《汉书注》曰：“鞠，以韦为之，中实以物，蹴蹋为戏乐也。”“韦”即熟牛皮，填充之物多为毛发。唐代以后出现了许多叫法，但“蹴鞠”一词一直被沿用，始终是最基本和最普遍的叫法。《康熙字典》引《初学记》中的话说：“鞠即球字，……今蹴鞠曰戏球，……蹴鞠之处曰球场，胜者所得谓之球采。”

蹴鞠，是中国古代足球运动的称谓，是影响了中国两千多年的体育项目和娱乐方式。《战国策·齐策一》中记载着苏秦到齐国游说时对齐宣王说的话：“临淄甚富而实，其民无不吹竽、鼓瑟、击筑、弹琴、斗鸡、走犬、六博、蹋鞠者。”《史记》当中也有基本相同的记载。

图 1　临淄仿古鞠

《史记·苏秦列传》中记载："齐地方二千余里……临淄甚富而实，其民无不吹竽鼓瑟，弹琴击筑，斗鸡走犬，六博蹋鞠者。"其中的"蹋鞠"即"蹴鞠"之意。这是我国关于蹴鞠活动的最早记录。因这条史料是说当时的"蹴鞠"在齐国都城临淄已经普及，故而推断蹴鞠的发源早于战国时期，至少是在春秋之时。虽然普及流行之地未必就是发源之地，但普及流行之地是发源之地有极大可能性，这是不容置疑的。在没有其他否定证据的情况下，蹴鞠的发源地很可能是齐国的都城临淄。

在目前尚未发现新的蹴鞠史料的前提下，战国时期主要用于民间娱乐的"临淄蹴鞠"应该是我国古代不同性质的蹴鞠的典型代表，也可以说是中国古代蹴鞠的鼻祖。

中国蹴鞠，世界最古老的足球。它被国际足球机构及足球界认可的一个重要原因在于在中国两千多年的历史中，有大量历史文献记载着它，且文献对应的时间是不间断的。但是，仅仅有这一证据是不够的，我们还要通过考古找到能够证明蹴鞠存在和演进的文物证据。

二　蹴鞠起源发展阶段的考古佐证

中国最早关于蹴鞠的研究专著是汉代的《蹴鞠二十五篇》，该书的部分篇目被保留于《汉书·艺文志》，但是《蹴鞠二十五篇》已经遗失，我们只能从其他文献中得知该书的部分内容，例如此书的部分内容表明汉代及以前的蹴鞠是进行军事训练的重要手段。

中国战国时期成书的《战国策》和汉代史学家司马迁的《史记》一致记载：春秋战国时期的临淄是名扬天下的大都市，经济繁荣，文化昌盛，人们过着富足、优越的生活，"其民无不吹竽鼓瑟，弹琴击筑，斗鸡走犬，六博蹋鞠者"。这是关于中国开展"蹴鞠"活动最早、最明确的记载。

汉画像石记载着汉代的生活场景。1954 年在山东沂南北寨村出土的汉画像石《乐舞百戏图》中刻画有弄丸、跳剑、鼓车、斗鸡、走索、鼓瑟等活动，可在一定程度上证明《战国策》和《史记》对齐都的描写并非虚构。

图2　汉画像石《乐舞百戏图》（出土地：山东沂南）

文物出土地虽然在战国时期齐国境内，但并非在当时的齐国故都临淄，因此，说服力仍不够。不过，1984 年，临淄故都遗址内的齐都中学在整修学校操场时发现了一块画像石，画像石描绘着当时人们从事各种游戏的场景，相比于《乐舞百戏图》画像石，更具说服力（见图 3）。

图3　汉画像石《庭院百戏图》（出土地：临淄齐都中学操场）

2012 年 3 月，临淄区政府启动齐文化博物院建设工程，建设过程中，在离新建足球博物馆不远的地方，挖掘出一处战国时期齐国将军（盔甲和佩剑可见）的墓葬。在墓葬主人的旁边，出土了一头殉狗，该殉狗的脖颈上戴有一串精美的青铜链，这可证明史书中记载的“斗鸡走犬”活动是真实存在的。

作为“春秋五霸之首，战国七雄之一”的齐国，其首都临淄的农业、手工业、工商业等均高度发达，经济、军事、体育、文化等事业均十分昌盛，是一个有着30万人口的东方大都市，是一个著名的工商业大都市，被誉为“海内名都”。《汉书·高五王传》中主父偃说：“齐临淄十万户，市租千金，人众殷富，钜于长安，非天子亲弟爱子不得王此。”事实也的确如此，西汉初年，刘邦把他的长子刘肥封到齐地做齐王。

司马迁来到故齐之地时，情不自禁地赞叹道：“吾适齐，自泰山属之琅邪，北被于海，膏壤二千里，其民阔达多匿知，其天性也。以太公之圣，建国本，桓公之盛，修善政，以为诸侯会盟，称伯，不亦宜乎？洋洋哉，固大国之风也！”齐国繁荣的经济为文化娱乐活动提供了肥沃的土壤，蹴鞠就是依托这样的经济基础和社会文化背景诞生的。

秦始皇在公元前221年统一了中国，但为时未久，国家便陷入了大混乱。经过一番攻伐消长，最终，刘邦夺得胜利，建立了我国历史上第二个统一的政权——大汉帝国。汉武帝时期，大汉帝国成为世界上最强大的国家之一。匈奴帝国战败而逃，中亚和西域各国也都闻而惧之。张骞通西域，开出著名的“丝绸之路”，开拓了东西方贸易的通道，中国从此成为世界贸易中心。汉朝统治中国400多年，是我国历史上科技和文化极为辉煌的一个朝代，伴随着经济文化的繁荣和科技的发展，文化娱乐活动也相应蓬勃发展，蹴鞠就是这些娱乐活动中备受青睐的一种，从民间走向宫廷，在不断发展中得到改进和推广。

蹴鞠在战国时代还是临淄城中的民间娱乐活动，所谓“穷巷蹴鞠”；到汉代，蹴鞠已进入宫廷，皇宫及其周围还建有蹴鞠城。刘邦死后，吕后专权，她极其残忍地残害刘邦的宠姬戚夫人。班固的《汉书·外戚传》中记载：吕后“遂断戚夫人手足，去（挖去）眼煇耳，饮喑药（哑药），使居鞠域中”。民国时期的小说家蔡东藩写《前汉演义》时，专门写了一回“折雄狐片言杜祸　看人彘少主惊心”，这一回详细地演绎了上述事件，只不过作者把地点改在了永巷的厕所。小说家的演绎不足为凭，当然还是要以正史的

图 4　战国齐将军墓遗址（出土地：临淄齐文化博物院）

记载为准。吕后砍掉戚夫人的手和脚，挖去了她的双眼，熏聋了她的耳朵，给她灌下哑药，把她放在了蹴鞠城的鞠域（球场）中。在这里，且不论吕后残害曾与之争宠的戚夫人，我们至少可以知道：西汉初年，皇宫及其周围已经有了专门的蹴鞠城。

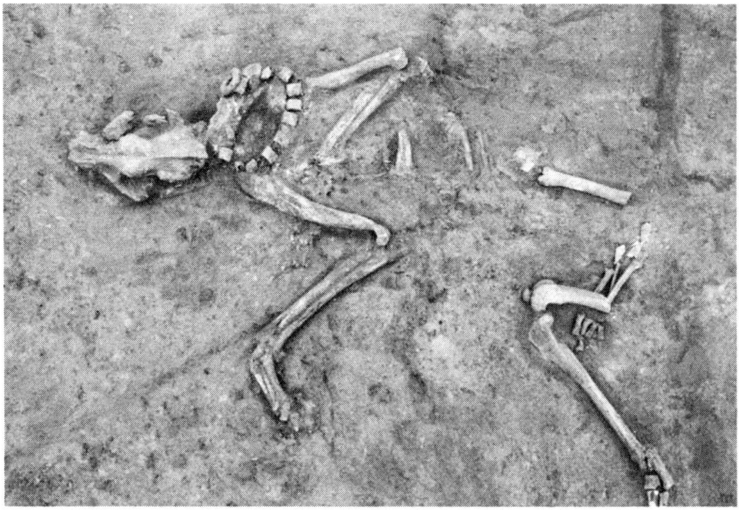

图 5　殉狗实景（出土地：临淄齐文化博物院）

图 6　（汉）蹴鞠纹肖形纹印

汉代的蹴鞠城面积相当于现在的半个足球场大小，四周围有城墙垛口状矮墙，两对边与地面连接处设有月牙状、装饰得像小房子的两扇对称球门，即“鞠室”。蹴鞠场的正面设有皇帝登临观蹴鞠的观礼台，类似于如今的检阅台。

汉代皇帝讲究“观蹴鞠亦有治国之象”，观礼台的形制是“左戚右平”。

图7　汉代蹴鞠城

“戚”，是“限”，也就是阶齿，是皇帝观蹴鞠登临时用的。天子殿高九尺，喻指皇帝在九天之上；阶九齿，各九级，喻指人分九等。皇帝在最高处，地位是最高的；其他官员按职位列左边的九级台阶上。“平”，就是平面斜坡，供皇帝的辇车通行。观礼台上专设皇帝观蹴鞠的御座，御座设有阶梯。整个“鞠城”似一座小城。

三　蹴鞠繁荣阶段的文物实证

蹴鞠在唐宋时期延续了汉代的发展，并由官方和民间的共同推进步入繁荣阶段。诸多现存史书文献及其他各种资料认为唐代是蹴鞠走向繁荣的重要阶段，这与盛唐的经济发达、文化繁荣、社会开放密切相关。专家普遍认为：充气的球就出现在这个阶段，因为球体变轻，蹴鞠的社会普及率大大提高，至明清时蹴鞠遂成为一项民俗。与此同时，女子蹴鞠开始盛行。现存上海博物馆的《仕女图卷》可以证明这一点。

《仕女图卷》的画面中，几个体态略为丰腴（符合唐代审美）的青年女子在春天的庭院中进行蹴鞠游戏，《仕女图卷》清晰地描绘着她们所蹴鞠的为八片鞠，鞠体圆润、轻盈，缝合线清晰。

图 8　（明）杜堇《仕女图卷》（藏于上海博物馆）

图 9　（明）杜堇《仕女图卷》局部（藏于上海博物馆）

宋朝（960～1279 年）是中国历史上承五代十国、下启元朝的朝代，根据首都及疆域的变迁，可再分为北宋与南宋，合称两宋。从整个封建社会的历史来看，宋代处于封建社会后期，尽管主导经济模式仍为自然经济，但是处于次要地位的城市商品经济获得了极大发展，呈现空前兴旺的态势。商品经济意识在宋代社会滋生蔓延，渗透到社会生活的方方面面。“坊市合一、宵禁废弛”，是宋代城市商品经济发达的一个显著特点。坊市合一，促进了宋代城市的发展，也进一步加快了商品经济的发展。作为城市的主体，市民阶层也在逐渐壮大，他们强烈的生活热情，创造出带有极强商品化色彩的都市文化生活。作为都市文化娱乐生活的重要组成部分，蹴鞠活动也被打上了商品经济的烙印，出现新的特点。

其重要特征是蹴鞠变得更加平民化，逐渐成为儿童的游乐方式之一。宋代画家苏汉臣的《长春百子图卷》描写了童子蹴鞠的情景。唐代人改进了做球的工艺，改填充毛发为放入一个动物的尿囊，制成充气的鞠，并增加了鞠的片数，使之更近圆形。宋代人在此基础上，将鞠的片数增加至十二片，并将外缝线改为内缝线，使得球体更加轻盈、更为圆润，以踢高、踢出花样为能事的“白打”形式的蹴鞠普遍流行。宋代还出现了全国性的蹴鞠比赛以及专门组织蹴鞠活动的组织。“齐云社”就是宋代鞠客（蹴鞠艺人）为了维护自身利益、提高蹴鞠技艺而组织起来的行会，相当于如今的全国性足球协会。

宋代《蹴鞠童子塑》的发现，证明了充气鞠至迟在宋代就已出现（见图 10）。

图 10　（宋）《蹴鞠童子雕塑》（成都体育学院）

雕塑为一个童子坐像，面容俊秀而略带愠色，他正在从一个鞠体中掏出内胆，而他的大腿处还放着一个未充气的内胆。更具趣味的是童子的两只脚中一只有鞋子，一只没有鞋子。从这可以推测童子面带愠色的原因：可能是他在蹴鞠的时候，因为用力过猛而把鞠踢破了，自己的鞋子也被不小心踢飞，无奈只好坐下，从鞠体中掏出毁坏的内胆，换上新的内胆。宋代的雕塑者抓取了这一趣味盎然的瞬间，创作出这一作品。为我们留下了宋代已经出现并可能已经普遍或广泛使用充气鞠的证据，之所以说“普遍或广泛使用”，是因为童子在踢鞠时随身带有备用的内胆。

蹴鞠在宋代之所以能广泛流行，除了鞠体的改进使得鞠体变轻的原因之外，另一个重要原因是官方的提倡，有诗词为证：

《鹧鸪天》

宋　佚名

巧匠园缝异样花。身轻体健实堪夸。能令公子精神爽，善诱王孙礼义加。宜富贵，逞奢华。一团和气遍天涯。宋祖昔日皆曾习，占断风流第一家。

图 11（宋）苏汉臣《宋太祖蹴鞠图》（藏于故宫博物院）

图 12　（宋）苏汉臣《宋太祖蹴鞠图》局部（藏于故宫博物院）

词中明确提到“巧匠园缝异样花，身轻体健实堪夸”，可知当时的鞠体不仅变轻了，巧匠们还对鞠体进行精美装饰。“宋祖昔日皆曾习，占断风流第一家”说明当时宋太祖赵匡胤喜欢蹴鞠，蹴鞠是当时最为风雅流行的运动。现藏于故宫博物院的《宋太祖蹴鞠图》非常准确地还原了宋太祖蹴鞠的场景

（见图11、图12）。图中描绘的是宋太祖赵匡胤、宋太宗赵光义和近臣赵普及大将党进、石守信等蹴鞠的情景。图中，鞠体缝合线清晰可见，缝合片数有所增加，已非常接近于现代的足球。另外值得一提的是，宋太祖蹴鞠这一题材被艺术家加以运用，如，宋代的一面蹴鞠纹铜镜也运用了这一题材（见图13），明代的文徵明等人也以此题材入画，创作过另一版本的《宋太祖蹴鞠图》（见图14）。

图13　（宋）蹴鞠纹画像铜镜（藏于中国临淄足球博物馆）

日本全面侵华时期，为防止国家重要文献流落海外，郑振铎、张元济、张寿镛等著名学者、爱国人士在上海成立“文献保存同志会”，1940年到1941年大量搜购书肆私家旧籍，收集抢救国家珍贵典籍。搜购的旧籍总数不下10万册，其中有4800多部4.8万册的善本古籍，这些善本古籍包含宋明时期的刻本和手抄本，质量和数量都非常高。其中，就有被编入《玄览堂丛书》的关于蹴鞠的重要文献《蹴鞠谱》（见图15），该文献为我们研究宋代蹴鞠的形制、习俗、规则、行业崇拜等提供了最原始、最可靠的第一手资料，它与另一本古籍《蹴鞠图谱》并为现存最早、最权威的古代蹴鞠典籍（见图16）。

图 14　（明）文徵明《宋太祖蹴鞠图》（藏于中国临淄足球博物馆）

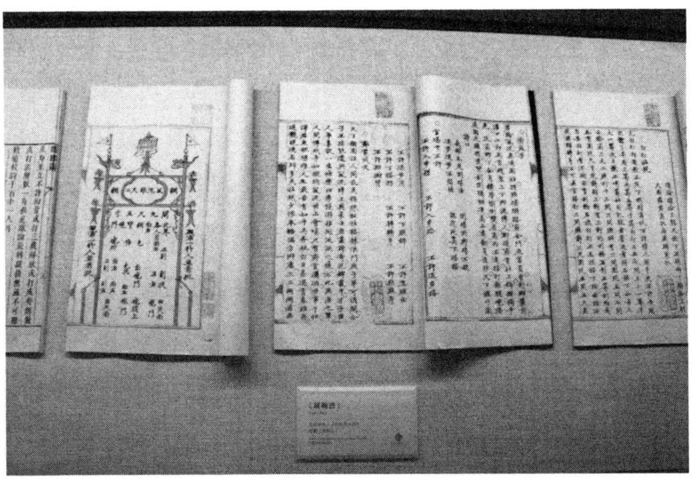

图 15　（宋元）《蹴鞠谱》影印件（藏于中国临淄足球博物馆）

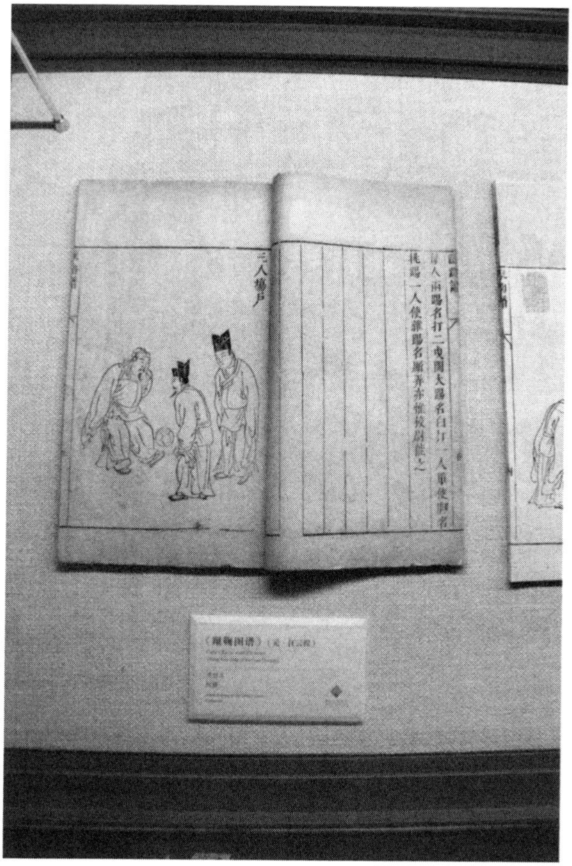

图 16　（明清）《蹴鞠图谱》原件（藏于中国临淄足球博物馆）

通过研究，我们对宋代的蹴鞠有了较为全面的了解。从宋代开始，蹴鞠的竞技性开始减弱，商业化程度和民俗性提升，出现了单球门间接对抗蹴鞠，场上鞠客角色分明；出现了全国性专门的蹴鞠组织（齐云社）和全国性的蹴鞠比赛（山岳正赛）；有了行业崇拜对象——清源妙道真君。

四　见证蹴鞠走向衰弱的文物残片

受多种因素影响，中国古代蹴鞠在元、明、清时期停止了发展，逐步走向衰弱，再难见全民蹴鞠的情景。民间盛行以踢高、踢出花样为能事的白打蹴鞠，蹴鞠活动成为纯游戏的泛体育形态，仅在妇女和儿童群体中流行。在等级森严、尊卑分明的体制下，蹴鞠难以发展为规则统一、公平竞争、推崇个性、以民为尊的竞技体育运动。在传统文化的压制下，整个社会形成了一种逆体育内涵的趋势。明代翰林修撰钱福曾写《蹴鞠》诗：

蹴鞠当场二月天，仙风吹下两婵娟。汗沾粉面花含露，尘扑蛾眉柳带烟。翠袖低垂笼玉笋，红裙斜曳露金莲。几回蹴罢娇无力，恨杀长安美少年。

蹴鞠从军事训练的勇力型活动转变为技巧型活动，最后演变为观赏型活动。蹴鞠活动中，人们的关注点变为女子“彩楼红扇相当开，美人凌波蹴月来”和“微风来，放娇态，舞裙带”的娇艳之姿，轻薄之气逐渐形成，并越来越甚。明代金陵一女子写有一首《踢球》诗，诗中再难觅蹴鞠活动原有的蓬勃精神：

腰肢袅袅力微微，滚滚红尘指羽衣。偃月鬓边星欲坠，石榴裙底凤比飞。

在汉代，蹴鞠“亦有治国之象”，唐宋时期，“万人同向青霄望，鼓笛声中度彩球”，至明清时期，变为“腰肢袅袅”，“滚滚红尘”的景况。人们在“石榴裙底”“偃月鬓边”看到“星欲坠”的景象，是给蹴鞠的衰弱与沉寂写下的再生动形象不过的注脚。

晚清时期，国家内忧外患，蹴鞠也全面走向沉寂，淄博文学家蒲松龄的小说《聊斋志异》中对汪士秀蹴鞠的描写，暗合了中国蹴鞠的发展轨迹：“中有漏光，下射长虹，犹如经天之彗，直投水中，滚滚作沸泡声而灭。”蹴鞠从起源到发展繁荣，像一颗耀眼的彗星散发着闪亮的光辉，最后却逐渐暗落、沉寂，只留下一点灰烬。

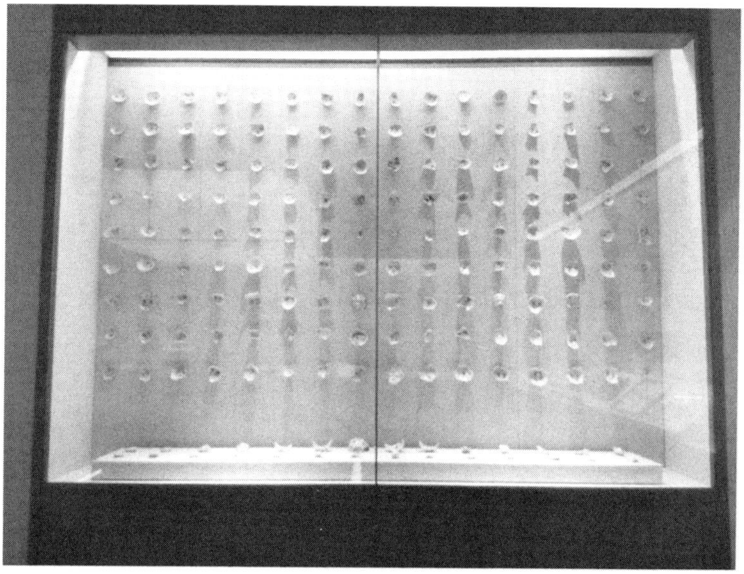

图 17　（明清）蹴鞠纹陶瓷残片（藏于中国临淄足球博物馆）

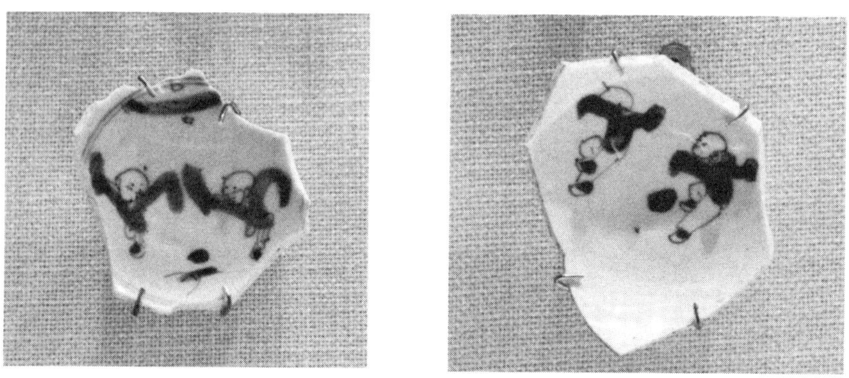

图 18　（明清）蹴鞠纹陶瓷残片（藏于中国临淄足球博物馆）

这些蹴鞠纹陶瓷残片，也见证了蹴鞠最后的残片化发展状态（见图 17、图 18），中国临淄足球博物馆内典藏的三百多件蹴鞠纹陶瓷残片中，除一例外，其他残片的题材都是儿童蹴鞠。可见，当时的蹴鞠已经游戏化，而且多限于儿童游戏。

众多文献记载和考古发现向我们展示了一幅完美统一的中国蹴鞠演进画

图 19　（清）鞠靴（藏于中国临淄足球博物馆）

卷。其由盛转衰的演进历程启示我们：无论什么时代，一项运动的强大归根结底是内在的强大，是精神的强大，是文化上的强大。足球水平的高低，绝不仅仅意味着技艺和体能的高下，应有更深层次的精神和文化原因。鉴于此，中国足球的落后绝不只因体能和技艺上的不足，更有文化精神方面的原因。文化决定精神，精神决定人格，我们应该更多地从文化层面去探索中国足球改革和发展的方向。

推进秭归县文化和旅游融合发展的路径探究

郑 燕 周 末*

摘 要： 随着旅游消费大众化、常态化的到来，秭归县旅游业迎来了大发展、大提高、大跨越的黄金时期。秭归县应当抢抓机遇、直面挑战，遵循旅游发展新态势，立足域内旅游产业发展现状，通过转变观念意识、创新体制机制、推出旅游精品等途径，尽快推动文化和旅游的融合发展，努力把秭归打造成全国知名旅游目的地和旅游集散地。

关键词： 秭归 文化旅游 融合发展

随着社会发展、时代进步，人民群众的休闲娱乐时间日益增多，人们不再满足于基本的日常休闲活动而更加注重对精神文化需求、对生活品质的追求。作为一种包含体验、具备娱乐功能的消费类型，[①] 旅游成为人们用以满足精神文化需求、提高生活品质的重要途径，成为备受青睐的休闲娱乐活动选项。近些年，旅游消费呈现大众化、常态化趋势，旅游行业发展潜力巨大。与此同时，随着文化消费意识的日渐增强，部分群众渴望在旅游中习得

* 郑燕，秭归县图书馆副研究馆员，公共文化政策研究实验基地研究员。周末，秭归县图书馆副研究馆员，公共文化政策研究实验基地观察员。

① 〔加〕Bob McKercher、〔澳〕Hilary du Cros：《文化旅游与文化遗产管理》，朱路平译，南开大学出版社，2006，第 31 ~ 33 页。

更多“文化”，如希望“对某一目的地的文化或遗产获得更深刻的了解”[①]，“文化旅游”这一特殊的旅游形式受到关注。此外，由于文化旅游不仅可以创造经济效益和社会效益，还有助于文化事业建设，是具有巨大发展潜力的朝阳产业，中央及各地方政府均十分重视文化旅游业，着力推进文旅融合发展。

秭归，位于高峡平湖、三峡大坝所在地，为屈原故里、脐橙之乡，拥有得天独厚的区位优势、自然资源、人文景观，具备实现文旅融合、发展文化旅游的条件。秭归该如何运用自身条件推进旅游业的转型升级、实现文化与旅游的融合发展，以成为全国知名旅游目的地和旅游集散地，是值得探讨的问题。

一　旅游与文化旅游

旅游在本质上是一种商业活动[②]，涉及游客、相关企业、当地管理部门以及居民等主体。因为“旅游”对各大主体而言意义不尽相同，因此各位学者从不同的角度解读着“旅游”，其中较多解读是基于旅游活动中的消费者，即“游客”这一主体进行的。对于游客而言，“所有旅游活动都包含着对体验和产品的消费”[③]，他们前往旅游目的地，通过消费各种旅游产品，或是寻求乐趣，或是逃避压力，或是获得学习机会。

文化旅游，是旅游的一种特殊形式。鲍勃·麦克彻和希拉里·迪克罗认为可以“把‘旅游’理解为一个名词，把‘文化’理解为修饰它的一个形

① Tighe，Anthony J. The Arts/Tourism Partnership. *Journal of Travel Research*［J］. 1986. 24(3)：2～5.

② 〔加〕Bob McKercher、〔澳〕Hilary du Cros：《文化旅游与文化遗产管理》，朱路平译，南开大学出版社，2006，第31页。

③ 〔加〕Bob McKercher、〔澳〕Hilary du Cros：《文化旅游与文化遗产管理》，朱路平译，南开大学出版社，2006，第8页。

容词”①。按照以上理解，“文化旅游”本质上还是一种商业活动，只不过该商业活动的“主要建构材料是一个社区或一个民族的文化遗产资产”②，是由相关企业、管理部门以及居民联手将当地的文化遗产转化为文化旅游产品，以供旅游者消费，使旅游者能够获得富有文化内涵的旅游体验。由于文化遗产资产的介入，相比于其他旅游类型，文化旅游的民族性、艺术性、神秘性、多样性、互动性等特征更为突出，具备更强的审美激发功能、教育启示功能以及情感寄托功能。

二　秭归县文化旅游产业发展概述

（一）秭归县文化发展现状

秭归历史悠久，文化灿烂，是世界文化名人屈原的故里，是民族团结使者王昭君的出生地，是世界龙舟运动的起源地。秭归历来注重文化事业建设，曾获得“全国文化工作先进县”“全国文物工作先进县”“全国服务农民服务基层先进集体”等荣誉称号，多个乡镇被誉为“中国民间文化艺术之乡”“中国龙舟之乡”“中国诗歌之乡”“中国脐橙之乡”。

秭归拥有多项市级、省级、国家级非物质文化遗产项目，其中“屈原传说”“长江峡江船工号子”“屈原故里端午习俗”被列入国家级非遗名录。“长江峡江船工号子”“秭归花鼓舞”等项目传承至今，秭归的艺术家及艺术团体延续着它们的生命力并展示着它们的魅力，面向中外游客的演出已超6500场，曾被原文化部授予全国“群星奖”。

“屈原传说”和“屈原故里端午习俗”是秭归地方政府以及中央有关部门重点关注的文化遗产。2012年原文化部、国家节庆办确定秭归为屈原故

① 〔加〕Bob McKercher、〔澳〕Hilary du Cros：《文化旅游与文化遗产管理》，朱路平译，南开大学出版社，2006，第7页。

② 〔加〕Bob McKercher、〔澳〕Hilary du Cros：《文化旅游与文化遗产管理》，朱路平译，南开大学出版社，2006，第7页。

里端午文化节的永久举办地，此外，屈原故里文化生态保护区早已建成并被列入省级试点。端午节是中华民族的代表性传统节日，具有极强的历史价值、文化价值和社会价值，2009 年被联合国教科文组织列入人类非物质文化遗产代表作名录。作为屈原故里，秭归是中国端午节的典型区和集聚区，节日内容丰富、形式多样、特色独具、内涵深刻，能够较好地体现端午节这一文化遗产在各个时代的面貌以及演变更新历程。秭归人民不仅很好地传承着仪式、习俗，还世代传承着屈原的爱国之心、求索精神、人文关怀以及浪漫浓郁的才情，自行塑造巩固着爱国爱家、奋进求索的核心价值体系。此外，秭归人民把“屈原传说”和“屈原故里端午习俗”当作文化元素，进行着文化创作。

（二）秭归县旅游产业发展现状

秭归旅游资源丰富，配套设备设施及相关服务完善，吸引着大量国内外游客前往观光游览。与此同时，秭归县旅游产业向来受政府重视，享有较好的政策支持和保障。比如为实现旅游产业的健康可持续发展，秭归政府于前些年开启《秭归全域旅游发展总体规划（2018 ~ 2025 年）》编制工作，对如何夯实旅游发展的经济基础等关键问题作出指导和规定。

秭归县注重旅游产品和服务的创新，近些年，秭归顺应旅游产业的发展趋势，注重文化和旅游的融合发展。“文化资源和旅游资源是两个难以割裂的相关资源，也是推进文化和旅游融合发展的重要基础和支撑”①，秭归充分运用以“屈原传说”和“屈原故里端午习俗”为主的丰富文化资源，为游客推出诸如屈原故里端午文化节活动等特色体验项目，实现经济效益和社会效益的双丰收。以 2018 年举行的屈原故里端午文化节活动为例，仅端午节假日期间，前往秭归实地参观的游客达 3.2 万人次，通过网络直播观看秭归端午体验行的人次总计 522 万，新闻点击量突破千万，综合经济收益约

① 毕绪龙：《推进文化和旅游融合发展要把握六大关系》，《人文天下》2018 年第 21 期，第 2 ~ 5 页。

1.4 亿元。

身为“脐橙之乡”，秭归县于 2018 年创新性地将农业文化和旅游相结合，推出系列以“脐橙”为主题的文化旅游项目，如举办脐橙丰收节、“九月红”柑橘开园活动等，并成功研发脐橙粽子、脐橙饼等极具秭归特色的旅游产品，逐步打造出集观光、脐橙采摘、购买于一体的全新旅游模式，并基于此建成了食品工业旅游风景区。

秭归还将体育精神融入旅游产业。基于世代承袭的“赛龙舟”传统习俗，成立龙舟训练基地，龙舟表演的排练活动成功吸引了众多游客；立足特殊的地形地貌，举办第四届中国三峡超级越野比赛，国内外优秀越野选手齐聚秭归，观战游客人山人海。

此外，为进一步提升旅游形象，秭归积极创新旅游营销方式。一方面，秭归积极组织初夏自驾游、嘉年华离地运动等活动，通过路演等形式开展旅游营销；另一方面，秭归紧跟时代潮流，实现营销方式的智慧化，利用大数据打造了湖北省首个旅游智能语音导览系统兼手绘地图，并试运行了 PC 端及移动端服务平台。

基于上述系列举措，秭归顺利打造旅游品牌，成功获得社会认可。如，屈原故里景区已成功入选全国中小学生研学实践基地及全国港澳青少年游学基地；2018 年，秭归获得了由政府授予的 2017 年旅游发展专项奖励金，数额高达 58 万元。

（三）秭归县文化旅游融合发展现状

从产业发展的角度来看，文化产业与旅游产业的交叉性和重叠度比较高，文化产业与旅游产业必须相互借力发展。推进二者融合、开发新供给的原则，让文化和旅游两个方面的一些“存量”通过融合活跃起来，让更多的新业态涌现出来，共同满足大众游客的精神文化需求①。为进一步丰富旅游产品，秭归积极探索文化和旅游资源相互融合发展模式。在屈原

① 毕绪龙：《推进文化和旅游融合发展要把握六大关系》，《人文天下》2018 年第 21 期。

故里举办以“穿楚服、拜屈原、颂经典”为主题的中小学研学活动，并成功入选全国中小学生研学实践基地及全国港澳青少年游学基地。常年为游客演出情境歌舞剧《大端午》《礼魂》，文化与旅游相互融合已逐步实现。

2014 年，秭归推出了原创民俗情景歌舞剧《大端午》。该剧前后被打磨近 4 年，其间进行了 10 余次提升修改，剧目规模较大，参与编创演出的演职人员总计有 130 多人。出色的质量让《大端午》赢得社会认可，《大端午》先后被列入国家文化产业重点项目、海外文化艺术交流指定剧目，应邀赴北京、江苏、湖南等多个省份以及海外演出，如曾前往北京延庆、梅兰芳大剧院等地进行巡回演出，曾赴加拿大参加 2016 年“中加文化交流年”系列活动。同时，《大端午》是秭归屈原故里景区的必演剧目，截至 2018 年底，该剧共演出 136 场，接待游客达 7.8 万人，综合创收近 1000 万元。《大端午》已然成为秭归的一张亮丽文化名片。

2018 年，秭归创新性地将农业文化和旅游相结合，推出集脐橙采摘、销售及乡村旅游于一体的旅游形式，让人民进一步认识、熟悉秭归脐橙及旅游资源。秭归立足本县旅游文化资源，加快研发旅游产品并面向全国积极推广，融合工业操作和旅游资源，建设食品工业旅游风景区，现已成功推出脐橙粽子、脐橙饼等极具秭归特色的旅游产品，受到游客欢迎。秭归将体育精神与旅游产业完美融合，其龙舟训练基地已正式挂牌，通过排练龙舟表演等形式已成功吸引难以计数的游客参与其中。成功举办第四届中国三峡超级越野比赛，吸引国内外优秀越野选手前来参赛，观战游客更是人山人海。

三　秭归县文化和旅游融合发展的机遇与挑战

（一）机遇

一是具备良好的体制机制保障。文化和旅游的融合发展，离不开政府的支持和指导。秭归县政府向来重视旅游业的发展。首先是明确了旅游发展的整体思路和路径。为进一步推进秭归县全域旅游发展，秭归县政府相关部门采取统筹推进的方式，先对全县旅游资源进行全方位普查，再通过分类定级方式制定相应保护措施，最终编写《秭归全域旅游发展总体规划（2018～2025年）》。其次是推出了相关政策为产业发展提供具体指导。对各项农业和旅游融合项目的发展路径、旅游产业的招商引资工作、云台荒滑雪场及建东田园综合体验等旅游项目的开发等均确立了相应规范。再次是立足实际及时提供服务，主要包括配备基础设备设施、推动旅游标识的打造、助力景区建设提档升级。近些年，基于时代浪潮，秭归县着力推进文旅融合，如加大文化旅游相融合的招商工作力度，为项目的签约落地助力。

二是拥有丰厚的文化旅游资源。秭归县历史悠久，文化底蕴深厚。屈原精神妇孺皆知、端午习俗保存完好、地域特征独领风骚、移民融汇丰富多元、峡江文化引人入胜、民间艺术别具一格……这些文化元素在秭归交融，为秭归县文化和旅游的融合发展提供坚实的文化资源支撑。同时，秭归拥有丰富的优质旅游资源。如，屈原故里景区于2006年被国务院定为全国重点文物保护单位，景区包括屈原纪念馆、三峡古民居区群、屈原文化艺术中心、南北出入口区等知名景点；凤凰山国家文物保护区亦被列入国家重点文物保护单位，得益于历史文化和旅游资源的良好结合而在全国范围内拥有较高知名度；九畹溪漂流景区被誉为中华第一漂，完美融合自然与人文景观，为国内首个以漂流为特色的4A级旅游景区。除此之外，秭归三峡链子崖国家地质公园、三峡竹海生态景区、九畹溪峡谷观光风景区等的知名度也在日益提高，成为备受游客青睐的旅游胜地。

（二）挑战

秭归县政府高度重视文化和旅游的融合发展，但是在实际发展过程中面临着诸多难点，机遇与挑战并存。

一是公共旅游服务缺少建设标准。公共旅游服务尚未纳入我国公共服务相关规划的范围，同时，现有关于公共旅游服务的政策尚不健全，服务标准难以统一，服务质量参差不齐。尤其是在县级辖区，旅游服务以民营居多，规模大小不一，责任主体不同，问题更为突出。

二是特色文化旅游产品的开发难度大。文化旅游产品涵盖文化艺术产品、旅游品牌产品、旅游文创产品等。特色文化旅游产品是指承载有旅游地文化元素、体现着旅游地文化特征的文化旅游产品，特色文化旅游产品的开发销售既可以丰富文化资源的表现途径，又可以拓宽创收渠道，是旅游产业的重要组成部分。此外，特色文化旅游产品可以满足游客将“文化带回家”的需求以实现旅游体验的优化。然而秭归县当前绝大多数文化旅游产品并未能很好地体现地方特色文化，审美价值、文化价值较低，创新性较弱，同质化问题突出。

三是旅游景区的开发管理问题较为棘手。旅游景区的管理通常涉及政府部门和景区运营方，隶属关系较复杂，权限分配存在重叠、模糊、遗漏之处，且两者拥有不同的立场和重心，这就使得景区的某些问题难以得到妥善解决。如，旅游公共服务基础设施的建设实况常与政府有关部门的预期相左；旅游景区的从业人员服务水平、旅游产品质量参差不齐。

四是文化和旅游的融合情况仍不够理想。文化和旅游的融合发展关键在于把文化遗产资产，包括物质遗产以及非物质遗产，融入旅游产品和服务中，一方面“将文化资产转变为可被旅游者所利用的东西而实现资产的潜在价值”①，另一方面通过创造文化体验项目以更好地满足游客对体验和产品的消费需求。这就要求旅游产品及服务的设计应当充分凸显文化和旅游的内在互动性，但是，受各种因素限制，目前的产品及服务设计并不理想，或是未能挖掘优质文化资产的旅游潜力，或是“过分

① 〔加〕Bob McKercher、〔澳〕Hilary du Cros：《文化旅游与文化遗产管理》，朱路平译，南开大学出版社，2006，第8页。

夸大某处资产被感知到的旅游价值”①，或是盲目追求经济效益而歪曲文化资产的文化价值。

四 秭归县文化和旅游融合发展的对策建议

（一）强化文化和旅游融合发展的意识

秭归县有关政府部门及企业应尽快转变传统的旅游发展理念，要强化文化和旅游融合发展的意识，主动学习文旅融合发展模式。文化和旅游融合发展符合新时代旅游发展的目标，秭归县应依托现有旅游资源，充分挖掘文化遗产的旅游价值以及地理区位的开发潜力，以此推出新旅游项目、提升旅游服务，逐步实现旅游产品多元化、旅游形式复合化，如可以增设以体育竞技为主题的探险式旅游项目，这既有利于保护文化资源，又可以吸引更多游客。为推进文化和旅游的融合发展，秭归县还应加速发挥旅游产业与其他产业尤其是文化产业的联动效应，以整合旅游资源、加大产业间融合力度的方式调整全县旅游结构，打造丰富完善的产业链。一方面，其他产业的介入有利于完善旅游设备设施及服务体系，进而提高旅游资源使用效率、提升旅游服务的质量，实现旅游产业的发展；另一方面，各产业联动发展的模式有助于在把文化旅游打造成秭归县战略性支柱产业的同时，实现文化产业等其他产业的共同发展，进而提高全域经济收益、增强综合竞争力。

（二）创新文化和旅游融合发展的体制机制

秭归应根据县域旅游发展实际情况创新文化和旅游融合发展的体制机制。首先，应当组建秭归全域旅游管理委员会，统筹全县文化旅游资

---

① 〔加〕Bob McKercher、〔澳〕Hilary du Cros：《文化旅游与文化遗产管理》，朱路平译，南开大学出版社，2006，第37页。

源的管理工作，不仅要关注文化旅游资源的开发利用，还要指导处理宣传营销等。其次，要创新融资机制，扩大融资渠道。具体可设立文化旅游发展专项资金，构建文旅投资平台以鼓励社会资本参与秭归文化旅游发展。再次，应完善秭归文化旅游的运营机制。各景区的运营单位一方面要尽快理清管理结构，建立健全符合法律法规要求的管理制度；另一方面要更好运用新兴技术、利用互联网平台丰富推广营销手段、实现旅游服务的智能化。秭归县政府可培育域内骨干企业、鼓励域外优秀文化旅游企业入驻，以此带动秭归全域旅游发展，同时，还应主动学习并推广其他县域的优秀经验。

（三）打造文化和旅游融合发展的示范项目

秭归相关部门应立足旅游发展形式的创新和交通路线通达度的提高，积极创新秭归文化旅游发展规划，努力打造文化旅游示范项目。一要明确文化旅游产品及服务的定位，推出高质量、高品位的文化旅游精品。二要充分利用秭归文化资源，使文化旅游产品及服务更具特色，更具市场竞争力。三是要“因地制宜”，基于景区特色确定发展思路。屈原文化生态旅游区是秭归文化旅游领域最具潜力的模块，应在秭归旅游产业的转型升级中发挥重要作用。应以秭归城区为支撑点，强化屈原文化生态旅游区的核心地位，充分发挥其文化传承、生态保护、旅游观光等综合性功能，将其打造成地域文化特色鲜明、生态环境出色、旅游氛围浓厚、社会知名度较高的综合性文化旅游景区。此外，凤凰山屈原故里景区可结合爱国主义教育基地研学活动，建设特色鲜明的文化生态博物馆；茅坪芝兰谷可围绕“浪漫”主题进行推介，成为度假休闲旅游胜地；三峡竹海景区应基于“三峡地区天然氧吧”的定位，以“高洁风尚”为核心风格推进建设。九畹溪景区应继续主打“男人一路欢笑，女人一路尖叫”的激情漂流，更好地满足游客享受自然观光、体验漂流刺激的需求，塑造“中华第一漂”的品牌形象。与此同时，还应该依托地理优势，开发游船项目，既可为游客制造欣赏高峡平湖美景的极佳体验，又可将秭归各景区连成线，助推秭归文化旅游营销，形成多层次的秭归特色文化旅游路线。四是要继续完善基础设施建设，可通过建设秭归港以及优化游客接待中心、文化场馆等公共文化空间提升秭归文化和旅游融合发展的潜力。

参考文献

张振鹏：《文化和旅游融合发展的几点思考》，《人文天下》2019 年第 1 期。

潜江市文旅融合发展的实践与思考

杨代林　潘世茂　陈忠梅*

摘　要： 近年来，我国各地的文化事业建设和旅游产业发展步入了文旅融合新时代，经过实践，各地探索出很多成功经验，但是依旧面临不少难题，如何进一步推动文旅融合发展是需要我们研究的问题。本文以潜江市文旅发展为研究对象，先对实践探索进行经验总结，再基于现存问题，阐述关于实现文旅深度融合发展的思考与建议。

关键词： 文旅融合　文化事业　文化产业　潜江市

中共十七届六中全会审议通过的《中共中央关于深化文化体制改革、推动社会主义文化大发展大繁荣若干重大问题的决定》指出要“推动文化产业与旅游、体育、信息、物流、建筑等产业融合发展，增加相关产业文化含量，延伸文化产业链，提高附加值”，要“积极发展文化旅游，促进非物质文化遗产保护传承与旅游相结合，发挥旅游对文化消费的促进作用”，强调了文化产业和旅游产业的紧密联系，鼓励文旅融合发展、壮大文化旅游。2018 年，第十三届全国人民代表大会第一次会议表决通过国务院机构改革方案，中华人民共和国文化和旅游部得以组建，文旅融合步入新阶段。

---

* 杨代林，潜江市文体旅新局戏工室主任，作家，副研究馆员，研究方向为乡土民俗、群众文化。潘世茂，潜江市浩口镇综合文化站站长，工艺美术师，书法协会会员，国家级社会体育指导员，国家公共文化政策研究实验基地（浩口镇）特约研究员。陈忠梅，浩口镇中心书屋主任，潜江市舞蹈家协会会员，潜江市秧歌腰鼓协会会员。

潜江市积极响应国家政策，基于自身文化和旅游资源，积极推进文旅融合发展。经过多年实践，潜江市摸索出了不少成功经验，但是依旧面临着不少问题，如何实现文旅融合的继续深入发展仍待我们认真探讨。

一　潜江市文化和旅游资源概述

潜江古为云梦泽一角，因潜水分流汉水入长江而得名，位于湖北省中南部、江汉平原腹地，是连接湖北东西部的桥梁城市，是武汉城市圈、鄂西生态文化旅游圈、长江经济带、汉江生态经济带等湖北“两圈两带”战略中的重要节点城市，拥有历史文化底蕴和旅游资源优势，具备文旅融合发展的条件。

（一）旅游资源

潜江交通便利，人口密集，且素有“曹禺故里、江汉油城、水乡园林、龙虾之乡”的美誉，曾获评“全国县域经济与县域综合发展百强县市”“全国文明城市提名城市”“国家园林城市”等称号，具有良好的旅游开发的社会基础。

自然景观方面，潜江地处长江汉水流域，四季分明，气候宜人，河湖众多，植被丰茂，平原水乡特征明显，拥有广袤的河滩景观。汉水、东荆河、兴隆河、田关河干堤景色如画；返湾湖、借粮湖、白鹭湖、大小苏湖自然生态资源集聚，其中返湾湖、借粮湖水域面积均超万亩，水生动植物种类繁多，为国家级生态湿地保护区，被誉为“观鸟天堂”。人文景观方面，域内有大型综合水利工程汉江兴隆水利枢纽、被誉为“植物王国活化石”的广华水杉园、田关河百花岛水利旅游度假区以及潜江国家森林公园。

（二）文化资源

潜江拥有积淀丰厚的文化资源，是一座历史文化之城。潜江历史悠久，自公元965年（宋乾德三年）建县起，迄今已有一千多年历史。作为楚文化发祥地之一，境内存有东周楚灵王行宫章华台遗址，该遗址是我国目前保存最好、时代最早的楚式建筑遗迹，为“2000 年全国考古十大新发现”之一，2001 年被列入“第五批全国重点文物保护单位”，后又被国家文物局确定为“十五”期间全国大遗址保护、展示重点项目。

得益于深厚的历史文化底蕴，历代潜江人在日常生活中创造着光彩夺目、独具特色的民间艺术。荆州花鼓戏、江汉平原皮影戏、潜江民歌、潜江草把龙等均被列入国家级非物质文化遗产保护名录，其中，江汉平原皮影戏凭借尤为突出的历史、文化、艺术、社会价值，被联合国教科文组织选为“人类非物质文化遗产代表作”。此外，浓郁的文化氛围孕育着众多英才，如享有“东方莎士比亚”美誉的杰出戏剧大师曹禺先生就出生于潜江。围绕曹禺先生的生平事迹及文学作品，潜江成功打造了曹禺文化产业园，产业园包括曹禺纪念馆、曹禺公园、曹禺祖居博物馆、梅苑古街、世博湖北馆、曹禺大剧院等，是湖北省首批省级现代服务业示范园区。

潜江还是一座红色革命之城。李书城和李汉俊两位潜江英豪并称为“潜江两李”，是中国近代史上著名的红色革命兄弟。其中，李书城是辛亥革命元老、新中国首任农业部部长；李汉俊是中国共产党的创始人之一，于 1921 年 7 月和毛泽东等同志共同召开中共“一大”，升起党的第一面旗帜。潜江是一片红色的土地。中国工农革命军第五军、红六军、红二军团曾于此设立军部，贺龙、廖汉生等老一辈无产阶级革命家曾于此留下足迹；渔洋镇第一个苏维埃政权、熊口镇红军街、周矶办事处红军堤等一系列红色革命遗迹至今仍在，现为市红色文化教育基地。

二　潜江市文旅融合发展的实践探索

（一）规范完善公共服务体系

文旅融合发展不仅需要有文旅资源为基础，还要依托文旅空间以及文旅服务体系。作为湖北省首批公共文化服务体系建设示范区之一，潜江市近年来着力推进现代公共文化服务体系建设，在建设过程中，潜江市注重公共文化服务体系与文旅融合发展工作的对接。对接工作的一大特色是将公共文化服务设施充分运用于文旅活动中。市级层面，建成并开放曹禺文化产业园、曹禺大剧院、龙虾城综合体等；乡镇层面，加强镇级综合性文化服务中心和文体广场建设。这一做法使得文旅场馆、文化遗迹、农家乐等自然与人文景观遍及城乡。对接工作的另一大特色是体育活动的融入。例如在城区打造市民体育中心、返湾湖国际马拉松赛道、兴隆河国际自行车赛道，在乡镇不断完善体育中心功能，实现区镇办事处“三室一场一中心”、村（社区）“一室一场一路径”全覆盖。“文”“体”向来关系紧密，体育活动的融入，推动了文化和旅游的融合发展。

（二）运用文博资源

博物馆的建设与文旅融合发展有着密切联系。一方面，作为重要的文化机构，博物馆拥有高度集中的文化资源，既发挥着传承文明、传播文化的作用，又具备将文化资源转化为旅游产品的潜力；另一方面，随着广大人民群众对文化以及科技知识的需求日益增长，博物馆逐渐成为旅游线路中不可或缺的“景点”，成为助推旅游发展的重要主体。为推动文旅融合发展，潜江市围绕如何更好地实现博物馆对文旅互动交融的促进作用进行了探索。

潜江市拥有丰富的文化资源。十多年来，潜江市借助自身的历史文化、名人文化、红色文化等，积极打造城市文化名片，推进“潜江印象”建设工程，陆续推进潜江市博物馆、曹禺纪念馆、曹禺祖居博物馆、世博湖北馆、章华台基址展示馆、龙湾遗址博物馆、熊口红军街遗迹陈列馆、龙虾博物馆、非遗展示馆、石油文化展示馆等的建设工作。随着博物馆陆续建成，潜江特色博物馆集群逐步形成，形成一道亮丽的文博风景线。立足于此，潜江文旅工作者积极介入博物馆行业，尝试以博物馆为载体的“博物馆＋旅游”新模式，通过资源整合打包，开发博物馆旅游线路图，先后推出历史文化游、曹禺文化游、红色文化游等旅游线路。

博物馆融入旅游路线的做法，一方面增加了旅游活动的文化含量，不仅使游客的体验实现升级，还吸引着热衷于文化体验、寻求学习机会的游客；

另一方面使得博物馆的文化资源被更多人知晓，博物馆的文化传播功能得以提升，进而实现文化和旅游的良好融合。

（三）融入节事活动

美国经济学家约瑟夫·派恩和詹姆斯·吉尔摩于20世纪90年代在《体验经济》中提出体验经济理论，将“体验”定义为“企业以服务为舞台，以商品为道具，以消费者为中心，创造能够使消费者参与，值得消费者回忆的活动”[①]。当今社会，人们在决定是否消费时，不仅会考虑产品和服务的实用性，还会关注产品和服务能否给自己带来快乐体验。对于寻求娱乐、逃避压力的游客而言，能否从旅游产品和服务中“获得快乐体验”逐渐成为决定是否进行旅游以及对旅游是否满意的重要因素。基于此，潜江市立足体验经济理论，尝试将节事活动这一体验感极强的文化形式融入旅游，实现文化和旅游的融合。

截至目前，潜江已成功举办三届“中国（潜江）曹禺文化周”、九届潜江龙虾节、三届全国剧本创作交易会及其他节事活动；此外，还积极承办省级花鼓戏艺术节、全省皮影戏展演大赛、返湾湖湿地国际马拉松赛、环中国国际公路潜江段自行车赛、全国小戏小品大赛、中国剧协中青年剧作家潜江读书班、中国剧协梅花奖演员潜江读书班等活动。其中，“中国（潜江）曹禺文化周”和潜江龙虾节备受群众青睐，每届都可吸引50多万参与者和观摩者，活动期间，各主会场、分会场以及附近的文化场馆、商业街人头攒动，热闹非凡。

将节事活动融入旅游，不仅有助于宣传当地风俗习惯和风土人情，塑造文化形象，还可以吸引域外游客，带动旅游业发展。

（四）打造全域及跨域旅游线路

近些年，潜江市政府进行了全域旅游的规划设计，以曹禺名人文化休闲

---

① 〔美〕B. 约瑟夫·派恩，詹姆斯·H. 吉尔摩：《体验经济》，毕崇毅译，机械工业出版社，2012。

度假会议旅游区、龙湾遗址楚文化与渔家乡村休闲体验旅游区、返湾湖与借粮湖乡村休闲娱乐体验旅游区、兴隆枢纽水利科技文化及江汉油田科技文化旅游区四大区块的建设为重点，对全市城乡景区进行整体布局。依照规划，市文化旅游部门与旅行社联手，先后推出“曹禺名人文化游—龙湾历史文化游—湖泊生态文化游”“龙虾休闲文化游—水利科技文化游—石油科技文化游—乡村民俗文化游”“戏剧之都文化游—乡村红色文化游—生态农业观光游—龙湾考古文化游—龙虾休闲文化游”等潜江一日游、二日游旅游线路。全域旅游路线的设计，使域内的文化资源以及旅游资源得以贯穿整合，旅游路线的吸引力大大增强。

潜江北枕汉水、南望长江，东有特大城市武汉，西有闻名遐迩的荆州古城和水电之都宜昌，北有襄阳古隆中和十堰市武当山，南有千古名楼岳阳楼，是三峡、三国、楚文化旅游线的必经之地和节点城市，地理区位优越。基于此，潜江在规划全域旅游的同时，还积极谋划跨域旅游，试图融入荆楚旅游文化的大版图、大背景。目前，潜江正在实施新一轮旅游发展战略，探索将潜江旅游业与周边地区旅游业进行对接的具体方法，以尽快实现潜江旅游与三峡、三国、楚文化旅游的联动开发。

（五）创新宣传手段

宣传推广工作可以有效促进文化和旅游的融合发展。无论是推进文化建设还是发展旅游产业，相关的经营主体都需要将相关的资源、形象、产品主动推介给目标受众。宣传推广正是推介过程，具有特定的激发效应，能够吸引人民群众关注文旅资源和文旅产品，进而释放难以预估的市场能量。传统的宣传手段，多为标语横幅、广告招牌、报纸杂志、广播电视等。互联网技术的快速发展，使新兴宣传手段不断涌现，其中，微博、微信、抖音等各种自媒体平台以颠覆传统的力量进入日常生活，使宣传推广经历了一场科技革命的洗礼。

在推动文旅融合发展的进程中，潜江市十分注重宣传推广，采取多样化、全方位的宣传手段。首先是通过多种渠道进行宣传，如，在公交站台等城市公共空间设置 LED 显示屏，在重要交通干线设置文化旅游地、文化旅游产品的广告标识，在报纸电视广播等媒体刊登或播放宣传广告。其次是不断创新宣传推广的手段。以第十届潜江市龙虾节为例，活动前期，潜江市开展潜江龙虾走进北京、上海等活动，如冠名高铁动车组列车，通过在列车车身及车厢内的头枕片、小桌板、玻璃门、镜框等处张贴宣传图片，推广潜江龙虾品牌形象。同时，还联手新华社对外发布潜江龙虾节预告的英文通稿，吸引国外游客的注意。活动期间，潜江通过举办魅力虾乡自驾之旅、潜江龙虾大世界吉尼斯纪录认证活动、名店名菜评选以及潜江龙虾文化创意设计大赛、潜江龙虾科幻小说、动漫作品开发等创意活动，更好地释放潜江龙虾节的魅力。

三　关于新时代文旅深度融合发展的思考与建议

文旅融合应是全方位、多层面、广角度的。如何促进文化资源资本化产业化，实现文化的经济价值；如何置入文化，实现旅游资源的外延扩展、内涵深化以及旅游产业的升级转型；如何通过文旅融合更好地推动地方文化保护，尤其是非物质文化遗产资源的保护和开发利用……均是需要我们深入研究的问题。潜江市在推进文化和旅游融合发展的进程中，积累了不少成功经验，摸索出了部分原有困境的化解思路，如《关于促进全域旅游发展的实施意见》《潜江市促进全域旅游发展奖励办法》等均在近些年的积极探索实践中出台、落地。但是，仍然存在文化旅游产品及服务的创意元素过少、旅游产业缺少具备市场竞争力的旅游品牌、缺少专业素质过关的文旅复合型人才、发展动力不足等诸多问题。综合成功经验以及现存问题，本文对推动潜江市文旅深度融合发展提出以下建议。

（一）加强制度建设，制定发展政策

制度和政策是政府决策的直接体现，建立制度、发布政策是规范管理的重要手段。文旅融合是一项系统工程，需要政府的引导和管理。为保障文旅

融合发展的顺利推进，潜江市政府应当建立一套制度体系。该制度体系应具备以下两个特征：一是要确保可执行性。全市各地已将文旅融合提上议事日程，但是部分地区多流于形式和口号，缺少脚踏实地的探索。制定或完善具体可行的发展政策可以减少此类现象。二是要注重创新。潜江市政府要结合地方实际制定可持续发展方略，适时创新体制机制和发展理念，调整政策措施和制度体系，通过宏观调控不断推进文化建设和旅游发展，实现二者的深度融合。

（二）增加文旅项目文化内涵，凸显文旅项目文化特色

文旅融合关键在于立足优势资源找准“融”点，即先寻找出优势文化资源和旅游资源，继而进行有效融合，推出文旅项目。相较于一般旅游项目，文旅项目的一大优势在于其融有更多文化元素，具备更强的文化魅力和吸引力，不仅可以给游客带去感官愉悦，还可以让游客获得文化体验和心灵享受。换言之，在打造文旅项目时，要让文化元素、文化特色深入其血脉和肌理的建构。潜江市地方政府应该依据地方文化特征，综合考虑市场需求，深入挖掘、甄别、整理出合适的文化资源，并将其与旅游资源进行结合，从而推出富有文化内涵、拥有文化特色的文旅项目。

（三）加强部门行业联合，整合资源，协同作战

文旅融合发展的推进需要多个政府部门的联手合作，由于各部门使命、立场、权限不同，合作过程中难免出现分歧。基于此，地方政府要通过文化、旅游管理体制改革加强各部门的联合，更好地实现资源整合。一方面，要推动同一级的各部门联合，要让文化、旅游、国土、规划、建设、农业、林业、民族宗教等相关主管部门协同作战，共同研究解决文旅融合发展中出现的问题。另外，要通过整体建设，实现城市与乡村的联合。文旅融合理应被纳入城乡一体化建设发展序列，要对散落城乡各地的文化和旅游资源、项目进行整合治理、统一开发，提升服务功能。

（四）培养文旅复合型人才，务求服务工作优质高效

文旅融合发展涉及多个领域，需要有专业的人才队伍给予支撑，从业人员不仅应具备过硬的专业知识，还要有跨领域的意识、眼界和深厚的人文素养。在全面推进文化和旅游融合发展的今天，潜江市政府务必构建文旅复合型人才培养模式，在提高现从业人员工作技能、服务水平的同时，打造文旅复合型人才后备军，为文旅融合发展提供持续性的智力支持。

（五）研究开发特色文化旅游产品

文化旅游产品承载着旅游地的文化印记及生活情趣，由于游客们有将地方特色文化带回家的需求，文化旅游产品成为游客们消费的重要对象。但是目前潜江市的文化旅游产品普遍存在种类少、档次低、特色不鲜明等问题，无法很好地体现地区独有的文化，无法满足游客的购物需要。为解决这一问题，文化旅游产品的研发主体要围绕潜江市地方特色文化做文章，结合市场需求，将地方文化融入文化旅游产品中；政府要给予文化旅游产品开发以制度、人力、财力和技术层面的支持，有序地推进文化旅游产品开发的产业化、规模化进程。

区 域 篇

Regional Research Reports

重庆市基层公共文化产品供给研究

罗智敏　杨　梅*

摘　要： 新时代，了解基层群众公共文化需求，完善公共文化产品供给是发展基层公共文化服务，满足人们美好生活需要的必然要求。重庆市群众艺术馆采取实地调研的方式，深入基层，了解基层公共文化产品供给及基层群众文化需求现状，发现基层公共文化产品普遍存在供给不平衡和不充分的问题，并有针对性地提出扩大总需求、提高供给体系质量，加强基层公共文化队伍建设，建立群众需求表达机制，加快文化馆总分馆制建设以及引导群众自主开展文化活动等建议。

关键词： 基层公共文化　产品供给　文化需求

* 罗智敏，研究馆员，重庆市群众艺术馆馆长，国家公共文化服务体系建设专家委员会委员。杨梅，重庆市群众艺术馆调研编辑部主任。

为深入贯彻党的十九大精神，积极践行习近平新时代中国特色社会主义思想，认真落实习近平总书记关于大兴调查研究之风的重要指示，重庆市群众艺术馆按照重庆市委市政府关于大力开展调查研究的要求，根据重庆市文化委《关于印发全市文化系统大调研实施方案的通知》（渝文委发〔2018〕58 号）文件精神，结合重庆市群众艺术馆工作实际及公共文化服务调研课题任务，制定细化调研方案，组织公共文化理论研究调研组于 3 月至 4 月上旬先后赴梁平区荫平镇、金带镇，万盛经开区万东镇、丛林镇文化服务中心、镇村社区等地开展基层公共文化产品供给现状及基层群众文化需求调研。

一　重庆市基层群众文化需求现状

在调研重庆市基层群众文化需求过程中，通过对基层群众参与艺术活动的兴趣、活动类型、活动频率、获取信息途径以及表达意愿的渠道等问题进行调查，得出如下调查结果。

（一）群众参加艺术活动的兴趣

由调研结果可知，在问及“对参加艺术活动有没有兴趣”时，有 80. 2% 的被调查者明确表示有参与兴趣，这表明在基层尤其是乡镇群众的文化需求旺盛，农村文化供给的缺失和错位使这一群体对参加艺术活动有极大兴趣。同时，在有兴趣参加艺术活动的被调查者中，有 95% 的人表示愿意作为志愿者参与到艺术活动中，这表明居民对于艺术活动参与以享有性为主，不但愿意作为活动主体参与，也愿意作为志愿者参与。但需注意的是，有 10. 7% 的群众对自己是否愿意参加艺术活动表示说不清楚，有 9. 1% 的表示没有兴趣，具体情况如图 1 所示。这表明年龄、职业、经济状况及文化程度对居民参与文化活动有显著影响。文艺部门还需进一步丰富艺术活动类型来吸引广大群众参与。

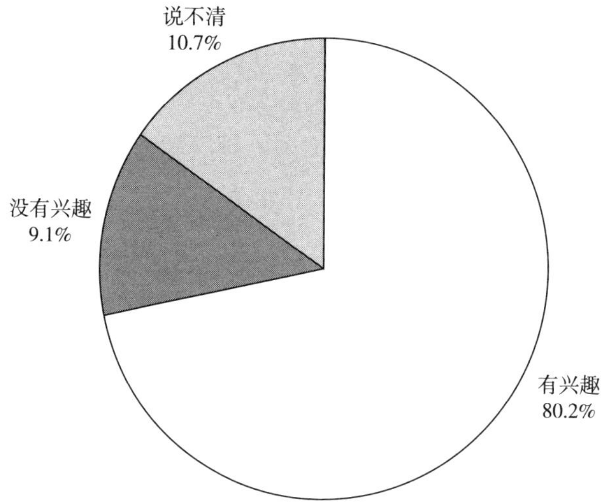

图1　群众参加艺术活动的兴趣

（二）群众最想参加的艺术活动类型

根据调查结果，在被调查者中，有超过半数的人（51.7%）想参加“表演艺术类”文艺活动，20.3%的想参加“视听艺术类”的文艺活动，10.2%的想参加“视觉艺术类”文艺活动，而仅有1.2%的人表示想参加“造型艺术类”的文艺活动，13.2%的想参加“语言艺术类”文艺活动，3.4%的想参加“综合艺术类”文艺活动。总体而言，“表演艺术类”活动和“造型艺术类”活动的被选率差距最大。所以，公共文化产品供给应当根据群众的实际需求，多开展一些广大群众喜爱的音乐、舞蹈，电影、电视，绘画、讲座等相关的艺术活动，提升群众参与度，提高公共文化服务的满意度。具体如图2所示。

（三）不同年龄段人群最想参加的艺术活动类型

如表1所示，在被调查者中，各个年龄段人群对各类艺术活动的偏好不一：在青少年和儿童人群（0～17岁）中，有将近六成（57.1%）的人最

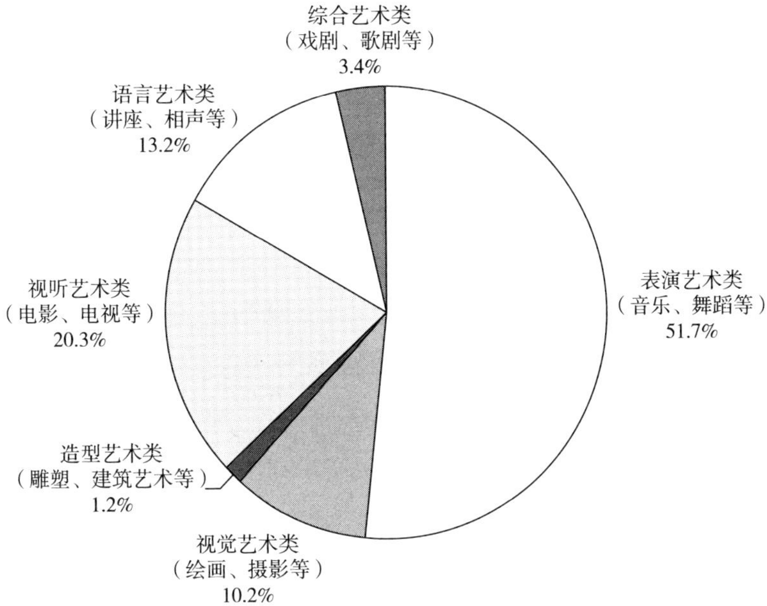

图 2　群众最想参加的艺术活动类型情况

想参加“表演艺术类”和“视觉艺术类”活动（分别占 35.7% 和 21.4%），而想参加“视听艺术类”和“综合艺术类”活动的人最少，均只占 7.1%；在 18～65 岁人群中，人们最想参加的艺术活动类型主要是“表演艺术类”和“视听艺术类”，二者占到总数的 56.2%，18～65 岁人群对“造型艺术类”活动表现出的兴趣同样不强，仅占 3.8%，对于“视觉艺术类”“语言艺术类”和“综合艺术类”活动，18～65 岁人群中想参加的人数占比在 14% 左右；“视听艺术类”活动和“表演艺术类”活动颇受老年人群（66～79 岁）的喜爱，占到了总数的近六成（56.3%），没有老年人对“造型艺术类”感兴趣。值得注意的是，老年群体对“视觉艺术类”活动的兴趣，相比其他两个年龄段人群而言更低。

总体而言，三个年龄段人群对“表演艺术类”活动都比较喜爱，而对“造型艺术类”活动表现出的兴趣不高。具体如表 1 所示。

表1 不同年龄段人群最想参加的艺术活动类型

单位：%

年龄	表演艺术类	视觉艺术类	造型艺术类	视听艺术类	语言艺术类	综合艺术类
0～17岁	35.7	21.4	14.3	7.1	14.3	7.1
18～65岁	34.3	14.3	3.8	21.9	13.3	12.4
66～79岁	25.0	6.3	0.0	31.3	18.8	18.8

（四）群众希望的文艺活动举办频率

如图3所示，在被调查者中，有41.1%的人希望“一个月”举办一次文艺活动，24.7%的人希望“两周”举办一次文艺活动，15.1%的人希望“一周”举办一次文艺活动，其他选项占比相对较少。这在一定程度上表明，绝大部分群众都十分希望文化部门多开展文艺活动，只有极少数人希望开展文艺活动的频率为两个月及以上开展一次。因此，文化部门应当适度提高文艺活动开展的频率，满足群众对公共文化产品和服务的需求。

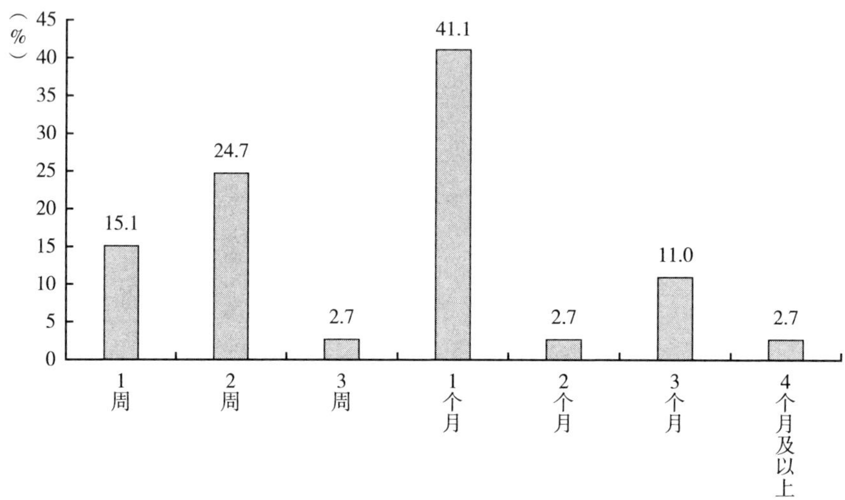

图3 群众希望的文艺活动举办频率

（五）群众希望被告知艺术活动信息的方式

从图 4 可以看出，被调查者最希望的告知艺术活动信息的方式是“微信、微博、QQ、短信” （30%），其次是“在居民区粘贴栏张贴海报”（28.7%），二者占到总数的接近六成（58.7%）。其余三种方式的占比相当，在 10% 或以上，只有 1.3% 的人选择了其他告知方式。这表明，在互联网时代，广大群众更喜欢通过微信、微博、QQ 等新媒体以及短信方式获取艺术活动的相关信息，而如张贴海报等传统告知方式也并没有失去优势。在对文艺活动进行宣传时，文化部门应该既保留传统方式又积极探索新的方式，充分利用新媒体便捷快速的独特优势进行宣传。

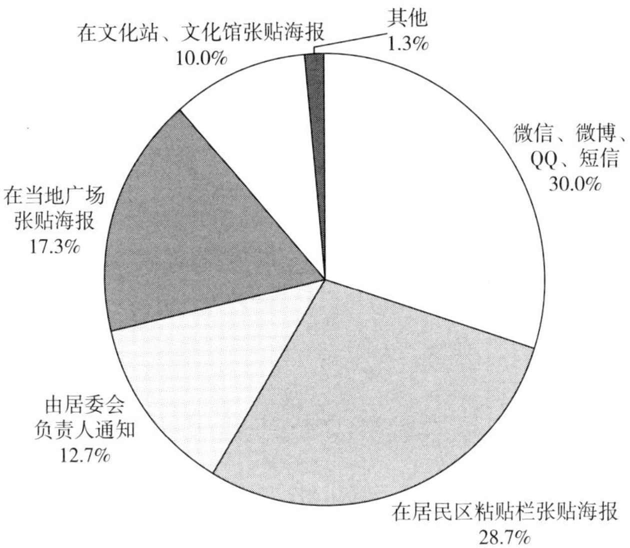

图 4　群众希望告知艺术活动信息的方式

（六）群众表达自我意愿的方式

如图 5 所示，群众表达自己意愿的方式各不相同：“互联网”方式是受访群众表达自己意愿的首选方式，占到了总数的 34.3%，其次是“打电话”

的方式（33.3%），“写信”方式是受访群众最不喜爱的表达意愿的方式，仅占4%。这在一定程度上表明，群众更乐意以“互联网”和“打电话”的方式向文化部门表达自己的文化需求，文化部门可以扩大互联网和电话热线的渠道，给予群众更多的表达意愿的机会。

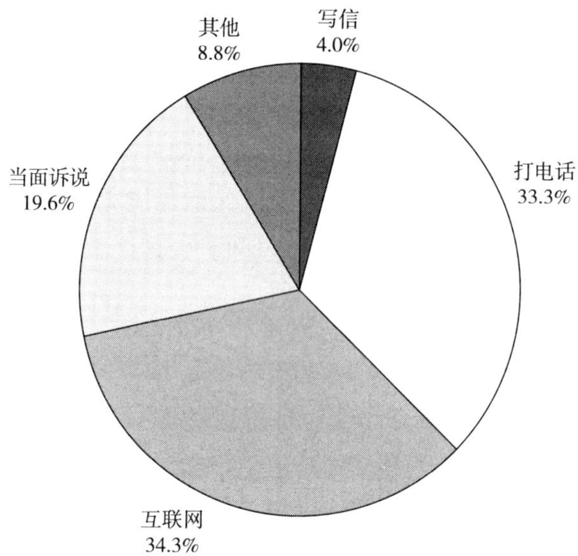

图5　群众表达自我意愿的方式情况

二　基层公共文化产品供给现状

重庆市群众艺术馆调研组通过对基层群众文化需求若干问题进行实地问卷调查及现场访谈，重点了解了基层群众对公共文化服务的满意度、获得感等情况，以数据为支撑，对当地公共文化服务机构功能发挥情况、对基层公共文化产品的有效供给进行了重点考察。在深入调研和数据分析的基础上，厘清、总结了基层公共文化产品供给普遍存在的问题，即供给不平衡和不充分。

（一）供给不平衡

尽管重庆市公共文化服务的供给总量在不断增加，但供给不平衡问题始终存在，这主要表现在城乡失衡、供需失衡以及群体失衡三个方面。

1. 城乡失衡

近年来，重庆市公共文化服务投入总量在持续增加，尤其是数字化建设专项经费显著增加。但经费投入的区域差异较大，城乡之间失衡严重，尤其是偏远贫困、发展薄弱的农村地区。因经费投入的差距及区域文化艺术资源分布不均衡，重庆市主城区与区县之间、城乡地区之间，公共文化服务供给存在较大差异。一些偏远山区的农村，由于存在人口外迁、农村空心化等问题，加之远离文化场馆（站），已经成为文化真空区域，公共文化服务供给几乎是一片空白。

2. 供需失衡

当前，公共文化服务产品供需错位现象突出，新的文化需求与公共文化产品供给失衡。随着时代的发展及生活方式的改变，基层群众被激发出新的、巨大的文化需求，这就要求公共文化服务供给的内容和形式要尽可能贴近居民的日常生活和实际需求。而由政府主导的公共文化服务供给存在与发展要求不相适应的问题，文化活动的内容、方式、手段缺乏针对性，群众参与度不高，无法满足人民群众尤其是年轻群体日益高涨的多样化文化需求。

以农家书屋为例，农家书屋所摆放的图书，并非根据农民的多样性、差异化需求进行购买，而是由上级政府和其他公益组织捐赠。在不了解群众需求的前提下，以行政手段进行文化配送，导致公共文化服务的供给不符合农民的现实需求，最终造成许多地方的农家书屋大门紧闭、无人问津，造成了行政资源和文化资源的大量浪费。

与此同时，公共文化产品供需失衡，致使一些落后、庸俗、低级的文化现象抬头、泛滥，如丧事大操大办、赌博之风盛行、封建迷信活动频繁等，这些低级、庸俗的文化现象直接影响了乡村文化的发展。

3. 群体失衡

政府的公共文化服务供给理念的滞后性，使得公共文化服务供给出现群体失衡的问题，对不同层次、不同年龄的人群，公共文化服务体系所提供的文化服务、产品和资源存在不均衡。以 2017 年全民艺术普及的服务群体为例，服务人群范围过于狭窄，服务对象大多是老年人、儿童，年轻群体相对较少。推进全民艺术普及，应考虑经济、教育程度、生活环境等各种因素的影响，要拓宽服务群体，但是对于留守儿童、孤寡老人、残疾人等弱势群体，也要给予更多的关心和帮助。

（二）供给不充分

基层公共文化产品供给不充分主要体现在供给主体和内容单一、公共文化服务设施落后等方面。

1. 供给主体和内容单一

目前，重庆市基层公共文化产品主要由基层文化站或街道文化中心进行供给，供给主体相对单一。这些供给单位服务理念相对保守，只求做好政府规划和交办事项的“落实者”，服务缺乏主动性和广泛性。随着群众对文化生活提质升级的愿望日益强烈，多样化的文化需求，要求有多样化的艺术普及内容和形式。然而，在当前基层公共文化产品供给中，基层文化站或街道文化中心所提供的公共文化产品形式陈旧，内容比较单一，缺乏吸引力。

2. 公共文化服务设施落后

公共文化服务设施是基层群众享受基层公共文化产品和服务的物质基础和保障，公共文化服务设施若更新换代滞后，将使基层公共文化服务和产品的效用大打折扣，使基层群众无法享受到高质量的基层公共文化产品和服务。目前，重庆市在基层公共文化产品供给中存在基层公共文化服务设施落后的问题，服务设施破旧、老化甚至缺失的问题在基层尤其是农村较为普遍。

三　对策与建议

针对重庆市基层公共文化服务和产品供给不平衡、不充分的问题，为满足人民群众公共文化需求多样化多层次多方面的要求，推动重庆市基层公共文化服务、产品高效高质供给，笔者在此提出以下几点对策建议。

（一）扩大总需求，着力提高供给质量和效率

要建立多元化资金投入机制。一方面，要进一步加大公共财政的投入力度，完善文化建设专项资金制度，建立财政投入稳定增长机制。通过政府采购、项目补贴、定向资助等多种形式，引入竞争机制，提高资金使用效益。建立公共文化活动财政投入的绩效评估机制，优化投入结构。另一方面，政府通过对文化发展的战略规划及引导性投资，带动社会投资，并广泛整合民间资源，调动民间文艺的积极性，把民间公益力量纳入公共文化服务中。探索以政府投入为引导、广泛吸收民间投资的新模式。

此外，基于当前无法抽调大量资金投入基层文化建设的现实，应当把有限的资金投入关键的环节中，让公共文化服务、产品供给发挥有限财力的最大效用，真正地发挥文化基础设施的作用，避免造成有限资源的浪费。还可联合区域内学校、旅游等部门，开展群众文化活动、文化艺术培训、文化艺术展览和讲座等活动，有效推进文化系统内外公共文化资源的集聚，实现公共文化资源共建共享。

（二）切实加强基层公共文化队伍建设

公共文化服务要以人为本，公共文化服务机构的建设、运营和管理都要贯彻“以人为本”的理念。目前重庆市基层公共文化队伍建设滞后，基层文化服务由于条件有限、工作待遇不高，难以招聘或留住优秀、紧缺人才，尤其是年轻人才，存在着人才队伍老龄化趋势日益明显、专业人才配备严重不足的问题。基层公共文化队伍“不专职、不专业、不专心”的“三不专”现象比较突出。基层公共文化机构服务效能不高，队伍建设滞后是重要原因。提高公共文化服务效能，需要有一支敬业专业的基层公共文化队伍。而从基层队伍建设的实际出发，基层文化队伍建设的有效突破口是领军人才队

伍建设。要建立一套完善的人才引进机制，通过有效的激励，吸引高素质的人才在基层扎下根。

（三）建立群众需求表达机制

服务、产品和需求有效对接匹配，难点首先在于怎样精准识别需求。近年来，重庆市物联网、重庆群众文化云的建设是破解难点的创新做法，“点单式”服务把“政府配送”变为“群众选择”。下一步应进一步强化“互联网+”全民艺术普及工作，重点要从以下三个方面做出努力。

一是进一步完善和畅通全民艺术普及网络传输渠道，打通最后一公里，提高全民艺术普及资源、服务的可获得性，尤其要加快向基层、农村延伸的速度。

二是树立全民艺术普及“内容为王”的观念，加强数字资源建设。缺乏服务资源的平台是“空壳”平台，数字资源建设能力还存在明显短板，弥补这一短板是当务之急，尤其是移动终端的数字资源，急需数量和质量的提升。

三是加强线上线下的结合互动，创新服务方式和手段。“互联网+”全民艺术普及是改变公共文化服务及产品服务方式、供给方式的重要动力，基于此，未来应进一步解放思想、拓宽视野，形成线上线下相结合的新模式、新样态，创造出更多的具有时代特色的全民艺术普及服务和活动，提高公众的参与度与便捷性。

（四）加快文化馆总分馆制建设，加强组织支撑

重庆市在推行文化馆总分馆体系建设的实践探索中，基于基层区域分布广、难以统筹管理、服务能力不强、公共文化资源缺乏整合、发展不均衡等突出问题，选择“延伸服务模式”为探索重点。“延伸服务模式”的重心在基层，让总馆的资源流动共享到基层，并进一步调动整个区域的文化资源，构建布局合理、发展均衡、覆盖面广、全面开放的文化馆总分馆体系，目的是实现各级文化馆共建共享，本质上是文化馆组织体系的再造。全民艺术普

及涉及内容广泛，服务对象众多，基层若缺少支持则难以胜任，因此，区县级总分馆体系建设是有效扩大公共文化服务及产品供给的根本途径。

（五）引导扶持群众广泛、自主开展文化活动

通过调研我们发现基层文化中心的文化活动大多集中在节日庆典时，但公共文化服务及产品供给要与经济社会发展水平和供给能力相适应，更需要动态调整、与时俱进、因地制宜。基础薄弱的基层更需常态化供给丰富多彩、普遍均等的公共文化服务。

首先，管理理念要转化，逐步从过去的“办文化”向“管文化”转变。通过民办公助、政策扶持，鼓励居民自办文化，注重“全民性”，即全民的参与、全民的推进、全民的活动、全民的提升。通过积极扶持热心文化公益事业的居民组建文化活动室、图书阅览室、电子阅览室等，允许其以市场运作的方式开展形式多样的接地气、聚人气、有生气的文化活动，通过支持群众自筹资金、自主组织、自负盈亏、自我管理、创办自己的网站、举办读书节，扶持民间职业剧团和业余剧团的发展等各项积极措施丰富乡镇基层的文化氛围，使城镇居民也成为文化建设的主体。

其次，要扶持民族民间文化的传承与发展。乡土氛围的消逝，从某种意义上来说，是对民间文化的一种破坏，这种破坏甚至是难以修复的。乡村文化兴盛，离不开优秀民族民间文化等乡村文化建设的优质资源，这也是培养、建设新文化的母体。要充分挖掘超越地域与时代的传统优秀文化基因，加强对民族、民俗地域文化活动的源头梳理，将修复日渐断裂的传统与弘扬时代精神相结合，培育壮大一批富有民族民间民俗特色的群众文化活动，增强文化产品的供给能力。挽救优秀传统文化，开拓新兴文化，把优秀传统文化的价值与现代生活相结合。

最后，要拓展体现时代特征的公共文化系列活动。公共文化服务及产品供给应坚持开展公益色彩突出的文化系列活动，以文艺知识普及、文艺技艺传授及党和国家政策法规的宣讲阐释等为重点，生产不同的公共文化产品，加强传统公益性文化活动的品牌建设。加强对统筹城乡、城乡互动类文化品

牌活动的扶持，进一步做好紧扣时代脉搏并形式多样的创建活动，如网络故事大赛、戏剧现场表演等，增强基层乡镇文化服务平台的集聚力和辐射力，借助这种“平台”开展广泛的科技教育、知识讲座、新风教育等，以便实现政府意志与最广大农民的联结。这些品牌活动不仅传播了文化知识，也向广大农民输送了社会主义核心价值观。基层的文化生活方式不断优化，是乡村兴盛的强大助力，更是一个重塑我国民族精神的历程。

关于云南省保山市文化改革创新机制建设的探索与分析

鲁兴勇　杨润艳*

摘　要： 本文着眼于保山市近年来发展的“文化硬件”和“文化软件”两个方面，通过分析保山市文化内部改革、“十大文化工程”建设、文化场馆集中建设模式推进、文化惠民综合举措运行、文化节庆品牌打造、文化精品创作、文化理论研究、文化对外交流、数字文化开拓、国家公共文化服务体系示范区创建等典型案例，展现了云南省保山市改革开放四十年间文化工作的亮点与经验，以期为其他地方文化的发展，尤其是偏远地区文化服务水平提升提供借鉴。

关键词： 西南地区　文化体制改革　保山市

一　保山市文化体制内部改革进程

1978 年，保山市尚未成立独立的文化主管部门，在随后近 40 年的发展中，保山地区文教局设立的文化科发展至今日的保山市文化局。2002 年，保山市政府批准市文化局“三定方案”，同意增挂保山市新闻出版（版权）局牌子，内设办公室、文化艺术科、文化市场管理科（加挂文化产业科牌

* 鲁兴勇，云南省保山市图书馆研究馆员，保山文化研究院专职专家，公共文化政策研究实验基地观察员。杨润艳，云南省保山市图书馆办公室主任。

子）、文物科、新闻出版（版权）科（加挂市“扫黄打非”办公室牌子）、文化稽查支队。文化市场、文化产业、新闻出版、文化稽查等文化管理机构的成立，既改变了以前文化管理的单一局面，又能让日益繁荣的文化市场规范有序。

此外，自2014年保山文广局开始编制文化年报，将每年的工作亮点集中编排，这项工作既总结了文化工作的经验，又保存了文化建设发展历史，使工作目标更加精准，工作思路更加清晰，工作方法更多样，因此是推动工作进步的重要改革举措。1980年以来，保山公益性文化事业单位的设立和建设得到了快速发展，逐步建立了含地（市）、县（区市）图书馆、文化馆、博物馆以及乡文化站、行政村文化室、自然村文化大院等在内的五级公益性文化服务网络。2003年，保山市开始了国办艺术团队改革，将文艺团队建成充满生机的演出主体。与时俱进的文化体制内部改革与管理工作机制的优化，增强了文化服务工作的活力，保山市先后被中宣部、文化部、新闻出版总署、国家新闻出版广电总局表彰为“全国文化体制改革工作先进地区”以及“全国文化先进集体”、“全国文化先进县”等。

（一）“38号文件”——为保山文化发展提供坚强的政策保障

2003年12月8日，中共保山市委、市政府召开全市文化体制改革和文化产业发展动员大会，印发《关于深化文化体制改革，加快文化产业发展的意见》（保发〔2003〕38号文件），填补了保山市文化领域专题性文件的空白，成为保山第一个关于文化发展的纲领性文件。随后，在此政策性文件的指导下，保山政府先后出台了《加强公共文化服务体系建设的意见》（保发〔2008〕8号）、《保山市加强公共文化服务体系建设实施意见》（保政发办〔2008〕66号）、《关于进一步加强文化建设的意见》（保发〔2011〕28号）、《保山市人民政府办公室关于推进基层综合性文化服务中心建设的实施意见》（保政办发〔2017〕109号）、《保山市创建国家公共文化服务体系示范区建设规划（2011～2012）》，以及《保山市外来拍摄电影电视剧以奖代补实施办法》《保山市市级文化产业发展引导扶持资金管理暂行办法》等一系列保障性文件，在这些政策文件的支持下，保山文化改革全面深化，由单一变革外延至各个社会层面，进入文化服务惠及全体市民的大文化发展阶段。

（二）“十大文化工程”——保山文化理念与实践的一次创举

2000 年，保山市文化局首次提出了建设“十大文化工程”的文化发展思路并开始实施。“十大文化工程”包括：创先工程，标志性文化设施建设工程，农村文化设施改扩建工程，历史文化保护、研究与开发利用工程，民族民间文化艺术保护、研究与开发利用工程，文艺精品工程，群众文化发展工程，文化产业发展工程，文化人才工程，机制创新工程。它涵盖了文化发展中“硬件”和“软件”的方方面面。保山“十大文化工程”的提出和实施是保山文化发展上的一次理念和实践的创举，它的贡献有两点：一是把纷繁复杂的文化工作归类为“十大文化工程”，让广大文化工作者以及各级党委政府、社会各界对文化工作有了一个清晰的认识。二是将文化工作“工程化”，有利于把“软任务”变成“硬任务”。2001 年 3 月 8 日和 2005 年 9 月 1 日，《中国文化报》先后发表《十大文化工程开路——云南保山创建民族文化大区》《“十大文化工程”打造“文化新保山”》，对此进行宣传报道。

（三）“三馆模式”——开创保山文化设施建设新局面

保山市新建的三馆于 1999 年 9 月 29 日如期建成。三馆文化广场由三馆（博物馆、图书馆、文化馆）广场和永昌文化园组成，三馆建筑风格独特，正中的博物馆是一尊巨型的铜鼓造型，东西两侧的文化馆和图书馆则采用了边疆少数民族干栏式、汉代古典式和现代开放园林式相结合的建筑风格。这种改变传统文化设施分散建设思路而把三种重要的公益性文化服务设施集中建设的模式，既节省了投资，又形成了规模，还突出了特色，当时这种文化设施的建设实践还被称为“保山模式”，被各种媒体广泛宣传，并在全省范围内被学习推广。建成后的三馆及广场，成为保山历史上第一个真正的标志性建筑。三馆建成至今，已先后举办上千次大型文化活动，接待和服务市民上千万人次。2007 年，该文化广场被评为“全国特色文化广场”。

保山三馆及文化广场的建设开创了保山文化设施建设新局面。在此之前，保山的文化基础设施建设尚处于停滞不前的落后局面，仅以保山图书馆为例，1978 年，保山地区没有地区图书馆，1980 年恢复地区图书馆但无馆舍，仅租了数十平方米民房用于办公服务。一直到 1992 年才建成 930 平方米的馆舍。当时文化馆也在一条窄巷中拥有 1000 余平方米的馆舍，而博物馆却没有馆舍，1978 年保山地区下辖的五个县均没有标准的图书馆、文化馆和博物馆馆舍，各乡镇仅有龙陵县成立了全地区第一个乡镇文化站——镇安文化站。随着三馆文化中心的建设，保山所辖的腾冲、龙陵、昌宁、施甸等县也按照这个思路对县城的文化设施进行了改造建设，先后建起了“腾越文化广场”、“龙陵文化中心广场”、昌宁文化中心、施甸文化中心等。以此为契机，保山的公共文化设施建设进入了一轮接一轮的大投入、大建设和大发展时期。

截至 2017 年，保山先后投资 20 多亿元，基本达到了全市文化设施全覆盖。它们主要包括：公共图书馆 7 个，达标率 100%；公共文化馆 7 个，达标率 100%。博物馆 12 个，乡镇文化站 75 个，公共电子阅览室 881 个，村级综合文化室 913 个，文化大院 598 个，农家书屋 1000 余个，“村情展室”232 个。其中，腾冲滇西抗战纪念馆、保山永子棋院、保山历史名人堂、潞江坝公路博物馆、杨善洲精神教育基地、龙陵松山大战遗址公园、高黎贡山博物馆等标志性公共文化设施在全国都有独特的地位和影响。在乡级文化设施建设中，隆阳区芒宽乡文化站位列全省第一，该文化站占地 88.6 亩，总投资约 3000 万元，建成了集文艺表演、体育运动、科技博览、民俗风情、休闲娱乐旅游于一体的“新型文化综合体”。在村级文化建设中，腾冲下绮罗图书馆以历史悠久、馆舍精巧、馆藏丰富、服务至诚于 2015 年被评为“全国最美基层图书馆”。

保山的公共文化设施除国家投入外，还有许多是由企业投入的民办设施，其投资规模近10亿元，在云南位列前茅。它们主要有腾冲翡翠博物馆、史迪威公路博物馆、高黎贡山手工造纸博物馆、腾冲琥珀博物馆、腾越文化博物馆、腾冲中医药博物馆、腾越根雕艺术博物馆等，其中如翡翠博物馆、史迪威公路博物馆等都在全国范围内填补了该项文化设施的空白。

二

（一）文化“三民”——文化惠民的重要支撑

“文化乐民、文化育民、文化富民”是公共文化服务中最接地气和最见实效的举措。保山在文化乐民中，通过实施“欢乐乡村大家乐”“千场节目下乡村”活动和广播电视村村通、户户通工程，保证70%的村（社区）实现“天天有歌舞”；100%的村（社区）实现了“月月有电影”；65%以上的村（社区）实现了“季季有比赛”和“年年有演出”，基本实现“家家有电视看”的目标。2011年以后，村社平均每年开展1700场次文艺演出，演出节目1万多个，观众达120多万人次；各级文艺团体平均每年送戏下乡300场，观众100万人次，“文化乐民”在保山城乡变成了实实在在的现实。

在文化育民方面，保山市利用各级博物馆、纪念馆、乡（村）情展，积极开展爱党爱国爱乡教育。通过文化信息资源共享工程和“农文网培学校”对市民开展网络信息服务和专项培训服务。为提高公民素养，市政府广泛开展“全民读书活动”。自2014年起，连续三年在全市组织举办全民阅读系列活动。2015年，在全市范围内开展书香之家、农家书屋有奖征文及模范农家书屋等评选活动。2016年以“保山好书·全民阅读”为主题开展了好书评选等活动，《马力生日记》等10本（部）书获评“保山好书”。2017年开展“走进图书馆，全民读好书”活动。全市好读书、读好书的风气逐渐形成。

在文化富民中，保山重点利用如翡翠、黄龙玉、玛瑙、永子等特色文化资源，对全市73项非遗保护项目实现“生产性保护”，现从业人员近10万人。2017年，全市文化产业产值突破100亿元大关。通过文化“三民”的实施，腾冲中和乡大村成了全国文化惠民示范村，为其他相似环境的村落文化发展提供了实践经验。

（二）端阳花市——保山节庆文化的响亮品牌

保山有世居民族13个，少数民族人口达30余万人。在长期的历史发展过程中，各民族形成了自己极具特色、丰富多彩的民族节庆活动。其中最让人耳熟能详的就是一年一度的端阳花市。保山端阳花市起源于清咸丰十年（1861），是保山最有特色的一个传统节日。1980年恢复举办。2009年以后，规模不断扩大。到了2017年，保山端阳已经形成占地近5平方公里的庞大街区，不仅有近两公里长的花街，还有药街、美食街、特色商品街、文化展示街、车市等等。每天还有多场专业及业余的文艺演出。花市期间还会举办各种主题和各种规模的研讨会、推介会、展览会。赶街的时间也长达半月之久。吸引了来自全市及周边州市的民众50万人次以上。

改革开放以来，保山恢复和新兴的重要的节庆活动还有保山永昌歌会、腾冲火山热海旅游节、腾冲花海节、傈僳族刀杆节、隆阳区哀牢犁耙会、隆阳区农民狂欢节、潞江泼水暨咖啡节、芒宽火把节、龙陵民族民间艺术节、龙陵碧寨山歌会、龙江稻花鱼节、昌宁千年茶乡商贸文化节、耇街苗族花山节、珠街彝族火把节、施甸春节民俗节、二月龙会等。

（三）特色舞蹈诗——走出文化精品创作第一步

1996年11月，保山地区推出的大型舞蹈诗《啊，傈僳》在云南省新剧目展演中荣获综合优秀剧（节）目奖、编导单项奖、作曲单项奖、服装设计单项奖、表演单项奖五项大奖。10月，《啊，傈僳》进京参加“99世博会北京宣传周”活动。2000年10月，《啊，傈僳》赴浙江宁波参加第二届中国舞蹈“荷花奖”决赛，荣获银奖，同时获两个单项奖。这是保山历史上文艺演出获得的最高奖。

接着，保山又有一大批文化精品相继推出，其中主要有：纪录片《记忆的伤痕》荣获中国广播电视最高奖——“星光奖”，纪录片《松山，松山》获全国优秀纪录片奖；小说《泥太阳》获全国少数民族文学最高奖“骏马奖”；报告文学《大地有多重》、歌颂杨善洲的《大道践行》、长篇叙事诗《公仆本色》分别荣获国家和省“五个一”工程奖；《滇西 1944》《中国远征军》《杨善洲》等影视作品先后在全国热播。《古道飞歌》《金布朗》《梦幻腾冲》《春暖保山》等舞台节目演出成功。

（四）塘子沟——揭开保山石器时代的神秘面纱

塘子沟遗址位于保山市隆阳区蒲缥镇塘子沟村村旁台地，1986 年经省地县文物部门联合发掘，出土了以“蒲缥人”命名的晚期智人化石 7 件，各种打制石器 400 件，各类刮磨骨角器 120 余件，各类动物化石 1800 余件，塘子沟遗址的发掘不仅揭开了保山 8000 年前旧石器时代的神秘面纱，同时也开了保山大规模开展文物保护的先河。

保山先后又有龙陵大花石遗址、张志淳墓、昌宁大甸山遗址等在国内外引起巨大反响的考古发现。截至 2017 年，保山、腾冲被评为省级历史文化名城，全市登录不可移动文物 567 项，各级文保 365 项，其中全国重点文物保护单位 8 项，省级文物保护单位 19 项，市级文物保护单位 58 项，县（市区）级文物保护单位 237 项。全市馆藏文物 1.5 万余件，其中，国家珍贵文物 91 件。全市共有市级以上非遗名录项目 170 项，传承人 198 人。全市民间收藏文物数量为 8 万件左右。这一切，为保山丰厚的历史文化做了有力的注脚。

（五）“小基地发挥大作用”——保山文化研究成果丰硕

保山实验基地是由武汉大学国家公共文化和旅游财政政策研究基地和保山市文化广播电视新闻出版局于 2012 年 10 月联合创建的一个基层文化科研基地，是武汉大学国家公共文化和旅游财政政策研究基地设在云南的唯一一个实验基地。基地成立五年多来，配合市文广局，在云南人民电子音像出版社出版了《文化春潮涌边关——保山市创建国家公共文化服务体系示范区文献选编》电子书；联合保山市图书馆建立了“第二次反法西斯战争中缅印战区暨滇西抗战”专题文献库。现已从美国、日本、中国及其他各地征集到各类文献2000余种。初步建成了目前全球最全的“第二次世界大战中缅印战区滇缅抗日战争图书文献图书专库”。几年来，先后有8篇学术论文入选《中国公共文化政策研究实验基地观察报告》并被送给中宣部、财政部、文化和旅游部、国家文物局等相关部门作为决策参考。在全国100个基地中，产生了积极的示范引领作用，真正实现了小基地发挥大作用的目的。

改革开放以来的40年，也是保山历史上出版文化及文艺著作最多的时期，据不完全统计，在这段时间里，以保山文化为内容的著作达500多部，论文上千篇。其中主要有《哀牢文化研究》《保山碑刻》《艾思奇传》《永昌府文征（再版）》《保山历史名人丛书》《保山美食之旅》《保山唱书》等等。

（六）赴缅演出——文化交流拉开大幕

保山地区与缅甸山水相连，改革开放后，腾冲至缅北最大的城市密支那之间的柏油路开通以来，保山与缅甸的文化商贸等各项交流十分频繁，同时也拉开了保山对外文化交流的大幕。1993年11月16日至28日，应缅甸克钦邦的邀请，由行署领导带队的保山地区艺术代表团一行60人到密支那等地进行13天的友好访问演出，观众达两万多人次。本次访问演出是保山改革开放以来第一次成规模的对外文化交流。1993年，应缅方邀请，保山地区派出工程技术人员并配足设备，帮助缅甸克钦邦和实皆省先后建起卫星电视地面收转站7座、立铁塔8座，使该地区数十万人能收看卫星电视，受到了当地政府、人民群众和华侨的热烈欢迎。

1994年4月21日至29日，缅甸克钦邦艺术团一行103人首次赴保山访问演出，所演节目以其鲜明的民族特色和艺术风格，受到好评。1994年至2017年，保山地区与缅甸共开展了上百次的各种文化交流活动。涉及内容包括文艺演出、文化考察、展览展示、老兵采访、人才培训等方面。1993年至2017年，保山地区先后与美国、英国、法国、德国、澳大利亚、意大利、瑞士、丹麦、韩国、日本、挪威、印度尼西亚、匈牙利、俄罗斯、泰国、新西兰、印度、老挝、柬埔寨、马耳他等国家（地区）开展文化交流。

与此同时，保山还广泛开展国内文化文流。2014 年以来，保山市博物馆的“血路铁骨忠魂——滇西抗战纪实展”先后到常州博物馆等 20 个博物馆进行交流展出；2014 年 9 月至 2018 年 6 月，保山先后引进了半坡遗址博物馆“远古回声——半坡遗址和半坡文化展”等 30 个展览。保山市图书馆与苏州市图书馆建立了友好合作馆。市图书馆制作的“杨善洲先进事迹展”先后在全省十余个公共图书馆展出。

（七）文化共享工程——开辟文化数字服务新天地

保山市从 2003 年开始实施全国文化信息资源共享工程，从而开辟了文化数字化服务的新天地，随着公共电子阅览室建设工程、边疆万里数字文化长廊建设工程、数字图书馆推广工程、中国文化网络电视工程等一系列数字化工程的开展和推动，保山市已在全市实现了市县乡村及社会各界数字服务全覆盖。市图书馆现建设了规范的免费公共电子阅览室、政府信息网上查询中心、电子书借阅机、公共文化一体机以及 120TB 的数字资源免费供读者使用，读者不用到馆就能通过手机享受图书馆的服务。

与此同时，保山市文广局先后建设开通“桥头堡文化网”、“桥头堡文化微博”和“中国传媒网云南频道”。建成了“保山文博网”“保山市数字美术馆”“保山市非遗数字博物馆”等公共文化数字化服务体系，并在全市实施数字电影放映工程。这一切，推动了全市公共文化服务方式的现代化转型。

（八）“村村通”——让农村人人都看上电视

为切实解决农村山区老百姓看电视、听广播难的问题，从 2004 年开始，保山大力实施直播卫星“村村通”工程，2013 年开始实施“户户通”工程，先后投入资金近亿元，建设了 12 个广播电视高山发射台站，购置设备 10 余万套。2017 年，广播电视覆盖率分别为 99%、98.6%。广大用户可接收到中央和省级57套电视节目和17套广播节目。同时，还开展地方节目地面数字建设，极大地拓展了群众视听新空间。

（九）创建国家公共文化服务体系示范区——保山文化正在先行

2011年5月，保山市被确定为云南唯一的全国首批国家公共文化服务体系示范区创建单位，经过两年多的努力创建，2013年8月25日，召开了创建国家公共文化服务体系示范区国家验收汇报暨反馈会，文化部党组成员、故宫博物院院长单霁翔及文化部、省文化厅、保山市的相关领导和专家参加会议。国家检查验收组认为，自创建工作开始以来，保山各级把创建工作作为最大的“文化惠民工程”来实施，取得了可喜的成就。依据示范区创建西部标准的公共文化设施网络，公共文化服务供给，公共文化组织支撑，资金、人才和技术保障，公共文化服务评估和其他六大方面25个项目61个指标进行评定，保山有58个指标被评定为优秀，以西部第一的成绩完成了创建任务。

通过创建示范区，保山基本实现了“社会化的文化自觉”“标志性的文化设施”“品牌性的文化活动”“规范性的文化队伍”“长效性的文化保障制度”“思想性的文艺精品”“开放性的文化交流平台”“创意性的文化产业”“独特性的文化遗产”“科学性的文化管理”等十个方面的目标，取得了显著的创建成果和可喜的惠民实绩，为全省乃至全国同类地区提供了示范。并为保山文化建设打牢了基础、更新了观念、丰富了亮点、打造了品牌、积累了经验，是保山文化发展史上的一次飞跃。自示范区验收以来，保山市委、市政府以创建国家公共文化服务体系示范区及后续建设为契机，以“关山初度尘未洗，策马扬鞭再奋蹄”的精神，进一步构建文化新平台、开创文化新服务、架设文化新体系、展现文化新面貌、开拓文化新征程、走进文化新时代！

广西桂林市农家书屋现状、问题及对策研究

毛向群　唐　涛　陆梁娟*

摘　要：　针对农民阅读条件较差的情况，2007 年新闻出版总署启动农家书屋建设，到目前为止基本覆盖了全国行政村，一定程度上化解了农民阅读困境。本文针对广西桂林市农家书屋的建设情况展开讨论，重点分析书屋是否有效发挥作用。本文以桂林市 12 个县（区）为调查对象，对桂林市农家书屋当前运营管理和服务以及发展现状进行分析，针对农家书屋今后在建设主体保障、提升自身服务能力及同县级公共图书馆融合发展等方面提出对策与建议。

关键词：　农家书屋　功能整合　桂林

一　桂林市农家书屋概述

桂林市是位于广西壮族自治区北部的中国历史文化名城，桂林市辖区内有 12 个县（市区）设有公共图书馆，其中农家书屋为 1664 个。桂林市农家书屋自 2008 年建设发展以来，取得了诸多成效，但同时存在诸多问题。本文就桂林市农家书屋的建设发展相关问题，通过发放调查问卷和实地走访

* 毛向群，馆员，本科，灵川县图书馆副馆长。唐涛，馆员，本科，灵川县图书馆副馆长。陆梁娟，助理馆员，大专，灵川县图书馆。

的形式对桂林市12个县（市区）图书馆及农家书屋进行了调查，深入探究桂林市农家书屋的现状和问题，探索农家书屋现存问题的解决途径。

本文就农家书屋的管理和服务内容向建有公共图书馆的荔浦市（县级市）、临桂区、灵川县、兴安县、全州县、资源县、龙胜县、阳朔县、恭城县、平乐县、永福县和灌阳县等12个县（市区）进行调查，12个县（市区）共有1664个农家书屋。按照规定，桂林市从2008年正式启动农家书屋建设工程，每个点投入2万元经费，要求书屋建设面积不低于20平方米，图书量达1500册以上，有5～10种报刊、音像制品100张。从整体农家书屋的运营情况来看，全县农家书屋能100%正常开放的有1个县（市区），能80%正常开放的有5个县（市区），能50%正常开放的有4个（市区），有2个县（市区）只有20%的农家书屋能正常开放；近50%的农家书屋没有固定开放时间，需电话预约才能开放，全年图书外借量为零的占50%，除新闻出版局添置新书外，只有4个县（市区）农家书屋每年添置新书；从书屋建设的反响来看，农家书屋在当地基本发挥作用的有3个县（市区），而另外9个县（市区）认为作用不大；从书屋的管理人员构成角度来看，12个县（市区）农家书屋中，有90%以上的农家书屋没有专职管理员，大部分是由村委干部兼职；各县（市区）图书馆每年最少举办一次农家书屋管理员培训班，管理员培训基本全覆盖。

通过个案调查得知，桂林市龙胜各族自治县拐江村农家书屋是全桂林市1000多个农家书屋中成功的典型，该书屋由退休教师任专职管理员，由于管理到位、服务热情，读者比较多，且经常有兄弟单位前来学习和各级领导前来视察，得到很多额外的捐赠，目前图书达7000余册，很得当地村民的喜欢，获得过“全国服务农民、服务基层文化建设先进集体”称号，据调查，管理员在取得良好服务效果中的作用举足轻重，但是优质的管理员所占比例较小。

二　桂林市农家书屋面临的新问题

从积极意义上看，桂林市行政村实现1000多家农家书屋的全覆盖，从此改变了行政村图书室一穷二白的面貌，一定程度上解决了村民读书看报难的问题。各地村民能就近享受阅读，很多农民通过农家书屋学习了最新的种养技术。很多地方也通过引进/开办农家书屋，改变了较为落后的精神面貌，形成了爱阅读的良好氛围，展现了新活力、新气象的新农村生活。然而，经过十余年建设发展的农家书屋当前也显现了不少问题，只有认真梳理问题，并加以妥善解决，我国农家书屋建设才会迎来新的发展，实现更大的价值。

（一）部分农家书屋出现“闲置”“冬眠”等现象

本研究经过对广西桂林市县（市区）农家书屋的调查和走访，了解到有相当一部分农家书屋有“闲置”“冬眠”等现象。常出现书屋未开放或者缺少专业人员系统管理的现象，书籍整理上也缺少专职人员打理，部分书还是打包状态、没有上架。种种原因使得桂林市部分县市区的农家书屋成为闲置机构，未发挥其作用。

（二）农家书屋资源少、更新进度慢，内容与需求不匹配

根据国家新闻出版广电总局的要求，每一个农家书屋的建设标准是2万元，至少配备图书1500册以上、报刊5～10种、音像制品100种以上。有的地方初期为了实现这个目标，东拼西凑，勉强达到了这个数量，但很多图书的品种、内容与当地村民的需求不匹配，且图书更新换代较慢。例如桂林市的兴安县于2013年已建好农家书屋119个，并按上级要求从2014年起，分3年时间对该县119个农家书屋补充图书，也就是每年更新40个点，每个点约新增340册图书、10张DVD光碟和2种期刊，到2016年底完成全部农家书屋的更新。第二次补充图书从2017年起到2020年，分4年时间再次对119个书屋进行更新，恰逢2018年广西壮族自治区60周年庆典，第二次图书更新于2018年提前完成，本次2017年补充36个点，图书数量和前期差不多，2018年补充的83个点只有160册图书、5张光盘和1种期刊，由此可见，农家书屋从建成到现在约十年时间

才新增2次图书，这种图书资源少、内容陈旧的问题使得农家书屋对村民逐渐失去了吸引力。

（三）农家书屋普遍缺乏合格稳定的图书管理员

农家书屋的管理员的素质和专业水平参差不齐，部分为兼职人员，且管理人员更换频繁。经调查，桂林市灵川县建有农家书屋137个，管理员具有不同职业背景而并非专业人士，例如其中有6人是退休人员，3个人是乡村诊所医务人员，35个是由村级公共服务中心管理人员兼任，其余89个由村委干部兼任。调查发现，6个退休人员管理的农家书屋长年按时开放，管理有序并有一定数量的读者。4个小百货店老板和3个医务人员管理的书屋，采取随店开放的形式，村民可自行借阅。35个建在村级公共服务中心的农家书屋，处于管理人员有空则开门的不定期开放中，由于农家书屋管理员没有专项经费，或经费很少，很多管理员对管理农家书屋缺乏主动负责的主人翁精神。因此，管理不到位也极大地限制了农家书屋作用的发挥。

（四）书屋与图书馆协调不当，资源难整合

由于农家书屋是由新闻出版总署牵头主管的项目，在建设、管理和服务等过程中和县级公共图书馆关联不大、协调不当。2006～2016年，新闻出版总署共发布了与全民阅读相关的政策文件13份，其中提及图书馆的仅4份，从国家新闻出版广电总局制定的全民阅读政策文件内容来看，与图书馆行业的关联度偏小，甚至超过2/3的文件完全没有提及图书馆。农家书屋作为基层文化项目建设之一，体量小，导致在建设中存在图书资源少和资源重复、闲置、浪费等问题。在服务中脱离县级图书馆管理，服务方式只有图书借阅一种，在人手少的情况下没有强有力的服务载体和服务渠道，缺少多元的、创新的服务，无法吸引村民和满足村民的信息需求，也就无法调动村民走进农家书屋、利用农家书屋，享受阅读的积极性。

三 桂林市农家书屋发展思路探索

（一）完善农家书屋建设保障机制，实现良好、可持续发展

农家书屋由当时的新闻出版总署发起建设实施，在建设初期如火如荼，投入大量资金把农家书屋建立起来，但是农家书屋建在村一级，没有资金安排专职管理员，大部分由村干部兼职管理，不能保证正常开放，且农家书屋建起十余年来只有几次有规模地添置图书，无法满足村民需求，存在严重的重建设轻管理、轻发展的现象。只有解决管理和后续发展的问题，农家书屋才能继续运转下去、造福百姓，否则，只能成为应付年度评估的形象工程。

稳定持续的经费投入是公共文化服务维持正常运转的保障。《公共文化服务保障法》第四十五条规定，国务院和地方各级人民政府应当根据公共文化服务的事权和支出责任，将公共文化服务经费纳入本级预算，安排公共文化服务所需资金。各级政府是承担公共文化服务的主体，县政府和各乡镇政府都应按财政收入比例列支当地公共文化经费，用政府购买服务方式支持农家书屋。农家书屋的发展，不能全依赖社会人士的热心奉献和捐助，而要有制度和经费来保障农家书屋的健康发展。

（二）加强农家书屋自身设施建设，提升服务能力

第一，逐步完善农家书屋管理人员选择/筛选体系，提供稳定、有质量的阅读服务。当下农家书屋比较大的问题就是缺乏合格的、有担当、有责任心、有奉献精神的管理员，管理人员构成较为复杂且大部分的业务素质达不到要求。因此，要寻找较为合适的人员担任书屋管理人员，例如退休老师或干部这类对老年人、儿童的阅读能起到指导作用的人员。

第二，强化农家书屋文化服务培训指导。农家书屋管理员大部分是兼职，没有图书管理经验，更没有阅读推广的技能，因此，必须多向县级公共图书馆专业人员学习请教，除每年参加图书馆培训外，各乡镇还应单独组织

农家书屋管理员培训，特别是乡镇文化站工作人员要注意了解本乡镇农家书屋管理员信息，做好人员更新，及时进行培训、指导，确保管理人员有基本的图书馆服务专业技能，以此来保证农家书屋的管理和服务。

第三，对农家书屋进行升级、整合，使其功能综合化。农家书屋只陈列若干图书，坐等村民上门阅览、借书，这种管理和运行的模式已经太过单一，对农民缺乏足够的吸引力。现在，政府为了建设社会主义新农村，加强了农村的文化建设，在很多行政村和大的自然村建立了文化活动中心，有的为了体现对农村老人的关怀，还建立了老年活动中心，有的行政村由于经济比较发达还建立了电商收寄点等。为了充分利用这些资源，不妨将农家书屋、文化活动中心、老年活动中心以及电商收寄点等进行整合，将它们集中在一起，共用一个场地，各自开展业务，同时又互相照应、互相帮助。这样既整合了资源，又聚集了人气，有利于各自功能的进一步发挥。

（三）寻求书屋与县级公共图书馆融合发展

县级公共图书馆作为政府举办的公共文化服务单位，有专业的图书馆管理、服务人才，有丰富的馆藏资源，有齐全的数字化服务设备，有先进的服务理念，这些都是农家书屋建设发展所欠缺的。专业化阅读服务是图书馆系统的传统优势，越是加强农家书屋的建设，越是能与县级公共图书馆在服务功能上重合，两者分而治之，不如融为一体。

1.完善农家书屋服务体系建设，构建县级公共图书馆总分馆制，与县级公共图书馆服务体系相融合

农家书屋成为基层分馆后，利用公共图书馆成熟的总分馆体系，统一采购、统一管理、统一服务，建立规范的管理方式、可行性强的管理员服务制度和服务模式，大力提升面向农业、农村和农民的图书馆服务水平。

2.发挥县级公共图书馆总馆丰富的资源和强大的文化载体功能，有效地同总馆在资源、服务方面相融合

县级公共图书馆每年有稳定的购书专项经费，书籍种类齐全，更新速度快，具有很强的实用性，经过几十年的发展，积累了丰富的图书资源。总馆

可利用这些馆藏，定期对各个分馆实行“图书流动”，缓解农家书屋图书资源类型单一、数量有限，无法满足读者需求的困境。同时，还可发挥总馆数字化、网络化资源的优势，向村民推荐数字化服务。在“互联网+”的背景下，村民可通过手机等移动设备，使用总馆的数字图书馆和移动图书馆的资源，通过微信公众号参与总馆的各类读者活动，以此来缓解农家书屋分馆资源建设费用不足的状况。

3. 发挥县级公共图书馆总馆资源整合和服务的优势，创新发展

县级公共图书馆可基于各分馆地方特点，结合当地的农业发展、民俗习惯，做好各种文献资料信息的加工整合，编印符合当地实际的文献资料等，向村民开展阅读推广活动。还可以发挥总馆人员服务理念新、经验丰富的优势，对农家书屋的服务进行指导和帮带，在服务上创新发展，开展多元化的服务，如专题讲座、农业种养技术指导、本地民俗文化传播、国家惠民政策宣传、儿童故事会等读者活动，有效地提升农家书屋的服务能力和水平，吸引更多村民走进农家书屋、利用书屋。农家书屋融入县级公共图书馆总分馆制，借鉴成熟的管理制度，获得专业的管理指导，共享丰富的馆藏资源，带动服务的优化，是农家书屋最有效的出路。

总体而言，在国家实施乡村振兴战略和建设社会主义新农村的背景下，农家书屋发展应随时代环境的改变而进步，农家书屋的建设主体只有与时俱进、适时转变观念、不断整合与提升新功能，才能使得农家书屋在社会主义新时代焕发青春，发挥更大的作用。

（四）农家书屋服务活动的精准开展

以农家书屋的阅读推广活动为例，应当根据受众的特征与需求，洞悉他们文化资源缺失的种类，制定与实施有效的农家书屋阅读推广活动计划。在此情况下，农家书屋的管理者们应当凭借自身的专业技能和工作经验，对那些既长期处于文化资源匮乏状态，又缺乏阅读兴趣的农民群体提供阅读引导，从根本上打破贫困地区缺乏阅读内生动力的文化困境。目前，“分众法”阅读推广活动在图书馆的阅读推广活动中被广为推崇，这一方法同样可以应

用于农家书屋的阅读推广活动之中。基于“分众法”的阅读推广活动，是指针对某时间段内有共同属性且具有相似阅读需求的群体，进行阅读价值观培植、阅读情意推展和阅读方法指导的专业活动。在阅读推广过程中，每一个农家书屋可根据受众对象的不同情况制定不同的标准，形成不同的分众群体，并通过开展相对应的一系列阅读推广活动，满足分众群体的阅读需要。

四　结语

农家书屋工程是一项文化惠民工程，目前取得了一定成效，但是农家书屋后续的可持续发展仍然是工程建设的重要部分。结合广西自治区桂林市农家书屋实际运营情况，应当重点关注农家书屋的服务、功能研究。结合近五年的相关研究成果来看，针对农家书屋实际效果发挥以及服务能力的研究日益增多，结合飞速发展的通信技术和数字化出版来看，农家书屋的服务和功能都会被重新定位和延伸。要想真正发挥农家书屋的惠民效果，首先需要完善农家书屋的基础设施建设，保障运行农家书屋的人力和财力，并积极寻求与县级公共图书馆的合作，开展多层次、惠及面广的文化服务活动，如此才能从实处提升桂林市农家书屋的公共文化效益。

参考文献

《桂林市人民政府办公室转发市新闻出版局等部门关于桂林市农家书屋工程实施方案的通知》，2009 年 1 月 13 日。

《桂林投入大量人力物力建设的农家书屋遇冷：没达到预期》，《桂林晚报》2016 年 1 月 20 日。

《公共图书馆在全民阅读工作中扮演什么角色?》，《西域图书馆论坛》2018 年第 1 期。

金武刚：《农家书屋与农村公共图书馆服务体系融合发展探析》，《中国图书馆学报》2014 年第 1 期。

山东省博物馆美育传播现状及对策研究

席　丽*

摘　要：　美育对实现中华民族伟大复兴的“中国梦”有着十分重要的意义，博物馆为开展美育提供了丰富的展览和文物资源，在陶冶国民情操、弘扬美育精神方面有着得天独厚的优势，同时也是国民终身教育的场所。通过分析山东省博物馆近年来的观众调研结果，发现目前博物馆在美育传播方面存在观众对展品的注意时间短、展品对观众的吸引力低、展览阐释不足、展览的导览解说系统不够完善等问题。博物馆需重视美育传播工作，采取加强基础研究与展览设计、完善解说系统及提升美育活动水平等措施，来强化博物馆的美育传播功能。

关键词：　博物馆　美育　传播功能

蔡元培先生在100年前，便高瞻远瞩地提出了博物馆具有美育的功能的观点。在现代，2018年8月习近平总书记在给中央美术学院老教授的回信中指出：“做好美育工作，要坚持立德树人，扎根时代生活，遵循美育特点，弘扬中华美育精神，让祖国青年一代身心都健康成长。”习近平总书记在多次讲话中，也传达了“以文化人，以美育人”的理念，做好美育工作，不仅仅是学校教育的职责，博物馆教育也责无旁贷。2018年12月，文化和旅游部部长雒树刚在全国博物馆工作座谈会上指出：“进一步加强博物馆的教育功能，利用博物

* 席丽，研究生学历，山东省博物馆馆员，从事博物馆观众调查及社会教育研究工作。

馆资源和空间，开展历史知识、艺术审美和科普教育，构筑终身教育体系。”

博物馆有着丰富的展览和文物资源，是终身教育的绝佳场所。本文旨在依据近几年博物馆观众调查研究的结果，结合山东省博物馆实际案例进行分析，梳理当前我国博物馆美育传播的现状，并据此探索提出改善美育传播功能的对策。

一　博物馆开展美育的重要性

博物馆开展美育工作的重要性不言而喻，博物馆要充分发挥美育传播功能，就要先了解美育的含义并深入挖掘开展美育的资源和环境优势。

（一）美育的含义

蔡元培先生在《美育》一文中指出：“美育者，应用美学之理论与教育，以陶养感情为目的者也。美育者，与德育相辅而行，以图德育之完成者也。”关于“感情的陶养”，蔡先生这样讲：“人人都有感情，而并非都有伟大而高尚的行为，这由于感情推动力的薄弱。要转弱而为强，转薄而为厚，有待于陶养。陶养的工具，为美的对象，陶养的作用，叫作美育”。

现代教科书对美育的定义为：美育，又称美感教育，即通过培养人们认识美、体验美、感受美、欣赏美和创造美的能力，从而使我们具有美的理想、美的情操、美的品格和美的素养。可见，美育不仅仅指以音乐、美术为主要内容的艺术教育，它教的不仅是知识和技能，还包括美的环境的塑造，美的言行举止及美的心灵的养成。正如著名学者张晓凌所说，美育是一种美学观念的普及，是一种民族精神的熏陶，美育在国民人格的塑造中具有极其重要的作用。

（二）博物馆开展美育工作的特点和优势

1. 博物馆资源的丰富性

博物馆的资源非常丰富，国家文物局组织的第一次全国可移动文物普查显示，我国境内全部国有单位共登记文物 1.08 亿件/套，全国博物馆每年举办 2 万多个陈列展览，不仅数量庞大，而且门类十分丰富。就拿山东省博物馆来说，该馆有 21 万余件藏品，除了 8 个常设展览外，每年举办各种临时展览 20 余个，策划常规和特色教育项目达 200 多项，开展各类讲座 10 余场。山东省博物馆馆藏了诸多代表齐鲁文明最高水平的艺术珍品，展示了齐鲁先民卓越的智慧和高超的艺术境界。这些独一无二的资源为开展美育提供了丰富的实物资料，可以让观众获得直接的艺术感受，比从书本等渠道获得的间接经验更直观、生动。

2. 博物馆资源的公共性

博物馆的展览、教育活动及讲座、导览服务等都是人人可以免费享受的政府提供的公共产品。观众在博物馆的艺术圣殿徜徉时，可以时刻被博物馆的艺术氛围所感染，沉醉其中，与古今中外的艺术家开展思想交流。博物馆提供的各类美育传播活动，如名家讲座、语音导览、教育课程，为观众欣赏艺术品、提升审美能力和素养，提供了一个高端的学习和交流平台。

二　博物馆美育现状分析

陈列展览作为博物馆最核心的产品，是实现博物馆社会效益和美育传播功能的主流阵地，也是观众参观与体验博物馆的主要途径。为探索博物馆的美育传播效果，本文将围绕陈列展览，从观众展厅参观时间、观众对艺术类展览的参观偏好、展览的解说系统及博物馆美育活动四个方面予以说明。

（一）观众展厅参观时间统计

2018 年山东省博物馆基于 610 个有效样本开展问卷调查，发现观众在博物馆内的停留时长以 1 ~ 2 小时和 3 ~ 4 小时为主，分别占 49.51% 和 41.64%，在博物馆内的停留时间（含观众拍照、休息等非参观时间）在 4 小时之内的观众占到了九成。山东省博物馆有 22 个展厅，目前有 8 个常设展览，分布在 12 个展厅，其余为临时展览。以此计算，观众在每个展厅的平均参观时间为 10 多分钟。2018 年对山东省博物馆几个常设展览进行观众跟踪观察的结果也证实了这一点，如表 1 所示。

表1　常设展览观众跟踪观察结果

展览名称	展厅编号	样本量(个)	平均参观时间(分钟)
山东历史文化展(史前时期)	6号	61	11
山东历史文化展(夏商周时期)	7号	60	14.45
山东历史文化展(秦汉至明清时期)	8号	57	14.45
万世师表展	13号	58	13.2

以每一个展厅少则上百件，多则600多件的展品计算，观众对每件展品的平均注意时间只有几秒钟。以“山东历史文化展”史前展厅观众调研的结果为例，将“没有注意到该展示单元”的观众比重在65%以上的，视为“不能吸引观众注意”的展示单元，在该展厅的95个展示单元中，平均有61.3%的观众“没有注意到该展示单元”，此数据说明展览的吸引力不够。从个体心理学的角度讲，注意是感知觉、记忆、思维、情绪情感等高级心理活动发生的基础和前提。从文物赏析的角度来看，注意力如果不够，观众便无法上升到对展览和文物的情感体验层次，美育也就无从谈起。

（二）观众对艺术类展览的参观偏好

2013年9～11月，山东省博物馆推出了“黄宾虹作品巡展”和“欧美经典美术大展”，这是第十届中国艺术节中外艺术大师的经典巨献。通过对参观这两个展览的观众的学历层次和年龄层次进行对比有如下发现。

由表2可以看出，这两个展览的主要参观群体学历层次均为大专及以上学历者，学历层次较高，一是说明艺术类展览比较高冷，超出了普通学历者的欣赏能力范围，只有具备较高文化水平的人才可以看懂；二是说明艺术类展览可能存在阐释不足的问题，普通观众很难通过基本信息读懂这些抽象的艺术品。如“黄宾虹作品巡展”中黄宾虹的作品说明牌仅包含了作品名称、作者姓名、作品尺寸、创作年代等基本信息，而“刘国松现代水墨艺术馆”中很多作品说明牌亦是如此，如图1所示。作品说明牌对于普通观众来说可读性差，很多观众因无法看懂展览而放弃参观此类展览。阐释不足一方面是因为对很多文物缺乏基础的研究，导致无法对文物进行阐释；另一方面是因为博物馆对观众缺乏了解，如观众到底需要什么样的说明牌，说明牌到底该提供哪些内容？博物馆缺乏这方面的观众研究资料。

表 2　不同学历层次观众所占比例对比

单位：%

学历层次	黄宾虹作品巡展	欧美经典美术大展
初中及以下	17.4	10.1
高中或中专	8.7	7.0
大专及本科	52.6	70.1
研究生	21.3	12.8

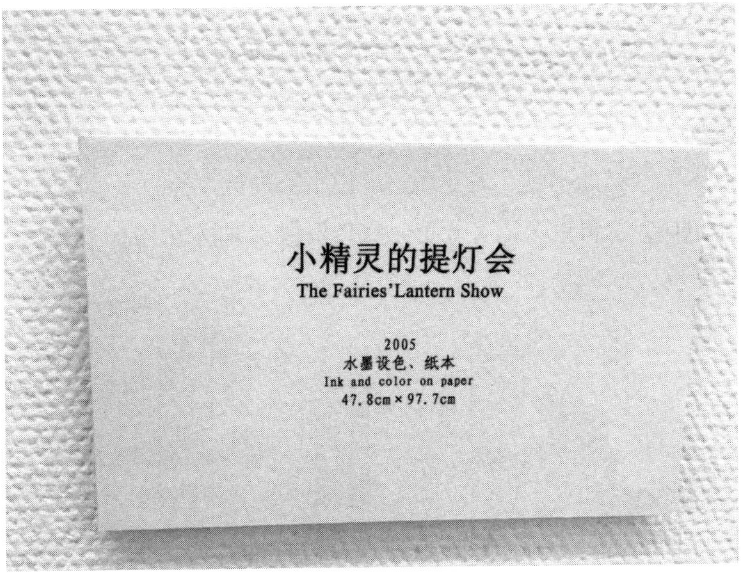

图 1　“刘国松现代水墨艺术馆”中一幅作品的说明牌

表 3 表明，这两个展览的主要参观群体以中青年为主，两个展览略有不同，“黄宾虹作品巡展”中、青、少年观众各占三成左右，“欧美经典美术大展”30 岁及以下的青、少年观众占九成，即西方画展的观众群体更年轻些。一是说明博物馆作为对国民进行终身教育的重要场所，对提升国民审美意识和审美水平、对提高中华民族的审美素质非常重要，博物馆作为重要的

美育机构逐步得到公众认可；二是说明艺术类展览的设计风格应更多考虑年轻人的心理需求，教育活动和讲座的传播内容和方式也要侧重于年轻化。

表 3　不同年龄段观众所占比例对比

单位：%

年龄段	黄宾虹作品巡展	欧美经典美术大展
20 岁及以下	27. 3	37. 4
21～30 岁	34. 4	52. 6
31～49 岁	30. 1	7. 6
50 岁及以上	8. 2	2. 4

（三）展览的解说系统

过多的文字说明，方便了观众的阅读，但是可能会影响展览设计的美观性，因此展览阐释的不足，需要通过解说系统进行弥补。除了说明牌外，解说系统还包括人工讲解、语音导览、宣传资料、文物衍生品等。

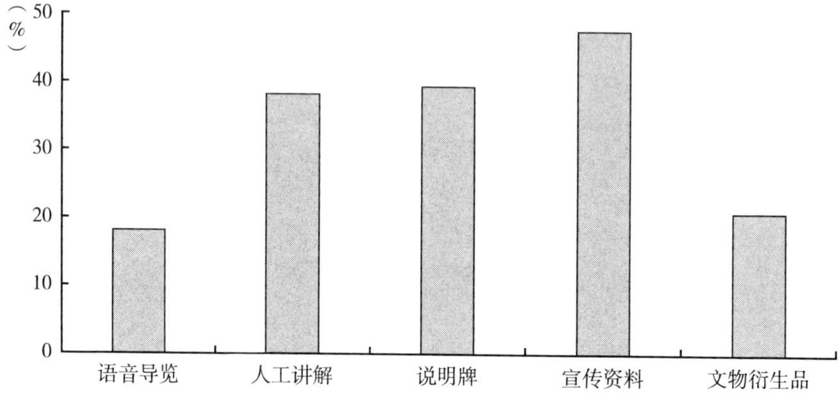

图 2　观众对所期待的解说方式的选择

图 2 显示了观众对“黄宾虹作品巡展”所期待的解说方式的选择（本题目为多选题）：选择比例最高的是宣传资料，占比达 48. 1%，对于艺术类展览，观众最喜欢借助资料自己学习；选择比例次高的是说明牌和人工讲解，占比分别达 39. 8%、38. 6%，该展览的说明牌过于简单，无

法辅助观众学习，不能不说是一个遗憾；再次是文物衍生品和语音导览，占比均在20%左右。

上述结果表明，对于艺术类展览，观众倾向于自主学习，喜欢通过博物馆提供的各类导览资料，慢慢解读与欣赏。人工讲解对于任何一个博物馆来讲，都是稀缺资源，难以完全满足观众的需求。在有限的经费范围内，让观众将博物馆的展览和导览信息带回家，这或许将是博物馆导览解说系统未来发展的一种思路。

（四）博物馆美育活动

博物馆美育活动包括教学活动、研学活动、讲座等，观众通过零距离接触展览与展品，不仅可以学到艺术知识与技能，还可以了解艺术品背后的政治、历史、文化，感受艺术家精深的思想、使命感与社会责任感、家国情怀、人格魅力等，这些思想与情感的习得恰恰是美育要达到的重要目标。山东省博物馆积极进行美育探索，通过青少年教育品牌孔子学堂、历史教室、自然教室开展了一系列艺术教育活动，设计了以青铜器、玉器、陶器、非洲野生动物等为内容的课程，这些课程的目标之一便是培养学生美的情感，让学生感受社会美、自然美、生活美。

下面以山东省博物馆承办的环球自然日山东赛区活动为例进行说明。该活动是山东省博物馆自然教室的综合课程，以“非洲野生动物大迁徙展”等自然类展览为依托，面向7～18岁青少年，每年确定一个自然科学主题，如2015年主题为“自然界大事件”，两个学生一组，在指导老师的辅导下，独立选题、研究，并通过制作展览、舞台剧和科普绘画大赛三种形式，展示其创作成果，图3为2015年环球自然日活动优秀展览作品。该课程旨在培养青少年的综合素养和创新能力，让学生拥有美的品格、进行美的创造。

青少年是民族的未来、国家的希望，但是青少年的美育教育责任，无疑落在教师、家长，甚至每一个成年人的肩上，如果没有整个国民审美素质的提升，青少年就不会有好的美育成长环境。山东省博物馆还针对成年人开展了各类美育讲座，如《许伯夷的艺术人生》《琴风雅韵——2018年古琴迎春品鉴会》《诗说古罗马文化历史》等，这些艺术讲座可潜移默化地提升国民的美育素养。

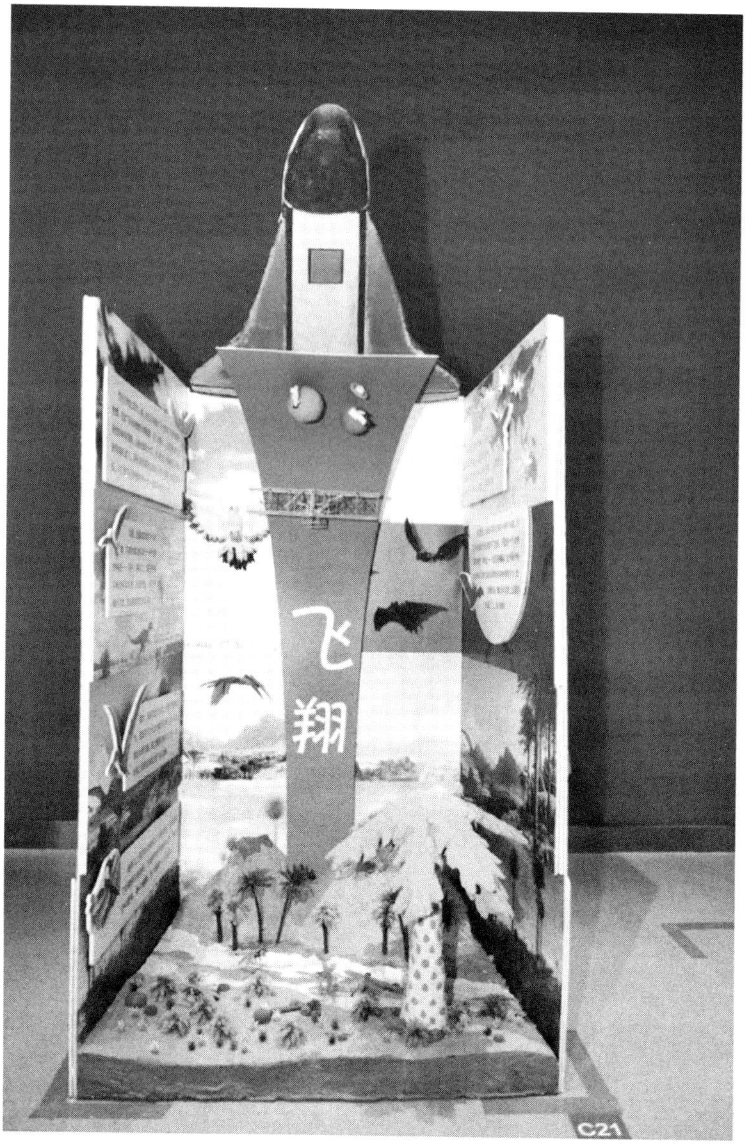

图3　2015年环球自然日活动优秀展览作品

三 博物馆提升美育传播功能的对策

本文针对博物馆在美育传播工作中展览吸引力低、阐释不足，解说系统不完善，美育活动受众单一等问题，提出以下提升美育传播功能的对策。

（一）博物馆需高度重视美育传播工作

首先，需要加强博物馆领导层对美育传播工作的重视，美育不仅是教育部门的职责，也涉及博物馆管理、展览策划、社教活动等博物馆工作的方方面面，领导层需做好美育的长、中、短期规划，切实把美育上升到博物馆战略的高度，从提高国民的审美意识、审美能力、美的素养和综合素质的视角全盘考虑博物馆的美育传播功能。

（二）加强博物馆基础研究

博物馆的职能是保管、研究、展示与传播，研究是阐释、传播的基础，没有对藏品的研究就无法科学地传播，策展人要将研究的成果应用于展览的内容与形式设计上，释展或教育人员才能因材施教，针对不同的观众有的放矢地进行阐释与传播；没有对观众的研究就无法实施分众美育，公众对博物馆美育的需求与兴趣有哪些？博物馆所提供的公共服务有没有满足公众对美的体验和感受需求？对这些如果不进行研究，博物馆的美育就无法发挥最大社会效益；没有对展陈的研究就无法为观众呈现艺术盛宴，千篇一律的展览无法引起观众的注意，如果没有富有特色的展览内容、富于变化的展览形式，展览便无法激发观众的情绪与情感，也就达不到美育传播的效果。

（三）完善博物馆解说系统

博物馆展览阐释不足的问题普遍存在于艺术、历史文化等各类型展览中，高冷、不接地气的展览将不利于博物馆的可持续发展。如何阐释艺术类展览？2019 年山东省美术馆推出的“大师窖藏——齐白石特展”为同行树立了典范。具体做法为：山东省美术馆通过官方微信推出了 7 篇阅读文章，如《“齐白石特展”引爆泉城》《白石在此——35 件国宝级藏品在山东省美术馆展出》，带领观众全方位、多角度透析齐白石艺术。多样化的导览方式为观众提供了全新的观展体验：首先，展厅采用智能机器人导览，机器人可以通过语音、视觉、动作等多种方式与观众交流，并提供观展引领、展品讲解、对话问答等服务。其次，通过手机扫描二维码小程序可收听语音导览，将展览的文献资料以及展出作品图片、信息和简介添加至小程序，可制作成随身携带的“齐白石特展”，完全不受展览时间的限制。最后，网上展厅，设置了 360 度全景虚拟展厅，利用虚拟现实技术对展厅进行真实再现，公众足不出户就可以在展厅漫游，通过图片、文字、音乐等，获得身临其境的参观体验。总而言之，“齐白石特展”的导览解说系统对于历史文化类展览的阐释，也有很好的借鉴意义。

（四）提升博物馆美育活动水平

除通过已有的三个品牌活动（孔子学堂、历史教室和自然教室）开展一定的青少年美育活动外，山东省博物馆还在全国的博物馆中率先推出了美育教室这一美育品牌，2019 年 1 月 19 日，山东省博物馆“同心溢彩——我们一起长大青少年美育教室”活动正式启动（见图 4），这是山东省博物馆的第四大教育品牌，是继 2016 年与山东政法学院“馆校共建美育教育基地”之后开展的美育教育的新形式，意味着博物馆开展美育教育的常态化、规范化。博物馆的这一战略决策，对于整合博物馆已有的美育课程、构建博物馆美育课程体系、实施分众美育、提升博物馆美育研究与实践能力提供了一个很好的平台。

综上可知，当下我国博物馆美育工作的开展应当围绕完善博物馆基础设施建设、加强博物馆基础研究、建立完善解说系统、重视博物馆美育活动的创新等主题。以博物馆丰富且具有特色的文化资源带动美育的培养，促进全民精神文明建设，实现文化自信、文化自觉的目标。

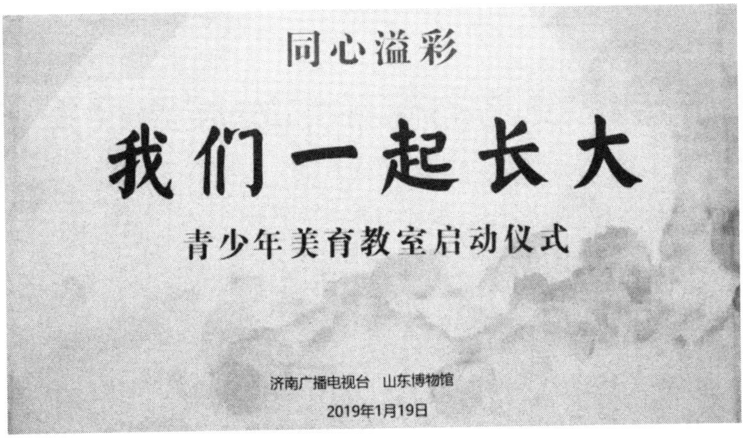

图 4 美育教室启动仪式

参考文献

蔡元培：《蔡元培谈教育》，辽宁人民出版社，2015。

搜狐网：《美育，与美“相遇”》，http：//www. sohu. com/a/241688229_ 381534。

成建正：《博物馆的美育职能初探》，《文博》1987 年第 4 期。

李竞艳：《蔡元培的博物馆美育思想研究》，《东南文化》2012 年第 2 期。

袁雁悦：《历史文化类博物馆中的青少年美育实践》，《美育学刊》2018 年第 4 期。

杨秋莎：《博物馆美育的思考》，《四川文物》2002 年第 4 期。

杜莹：《探究性学习与博物馆少儿美育》，《中国博物馆》2015 年第 2 期。

彭聃龄：《普通心理学》，北京师范大学出版社，2012。

十堰市传统技艺的保护与发展路径探析

王　平*

摘　要： 传统技艺是由劳动人民世代传承下来的技艺，凝结着劳动人民智慧的结晶，烙印着民族的信仰和文化传承的脉络，蕴含着丰富的历史文化价值，体现了劳动人民的伟大创造力。然而，随着现代化生产生活方式的改变、城镇化进程的加快，传统技艺正在加速消亡，传承人群急速衰减，传统技艺的保护与发展刻不容缓。本文以十堰市传统技艺为例，分析十堰市传统技艺的发展现状、存在的问题，探讨传统技艺的保护与发展路径。

关键词： 传统技艺　传承人　十堰市

传统技艺是非物质文化遗产的一个重要类别，是由劳动人民世代传承下来的技艺，蕴含着丰富的历史文化价值，体现了劳动人民的伟大创造力。十堰市传统技艺类文化遗产资源丰富，其发展却面临诸多问题。本文客观分析十堰市传统技艺的现状、存在的问题，并进一步结合案例，探讨十堰市传统技艺的保护与发展对策。

一　十堰市传统技艺的现状

十堰市地处汉江中上游，与鄂渝陕豫毗邻，境内山高谷深，交通不便，经

* 王平，十堰市群众艺术馆馆员。

济落后。然而，境内文化遗产资源丰富，传统技艺极多。十堰市目前有市级以上非物质文化遗产116项，其中传统技艺类32项，占比28%，主要分为饮食制作与传统手工制作两大类。这与其独特的地理环境和历史文化背景密切相关。

十堰市自古以来为帝王将相流放地，唐中宗李显被贬在均州和房陵生活了十五年，留下了别具一格的宫廷饮食文化。郧县（一般指郧阳区，下同）在唐朝时期曾为唐王被贬谪之地，在这里发现有唐太宗李世民第三子李泰之墓。古代流放文化使得宫廷文化与本土文化相互渗透融合，形成了独具特色的地域文化。以房县黄酒为例，其被誉为宫廷黄酒，据传是唐中宗李显被贬房州为庐陵王，将宫廷中的酿酒秘方带到房州，从而在房州流传开来。房县庐陵王黄酒更是在2019年入选“中国黄酒十大品牌”。

武当山是我国道教胜地，武当文化也是十堰文化的一大特色。明永乐年间大修武当山，全国近20万能工巧匠聚集武当山数十年，部分工匠最终扎根于此，使十堰成为东西南北文化的交融地，各地的民间饮食与传统手工在当地得以流传。以武当山冻豆腐为例，据说在明朝大修武当山时，由于工匠众多，冬季蔬菜供应不足且不好储存，人们便想到用豆腐来改善饮食，又因当地海拔高、气温低，豆腐在运送的过程中往往结成硬块，但这样也方便了山路运输，此后冻豆腐便在工匠们的食用过程中成为一道名菜，并得以流传。

武当山的修建，不仅留下了美食，还留下了技艺精湛、令人称奇的古建筑营造技艺、均陶烧制技艺以及武当道茶炒制技艺等。如今，随着武当道教文化的兴起，武当道茶炒制技艺也受到越来越多人的关注和喜爱。

近年来，十堰市传统技艺中饮食类发展状况良好，特色美食不仅受到当地人的喜爱，也吸引了众多外地游客。但这些特色美食虽然在当地盛行，移植到其他城市却很难可持续发展。此外，手工制作类传统技艺现状令人担忧，大部分手工技艺类面临后继无人的境况。

二　十堰市传统技艺发展存在的问题

十堰市虽然拥有丰富的传统饮食文化与手工技艺，但随着现代化生产生活方式的改变，以及城镇化进程的加快，其传统技艺发展存在较多问题，主要表现在以下几个方面。

（一）传承空间的缩减甚至消失

近年来城镇化进程加快，导致传统村落正急剧消失，传统技艺的传承空间缩减甚至不复存在。以均陶为例，丹江口市浪河镇的均陶虽据考古证实已有两千余年历史，但因南水北调整体搬迁，当地传统村落消失，其传承人黄太元又于2010年迁至黄陂，这一古老传统技艺失去了传承土壤和环境，即将消失。

（二）传承人老龄化严重，技艺传承受阻

随着现代化生产生活方式的改变，传统技艺受到巨大冲击。传承人群老龄化严重，十堰市现有市级以上代表性传承人110名，其中60岁以上传承人有78名，占比71%。许多传统技艺随着老艺人去世，面临着消亡的绝境。以丹江口市的蛋雕为例，其雕工精美，在当地负有盛名，但其技艺传承面临后继无人的窘境。2014年蛋雕传承人去世之后，该手艺便失传。此外，学艺人过去往往在社会上享有一定地位和荣誉，掌握一门手艺便可走南闯北、养家糊口，但随着社会发展，人们生产生活方式改变，商品经济的发展带来了丰富多彩、琳琅满目的物质商品，使得人们的选择更加多元化，相比成本高、耗时长的传统手工商品，物美价廉的工业商品更易受到人们的青睐。现如今，民间艺人不仅难以维持生存，其社会地位和自身价值感也在降低，这使得年轻人不愿去传承传统技艺；同时，交通闭塞、经济落后也导致年轻人大多外出务工，技艺传承后继无人。

（三）产品制作粗糙，难以满足市场需求

由于民间艺人普遍年龄偏高，大多缺乏创新意识，其生产制作的产品相对粗糙简陋，缺乏文化内涵，难以满足时代发展和大众消费需求。传统手工产品大多以经济实用为主，就地取材，制作工艺简单。但随着生活条件的提

高，人们不仅重视产品的实用价值，还要求产品美观，具有一定审美价值，制作粗糙的传统手工产品便逐渐被市场所淘汰。尽管一些传统手工制品正转型为以审美价值为主的工艺品，但转型需要民间艺人具备一定工艺美术专业知识。目前，这种专业人才的匮乏，也间接影响了传统技艺的发展。

（四）传承人缺乏营销能力，宣传推广困难

在当前社会，产品的宣传销售往往是产生经济效益最为重要的环节。产品生产出来，如销路不通，会极大地打击制作者的生产积极性。当前，由于民间技艺传承人往往文化水平不高，缺乏营销能力，更不会利用新媒体等对产品进行宣传推广，这导致产品销路狭窄、无人问津，经济效益难以显现，传承人生产积极性降低，传统技艺传承和发展困难。

三　十堰市传统技艺保护与发展对策

针对十堰市传统技艺的现状及发展中所存在的困难，为更好地实现对十堰市传统技艺的保护和发展，笔者提出以下几点建议。

（一）发展旅游产业，加强媒体宣传

首先要大力发展旅游产业，旅游产业的发展可以带动餐饮住宿等诸多行业的发展。十堰市作为旅游城市，旅游文化资源丰富，境内有武当山、郧县人头盖骨化石遗址、郧阳区恐龙蛋化石群遗址、五龙河风景区、天河口风景区、上津古镇、女娲山风景区、楚长城等，年接待游客上千万人次。同时，其独特的历史文化背景和地理环境，造就了十堰市丰富的饮食文化，境内有各种传统美食，如神仙叶凉粉、郧阳三合汤、酸浆面、竹溪蒸盆、房县黄酒、武当道茶、武当山冻豆腐、板桥豆腐干、竹山懒豆腐、溢水豆瓣酱、合碗席等。大力发展旅游业，可极大地促进当地餐饮行业尤其是特色传统饮食的发展，并推动十堰市传统技艺的保护和发展。

此外，还需要加强媒体的宣传推广。媒体的宣传推广对于传统技艺尤其

是特色传统饮食的保护和发展可发挥重要作用。以竹溪蒸盆和郧县三合汤为例，2014 年，竹溪蒸盆曾在央视七套《农广天地》栏目展播，其因味道鲜美、营养丰富而受到人们喜爱，现如今已成当地家喻户晓的美食，当地大部分酒店都有这道美食，部分酒店甚至以此为招牌菜。郧县三合汤作为郧阳地区的一道传统小吃，至今已有 400 多年历史。它于 2008 年登上央视二套《为您服务》栏目后，被越来越多的人所熟知、所喜爱。媒体的宣传报道可以使十堰市特色传统饮食走出家门，被越来越多的人喜爱，也吸引更多人去学习烹制，从而使得这些传统技艺得以延续传承。

（二）推动高校普及教育，拓展技艺传承群体

高校是高素质青年人才的聚集地，在高校中开展传统技艺普及教育活动，对于传统技艺的保护和发展可以发挥重要作用。国家曾在《国务院办公厅关于转发文化部等部门中国传统工艺振兴计划的通知》（国办发〔2017〕25 号）中指出："要继续开展非物质文化遗产进校园等活动。支持各地将传统工艺纳入高校人文素质课程和中小学相关教育教学活动。"在传统技艺的高校普及教育过程中，值得关注的是湖北汽车工业学院王占北教授。王教授多年来密切关注十堰市传统手工艺的发展情况，自筹经费长期深入实地进行田野调查摸底，详细记录每种传统手工艺的制作流程、材料、工艺、传承现状、保护与开发利用情况等，并将多年来的调研成果结集，编成《鄂西北百工开物启示录》一书出版，为十堰市传统手工艺的保护和研究提供了宝贵的资料。

王教授不仅身体力行，还带领学生走村串乡开展田野调查，多次带学生去郧西县涧池乡，采访做木椅的任有成和做扫帚的胡朝柱等艺人，并推动湖北汽车工业学院分别在郧县鲍峡镇、樱桃沟村设立民间手工艺传承基地。王占北以现场实地教学的方式，向学生传授手工皮纸制作技艺和传统手工如何打造美丽乡村等知识。实地教学方式使学生对传统手工有了更直观的感受，也激发了学生的学习热情和保护传承传统手工的决心。为挽救濒临失传的传统手工艺——皮纸制作，王占北多次实地调查访谈，详细记录皮纸的制作流

程、原材料、制作工艺等，拍摄了大量照片和视频，加强宣传推广，分别在湖北汽车工业学院、湖北省图书馆、武当山地质博物馆等地举办皮纸展览，让更多的人了解并参与到保护皮纸制作技艺中来。

王占北退休后，被厦门大学嘉庚学院艺术系聘请，主讲设计美学、民间手工艺等课程，把十堰市的民间手工艺带到了福建，带进了厦门大学课堂，学院还建立了手工造福船、剪纸、烙画等传统技艺教学基地，吸引了众多高校师生加入传统技艺的保护和发展中。

高校是人才汇聚之地，在人才、教育、文化等方面具有得天独厚的资源优势。高校的文化教育不仅可以引领传统技艺走向主流教育，还可以使传统技艺得到更多有专业知识并且热爱传统文化的青年人的关注，从而为保护传统技艺提供高素质的传承群体。

（三）强化立法保护，推动生产性保护

传统技艺的保护离不开法律法规的健全。“立法先行”，以确保在传统技艺的保护过程中能有法可依，以明确的法律条文规范社会公众的行为。要在《中华人民共和国非物质文化遗产法》《湖北省非物质文化遗产条例》的基础上，进一步建立健全符合十堰市当地传统技艺现状的法律法规。在法规中明确传统技艺等相关概念的定义，建立项目名录，规范传统技艺的认证工作，明确资助标准及程序等，切实做好传统技艺保护工作。

传统技艺的保护和发展不仅需要法律规范，还需要与生产生活实践相结合，进行生产性保护，通过生产、流通、销售等环节，以文化产品的形式推动技艺传承。传统技艺能手可以利用所掌握的技艺，发挥自身技术优势传帮带，帮助和带动周边群众共同参与到产品的生产过程中，既实现传统技艺的传承保护，又可带领群众脱贫致富。以郧西县观音镇老艺人胡朝柱为例，胡朝柱因做扫帚而出名，在当地被称为“扫帚大王”。20 世纪 90 年代，胡朝柱经过师父传授学会了编扫帚，在产品制作完成之后，胡朝柱推着车沿街售卖推销，但起初扫帚的销路并不好。为了提高扫帚制作质量和效率、打开销路，胡朝柱多方拜师学艺，并不断总结经验，制作技艺越来越娴熟，编的扫

帚不仅外形美观、手感舒适，还经久耐用，扫帚的销售情况也越来越好。经济状况逐渐好转后，胡朝柱扫帚的生意越做越大，建起加工厂，提升加工工艺，设计产品包装，还申请注册了商标，成了远近闻名的“扫帚大王”。个人致富以后，胡朝柱吸纳村民成立了恒达扫帚合作社，向村民传授相关技艺，扩大生产，带动村民一起致富。目前，合作社加工厂有 40 多名工人，入社会员 100 余户。胡朝柱通过自身努力，不仅使扫帚制作这一传统技艺得到了传承推广，还实现了脱贫致富，其事迹成为传统技艺生产性保护的成功案例。

（四）探寻电商模式，推动品牌经营

电商模式是现代市场营销的重要手段，以网络作为销售渠道，不仅具有开放性的特点，还可打破时空限制，为个人和中小企业的产品销售提供便利。十堰市特色传统美食及其他手工艺存量丰富，分布在所有的县市区。但产品多由个体户和中小企业进行生产销售，传统销售模式难以满足销售需求。利用电商模式寻找销路，能为十堰市特色传统美食及其他手工艺品扩大销量，进一步为传统技艺的传承与发展带来新的活力与机遇。例如，竹山县的王光富，于 2016 年在家乡搭建首个电子商务平台，将当地的溢水豆瓣酱、茶叶、藕粉、蜂蜜等几十个品种推销出去，受到广大消费者的欢迎。丹江口市土关垭镇的欧阳静梅，于 2013 年 7 月开设网店，将家乡的武当道茶、高山野菜等土特产及南北干货等特色农副产品推销出去，全国各地的订单纷至沓来。目前，其淘宝店在当地已具有一定规模，年收入 10 余万元，并带动当地十余户个体户参与经营。产品销量的增长也带动了传统技艺的进一步传承与发展。

电商模式改变了传统的经营模式，为传统美食拓宽了销路，但在电商行业竞争激烈、瞬息万变的环境下，没有一定的品牌规模和规范化的管理模式，很难赢得市场并长久发展。因此，还需强化品牌意识，推动品牌经营。目前，国内传统手工制品专售平台已具雏形，苏州物泽网络信息科技有限公司以“弘扬手工文化，传承工匠精神”为使命，整合全国传统手工艺资源，搭建网络销售平台，创建自主品牌，进行规范化经营，打造了国内第一传统

技艺电商平台。平台分为工艺美术大师专区、手艺师傅专区、院校专区、DIY 展示等区域，以传统纯手工制品为销售主体，线下直接对接手艺人，手艺人利用网络平台将产品或作品实物照片上传到“指尖方物”网络平台，买家通过网络平台下单，从而实现手艺人和买家一对一直接交易。售卖的纯手工制品涵盖了人们生产生活的方方面面。网络平台的搭建、电商销售模式，为传统手工制品扩大了销售渠道，从根本上解决了传统手工制品销路狭窄、无人问津的难题。

四　结语

传统技艺作为古老的文化遗存，凝结着代代传承人的勤劳与智慧，是历史文明的见证，保护传统技艺就是保留中华优秀传统文化的根脉。随着时代的发展，为实现传统技艺的保护和发展，政府要高度重视传统技艺的保护，推动旅游产业发展，加大新闻媒体宣传力度；通过高校的文化教育为传统技艺提供高素质的传承群体；出台保护传统技艺的相关法律法规和政策文件；发展电商模式，为传统手工制品拓宽销路。多措并举下，十堰市传统技艺定能探索出一条健康、可持续发展之路。

十堰市文化产业发展现状及对策研究

陈秋娟*

摘　要： 文化产业是21世纪的朝阳产业，近年来在GDP中的比重逐年提高。位于我国中西部地区山区的十堰市在文化产业方面起步较晚，针对十堰市文化产业初具规模、产业结构单一、文化资源和地域优势亟待挖掘等问题，本文提出文化产业的"文旅"融合、"城乡"互联、公共文化单位与文化企业对接扶持，以及资金、人才、赛事平台多措并举等对策，以助力十堰市文化产业蓬勃发展。

关键词： 文化产业　文旅融合　十堰市

一　引言

文化产业是21世纪的朝阳产业。文化产业以环保低能耗、高知融合性强等优势，成为世界经济增长新亮点。国务院在"十三五"规划中便明确提出：2020年，文化产业要成为国民经济支柱产业。①

我国的文化产业经过20多年的建设，形成了包括新闻出版业、广播影视业、音像业、演出业、娱乐业、艺术培训业、文化旅游业、群众文化业、图书馆业、文物业、博物馆业、会展业、广告业、咨询业、博彩业、竞技体

---

* 陈秋娟，十堰市群众艺术馆馆员，研究方向为群众文化。

① 《中华人民共和国国民经济和社会发展第十三个五年规划纲要》，http://www.xinhuanet.com/politics/2016lh/2016-03/17/c_1118366322.htm。

育业、网络业等在内的综合型文化产业体系，成为社会主义市场经济体系中的重要组成部分，其产值占 GDP 的比重逐年提高。而位于鄂西北山区的十堰市，基于汽车产业“一主独大”的背景，文化产业等第三产业的发展起步较晚。

二　十堰市文化产业现状

十堰市位于中国中西部区域，地处鄂、豫、陕、渝交界处，是鄂、豫、陕、渝毗邻地区唯一的区域性中心城市。十堰市辖 3 区（茅箭区、张湾区、郧阳区），4 县（郧西县、竹山县、竹溪县、房县），1 市（丹江口市），2 特区（十堰市经济技术开发区、武当山旅游经济特区），共 10 个文化地理单元，总面积 2.4 万平方公里，人口 350 万。十堰市虽然长期以汽车工业为主导产业，文化产业发展相对滞后，但目前文化产业发展总体呈良好态势。

（一）企业数量大幅增加、规模企业逐渐增长

十堰市文化产业规模总体呈现企业数量大幅增加、规模企业逐渐增长的态势。截至 2018 年 12 月 31 日，根据十堰市文化产业相关数据统计，2018 年全市共有文化产业企业 3311 家，较 2012 年“三经普”时期的 1156 家增加了 2155 家，企业数量增长 186%。文化个体经营户 9136 家，较“三经普”时期的 6393 家增长了 2743 家，文化个体经营户数量增长 43%。2018 年十堰市文化产业营业收入 43.1 亿元，较 2017 年增长 81.1%。十堰市规模以上文化企业 100 家，较 2017 年增加 38 家；新增规模以上文化企业数量居全省第三位。

（二）文化消费快速增长

在文化消费方面，总体呈现快速增长趋势。据统计，2018 年全市电影票房收入 7500 万元，较 2017 年增长 15%；体育彩票销售 7.07 亿元，较

2017 年增长 2.06 亿元，增幅达 41.11%；郧县子胥湖欢乐世界、丹江武当山快乐谷等文化游乐场所接待游客突破 120 万人次。全市举办“十进十建”暨廉政文化走基层文艺汇演等各类社会文化活动 70 余场次。“我的中国梦，文化进万家”活动先后深入 10 个县市区，演出 40 场次，参演节目 480 余个，参演人员达 2500 人次，惠及观众 10 余万人次；“戏曲进校园、进社区、进农村”活动 260 余场次。体育场馆免费或低收费开放，全年累计开展各类全民健身活动 500 余场次，惠及 300 余万人次，其中 150 万人次享受体育场馆免费开放政策。

（三）文化产业投资运行良好

在文化产业发展方面，产业投资稳步增长，已有项目运行良好。2018 年意向来堰投资企业增加，产业项目招商取得突破。浙江围海集团投资 100 亿元的郧阳区汽车运动生活小镇项目意向性签约落地；投资 50 亿元的张湾区欢乐谷项目规划即将完成；郧西县北斗导航芯片、竹山县锐普光电科技等文化产业智能制造项目投入生产；武当山快乐谷、房县武当滑雪场、竹山上庸水上运动特色小镇等文化产业项目取得良好运行效果。

（四）文化产业机构协调

在组织机构支持方面，2018 年在十堰市政府的高度重视下，十堰市文化产业发展与统计工作联席会议制度建立，初步形成了部门协同、上下协调的文化产业统计工作机制。

（五）产业项目宣传有力

在加强产业项目宣传推介方面，在湖北省体育产业促进会上，十堰市展示了体育 + 休闲、滑雪、武当武术等 4 个板块的内容；组织参加了武汉刊博会；组织参加了 2018 年湖北体育 + 招商投资洽谈会（黄石）；为 21 项文化体育休闲招商引资项目编制了《招商手册》；参加了第五届京交会暨国际体育服务贸易发展大会。

（六）重点项目推荐稳步进行

在重点项目申报推荐方面，完成了省级体育产业示范单位申报、全国优秀体育项目推荐、健身休闲项目考察、省级体育产业发展引导资金申报、国家体育产业基地申报、省级重点特色项目推荐工作。通过评审，武当山快乐谷、武当杂志社获得产业发展引导资金 173 万元。根据市发改委《关于报送重大项目资金争取情况的紧急通知》，积极争取中央项目资金补贴，对市文化系统文化、体育、新闻出版等单位 2018 年重大项目资金争取情况进行了梳理，补贴项目 3 个，争取中央项目资金 744 万元。其中，郧西县全民健身中心 480 万元、丹江口习家店足球场 240 万元、北京对口协作文化艺术培训专项经费 24 万元。按照省体育局《关于做好服务业重点项目报送工作的通知》，筛选报送了十堰市青少年户外培训基地、丹江口市文体中心、郧西县文化体育中心 3 个民生项目，郧阳区汽车生活小镇、武当山快乐谷旅游区、武当国际滑雪场 3 个体育产业项目。

三　十堰市文化产业发展存在的问题

（一）文化资源开发利用率低

美国哈佛大学教授，“竞争战略之父”迈克尔·波特认为：基于文化的优势，是最根本的、最难替代和模仿的、最持久的和最核心的竞争优势。尽管十堰市有着丰富的优质文化资源，但存在资源开发利用率低的问题，尚需深层次的挖掘利用。

十堰市某些文化产业门类如广播电视业、出版业、旅游业、文化娱乐业等，虽然具有一定的规模，但与部分大城市相比，总量和规模相距甚远。另外，十堰市文化产业的从业人员数量多，企业数量多，但综合实力弱，全市规模以上法人单位的平均资产额度、营业收入和利润较低。其主要原因就是产品科技含量低、文化创意不够，未能将优质文化资源进行深度开发。

（二）文化产业同质化严重

相关数据显示，十堰市文化产业的发展在文化企业数量、新增企业量、文化消费、新项目引入量等方面增长较快，文化消费集中在电影、体育彩票、旅游、公益性群众文体免费服务项目等大类上。但在文化企业数量快速增长的同时，十堰市存在着文化产业发展有量缺质、行业构成及分布区域同质化严重的现象。十堰市文化产业资源过度集中于休闲娱乐、演艺生产、文化旅游、文博展览和工艺美术等行业，大多数文化企业的产品和服务缺乏特色，同质化特征明显，这就导致文化产业竞争力丧失，不利于文化产业的健康稳定发展。

（三）政府缺乏系统长远规划

文化产业是一个综合性的产业，需要联合各级部门、多种机构的专业人员对文化产业发展进行专业化的指导、引导，才能够确保文化产业市场健康稳定运作。

目前，十堰市文化产业的策划组织机构，以地方所辖区域的政府文化职能部门为主导，十堰市各县市区尚未对文化产业发展进行系统性、长远性的总体规划，相关地方主管部门对于文化产业的职能，还处于“抓管理、促统计、收数据、填报表”的基础管理阶段。此外，十堰市文化产业经营实体长期分散于各个行业，行业之间的互联互通不够，限制了行业的跨界融合与发展。

（四）文化产业特色品牌缺失

文化产业的核心竞争力不在于企业规模和硬件设备，而在于产业项目的软件内容和精细化的管理、深耕。尽管十堰市各县市区文化产业项目较多，但有规模、有效益、有影响力的项目屈指可数，且大部分都是政府搭台的公共文化行为，社会资本参与度偏低。

十堰市各县市区文化产业由于缺乏顶层设计，目前尚未形成特色品牌，同时，由于文化产品后续缺乏有效的开发和管理，一些地区在品牌培育过程中存在着跟风、模仿、地摊化倾向，严重影响了本地文化市场健康发展。

例如竹山县的“十星级文明创建”全国闻名，而“十星文化”资源研究、利用相对落后，缺乏可看的实物、书籍、影视等资料。官渡民歌、竹山皮影等虽一度走出湖北，在全国性的舞台上进行展示，但因缺乏进一步的宣传包装，未对资源进行充分开发利用，难以形成特色文化品牌，经济效益和社会效益更无从谈起。

四　十堰市文化产业发展策略

新时代，作为朝阳产业的文化产业将成为未来经济发展的重要支柱力量，各级政府都高度重视文化产业的发展。2018 年 11 月 3 日，湖北省委、省政府出台了《关于加快全省文化产业高质量发展的意见》，强调遵循文化产业发展规律，要“健全现代文化产业体系和市场体系，推动各类文化市场主体发展壮大，培育新型文化业态和文化消费模式”，并明确提出，十堰市、恩施州、神农架林区要依托世界文化和自然遗产、国家非物质文化遗产以及自然山水等资源，叫响文化旅游融合发展品牌，加快创建国家旅游改革创新先行区。

对于十堰市来说，要正视特殊的城市文化发展情况和文化产业的优势资源，厘清文化产业发展问题，因地制宜，制定适合十堰市文化产业发展的策略，推动培育文化新兴增长极。

（一）“文旅融合”，开辟“城乡互联”新路径

十堰市在文化产业发展过程中，经历了粗放发展时代，如今已经进入品质消费的时代。随着“乡村振兴”战略的启动，文化产业发展的新需求与新趋势，开始从城市导入乡村，乡村开始从传统的生产基地转型为休闲观光旅游基地，并在餐饮、民宿、休闲、娱乐等综合服务的过程中实现了经济增长的多元化。结合十堰市地理板块破碎、地貌及小气候资源丰富的地理特征，

推行“文旅融合”的“农业旅游”，是乡村振兴、产业发展的必由之道。

“农业旅游”或“乡村游”品牌的重点，在于独具特色的产业资源，打造乡村特色的“养老 + 体育 + 民宿”，力争“一村一品”，以“文旅融合”引路，构建发展核心产业的产业链结构，可以使品牌优势短期内获得提质增效的效果。十堰市郧阳区樱桃沟村便是“文旅融合”的“乡村游”典型案例。

以“乡村游”为主打品牌的郧阳区樱桃沟村已成为近年来十堰市、湖北省乃至全国知名的“最美”村庄，晋级为全国“乡村游”网红产品打卡地。郧阳区“文旅融合”起步较早，早在“十二五”期间，郧阳区就开始大力实施“文化立县、旅游兴县”发展战略，在十堰市第一个成立县级“文旅委”，以推动文化体育旅游事业发展、产业繁荣为主题，坚持走“山水城互动，文旅农一体”的发展道路，强力推进文化旅游项目建设，促使文化旅游实现转型跨越发展。作为国家南水北调中线工程丹江口库区核心水源区的郧阳区，初步形成了体育旅游及文旅产业一体化发展格局，特别是全力打造的休闲农业游、乡村旅游精品线路樱桃沟村景区农业项目，深受游客欢迎，也给当地百姓带来了实实在在的收益。

樱桃沟村从2006年开始走“文旅融合”之路。从2008年开始，樱桃沟村凭借近城、近水的独特区位优势，借助当地山花、樱桃等的生态亮点和产业资源优势，大力发展乡村生态旅游。2012年9月至今，北京绿十字联合远方网、中国乡村规划建设研究院等专家团队陆续入驻樱桃沟村，对乡村环境进行了一系列的房屋改建、景观修复、生态产业、美食提升等项目规划与建设，突出旅游主题，恢复和挖掘当地多种民俗文化，将其打造为生态型乡村旅游典范。樱桃沟村每年接待游客量逾50万人次，大量城市人群涌入樱桃沟村，拉动了“农家乐”餐饮业、农副产品、手工编制品的消费。

做好乡村“文旅融合”，不仅需要发挥农业特色、挖掘并讲好乡村故事、推进城乡互联互通，还需要全面深度完善乡村基础设施建设，奠定拉动经济发展的基石，为山区文化产业可持续发展做好准备。

表1反映的是樱桃沟村在发展农业旅游过程中实施的基础配套工程。事实证明，郧阳区花时间、精力，由专家带动当地农民共建樱桃沟村，完备乡

村基础建设、挖掘乡村民俗文化、依托生态优势，走出了一条“文旅融合”之路，使乡村经济得到快速发展，也形成了“协会 + 基地 + 农户”新型农村产业发展模式，在当地经济的发展中起到了支柱作用。

表 1　樱桃沟村乡村基础设施建设情况

项　目	内　容				
生活配套	供电	自来水	沼气池	道路交通	卫生公厕
	灌排水	农贸集市	停车场	有线电视	开放 WiFi
社会发展配套	学校	幼儿园	卫生室	农家书屋	文化广场
乡村特色	山花樱桃	20 世纪 50 ~ 70 年代民居院落	绿色农家乐	草莓采摘	民俗手工

“文旅融合”打造山乡旅游产业，形成“一村一品”品牌集群，不复制，不抄袭，并让更多的山村旅游景点与城市文化消费群体连接起来，将是具有十堰市特色、文化产业可持续发展之路。

（二）政企对接，激活文化产业活力

公共文化是政府主导的文化业态，是为满足社会的共同需要而形成的文化形态，强调的是以社会全体公众为服务对象的公共行政职能，目标是人人参与文化、人人享受文化、人人创造文化。在文化产业的发展中，公共文化服务占有很大的份额，然而这些主要由政府买单、群众消费的文化项目，很多也可以由文化企业来承担。

同时，在文化产业中，最具有创造性和先导性的新兴产业，就是文化创意产业，文化创意产业是文化产业的核心部分。但是近年十堰市的文化事业年报统计显示，辖区内的文化馆（站）、图书馆、博物馆等公益性文化事业单位，均未参与文化创意产品的研发活动，文化事业单位与文化企业的互动缺失。

为激活十堰市文化产业活力，弥补文创短板，有必要加强政企对接，促进文化事业单位与文化企业的交流互动。以公共文化服务的资源优势，与文化企业的专业化制作相对接，以公共文化服务的宣传资源优势、空间资源优势扶持文化企业，使其研发的文创产品能落地、能投产、能结果。故宫等走在文创发展前列的部分博物馆、图书馆便是典型成功案例。它们有自己的文创品牌、文创产品，同时采取线上、线下多种营销方式。

以故宫为例，故宫除了有内部文创开发团队，还用众筹等模式多方引入社会力量参与故宫文创产业开发，在淘宝等网络平台开设网店，并且有10款App讲述故宫文化故事。此外，故宫与稻香村、时尚芭莎、农夫山泉等各大品牌产品进行跨界融合，让“故宫文创IP”以潮流、生活、亲民的形式走入千家万户。

因此，十堰市公益性文化单位要转变观念，积极与文化企业互联互通、对接，这样会加速文化的传播，扩大受众参与范围，激活文化产业活力，实现互助互赢、利益共享。

（三）多措并举，助力文化产业发展

习近平总书记指出，要推动文化产业高质量发展、健全现代文化产业体系和市场体系，推动各类文化市场主体发展壮大，培育新型文化业态和文化消费模式，以高质量的文化供给增强人们的文化获得感、幸福感。

“政府搭台，文创唱戏，企业运作”是目前大多数地区文化产业运作的机制。而政府搭建“大众创业、万众创新”的产业平台，把“文旅”“文创”融合，激发产业发展和消费动力就需要多措并举，建好政策、资金、人才、赛事四个平台。

1. 政策平台

在政策平台的搭建中，可借鉴上海市助推文化产业发展的先进管理方式。上海在2010年9月成立了上海市文化创意产业推进领导小组及办公室，成员单位达20多家，主要负责研究编制全市文化创意产业发展规划，协调推进本市文化创意产业发展；研究编制全市文化创意产业发展政策并组织落实；协调组织推进重大文化创意产业项目、公共服务平台建设；编制全市文化创意产业年度报告，发布全市文化创意产业年度统计数据；开展文创产业

重大课题的调研，接待重大文创产业国际、国内交流工作；协调市级重大文创产业会展和活动，协调市级文化产业园区创意产业集聚区建设等具体工作。上海市目前16个区均设有文创联络员，并在上海市文创产业信息平台上公布。上海市文创产业信息平台设有文创资金申报、文创金融服务、政策导航、园区信息等多个服务窗口，对当地文化产业的发展起到了积极推动作用。

上海市出台的文化产业相关政策，对全国文化产业发展具有重要引领价值，故十堰市可加以借鉴，成立统一的协调领导机构，做好政策研究、制定及落实工作。

2. 资金平台

只有肥沃的土壤，才能结出丰硕的果实。发展文化产业是一个系统的宏大战略，需要大量的资金投入。在招商引资的同时，必须解决中小型企业的“第一瓢水”的问题，这就需要政府搭建完善的“资金平台”。在此，可借鉴闻名全国的“青岛模式”中“一体两翼”科技金融服务格局。

2015年，青岛设立了青岛市科技金融服务中心，为科技企业搭建对接服务平台。以政府为主导，以青岛高创资本和服务中心为支撑，财政科技资金由原来的“单一补贴”，变身为“拨、投、贷、补、奖、买”的“组合拳”，从“大水漫灌”转变为“精准滴灌”，有效提高了财政科技资金的使用效能，也加快了青岛文化科技企业的健康发展，促成多项信息技术等科技成果落地转化。

青岛市通过设立各类引导基金，撬动社会资本成立更多的股权投资基金，设立了智库基金、成果转化基金、天使投资基金、孵化器种子基金、产业投资基金、专利运营基金等，有效提升了财政资金使用效益，也营造了良好的金融生态。

目前，十堰市要优化培育本土文化产业项目集群，设立并健全相关的扶持资金和奖励制度，以更加适宜、灵活、便捷的金融服务助力文化产业成长。

3. 人才平台

知识就是力量，人才就是未来。十堰市作为世界文化遗产地，有着丰富的优秀文化资源。目前，有国家级非物质文化遗产项目 10 项，省级 36 项，市级 70 项，总共 116 项，市级以上非物质文化遗产传承人 110 名。这些人才便是十堰市文化产业发展的支柱力量，因此政府要搭建好人才平台，吸引并培养高素质人才，使其投身到文化产业建设中去。

值得注意的是：一方面，非遗传承人在民俗产业培育工作中存在后备人才缺乏的状况；另一方面，在文化市场、文化经营等方面，特别是全产业链的文创产品设计、文创产业运营、会展策划等方面也存在人才缺乏情况。短期内，需要有领军式的人才、专业人才团队、专家组等带动十堰市全域的文旅文创产业产品研发。后期，则需要十堰市联合相关院校，依托本地特点培养专业人才，并组织相应的培训，提升各层面领导干部、文化产业从业者的行业认识水平，以共同参与产业发展。

因此，十堰市需要先做好相关文化产业人才摸底登记，建立相关文化产业人才库，积极强化区域人才共享机制，营造良好的人才发展环境，并对相关有贡献、有业绩的人才进行奖励，建立人才引进、交流、学习、共享平台，为产业发展奠定人才基础。

4. 赛事平台

赛事活动往往能激活产业、聚集人气、提供商机，因此搭建好赛事平台，能有效推动十堰市文化产业的发展。近年来，十堰市各地区陆续组织举办了众多文化产业方面的大赛活动，如丹江口市首届旅游商品创意大赛，茅箭区文创旅游商品和吉祥物设计大赛、张湾区“汽车文化节”“放飞梦想立业张湾”青年创意创业大赛、郧阳区龙韵塔文化创意征集大赛、郧西县首届旅游商品大赛、2019 上海国际珠宝首饰展览会十堰市展区等文化活动。其中“华夏银行杯”2018 北京文化创意大赛（十堰市赛区）暨 2018 十堰市文化创意大赛最具影响力。在大赛中，十堰市赛区结合十堰市武当山道教文化、南水北调中线源头汉水文化和中国二汽悠久的汽车文化渊源，以“创意车城 · 人人称道”的主题，对十堰市及周边地区优秀的文创项目进行招募，共计 200 多个项目报名参赛，最终有 10 个项目获奖。此次文创大赛，是目前十堰市地区参与举办的规模最大的一次大赛，大赛后继的文创项目的落地与实施，得到了相关部门的关注。

对于赛事平台而言，赛事影响力至关重要。为扩大赛事影响力，需要多部门组织协调，依托各县市区资源，根据比赛内容设置分赛区，并对大赛进行品牌化、规模化包装和推送，这样，对深挖十堰市自身文化资源和产业特色、推进区域文化产业发展会起到积极的作用。

山区文化产业的发展需要的不仅是政策、资金、人才、赛事等项目运作能力，更需要高层和执行层领导团队转变观念，当领导层认识到文化产业发展的重要性，才能够激活本地区的文化产业资源优势，走出一条适合当地文化产业发展的新路。

“一带一路”倡议背景下鄂州文化产业创新发展模式探究

秦昌林　牛　琴*

摘　要：“一带一路”倡议是2013年提出的建设“新丝绸之路经济带”和“21世纪海上丝绸之路”的合作倡议。主要含义是依靠中国与有关国家既有的双多边机制，借助既有的、行之有效的区域合作平台，实现世界各国的合作共赢。在此大背景下，我国经济文化等多个领域呈现崭新面貌，文化产业领域出现合作、开放的创新发展模式。本文在我国提出的“一带一路”倡议背景下，通过文献、数据调查以及案例，重点分析鄂州文化产业的现状及存在的问题，进而提出适合鄂州市文化产业的PPP创新发展模式。

关键词：“一带一路”　文化产业　PPP模式　鄂州市

2013年9月和10月，中国国家主席习近平在出访中亚和东南亚国家期间，先后提出了共建“一带一路”的倡议构想。2014年4月，在博鳌亚洲论坛“丝绸之路的复兴：对话亚洲领导人”的分论坛上，“一带一路”重大倡议得到更加广泛的认同。2016年8月，习近平总书记在推进“一带一路”建设工作座谈会上强调，要聚焦构建互利合作网络、新型合作模式、多元合作平

* 秦昌林，本科学历，副研究馆员，鄂州博物馆书记、馆长。牛琴，硕士研究生，中级馆员，讲师，经济师，营销师，湖北省职业技能鉴定考评员，就职于鄂州市博物馆文博产业部。

台，逐步把“一带一路”建设推向前进，让“一带一路”建设造福沿线各国人民。2019年4月，在第二届“一带一路”国际合作高峰论坛上，习近平主席发表题为《齐心开创共建“一带一路”美好未来》的主旨演讲，指出“面向未来，我们要聚焦重点、深耕细作，共同绘制精谨细腻的‘工笔画’，推进‘一带一路’沿着高质量发展方向不断前进”。

自2000年“文化产业”的概念首次出现在中央正式文件中以来，文化产业的概念在政策中不断更新，在2009年的《文化产业振兴规划》中再次被提及。在2017年3月的第十二届全国人民代表大会第五次会议上，国务院总理李克强在政府工作报告中提到，应当“发展文化事业和文化产业”，“加快培育文化产业，加强文化市场监管”。党的十九大报告中明确提出“要推动文化事业和文化产业的发展。健全现代文化产业体系和市场体系，创新生产经营机制，完善文化经济政策，培育新型文化业态”。与此同时，在推进“一带一路”建设中，文化产业国际拓展是实现中国梦的内在要求，是经济发展新常态背景下我国经济转变增长方式、优化结构的战略选择，是我国实现全面对外开放、与世界经济接轨的客观要求，是提升文化软实力、增强产业竞争力、促进其持续发展的重要内容。

从文化创收数据来看，《2017年文化发展统计公报》显示，2017年全国5.5万家规模以上文化及相关产业企业共实现营收91950亿元，比上年增长10.8%。我国的文化产业正在成为真正的风口产业。

一　鄂州文化产业发展现状

截至2018年12月，鄂州市有各类文化产业单位900多家，较大规模及以上企业51家（2015年17家，2016年31家，2017年38家），其中年营业收入亿元以上的有5家，5000万元以上的有8家。

2017年前三季度鄂州市规上文化企业营收为25.6亿元，同比增长25.8%（如表1所示）。2017年全年规上文化企业营收37亿元，较上年增长8.2%，文化产业增加值达23.42亿元，同比增长62.9%，增幅居全省第

4位，比全省平均增速高40.94个百分点。文化产业占GDP的比重在全省的位次大幅度跃升，2015年为1.08%，排名靠后，2016年为1.80%（如表2所示），位于全省第10位，2017年为2.58%，居全省第6位。

表1　2017年前三季度各市州规上文化企业营收情况

地　区	规上企业数量(个)	绝对额(亿元)	同比增长(%)	上半年增速(%)
武汉市	516	677.7	12.8	10.1
黄石市	56	24.2	26.3	1.3
十堰市	45	13.3	13.3	8
襄阳市	347	252.6	10.1	10.4
宜昌市	312	248.3	13	19.3
荆州市	70	73.8	3	3.5
荆门市	50	31.3	14.7	19.2
鄂州市	32	25.6	25.8	25.2
孝感市	107	121.7	13.3	14.3
黄冈市	100	35.4	15.8	18.9
咸宁市	63	36.7	-0.7	-1.3
随州市	31	21.1	28.7	24.9
恩施州	48	12.1	15.6	15.6
仙桃市	18	21.2	5.1	18.1
天门市	13	16.1	10.9	5.7
潜江市	7	4.6	-18.3	-11.2
神农架	5	1.4	27.7	36.2
全省	1820	1616.9	12.0	11.9

表2　2016年各市州文化产业增加值情况

地　区	文化产业增加值(亿元)	增速(%)	GDP(亿元)	占GDP比重(%)
武汉市	477.28	16.61	11912.61	4.01
黄石市	16.39	3.06	1303.55	1.26
十堰市	16.55	7.19	1429.15	1.16

续表

地　区	文化产业增加值(亿元)	增速(%)	GDP(亿元)	占 GDP 比重(%)
襄阳市	114.28	9.52	3694.51	3.09
宜昌市	111.63	-4.98	3709.36	3.01
荆州市	35.72	-2.78	1726.75	2.07
荆门市	15.62	9.12	1521.00	1.03
鄂州市	14.38	88.13	797.82	1.80
孝感市	49.46	28.37	1576.69	3.14
黄冈市	20.41	12.24	1726.17	1.18
咸宁市	21.37	-4.95	1107.93	1.93
随州市	10.73	2.55	852.18	1.26
恩施州	14.49	3.42	735.70	1.97
仙桃市	12.33	22.70	647.55	1.90
天门市	5.98	-32.2	471.27	1.27
潜江市	5.40	-37.06	602.19	0.90
神农架	1.73	16.36	23.06	7.49
全省	954.48	10.47	32665.38	2.92

注：省级含研发支出，市州不含研发支出。

文化企业入库情况：2018 年 1～9 月，完成新增入库文化企业 6 家，占目标计划的 19.35%，其中重点服务业 4 家、规上制造业 2 家。在服务业发展新动能培育情况中：部分娱乐行业表示不愿转企，建议街办和文体部门继续做好政策宣传引导，联合推进转企入库；珠宝行业中，城市综合体中珠宝柜未进行单独收银，导致文化产业的数据缺失，建议街办与商务局协调，做好入库工作；博物馆行业中，已注册成立博达文化有限责任公司，正在走入库申报程序。文化艺术教育培训行业中梧桐湖新区的昆创教育正在培育进规，且大型的文化艺术培训班多数为个体经营户，建议街办和教育局联合推进整合打包、转企入库。

总体而言，鄂州市的文化产业，作为一个起步较晚、发展尚不成熟的产业，需要在实践中发现不足、积累经验，进行全方位的提升。而发展模式和效率研究是文化产业研究中的关键问题，所以，探索文化产业的发展模式对于鄂州市文化产业发展模式的创新有着不可忽视的重要意义。

二　鄂州文化产业发展中存在的问题

（一）文化产业发展水平不高

鄂州市文化产业单位规模较小，法人单位只有 38 家，仅占全市“四上”法人单位的 3.6%，营业收入过亿元的企业仅 5 家，过千万元的企业 8 家（其中超过 5000 万元资产规模的有 2 家）。2016 年文化产业增加值占 GDP 的比重仅为 1.8%，与全省平均水平（2.92%）以及宜昌、襄阳、孝感、神农架、咸宁等地市相比差距较大，在全省处于落后位置，2017 年、2018 年数据更是不容乐观。

2017 年全国文化事业费 855.80 亿元，比上年增加 85.11 亿元，增长 11.0%。2017 年全国人均文化事业费 61.57 元，比上年增加 5.83 元，增长 10.5%[①]（如图 1 所示）。而鄂州市的文化产业发展水平远低于全国平均水平。

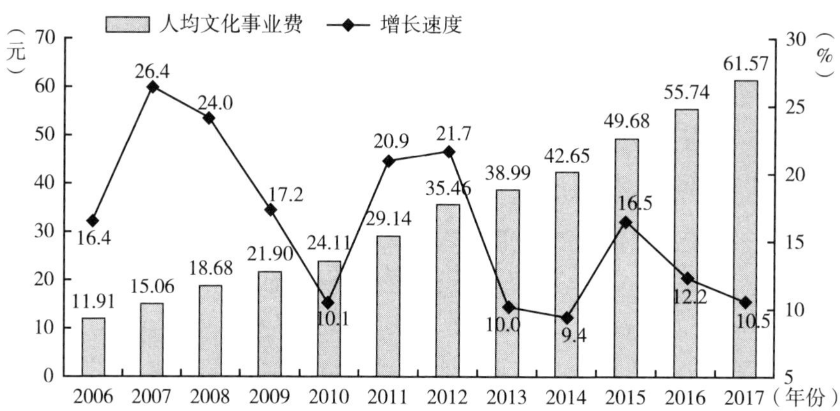

图 1　2006～2017 年全国人均文化事业费及增速情况

① 资料来源：《2017 年文化发展统计公报》。

（二）文化产业结构发展不均衡

从整体结构来看，在文化产业 9 个行业大类中，鄂州市传统文化产业比重过大，主要集中在新闻出版、广播影视、演艺娱乐为主的传统文化产业上，且存在规模总量小、技术含量低、产值不高的问题。而非传统行业中的影视拍摄、动漫制作等新兴产业起步较晚，文化艺术服务、工艺美术品的生产和文化专用设备的生产三个行业在全市规上文化企业中也基本处于空白状态，鄂州市至今没有一家印刷企业通过绿色认证。同时，文化产业园区（基地）数量偏少，鄂州市目前仅有省级重点文化产业园区 1 家（梧桐湖新区，实际运行情况较差），省级文化产业示范基地 2 家，尚未有国家级文化产业园区。

纵观 2018 年各县市区文化产业发展情况，全市文化产业增加值占 GDP 的比重为 1.8%，占比最高的葛店开发区是 5.7%，占比最低的鄂州开发区是 0.2%，各区发展差距较大（如表 3 所示）。

表 3　2018 年各县市区文化产业发展情况

县市区	文化产业增加值(亿元)	生产总值(亿元)	占 GDP 的比重(%)
鄂州市	14.38	804.33	1.8
鄂城区	0.86	215.81	0.4
鄂州开发区	0.07	31.96	0.2
凤凰街道	0.83	100.16	0.8
古楼街道	0.56	42.18	1.3
西山街道	1.09	69.36	1.6
华容区	0.94	103.87	0.9
葛店开发区	9.56	166.57	5.7
梁子湖区	0.47	66.94	0.7

（三）文化产业与其他行业的融合程度低

鄂州市当前文化行业与科技、旅游、体育、商贸、工农业等相关行业融合发展的深度和力度不足。文化产业在发展中运用新技术不够，文化产品科技含量不高；以文化提升旅游的内涵质量、以旅游扩大文化的传播消费还处于较低水平；其他相关产业与文化产业主动融合、双向促进的工作还有待加强。

（四）政策扶持力度不够

湖北省内文化产业发展得较好的地市都先后制定了加快文化产业发展的系列政策措施，武汉、宜昌等地的文惠卡消费平台更是对文化消费主流意识起到了很好的引导作用，直接拉动了文化消费的增长。而鄂州市目前的《加快文化产业发展实施意见》正在征求各地意见，从初步反馈情况看，普遍存在扶持、引导、培育政策措施太少且力度不够的问题。

三 “一带一路”倡议背景下鄂州文化产业创新发展模式研究

基于鄂州市文化产业发展的现状和存在的问题，结合我国“一带一路”建设背景，鄂州文化产业的创新发展可引入 PPP 模式。

（一）PPP 模式内涵分析

PPP（Public-Private-Partnership）是一种新型公私合作模式，近年来在我国各领域得到了越来越广泛的应用，例如文化产业、基础设施等领域，它大致可分为 3 类（如表 4 所示）。

2018 年 1 月 3 日至 4 日，在全国文化厅局长会议上，文化部党组书记、部长雒树刚在工作报告中列明了 2018 年全国文化工作重点事项，明确表示文化部将联合财政部发布推广文化领域 PPP 模式的政策文件。而此前，这一点也在“一带一路”倡议中有所提及。因此，在国家顶层设计层面，在文化产业发展中引入 PPP 模式是大势所趋。

表 4 PPP 模式分类

类别	内容	风险承担主体	项目所有权归属
外包类	政府投资 社会资本负责项目某部分	政府	政府
特许经营类	私人部门参与部分或全部投资,公私双方共同合作	双方共同承担	公共部门
私有化类	政府监督管理,私人组织投资	私人组织	私人组织

此外，PPP 模式也包含多种运作方式（如表 5 所示），其中最为典型的是 BOT（Build-Operate-Transfer），由此演化出了 BOO（Build-Own-Operate）、BOOT（Build-Own-Operate-Transfer）等多种方式。具体见表 5。

表 5 PPP 模式运作方式

英文名称	中文名称	概念	适用项目类型	合同期限	应用
BOT	建设 - 经营 - 移交	社会资本或项目公司负责项目设计、融资、建造、运营、维护和用户服务,合同期满将项目移交给政府	新建项目	20 ~ 30 年	英法海峡隧道
BOOT	建设 - 拥有 - 运营 - 移交	BOT 的变形,私有化程度更高	新建项目	20 ~ 30 年	印尼电站
BOO	建设 - 拥有 - 运营	由 BOT 演化而来,项目所有权归属于社会资本方,通常不需要期满移交	存量项目	永久	湛江钢铁环保项目

（二）PPP 模式对鄂州市文化产业发展的积极意义

1. 缓解鄂州市财政在文化领域的投入压力，为文化产业"超常态"发展续航

在国家"十三五"规划纲要提出文化产业成为"国民经济支柱性产业"的大背景下，在政府财政投入稳步增长的基础上，鄂州市文化产业的发展更需要有社会资本的进入，以增强创新驱动发展能力，带动整个文化产业的提质增效。2017 年中央财政通过继续实施"三馆一站"免费开放、非物质文

化遗产保护、公共数字文化建设等文化项目，共落实中央补助地方专项资金49.33亿元，比上年降低19.2%[①]（如图2所示）。所以，鄂州市在文化产业发展中采用PPP模式能更好地解决资金问题、缓解财政压力。

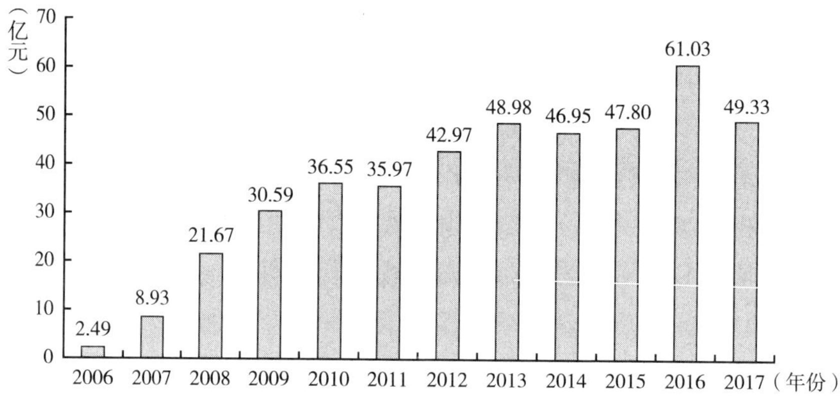

图2　2006～2017年中央对地方文化项目补助资金情况

2. 强化鄂州市多元多层次文化金融架构，完善文化产业支撑体系

当前我国文化金融合作创新进入大发展时期，以国有资本为主导，吸引并带动各类资本有序进入文化产业，建立健全多元多层次文化资本市场是鄂州市文化产业金融支持体系的市场愿景。

3. 鼓励社会资本参与，逐步放开"准入，促服"改革方向，注重推进文化产业结构多元化

坚持"放管服"，调动鄂州市的社会力量，降低制度性交易成本，吸引各类投资进入范围更广的文化领域，是更好地满足消费者多层次多样化文化需求的重要途径，也是促进文化产业结构多元化的有效手段。

4. 加快政府文化产业治理方式转型，激发数字创意产业等新兴产业主体发展活力

通过引入PPP模式，联手社会资本，使数字科技企业实现数字共享、

① 资料来源：《2017年文化发展统计公报》。

数字传播等技术要素及专业管理输出，有利于提高政府对文化产业的治理水平，助推鄂州市新兴文化产业发展。

（三）打造“互联网+”时代文化产业创意园区新型文化业态

习总书记在党的十九大报告中明确提出要推动文化事业和文化产业的发展，培育新型文化业态。当今，在 PPP 模式引领下，我国文化产业创意园区数量众多，但多数大型的文化产业创意园区主要集中于北、上、广、深等一线城市。文创园区主要分为以下四大类：一是依托旧厂房建立的都市型园区。以北京酒仙桥 798 创意工厂和上海泰康路田子坊创意产业园区为代表，这些创意产业集聚区利用已有建筑打造创意产业发展平台，将历史文化与文化产业、文化旅游相结合。二是以大学为依托的科研型园区。其中，中关村高科技园区内的中关村创意产业先导基地和上海浦东张江高科技园区内的张江文化科技创意产业基地最为著名。三是以传统特色文化区域、村庄为特色的休闲娱乐型园区。如深圳特区龙岗区布吉镇的大芬油画村和四川德阳三星堆文化产业园。四是以开发区为依托的产业型、混合型园区。如张江文化科技创意产业基地、香港数码港，结合园区内的优势产业，形成文化产业链条。在“一带一路”建设背景下，中资企业在海外建设的产业园区正以据点式扩张、规模化建设和多样化合作的模式发展，一些文化企业在美国、韩国等地建设的文化产业创意园区取得了一定的成功，这些海外园区都将成为中国对外文化交流和贸易的重要平台。

借鉴国内外文化产业创意园区的发展经验，并结合鄂州实际，未来在政府支持和社会资本加入的背景下，鄂州亦可打造自己特有的文化产业创意园区。例如：武汉、鄂州两市地理位置相近且高校密集，可在大学周边重点扶持一批特色突出、功能完善、承载能力强、具有一定示范和带动效应的文化创意产业孵化基地，为创业大学生提供良好的创业环境和孵化服务，衔接上下游产业关系，以其对大学生创业就业准入门槛低、知识密集性强、资金使用量小的优势，整合优化资金、人才、技术、文化等资源，发挥集群效应，形成拉动经济增长的强大引擎，同样的思维也适用于基于高校的科研型文化园区的打造。具体的方式如下。

1. 从硬件上将“互联网 +”引入鄂州市文化产业创意园区

（1）引入互联网类型企业和引进互联网类设备，抢抓“互联网 +”历史机遇。鄂州市建设互联网主题文化产业创意园区，应多引进互联网类服务型企业，以现代服务业发展为基础，搭建互联网产业发展平台，引领鄂州市经济转型、产业升级。另外，要完善园区相关互联网类基础设施建设，提升文化园区科技水平，为园区入驻企业和个人提供高效优质服务。例如：鄂州市葛店开发区预备建造动漫小镇，拟将其打造成“互联网 +”时代的动漫文化产业创意园区，为此将引进大量的动漫企业以从硬件上充实园区。

（2）形成“互联网 +”鄂州特色资源开发新模式。鄂州市特色资源众多，尤其突出的为文化资源、特色农产品，但两者的发展并不理想。在“互联网 +”的思维下，应该充分利用政策给予的支持，建设专门的产业园区，将三国吴都历史文化、梁子湖农业产品、文化特色三者相融合，打造集游览、观光、休闲和商业于一体的文化园区，逐步形成企业集中布局、产业集群发展、资源集约利用、功能集合构建的园区发展格局。

2. 从软件上将“互联网 +”引入鄂州市文化产业创意园区

在鄂州市文化园区的建设中，应该重视在线上园区建设中引进科技手段。建立相关网站，让受众在任何地方都可全方位了解园区。例如北京首都博物馆的展品旁都贴有二维码，观众只需扫描一下，便可在手机上了解文物的全部信息。

3. O2O 模式：线上虚拟文化产业创意园区的发展

实体的园区建设与虚拟的园区建设完美融合，将成为未来文化产业创意园区发展的新趋势。文化产业园区线上、线下的结合，主要体现在以下两个方面：一是形成园区 O2O 的产业服务平台，其中包括投资融资平台、信息咨询平台、科技服务平台和产权交易平台等，降低企业运营的成本，吸引海内外更多的文化产业资源集聚。二是建立园区自身的虚拟平台，或与门户网站合作设置虚拟园区板块，以此共同推动文化产业创意园区的发展。

在此基础上，全面对接省委“一芯两带三区”区域和产业发展战略，深入贯彻市委“三城一化”战略，不断提升产业的含金量、含新量、含绿量，狠抓项目建设和招商引资。要科学地把握国家产业发展导向，全面对标省委、省政府谋划推进的十大重点产业，结合鄂州市情，以航空城、生态城、科学城作为高质量发展的重要载体。利用毗邻武汉的先天优势，主动承接武汉区域产业中心和科技外溢资源，构建全产业链、生态链项目招商格局。要实施精准招商，着力引进航空偏好型制造业、临空服务业、供应链管理及物流大数据平台等项目。

总之，在“一带一路”建设的大背景下，鄂州市应当推陈出新，针对自身存在的文化产业结构不均衡、文化创新力较低等问题，积极探索互联网背景下的“PPP 模式”，积极打造文化创意园区新形态，将鄂州市文化产业的发展推向高质量、高科技与高创新的新阶段。

参考文献

〔英〕大卫·赫斯蒙德夫（David，Hesmondhalgh）：《文化产业》，张菲娜译，中国人民大学出版社，2016。

周锦等：《耦合视角下文化产业与旅游业的融合创新发展》，《艺术学界》2017 年第 1 期。

饶浩洲、秦昌林：《鄂州六朝考古与古武昌青瓷文化》，《鄂州社会科学》2016 年第 1 期。

李孝敏：《“一带一路”背景下我国文化产业拓展探析》，《经济理论与实践》2016 年第 7 期。

彭民安：《基于产业集群的城市文化产业竞争力提升研究》，《求索》2012 年第 10 期。

高明：《博物馆文化产业开发研究》，郑州大学硕士学位论文。

陕西省文化和旅游深度融合的实践与创新

——以西安“曲江模式”为例

穆平潮*

摘　要： 以“文化+旅游+城市”为特征的“曲江模式”，曾经给西安乃至陕西带来诸多荣耀。在新形势下要更好地做好文化和旅游融合发展，文化旅游的“曲江模式”无疑是可借鉴的经验。本文结合陕西文化底蕴深厚、旅游资源丰富的实际，分析文旅融合的现状和制约陕西文化旅游深度融合发展的突出问题，提出借鉴文旅融合“曲江模式”，推动陕西文化旅游深度融合发展的新思路。

关键词： 文化旅游　融合发展　曲江模式　陕西省

文化旅游业是一个经济产业和文化事业水乳交融、有机互补的朝阳产业。文化行业蕴含着产业化发展的巨大空间，旅游业具有很强的文化和社会公益性质。实现文化和旅游深度融合发展，是推动产业转型升级、培育新的经济增长点、提升文化软实力和产业竞争力的重大举措，是加快文化强省和创新型省份建设、促进经济结构调整和发展方式转变的内在要求，是优化供给、满足群众消费需求、提高人民生活质量的重要途径。

---

* 穆平潮，研究馆员、陕西省艺术馆馆长助理、陕西省公共文化服务体系建设专家委员会副主任、陕西省群众文化学会常务副会长、国家公共文化服务体系建设专家库成员、全国文化馆标准化技术委员会委员、国家公共文化政策研究实验基地特约研究员，研究方向为群众文化、公共文化。

陕西文化底蕴深厚、旅游资源丰富。长期以来，旅游业作为全省支柱性产业，成为最受关注的经济带动产业。如今，在文旅融合新时代，推动陕西文化旅游深度融合发展，推进文化旅游产品的市场化和国际化，为促进文化繁荣兴盛、建设文化强省、加快新时代追赶超越做出更大贡献，从而更好地实现“让文化为旅游赋能，使旅游为文化搭桥”的良性互动，就成为陕西文旅产业发展中的一个重要课题。在中国谈旅游，西安是绕不开的城市。在西安谈文旅，“曲江经验”是避不开的模式。曲江新区的建设和发展，在调整城市格局、提升城市形象、发展文化旅游、提升周边地区的价值等方面，堪称先驱。这也是其后来成为“模式”而被众多城市学习效仿的原因。

一　“曲江模式”及其经验

（一）“曲江模式”发展概况

1993 年，陕西省人民政府批准设立曲江旅游度假区，这是当年西安市确立旅游业为主导产业的重大举措，也是省、市旅游设施建设的重点工程。2003 年 3 月，曲江旅游度假区更名为曲江新区，定位为以盛唐文化产业为特色，以旅游、商贸、居住为主导产业的城市发展新区，段先念任西安曲江新区管委会主任。同年，曲江新区投资 5 亿元，在西安著名的大雁塔前，启动新区成立以来的第一个大项目——大雁塔北广场建设。2003 年 12 月，该项目正式对外开放，短短的十天，来此游览的西安市民、外地游客超过百万人次，万人空巷的场景令文史学者惊叹曲江新区城市运营的“魅力”。

随后，曲江新区管委会与 8 家运营商捆绑发展，融资 30 亿元，围绕着基础设施和大雁塔广场、大唐芙蓉园、大唐不夜城等一批大项目做文章。2005 年完成了曲江海洋世界一期建设，2006 年筹建了曲江国际会展中心，并组建了曲江影视投资公司，托管了陕西省秦腔剧院。此后的 15 年，万科、华侨城、金地集团等国内著名企业纷纷在此投资，曲江新区土地价值提高了

10 倍，曲江新区成为西安高品质生活所在。曲江文化投资集团也迅速扩张成为集旅游、影视、文产、动漫、会展、商业、出版与建设于一身的综合性文化产业集团。曲江文投集团 2002 年成立之初资产 600 万元，截至 2011 年末，总资产达 275.05 亿元（负债 182.64 亿元），成为“我国西部最大的文化产业集团”，实现了 10 年间资产翻 4584 倍的神话。

曲江通过遗址公园化和景区化，不仅实现了遗址保护开发和城市建设的完美融合，也实现了城市公共文化空间的全新建构。自 2002 年以来，曲江新区核心区就形成了大雁塔文化景区、唐城墙遗址公园、曲江池遗址公园、寒窑遗址公园（部分）、秦二世陵遗址公园等一系列遗址公园，累计形成 5700 亩免费开放的公共文化空间。2010 年 10 月，占地 3.2 平方公里的大明宫国家遗址公园建成开放，不仅真实且完整地保存了大明宫的遗址，更成为西安面积最大的单体公共文化空间，可与纽约中央公园相媲美。上述公共文化空间已成为外地游客游览的不二之地，“到西安，一定要去曲江”，已然成为外地游客的共识，曲江新区更成为西安市民的重要游憩区和休闲区。据统计，2012 年曲江新区各大景区及遗址公园总共接待国内外游客 4500 万人次。之后年接待游客量逐年递增，2018 年度，曲江文旅实现归属于上市公司股东的净利润增加约 1500 万元，同比增加约 25%。

2002 年以来，曲江新区实施“文化立区、旅游兴区、产业强区”战略，立足于曲江文化产业核心集聚区，坚持集团化建设和企业集聚并行的发展模式，突出盛唐文化特色，着眼国际化视野，通过大项目带动、大集团引领、大产业聚集，规划开发了大唐芙蓉园、曲江海洋公园、大唐不夜城、大明宫国家遗址公园等 30 多个国内知名的文化旅游项目，组建了曲江文化产业投资集团、曲江文化旅游集团、曲江会展集团、曲江影视集团、曲江演出集团、大明宫投资集团六大文化产业集团，形成了“曲江文化”“曲江旅游”“曲江影视”“曲江演艺”等系列文化品牌，全面提升了曲江文化产业园区的影响力和竞争力，2007 年，被文化部命名为首批国家级文化产业示范区，2009 年，实现文化产业增加值 20 亿元，被各界誉为文化创新和城市发展的“曲江模式”。近年来，“曲江模式”加快向外辐射发展，形成了曲江文化景区、大明宫遗址保护区、法门寺文化景区、西安城墙景区、临潼国家旅游休闲度假区、楼观中国道教文化展示区等六大文化板块竞相发展的跨越式发展格局，总辐射面积达126平方公里，奠定了整个陕西省文化产业发展的空间基础，加快了西安市“文化高地、引领西部、示范全国”的文化产业战略步伐。

（二）“曲江模式”的基本经验

曲江新区从一个城郊之地，逐渐成为城市格局中的重要一极。以“文化＋旅游＋城市”为特征的“曲江模式”，给西安带来了诸多荣耀。“曲江模式”能取得如此成功，与其以下几点特质密切相关。

1. 政府主导

在“曲江模式”中，政府始终在推进社会发展中发挥主导作用。这首先表现在战略制定方面，从政策和政府投资等方面落实规划。曲江新区成立伊始，就实施了重大项目带动战略，大雁塔北广场、大唐芙蓉园、曲江池遗址公园等重大项目的建成，标志着曲江新区发展格局全面形成。2010年，陕西省和西安市政府明确表示：“要以‘曲江模式’为蓝本，以曲江文化产业板块为核心，整合省市优势资源，促进陕西文化产业实现跨越式发展。”政府对“曲江模式”的主导作用还表现在强化对文化产业的政策支持方面，如加强对文化产业的服务管理职能，建立协调统一的曲江文化产业服务管理体系，培育和壮大文化市场主体，加大对文化产业的财税支持，加强对文化产业的金融服务支持以及设立曲江新区文化产业发展专项资金等。

2. 市场取向

曲江模式是在社会主义市场经济条件下形成的，其市场化取向很好地解决了我国在城市化进程中存在的城市运营融资、基础设施建设、重大项目开发方面发展缓慢，难以和资本市场接轨等问题。

从企业层面看，“曲江模式”实际上是以文物为核心，对文物周边的土地进行统一购买、统一规划，利用文物的高知名度吸引大量的游客，继而利用游客的集聚，拉动文物景点周边的物业发展，吸引人力、物力、财力在文物点缓冲区周边汇聚，实现土地增值，从而盈利，让游客带来的效益最大化，即形成内部化旅游效应。企业层面的“曲江模式”只是“旅游＋地产”开发模式的一种表现形式而已。一批城市运营商作为市场主体，通过对市场的了解和分析，充分利用陕西和西安丰富灿烂的历史文化，注重文化的独特性和经济的可行性，形成了具有自身特点的城市运营方式，充分挖掘、开发、整合、利用城市资源，既实现了自身的经济效益，也体现了政府对城市资源安全和增值的要求。

“曲江模式”不同于深圳华侨城、浙江宋城的“旅游＋人居”，不同于涿州、横店的“影视＋旅游”，不同于单一企业的外溢式发展，也不同于多个产业类型独立运行，而是走出“文化＋旅游＋人居＋商业”的新路，使商业与文化接壤、与历史联姻，形成了注重文化体验、服务旅游人群和本地居民文化旅游的特色商圈。

“曲江模式”是一种市场经济相对落后地区的文化开发模式，是在缺乏大量中小文化企业的基础上，利用大集团发展文化产业的模式，这种模式中行政的力量至关重要且行之有效，能够利用行政的力量对文化产业所在区域的外部社区与相关利益者进行协调，保证文化企业的发展与壮大。

（三）“曲江模式”的延展

西咸新区是“曲江模式”在曲江新区之后新一次的实践，是陕西省委、省政府贯彻落实《关中—天水经济区发展规划》和《国家主体功能区规划》、加快推进西咸一体化、建设西安国际化大都市的重大战略决策。2011年5月31日，西咸新区开发建设管理委员会成立，建立了“省市共建，以省为主”的开发建设模式；同时确立“一区五城”组团式发展格局，撤销沣渭新区、泾渭新区，组建空港新城、沣东新城、秦汉新城、沣西新城、泾河新城，从而建成彰显历史文明、推动国际文化交流的历史文化基地。

按照西咸新区的规划，西咸新区将建设东方帝王谷。根据迪士尼园区的建设经验，按照游乐区与配套区2:3的配比，将主题游乐区规划为1.6平方公里，配套区规划为2.4平方公里。配套区包括商业面积20000平方米的

“夜未央商业街”，提供零售、餐饮、娱乐全方位服务；购物中心包括一个高端百货商场、一个奥特莱斯、两个大型国际连锁超市；酒店群包括十三朝、兰池驿等主题酒店，四个度假（村）酒店，四个品牌酒店，及多个满足经济型消费者需求的公寓酒店、青年旅社、露营地等，提供风格各异、设备完善、满足不同档次需求的住宿服务。

对政府层面的“曲江模式”而言，推动政府行为与企业行为的分离，弱化政府在土地运营中的作用，推动地域的城市职能建立，确定区域新的经济持续增长点，实现新区的就业本地化与产业持续化是其未来的发展趋势。

对于企业而言，应当解决的是旅游行业的趋势演变问题，大型主题公园已经开始由“园”向“区”继而向“城”转变的趋势，在将城市功能与主题园区进行融合的阶段，未来的“曲江模式”需要在这方面进行开拓，例如华侨城“欢乐海岸”已经在这些方面尝试突破。“曲江模式”对于大型文化企业的培养与塑造而言有着无与伦比的优势，但是随着市场经济的日益成熟，需要大量的中小企业作为中下游企业，如何在“曲江模式”的基础上对整个文化企业的体系进行完善与建设是日后发展中面临的重要问题。探索“曲江模式”未来如何成为更加适合陕西省甚至全国其他省份能够实行的模式，成为下一发展阶段的任务。

二　陕西省文旅融合的现状与问题分析

（一）陕西文旅融合的资源基础

陕西是中华文明的重要发祥地之一，拥有丰厚的历史文化底蕴，缔造了以周、秦、汉、唐为代表的灿烂古代文化。悠久的历史，给陕西地上地下留下了极为丰富的历史文物，陕西省现有世界文化遗产 3 处、全国重点文物保护单位 235 处。比较有影响的是：中华民族始祖轩辕黄帝陵、秦始皇陵兵马俑陪葬坑、唐太宗昭陵、唐高宗乾陵、司马迁墓、明代西安城墙、佛教净土宗的祖庭香积寺、大慈恩寺、西安市化觉巷清真寺、法门寺以及大雁塔、小雁塔、彬县大佛寺石窟、耀县（即现耀州区，下同）药王山摩崖造像、西安碑林、摩崖题刻的代表——陕南石门栈道题刻以及丝绸之路。

陕西也是中国革命的摇篮，集聚了极具革命性和先进性的丰富红色文化资源，孕育了光照千秋的延安精神。陕西省红色文化资源涵盖了中国革命的各个时期，数量多、分布广、影响大。陕西党史部门革命遗址普查工作统计显示，党史部门共普查遗址2155个（革命遗址2051个，其他遗址104个）。其中已确定为国家级爱国主义教育基地的19个，省级爱国主义教育基地30个，市级爱国主义教育基地49个，县级爱国主义教育基地128个。

陕西拥有特色鲜明的民俗文化，关中、陕北、陕南三大区域民俗各异，民间文化异彩纷呈。陕西现代文化实力雄厚，培育了“长安画派”“文艺陕军”等一批具有较强影响力的优秀艺术家群体和优秀作品。陕西省现有国家级非物质文化遗产名录项目74项，省级441项，市级1415项，县级4150项。西安鼓乐、中国剪纸（安塞剪纸、延川剪纸）、中国皮影戏（华州区皮影戏）成功入选联合国人类非物质文化遗产名录。现有国家级非物质文化遗产项目代表性传承人50人，省级385人，市级1281人，县级3977人。国家级陕北文化生态保护实验区和国家级羌文化生态保护实验区建设有重大进展。省、市、县、镇、村5级文化基础设施网络基本形成，建成了1个国家级文化产业示范园区，11家国家级文化产业示范基地，8家国家级动漫认定企业，41家省级文化产业示范基地，101家省级文化产业示范单位，基本形成了门类比较齐全、产业链比较完整的文化产业体系。

（二）陕西省文旅发展的潜力分析

1. 旅游资源丰富

陕西省是旅游资源大省，在全国旅游格局中具有重要地位。近年来旅游产业规模不断扩大，“十二五”时期全省接待境内外游客14.14亿人次，旅游业总收入1.07万亿元，旅游人数年均增长21%，旅游收入年均增长25%。截至2015年底，全省有A级旅游景区312家，其中5A级7家、4A级82家；国家级风景名胜区6个，国家级森林公园35处，国家级自然保护区 19 个，国家级地质公园 9 处；旅行社 775 家，其中出境社 60 家；旅游星级饭店 382 家，其中五星级 17 家，四星级 49 家，有农家乐经营户 2 万户。

2. 旅游经济拉动力不断增强

陕西省旅游经济的发展带动了工业、农业、林业、水利、文化、文物等资源转化成旅游产品，旅游业对住宿业、民航与铁路客运业、文化娱乐业、餐饮与商业的贡献突出，2016 年全省旅游业总收入实现 3813.43 亿元，接待境内外旅游者 4.49 亿人次，旅游收入增长 26.87%，旅游人数增长 16.45%。2018 年，全省接待境内外游客 63025.32 万人次，同比增长 20.54%，旅游总收入 5994.66 亿元，同比增长 24.54%。其中，接待入境游客 437.14 万人次，同比增长 13.92%，国际旅游收入 31.26 亿美元，同比增长 15.61%；接待国内旅游人数 62588.18 万人次，同比增长 20.59%；国内旅游收入 5788.75 亿元，同比增长 25.02%。

3. 旅游产业开发趋于完善

在陕西省，一批集景区建设、文化演艺、旅游服务于一体的国内知名旅游产业开发集团逐步形成，以黄陵、韩城、文安驿、照金、漫川关、棣花等为代表的一批县域旅游目的地及文化旅游名镇发展势头强劲，袁家村、马嵬驿、梁家河等模式成为行业典型。

4. 旅游基础设施不断完善

随着国际国内旅游市场进一步拓展，陕西省旅游基础设施与服务设施不断完善，全省新建和改造景区旅游道路 2000 公里、旅游厕所 5000 座、停车场 320 个。在此基础上，不断提高旅游资源利用效能，深入挖掘其文化内涵，打造国际水平的旅游产品，加快推进旅游产业从量变到质变、从粗放经营到质效提升。

（三）陕西省文旅融合的初步效果

1. 优秀文化艺术作品不断推出

近年来，陕西省不断深入挖掘景区的文化内涵，以文化旅游跨界融合的方式，推出了一批特色鲜明的产品。其中，红色文化剧目与大型历史舞剧《长恨歌》便是典型代表。

为传承红色文化，陕旅集团在用好红色资源、讲好中国故事、丰富红色文化内涵、创新红色文化和红色旅游模式上闯出了一条既有红色品质、中国元素，又能凸显时代特色的红色文化创新发展之路，先后推出了以《延安保育院》《延安记忆》《黄河大合唱》《红色娘子军》《延安保卫战》等为代表的红色文化与旅游融合项目，社会各界好评如潮，实现了社会效益和经济效益的双赢。

《长恨歌》是国内首部大型历史舞剧，由陕西旅游集团在历史故事真实发生地——西安临潼区华清宫，通过对白居易传世名篇《长恨歌》所表现的爱情主题进行艺术再创作而成。通过70分钟11幕场景，再现了1300年前华清池畔唐明皇与杨贵妃的凄美爱情故事。多年来，经过数次改版和不断锤炼的舞剧《长恨歌》以卓越的品质成为文化旅游创意产业的典范。这台融合了科技与文化的文旅创意产品，已成为陕西文化旅游的金字招牌和国内外游客来陕的必看剧目。

2018年陕西省旅游经济发展呈现“增长强劲，质效提升”的良好发展态势。同时陕西省大力推动文化旅游融合发展，培育壮大网络娱乐、数字出版、文化创意等产业，一批文化旅游项目启动建设或建成运营。以《长恨歌》为代表的历史文化与旅游融合项目，以礼泉县袁家村为代表的民俗文化与旅游融合项目，以《道·梦空间》为代表的宗教文化与旅游融合项目，以青木川古镇为代表的文化艺术作品与旅游融合项目，以“大华1935”为代表的工业文化与旅游融合项目……随着一系列讲述陕西文化故事的旅游演艺在陕西各大景区上演，这些形式新颖、各具特色的精品剧目，通过与当地文化的深度融合，有效激活了旅游资源，让游客在旅游过程中充分体验到陕西优秀的历史文化、辉煌的红色文化、浓郁的地域文化和现代的时尚文化，获得了市场与口碑的双丰收。

2. 优秀文化旅游景区不断建成

在不断推出优秀文化艺术作品的同时，陕西省还在着力以文化为主题打造旅游景区。"十二五"期间，注重以文化旅游景区为抓手推动区域发展，按照特色化、差异化思路，策划包装了两汉三国文化景区、白鹿原影视基地等一批优秀文化旅游项目，较好地推动了文化与旅游资源的深度融合。以文化旅游龙头企业为代表的一批大型文化企业集团，通过多种方式联合推动文化与旅游融合，建成了大明宫国家遗址公园、大唐西市文化旅游综合体、铜川照金红色旅游景区、楼观道文化旅游度假区等一批大型文化旅游融合项目。陕西省大力支持省内文化旅游企业深入发掘历史文化、丝路文化、秦岭文化、红色文化等文化资源，推动文化资源利用和产业发展。2012 年全省旅游收入不足 2000 亿元，而 2018 年收入已经近 6000 亿元，年均复合增长率为 23.21%。

（四）制约文旅融合发展的主要问题

1. 文化旅游融合体制机制不健全

虽然文化部和旅游部已经合并，但很多业务仍然处于"两张皮"的状态。文化管理部门侧重从文化建设的视角考虑文化产业的发展，缺少对于市场需求的思考，缺乏对文旅融合发展的规划和思考，缺少与旅游业融合发展的实践；旅游管理部门则专注于旅游服务、市场化运行，导致了旅游发展缺少文化资源的支撑而停留在表面化的现状。有的文化旅游景区分属于旅游、文物、宗教、文化、国土资源、环境等不同部门管理，难以沟通协调，不利于文化旅游资源的开发和保护。因此，由于体制制约，跨界融合往往会遇到许多问题和阻碍，从资源整合上推进融合发展的力度不够，缺乏总体规划布局及顶层设计、统一运作。

2. 融合发展水平不高

文化创意、高科技元素在融合中的应用较少，产业链的纵向延伸不充分。旅游产品、工艺品、艺术作品表演等转化为文化产品的能力有限，缺乏具有竞争力及市场影响力的融合精品。原因在于陕西在挖掘本地文化资源时，只重视了物质文化遗产，却忽视了非物质文化遗产，而很多文化创意则来源于非遗，这些文化资源基本没有被产业化。文化资源的产品化、市场化开发不足，旅游的文化内涵提炼不足，文化的旅游价值提升不多。

3. 融合发展模式创新不足

在文化和旅游融合发展模式上，多复制，少创新，特色化、差异化体现得不够。陕西具有市场竞争力和国内外影响力的文化企业比较少，缺乏参与市场化运营的主动性。陕西旅游集团和文化产业公司对整合文化旅游资源的能力不足，缺乏国际与国家品牌，难以形成规模效应与辐射效应。

4. 融合发展的支撑体系尚不完善

带动融合发展的市场主体培育不足，金融政策支撑不够，专业人才相对缺乏。陕西缺乏高端复合型创意型人才、市场营销人才、产品流通人才及高级管理型人才，所以文旅融合发展的内生力不足。融资渠道较为单一，主要是民营文化企业规模较小，市场化运作程度比较低，在一定程度上制约了文化旅游业长远发展。

三　陕西省文旅深度融合发展的新思路

陕西的文化旅游产业发展，要以习近平新时代中国特色社会主义思想为指导，全面贯彻党的十九大精神，按照优质旅游发展和全域旅游发展要求，围绕“文化陕西”定位，深入推进《“十三五”文化和旅游融合发展规划》的实施，发挥陕西丝绸之路新起点优势，积极融入“一带一路”建设，以文强旅，以旅兴文，推动资源聚合、区域整合、项目结合、产业融合。以核心景区、重大项目、重点村镇、优秀作品为载体，加快形成融合发展新举措、新机制、新业态、新模式。以红色旅游、文化旅游、山水旅游和乡村旅游为重点，以旅游 + 交通、农业、工信等相关部门融合发展为路径，以“文化陕西”“了解中国从陕西开始”为整体形象，打造有国际范、中国风、陕西味的国际一流文化旅游中心和“一带一路”旅游核心区。

（一）整合各种优势资源，加快建设文化旅游精品项目

整合优势资源，集中力量建设临潼文化旅游产业区等八大文化产业园

区，以推动陕西省文化旅游产业的跨越式发展。

西安临潼文化旅游产业区：以秦兵马俑、秦始皇陵、华清池等珍贵历史文化遗迹为主体，以骊山、渭水等自然环境为依托，建设秦始皇陵遗址公园、华清池椒园和芙蓉园等，形成集旅游观光、娱乐休闲、度假疗养等于一体的综合型文化旅游园区。

西安曲江新区文化旅游产业区：以盛唐文化为特色，建设大雁塔文化广场、大唐芙蓉园、大唐不夜城、唐城墙遗址公园、曲江海洋科普世界、中国西部国际博览中心等重点项目，形成集旅游、休闲、娱乐、会展、科教等功能于一体的新型文化旅游产业园区。

西安高新区现代文化产业创业园：以数字化、信息化高科技文化产业为特色，依托软件园和高新技术平台，建设数字文化产业园和文化娱乐区、动漫游戏区、体育休闲区、中央商务文化区，形成现代文化主题突出的产业园区。

延安革命文化区：综合开发延安革命旧址和延安革命纪念馆等革命文化资源，充分发挥其爱国主义、革命传统和延安精神教育基地的功能，使之成为红色旅游首选地。

黄帝陵人文始祖文化园：以人文始祖文化为主体，重点完成黄帝陵二期整修工程，扩大游览区域。做好一年一度的祭祀大典活动，开展海外民间祭祖活动，把黄帝陵建成海内外炎黄子孙寻根祭祖活动的文化园区。

法门寺文化园区：以佛教文化为主题，规划建设佛、法、僧三区，重点建设合十舍利塔及广场、佛教文化坛，扩建法门寺博物馆，恢复法门寺唐代风格佛教建筑群，使之成为集佛教文化旅游、佛教文化研究、佛事活动于一体的国际佛教文化中心。

杨凌现代农业观光休闲区：以杨凌高科技农业为依托，建设农业博览园，开发田园风光旅游，形成农业观光、农业科普、休闲健身园区。

西安御苑生态旅游区：以秦岭北麓自然生态风光为依托，重点建设西安秦岭野生动物园、西安园艺博物园、西安生态科技园，形成集观光旅游、休闲度假、健身娱乐于一体的综合性自然生态旅游区。

（二）挖掘传统文化内涵，提高旅游产品的文化品位

从理论上讲，旅游活动是一种益智活动，旅游者通过旅游扩大视野、增长见识、开阔胸襟、丰富阅历；旅游活动又是一种审美活动，旅游者通过对美的对象的欣赏、观察，从而得到身心愉悦和享受，并提高审美能力；旅游活动同时还是一种陶冶情操的活动，旅游者通过旅游使自己的思想得到升华、情操得到陶冶。显然旅游活动要达到这样的境界、实现这样的目的，就需要旅游产品有较高的文化品位，即有较多的文化含量和较高的文化层次。

首先，在旅游产品的设计、开发、生产和销售的全过程中，要注意把中华民族文化中的优秀成果融汇进去。利用陕西文物古迹的垄断地位和已有的知名度，深入挖掘各景区的文化内涵，加深开发层次，突出各自特色，丰富旅游内容，形成景区特色文化。

其次，在旅游产品的设计、开发、生产和销售过程中，要有更多的现代意识和现代理念，适应21世纪的时代潮流。如秦始皇兵马俑博物馆，可以将秦俑坑、铜车马坑与新发现的铠甲坑相结合，建立秦陵博物馆；更可以专门开设一个旅游项目：为游客提供工具、材料、模板，让旅客自己制作“兵马俑”，完成后可签名留下也可带走，若一次没完成可以第二次再来继续做。这样就可提高游客参与的积极性，也可以吸引游客再来。要通过各种文化表现形式强化展示功能，吸引游客，使其听得进去、看得明白、理解得深刻。

（三）坚持全域旅游理念，促进城乡文化旅游发展

如今，“上车睡觉，下车拍照”的打卡式旅游逐渐被摒弃，给游客带来全新旅游体验的全域旅游逐渐得到推广，而打造全域旅游也正是近年来陕西旅游业发展的主要方向。现在的“旅游”已经突破传统意义上的景点旅游，能够满足游客休闲度假、康养、研学等需求的新兴旅游目的地备受推崇。大众旅游时代，在新的旅游消费需求的推动下，越来越多的地区走上了全域旅游发展之路；通过不断创新发展理念和发展方式，旅游业在推动城乡经济社

会发展上的巨大潜能得到了极大释放，如同一剂催化剂，赋予了城乡经济新的发展动能。

要趁着乡村振兴战略的实施，积极推进美丽乡村建设，推动文化名县、旅游名县相互促进、共同发展。要充分发挥名城古镇、历史街区的文化价值和旅游价值，提升文化形象和旅游品位，重点推动文化和旅游的功能融合、产业融合、经营管理融合，构建特色鲜明、富有创意、聚合力强、带动力大的县域文化旅游融合发展载体。

按照全域旅游的发展理念，把城市当景区来打造和管理，重点结合旧城区、老街区改造，打造一批以袁家村、马嵬驿、西安回民街、永兴坊等为代表的文化旅游街区，让市民和游客在细微之处触手可及地感受、理解文化的魅力、城市的美好。

对于那些具有丰厚历史文化沉淀的古镇古村，通过科学规划，充分发掘民族民间文化，合理开发旅游产业，围绕宜居宜业宜游目标，以休闲度假养生养老复合产品为特色，以旅游景区为核心打造吃住行游购娱全产业链，使其成为具有浓厚文化特色的旅游小镇。按照“文态、形态、业态、生态”四态同步的发展思路，建设古色古香、特色鲜明的文化旅游名镇名村。

（四）打造陕西特色文化旅游街区、项目和文创商品

紧紧围绕游客“吃住行游购娱”的需求，挖掘餐饮文化，实施“陕菜品牌工程”，打造以“凉皮、肉夹馍、冰峰汽水”为代表的三秦套餐，打造一批陕西特色美食街区。发展文化演艺，推动重点旅游城市开发标志性文化旅游演艺项目。推广陕旅集团《长恨歌》国家旅游演艺标准，打造更多百年文旅演艺精品。发展文创商品，实施文化旅游工艺品创意提升计划，推出一批彰显陕西文化的旅游商品。发展特色住宿，提升旅游住宿品质，完善以星级酒店为引领，以主题酒店、精品酒店、旅居客栈、特色民宿为支撑的住宿业体系。借鉴《大秦帝国》《白鹿原》《平凡的世界》《一代枭雄》《那年花开月正圆》等电视剧热播的成功经验，加强影视剧拍摄与景区发展的深度合作。

促进创意产业和文化旅游协同创新，鼓励文化创意企业创作旅游内容的动漫游戏产品、数字虚拟旅游景点景观，提升旅游产品、旅游项目、旅游线路的科技含量，增强旅游产品的影响力、渗透力、感染力和亲和力。推动文化元素与时代需求、产业开发、现代旅游消费相融合。加快旅游衍生品的生产创意设计，最大限度地传播地域文化。

麻城市红色文化资源的利用与价值开发研究

周银枝　黄咏红*

摘　要： 革命传统教育是当前我国社会教育的一个重要课题，进行革命传统教育，可以激发广大群众特别是青少年继承革命传统，为振兴中华、实现伟大复兴的中国梦而献身的精神。本文以革命老区——湖北麻城的红色革命遗址与遗迹、革命博物馆、纪念园为红色教育资源，浅析了加强革命传统教育、弘扬红色文化和大别山精神，对于中国当今社会精神文明的发展和老区经济发展的重要作用和意义。

关键词： 红色文化资源　革命传统教育　大别山精神　麻城市

革命传统是指革命志士以及广大人民群众为民族解放事业英勇奋斗、坚韧不拔的革命精神和革命人格，是共产主义世界观、人生观、价值观的体现。对人民群众进行革命传统教育就是要教育群众学习和发扬革命精神、大公无私和先人后己精神，坚持革命乐观主义、排除万难去争取胜利的精神。其核心精神就是全心全意为人民服务的思想，实事求是的科学态度，爱国主义、集体主义和艰苦创业精神，这正是要弘扬的当代思想主旋律。从实际意义上来

---

* 周银枝（1979 年 6 月），麻城市革命博物馆馆员，群工部主任，研究方向公共文化服务、红色文化研究；黄咏红，本科学历，湖北省麻城市红色文化研究会理事，麻城市博物馆馆员，现主要从事麻城历史文化与红色文化研究。

看，在当今这个经济全球化、人们思想观念发生巨大变化的时代，进行革命传统教育有利于党员干部深刻了解党的历史、加强党性锻炼，而且有利于广大群众培养爱国热情、培育民族精神，有利于在新时期坚定人们的理想信念、激励人们的斗志和创业精神，从而凝聚人心、振奋精神、形成合力、加快社会主义现代化建设步伐。通过各种形式进行革命传统教育，使其发扬光大，可对我国的社会主义精神文明发展起到积极的影响作用，具有重要的现实意义。

一　麻城市红色文化资源概述

（一）麻城市红色文化资源概况

大别山地处鄂豫皖三省交界处，自古就是兵家逐鹿中原的必争之地，在中国革命史上，它是与井冈山、太行山齐名的三大革命历史名山。在革命的激流中，大别山有近百万的优秀儿女为中国革命献出了宝贵的生命，仅登记在册的烈士就有130351人，这里留下了董必武、刘伯承、邓小平、李先念等老一辈无产阶级革命家的战斗足迹。走出了徐向前、徐海东、陈赓、王树声、许世友等约350位共和国开国将帅，为中国革命的胜利做出了巨大的贡献。

在长期的革命战争中，苏区军民同心同德、浴血奋战、前仆后继，谱写了一曲曲气壮山河的动人诗篇，创造了四度辉煌。土地革命战争时期，这里先后爆发了黄麻起义、商南起义、六霍起义等100多次农民武装起义，逐步创建了鄂豫皖革命根据地，它与湘鄂西、湘鄂赣革命根据地互为犄角，同中央革命根据地遥相呼应。黄麻起义是中国共产党继领导南昌起义和秋收起义之后，在长江以北地区首次举行的规模最大的农民武装起义，是在八七会议精神指引下党领导的武装起义总体布局的重要组成部分。它揭开了鄂豫皖地区武装斗争、土地革命和苏维埃政权建设的序幕，为创建鄂豫皖革命根据地和红四方面军起了先导作用，在中国革命史上写下了光辉的一页。1932年10月红四方面军主力西征后，留下的革命力量重建红二十五军，坚持战斗在大别山区。1934年11月红二十五军长征后，重组的红二十八军和地方游击队、便衣队，仍坚持三年游击战争。抗日战争和解放战争时期，麻城又是新四军第五师开展抗日游击的主要区域和刘邓大军挺进大别山的主要立足地。这些厚重的革命历史和先辈们大无畏的革命精神，是宣教工作者对观众进行传统教育的生动教材。

（二）麻城市主要历史革命基地

麻城是党史、军史上许多重大事件的发生地，是全国革命遗址遗迹数量较多的地区之一。这些遗址遗迹是那段光荣历史的有力见证，是中国革命史的重要实物见证，也是不可再生的文化资源。麻城红色旅游资源十分丰富，目前，这些革命遗址遗迹，很多已经被打造成为全国 100 条红色旅游线路中的精品，也成为革命传统教育的重要基地。下面这三处就是麻城最有名的革命传统教育基地。

1. 麻城烈士陵园

麻城市烈士陵园于 1977 年动工兴建，于 1979 年纪念“黄麻起义”52 周年时正式落成，2005 年至 2007 年进行了大规模的改造建设。园区主要包括黄麻起义和鄂豫皖苏区革命烈士纪念碑、麻城革命纪念馆、王树声纪念馆、王树声大将墓、李硕勋烈士纪念广场、“红色中国”音乐纪念广场等景点。该陵园是全国重点烈士纪念建筑物保护单位、国家国防教育示范基地、国家 4A 级旅游景区，是湖北省爱国主义教育示范基地，也是全国红色旅游 30 条精品线路和 100 个经典景区之一。为响应公共文化数字化政策，麻城革命纪念馆和王树声纪念馆分别采用了声、光、电、雕塑、壁画、虚拟成像等场景技术展示了 76 位烈士、44 位麻城籍将军、86 位英模的生平事迹资料。该园从开园以来，一直坚持“褒扬烈士、教育群众”的办园方针，以陵园为重要的爱国主义教育基地，以争创一流的环境、一流的服务、一流的管理为目标，使之成为广大人民群众和青少年接受爱国主义、革命传统、思想道德教育的重要课堂，同时也是缅怀革命烈士和开展红色旅游的重要场所。

2. 麻城市博物馆

麻城市博物馆位于麻城市将军广场南侧，是一座坐南朝北的仿汉代城堡式建筑，是国家级3A级旅游景区、湖北省爱国主义教育基地。2003年麻城市博物馆从烈士陵园迁出，重建于陵园广场南侧，2005年竣工，2007年底完成新馆陈列布展，2008年4月免费对外开放。新馆建成后，开展了一系列主题展，如《追寻历史　探索文化——麻城历史与文物陈列》，另外设有《丁先国将军三兄弟文物展览》《麻城移民文物史料陈列展览》等。展览以大量的文物、图片和文字展示了麻城之名的由来，寻觅文明历史的踪迹，发现传世遗珍的精美，还原了移民文化的真实，展出了馆藏书画的魅力，见证了红色文化的传奇。麻城市博物馆是全国红色旅游线路精品景点，是湖北省第一批免费开放的博物馆之一，也是湖北省优质服务窗口。

3. 乘马会馆

乘马会馆，又名武昌中央农民运动讲习所旧址，位于麻城乘马岗村。从历史脉络来梳理：乘马会馆系佛教庙宇“华祖殿”，始建于清乾隆年间，1913年改建为学堂。1930年秋，国民党军队对鄂豫皖区进行第一次“围剿”时将其烧毁。1931年由当地乡绅改建为学堂，后因战火的破坏，再改建为商会会馆。该建筑坐西向东，为三开间四柱梁硬山结构，一进两重南北厢房式布局，东西长21米，南北宽30米，面积756平方米。1926年秋，徐子清、王树声、廖荣坤等以建国民党区党部为名，在乘马会馆秘密成立中共麻城第一个区党支部，领导乘马人民开展轰轰烈烈的大革命运动。同年冬，乘马区农民协会在乘马会馆成立。1927年春，麻城惨案发生，5月14日，武昌中央农民运动讲习所一大队200余学生武装同省查办“麻城惨案”委员会驰援麻城。学生军指挥部便设在乘马会馆。经过半个月的战斗，麻城党组织和农民协会武装群众共同镇压了地主武装红枪会匪和一批反动派，推动了麻城农民运动的发展。6月初，学生军凯旋。1981年，湖北省人民政府公布乘马会馆为省级重点文物保护单位。1999年，省政府公布乘马会馆为全省爱国主义教育示范基地。在增加了红色廉政文化展厅后，前来参观学习的人数更是络绎不绝，乘马会馆成为乘马岗一道亮丽的风景线。

二　开展革命传统教育，服务文化教育事业

中国革命史是一部不屈不挠的革命斗争史，体现了我国革命前辈坚定的共产主义信念，这是当代进行革命传统教育、爱国主义教育的最佳教材。它可以激发我们的干部正确把握权力、以人为本、廉洁奉公；激发广大的科技人员和工人农民同心同德、艰苦创业，发挥社会主人翁的作用，为我国繁荣富强做出积极的贡献。更重要的是能激励我们的青少年加强学习、努力拼搏，肩负起建设祖国的重任。我党优良的传统和作风是中华民族的精神支柱，对我国未来的发展、强大有着深远而重要的意义。

随着近些年我国经济的迅猛发展，人民的生活水平不断提高，受社会上一些不良现象的影响，少数人开始贪图享受、铺张浪费甚至贪污腐败，偏离了党的优良传统和路线方针政策，不利于社会发展和社会和谐，因此，对人民进行革命传统教育和爱国主义教育符合时代发展的要求。

革命博物馆和革命纪念馆是进行革命传统教育的重要基地，博物馆的宣教工作者也是红色文化的重要宣传员。博物馆的教育与服务包括许多方面，主要是为广大观众提供文化服务，为在校学生的校外教育服务，为成人终身教育服务，为科学研究服务和为旅游观光和文化休闲服务。对青少年观众进行爱国主义和革命传统教育，帮助他们不断提高社会主义觉悟和道德品质素养是博物馆的崇高任务，现代博物馆一般提供讲解、讲座、流动展览、电化教育、辅助教育等多方面的服务。

麻城市利用红色文化资源开展的革命传统教育主要有如下几方面。

第一，举办丰富的讲座活动。博物馆对于家庭和学校的教育具有辅助作用。麻城博物馆积极开展学校讲座，对学生进行革命传统教育，得到了学校师生和家长的一致好评，并采用现代媒体手段更好地让学生了解麻城红色革命历史，提升其学习的主动性。

第二，举办巡回展览。麻城市革命博物馆举办巡回展览，比如爱国主义教育和具有传统教育意义的红色展览能加强社会群体对传统教育的认知，能

点燃群众的爱国主义激情，从而达到弘扬革命传统、弘扬大别山精神的社教目的。

近年来，全国各大革命博物馆和革命纪念馆都在积极宣传红色文化和加强革命传统教育，为公众提供更加优质的社教服务。例如麻城革命博物馆近年来一直坚持面向工农、学校、社区等举办主题多样、宣传红色文化和进行革命传统教育的流动展览。例如：利用展板和图片、文物复制件、电子设备等把馆藏的革命文物和展览送到乡下、学校和社区，组织宣教工作者，比如“社教志愿者”“小小讲解员”等给观众提供讲解服务，让观众更加近距离地接触经血与火洗礼过的革命文物，让观众深刻地了解在战争年代革命志士舍生取义的大无畏精神，学习和发扬朴诚勇毅、不胜不休的大别山精神。这些展览不仅提高了博物馆的社会效益，还推进了红色文化的发展、弘扬了社会主义核心价值观。

三　发展红色旅游，推动老区经济和社会发展

红色旅游是指以革命纪念地和革命纪念物及其所承载的革命精神为吸引物，组织、接待旅游者进行参观游览，以学习革命历史知识、接受革命传统教育、增加阅历为内容的旅游活动。发展红色旅游，对革命老区而言意义深远。

（一）红色旅游是革命老区继承和发扬革命传统的有效途径

通过红色景区的开发，使革命老区群众更好地学习革命前辈艰苦创业的精神。麻城地处鄂豫皖三省交界的大别山中段南麓，红色旅游资源十分丰富，留下了许多红色革命遗址，为了适应市场经济的需要，进一步加强对革命历史文物和景区的管理，使景区的开发获得好的经济效益和社会效益，麻城市博物馆积极学习各地红色景区的经验，听取旅游者的参观感言，把继承革命传统与学习各地的经验结合起来，促进老区经济社会的协调发展，加快老区建设的步伐。采用混合开发模式设计红色旅游产品，一方面，红色产品

的爱国主义功能决定了产品开发离不开传统的观光讲解模式，以讲解故事形式将红色内涵介绍给游客，通过参观使游客重温光辉革命历史是红色旅游产品开发的根本之所在；另一方面，随着体验经济时代的到来，提高旅游项目的参与性越来越受到重视，参与体验是延长游客停留时间的有效手段，是增加红色旅游目的地的吸引力的重要途径。

在参与体验方面，采取了教唱红歌的方式与观众互动。麻城的革命歌谣客观地反映了革命战争年代麻城党组织领导人民在军事、经济、政治、文化等各个领域的具体实践，蕴含了丰富的老区革命精神、优良传统，因而更立体地映射出红色精神的丰富内涵。

（二）合理利用红色资源市场优势，带动红色资源开发

大别山红色资源丰富，有着丰富的客源市场。麻城市通过对龟峰山、五脑山、九龙山、杏花村、万亩古杜鹃花海等红色、绿色、古色旅游景点进行整体包装，已与武汉、红安、河南信阳等周边旅游部门达成合作协议，推出了麻城特色旅游活动，与陕西、山东、江西、四川等地联手开辟红色和绿色旅游线路。截至 2018 年 9 月，全市共接待游客 100 多万人次，获旅游综合收入 7 亿元，其中红色旅游接待游客和创旅游综合收入分别占总量的 40% 和 35% 。按规划，保护区以红安、麻城、团风、英山、罗田、蕲春等地革命遗址遗迹为主要片区，以黄麻起义、鄂豫皖革命根据地、刘邓大军千里跃进大别山等史实发生地为核心节点，形成保护、纪念、展示、开发大别山红色文化资源的空间格局。

（三）红色旅游不仅给人们带来了精神上的启迪，也给当地的经济带来了活力

革命老区大多数地处偏远，经济发展水平普遍不高。发展红色旅游，是带动老区人民脱贫致富的有效措施，可以将历史文化和资源优势转化为经济优势，推动经济结构调整，培育特色产业，促进生态建设和环境保护，带动商贸服务、交通电信、城乡建设等相关产业的发展，扩大就业，增加收入，

为革命老区经济社会协调发展注入新的生机和活力。大别山是红色资源的源泉，是将军的摇篮，地处鄂东的湖北红安被誉为“中国将军第一县”，地处大别山区的湖北麻城十分重视红色旅游的发展，合理利用红色资源，打造多个国家5A级景区，如龟峰山景区以红色土地为资源打造了大规模的革命之花——杜鹃花海，具有“中国映山红第一城”的旅游形象。

近年来，我国越来越重视红色文化宣传和红色旅游，人们也越来越重视对精神生活的追求。红色旅行成为大多数人观光旅游的首选。革命博物馆是新时期进行革命传统教育的重要阵地，要重视革命博物馆和革命纪念馆在全民素质教育中的重要地位，要加强革命博物馆和革命纪念馆的建设，拓宽服务口径，提升服务水平，为广大人民群众提供重温历史、学习历史、研究历史的平台。宣教工作者要把革命传统教育与现代形势教育相结合，引导民众树立正确的人生观和价值观，提高国民的综合素质，振奋民族精神，启发民族智慧，培养创新人才，推动中国特色社会主义伟大事业的发展，迎来传统教育和红色旅游带来的经济社会发展的双赢。

参考文献

王宏钧：《中国博物馆学基础》，上海古籍出版社，2006。

姚安：《博物馆12讲》，科学出版社，2011。

闫广华：《红色旅游资源开发研究》，东北师范大学硕士学位论文，2006。

案 例 篇

Case Reports

基层公共文化服务体系建设中的“以需定供”模式研究

——以泸县创建四川省首批现代公共文化服务体系示范县为例

肖 鹏 孙尚萱 李 川*

摘 要： 党的十九大明确指出，我国社会的主要矛盾已经转变为“人民日益增长的美好生活需要和不平衡不充分的发展之间的矛盾”，这一矛盾在基层公共文化服务体系建设中突出表现为供给与需求脱节错位、公共资源浪费、服务效能低下。本文旨在归纳和总结泸县在四川省首批现代公共文化服务体系示范县创建工作中探索的“以需定供”式公共文化服务的基本做法、实践成效、经验启示以及不足之处，并提出相关对策建议，以期推动现代公共文化服务体系的构建。

* 肖鹏，四川泸县文化广电旅游局宣传股股长，武汉大学公共文化政策研究实验基地观察员，主要研究方向为基层公共文化理论。孙尚萱，四川泸县文化广电旅游局办公室主任。李川，四川泸县文化广电旅游局文化股副股长。

关键词： 公共文化　需求反馈　以需定供　泸县

近年来，随着基层公共文化服务体系建设迈入“深水区”，供需脱节错位的问题逐渐暴露，中办、国办在《关于加快构建现代公共文化服务体系的意见》和《公共文化服务保障法》中先后对建立群众文化需求反馈机制提出明确要求。而在基层公共文化服务体系建设实践中，有效掌握和精准对接群众文化需求，是提高基层公共文化服务效能的重点与难点。泸县在四川省首批现代公共文化服务体系示范县创建工作中，着力开展以供给侧结构改革为主线，聚焦公共文化需求征询反馈与评价机制科学化、规范化、常态化的制度设计，积极探索以需求确定供给的“以需定供”公共文化服务模式，为有效提升基层公共文化服务效能探索了可借鉴、可复制的“泸县路径”和“泸县方案”。

一　“以需定供”模式中需求的反馈和征集

（一）需求反馈和征集制度设计思路

公共文化需求的有效反馈和征集是基层公共文化服务体系建设的关键和难点。为避免在公共文化体制机制建设和政策举措上做“无用功”，导致公共资源浪费，泸县在创建第一批省级现代公共文化服务体系示范县之初，即确立了“以问题为导向，以需求为主导”的制度设计思路，及时引入和探索以“12345 市长热线”为核心的公共文化需求征询反馈与评价机制。该制度设计及其运行的主要思路是：在不增加现有编制和投入的前提下，依托“市长热线”的权威性、执行力和较高的公众认可度，制定出台《关于通过“市长热线”广泛征集公共文化服务领域矛盾问题和服务需求的意见》，充分发挥县级宣传媒体和乡镇街道、村、社区等基层社会治理载体的群众基础优势，鼓励人民群众就县域内公共文化服务体系建设领域存在的突出矛盾问题和服务需求通过拨打“市长热线”向县委、县政府反馈。县委、县政府依据反馈的问题或需求所涉不同的政府职能转达给所属职能部门，相关职能部门在政策制定、公共资源配置和公共服务方面充分结合群众反馈的问题或需求，积极进行整改并就整改情况、政策调整或资源配置调整情况在“市长热线”规定的回复时限内作出回应。否则，按照“市长热线”的考核规则，从市到县、从县到镇街或县级部门逐级扣减信访维稳工作相应的目标考核分值，以保障该机制具有较强的执行力。

（二）需求反馈和征集制度设计的意义

1. 赋予了公共文化建设较高的权威性

长期以来，基层政府不同程度存在文化工作“说起来重要、做起来次要、忙起来不要”的问题，文化建设大多由文化部门唱“独角戏”，难以凝聚工作合力。在公共文化需求征询反馈与评价中引入“市长热线”，极大地发挥了“市长热线”这一市县级基层政府重要考核指挥棒在公共文化服务体系建设中的权威作用，通过“市长热线”回复率、满意率等考核指标，倒逼基层政府和有关部门充分履行公共文化服务职能，以满足基层群众文化需求。

2. 提高了公共文化的公众认知度

“市长热线”目前已经在全国推广使用约 20 年，在广大人民群众中具有较高的知晓度和认可度，已经成为公众与政府之间一条十分重要的沟通和信息反馈渠道。在公共文化需求征询反馈和评价工作中充分引入“市长热线”，有助于提高公共文化的公众认知度，收集到更多有效的矛盾问题和服务需求，以改变公共文化服务供需错位脱节的局面。这对深化公共文化服务体系建设领域的供给侧结构性改革，全面推行“菜单式”“订单式”的现代公共文化服务手段具有重要意义。

3. 节约了公共文化人力财力投入

“市长热线”制度经过约 20 年的运行，已形成一整套行之有效的运行模式。利用其开展公共文化需求征询反馈和评价，无须在群众需求反馈评价方面投入大量的人力物力财力，有效减轻基层文化建设人财物等方面的压力。这对于财政投入文化建设经费长期捉襟见肘、基层文化工作人员编制数量极为有限的泸县等西部欠发达地区而言，有着一定的推广借鉴意义，符合示范县创建的初衷。

4. 拓展了公共文化征询反馈和评价渠道

通过“市长热线”征集公共文化需求和评价意见是有别于传统的意见箱、座谈会、调查问卷等形式的一种既传统又新颖的反馈方式，是对公共文化需求征询反馈和评价渠道的拓展和创新。相对于传统的反馈和评价渠道，它有着时效性更高、权威性更强、更易为群众认可和接受等诸多优势。

（三）需求反馈和征集结果分析

通过建立以“市长热线”为重点的公共文化需求征询反馈和评价机制，泸县形成了以“市长热线”为主，人大代表建议、政协委员提案、来信来访、意见箱、座谈会、调查问卷、第三方评价等其他反馈形式为辅的公共文化需求征询反馈和评价体系。共收集到公共文化服务体系建设领域突出矛盾问题和服务需求意见669条，经过认真梳理，整理出具有典型意义和参考价值的意见124条，其中58条源于“市长热线”，32条源于来信来访，15条源于各种形式的会议，10条源于第三方评价，5条源于调查问卷，4条源于其他渠道。通过对这些问题的认真分析，可总结出泸县公共文化服务体系建设突出问题和群众需求如下。

1. 公共文化服务设施建设滞后

泸县在1996年泸州市行政区划调整并新建县城后，公共文化服务设施建设长期滞后于经济社会发展步伐，文体设施匮乏，县文化馆、图书馆阵地不达标，设施设备落后，难以满足群众文化需求。

2. 农民演艺发展不规范

尽管“泸县农民演艺网”已创建为国家公共文化服务体系示范项目，但目前泸县农民演艺发展仍然存在诸多问题，如演艺质量不高、农村演出监管缺位、扶持政策不优等问题。

3. 基层公共文化服务效能不高

镇村文化干事兼职现象比较普遍，专职不专干、专业能力不足问题严重。基层群众文化活动不丰富，质量不高，吸引力不够。个别镇村存在文化设施闲置甚至挪作他用的现象，基层公共文化服务效能难以体现。

4. 地方特色文化作用发挥不充分

泸县历史悠久，文化底蕴厚重、资源丰富，有着以龙桥、龙舞、龙雕为特色的丰富龙文化资源，但其与公共文化服务、文旅产业等相关业态的融合度不够。泸县独有的历史文化传承体系不健全，地方特色文化知名度、美誉度不高，作用难以得到充分发挥。

5. 公共数字文化服务发展滞后

泸县公共文化服务长期依赖于传统手段，公共数字文化服务发展滞后。群众通过手机、互联网等载体享受公共文化服务的程度受限。当地广电网络发展滞后、服务质量不高，导致用户流失严重，广电网络萎缩，群众收看电视、收听广播权益得不到充分保障，尤其是通过电视、广播了解本地经济社会发展情况受限。

6. 政府部门和社会参与公共文化服务积极性不高

文化建设主要由文化部门唱“独角戏”，个别部门还存在“重经济发展轻文化民生”的现象，没有形成全社会共同关注、共同参与公共文化服务的良好局面，反映出政府不落实对相关部门的目标绩效考核、督查指导不力、公共文化服务体系建设体制机制不健全等问题。

二　“以需定供”模式的实践成效

（一）众筹整合抓项目，夯实服务基础

针对群众反映突出的文化设施薄弱问题，采取招商引资、融资、社会资本参与的经费“众筹”模式，整合涉文涉旅项目资金，加快完善全域覆盖的文化设施网络。

1. 坚守县级阵地

投资1.2亿元建成宋代石刻博物馆、屈氏庄园博物馆，并实行免费开放，2018年初开馆以来已接待参观群众近20万人次。总投资1.2亿元的龙城文化艺术中心投入使用。龙桥数字博物馆、泸县图书馆新馆等已开展规划论证。县文化馆被评为国家一级文化馆，县图书馆被评为国家二级图书馆。

2. 夯实镇村基础

全县20个镇（街）实现综合文化站全覆盖，其中3个综合文化站建成省级示范站。20个镇（街）建成综合性文化广场50余个，总面积50000余平方米。此外，还进一步推进标准化基层综合性文化服务中心建设，301个村（社区）实现综合性文化服务中心全覆盖，达标率在80%以上。

3. 拓展设施网络

广泛普及“村情村史”陈列室，升级打造20余个文物管理所，非遗传习形成乡村“微型博物馆”，形成县域博物馆集群。建成农村应急广播“村村响”工程，发展数字电视“户户通”10万户，打造“高清四川·智慧广电”示范县。发动社会力量参与，20余支农民演艺团队自建排练室、培训室，村级图书室、健身场所等被纳入公共文化阵地。企业自建、联建“城市书吧”3家，打造多元化的城市阅读基地。全县公共文化体育设施总面积近35万平方米，平均每千人占有公共文化体育设施面积约320平方米，基本实现城市“五分钟文化圈”，乡村“十里文化长廊”“五里文化院坝”的愿景。

（二）传承融合抓品质，丰富服务供给

依托泸县老百姓在千百年生产生活实践中留下的龙文化遗产和民风民俗，深入推进公共文化服务与文艺创作生产、文化遗产保护传承、文旅产业等融合发展。

1. 文艺创作精品化

成立四川艺术创作中心首个县级创作基地，推出舞台剧《龙城宋韵》、广场舞《龙腾盛世》、城市形象歌曲《彩龙舞东方》等龙文化精品节目，其

中广场舞《龙腾盛世》获中国艺术节“群星奖”。不断挖掘传承传统曲艺，打造“中国曲艺之乡”。依托“巴蜀笑星”张德高等明星演员打造泸县农民演艺 IP，数十部小品登上央视“我爱满堂彩”栏目。

2. 文脉传承乡土化

发扬龙舞文化，以国家级非遗雨坛彩龙为龙头，全面普及龙舞技艺，建立乡村龙舞队 60 余支，培养龙舞队员 1100 余人，全县龙舞种类多达 20 余种。推动文化传承与基础教育融合发展，编印本土特色文化校本教材，30 余所中小学开设传统文化课堂，雨坛童子龙、百和莲枪大课间等成为亮丽的校园文化风景。

3. 文旅融合多元化

深入实施“文旅联动”发展战略，坚持“月月有活动，季季有特色”，形成龙舞闹元宵、“二月二 · 龙抬头”等民俗文化活动，及玉蟾春会、玉龙湖放生节等旅游演艺品牌，先后承办省级老年门球赛、城际篮球赛、青少年足球赛、小篮球联赛以及文化和自然遗产日省级主场活动等省级文体赛事活动，进一步丰富群众精神文化生活。培育文创产业，开发以宋代石刻为素材的文创产品 10 余件，设计 16 个宋代石刻萌表情在微信上线，依托宋代武士、侍女石刻展现的宋代服饰文化元素设计了数套宋制汉服，泸县宋代石刻博物馆文创商城正式上线，有力地推动了公共文化服务多元化、多样化。

（三）流动延伸抓均衡，提升服务效能

以总分馆建设为契机，着力构建以公共数字文化服务为纽带的一体化特色总分馆体系，打造流动服务品牌，清除基层群众反映强烈的文化阵地利用率低等服务效能“陷阱”。

1. 构建特色总分馆体系

以县文化馆、图书馆、博物馆为总馆，以乡镇综合文化站为分馆，以村（社区）综合文化服务中心为基层服务点，整合社会设施和文化资源并纳入总分馆体系。以“泸县文化云”公共数字文化服务平台为纽带，盘活全县

文化馆（站、室）、图书馆、博物馆、农家（社区）书屋以及其他社会资源，推进基础设施标准化、资源配置最优化、服务体系网络化、管理运行一体化，构建上下联通、结构合理、服务优质、有效覆盖的“一站式”、高效率、一体化总分馆服务网络，实现统一领导管理、统一服务目录、统一资源配置、统一人员培训、统一绩效考评。

2. 打造流动服务品牌

构建“县有激情广场大家乐、镇有百姓乐坛、村有文化志愿服务”免费开放网络，基本实现活动“周周有”。整合农民演艺团队4辆“流动舞台车”，依托文化志愿服务队常年下乡开展免费辅导、文艺演出等艺术普及活动，激情广场大家乐、百姓乐坛共计演出180余场次，文艺辅导实现40个贫困村全覆盖，年免费开放受益群众超过20万人次。购置“流动图书车”，针对农村、社区、学校、企业、机关、部队等不同群体开展“悦读共建”，拓展共建单位20余个。组建文博志愿服务队，常态化进校园、进乡村、进社区开展流动文物展、流动讲解等活动，流动博物馆免费开放服务群众超过10万人次。通过“文艺＋宣传”的形式，促进理论宣讲“联姻”文艺活动，向群众作跟党走奔小康、法治进万家、乡村振兴等主题宣讲以及文艺表演，已在全县宣讲50余场，新时代主旋律得到广泛传播。

（四）引导扶持抓特色，培育服务品牌

充分利用本地老百姓喜闻乐见的农民演艺形式，并加以引导扶持，培育本土特色农民演艺“草根艺术团”，将其发展为服务群众的“文艺轻骑兵”。

1. 构建大网络

整合农民演艺资源，成立全国首家农村演艺中心——四川龙城文艺演出中心，聚集农民演艺团队101支、专业演职人员3000余人。构建“县有演艺中心、镇有演艺站、村有服务点”的农村演艺全覆盖工作网络——泸县农民演艺网，将其创建为首批国家公共文化服务体系示范项目之一。整合川渝滇黔420余支农民演艺团队，组建西南农民演艺联盟。推出农民演艺服务

标准体系，并将其列入国家级服务业标准化试点项目。

2. 质量大提升

联合高等艺术院校、专业文艺院团常年开办农村演艺人才培训班，邀请徐沛东、何庆魁等20余位国家级专家指导农民演艺音乐、戏曲创作演出。开展农民演员职业技能鉴定，820余名农民演员获得省演艺行业协会专业认证，184名农民演员获得初级民间艺术职称。多名农民演员先后荣登央视舞台，明星演员、优秀团队不断涌现。

3. 拓宽大舞台

加大公益性演出购买力度，构建农村社区农民演艺大舞台“十团百场”、文艺巡演+城市农民演艺周末剧场的文化惠民格局，每年撬动社会资金2.5亿元购买农民演艺16000余场。实施“112”农村公益性演出服务工程（即每年每村两场公益性演出），打造农民演艺大舞台、激情广场大家乐、百姓乐坛等活动品牌，每年举办公益性文化活动超过200场次。围绕中国梦、孝老爱亲、脱贫攻坚、家风家训、党风廉政等时代主题，累计开展文艺巡演巡展300余场次，受益群众20余万人次。

（五）体制改革抓常态，创新服务模式

深挖文化体制弊端，破除满足群众文化需求的体制障碍，切实推进政府职能由“办文化”向“管文化”转变，创新服务模式。

1. 探索绩效管理新机制

建立公共文化服务体系绩效考评体系，将其纳入宣传思想文化工作目标考核体系，作为干部奖惩、提拔任用的重要依据。通过“县管镇用”统筹乡镇综合文化站免费开放经费，依据综合文化站绩效考核排名差异化分配免费开放经费，以提升服务效能。

2. 探索评价反馈新路径

充分利用“12345市长热线”在公众意见反馈上较高的权威性、执行力和公众认可度，构建以“市长热线”为主，以意见箱、来信来访、召开会议、调查问卷、第三方评价等其他公众意见征集反馈渠道为辅的公共文化需

求征询反馈和评价制度体系，推动公共文化供给侧结构性改革，探索以问题为导向、以需求为主导的“以需定供”式公共文化服务，有效避免公共资源的浪费，实现公共文化资源配置最优化。

3. 探索乡村整合新模式

在部分文化资源丰富、氛围浓厚、基础扎实的行政村探索文化资源大整合、服务效能大提升的公共文化综合体模式，统筹建设标准统一、互联互通、功能齐全、运行规范的村级公共文化阵地，并发挥辐射带动效应，进一步充实基层文化服务网络。

4. 探索社会参与新举措

完善公共文化服务体系建设协调机制，定期召开协调会。传统文化进校园“一校一特色”、文旅活动“一镇一特色”格局逐步形成，工、青、妇等群团机关统筹开展文体活动形成常态，带动一大批优秀民间艺人、文艺爱好者组织开展乡村春晚、广场舞、全民阅读、农民运动会等文体活动，社会资本参与文化建设、文化管理、文化活动超过3亿元。

三　经验启示

结合泸县在四川省首批现代公共文化服务体系示范县创建工作中探索的“以需定供”式公共文化服务的做法，针对构建现代公共文化服务体系，总结出以下几点经验启示。

（一）“跳出文化抓文化”

现代公共文化服务体系之所以为“现代”，关键在于服务方式、服务手段有别于传统方式和手段，能解决公共文化服务体系建设领域发展不平衡、不充分、不标准等诸多问题，满足人民群众日益增长的美好生活需求，使公共文化事业发展更加符合当代社会发展进步趋势。泸县在创建工作中，不满足于传统的群众需求反馈和评价手段，突破文化行业系统的桎梏，将原本与文化建设关系不大的“市长热线”这一群众反馈需求手段有效引入文化需求反馈与评价体系，敢于打破传统规则、跨越文化界限，才能取得公共文化服务体系建设的创新与突破。

（二）以问题为导向，以群众需求为主导

近年来国家在公共文化服务领域大力提倡“菜单式”“订单式”服务，这关键在于将习近平总书记关于供给侧结构性改革的理论成果引入公共文化服务体系建设，建立以群众需求为主导的“以需定供”式公共文化服务体系。这样能够有效避免政府拍脑门决策、一厢情愿式地提供公共文化服务，从而极大地节约公共资源、避免浪费。泸县把公共文化需求征询反馈和评价机制研究作为第一批省级现代公共文化服务体系示范县的创建主题，目的也在于进一步深化公共文化供给侧结构性改革，建立以问题为导向、以需求为主导的“以需定供”式公共文化服务体系，从而有效节约西部县级基层地区本就不充沛的公共资源、实现公共文化资源配置最优化。

（三）发动社会各界广泛参与，凝聚工作合力

公共文化服务体系建设是一项系统工程，涉及方方面面、各行各业。泸县通过创建第一批省级现代公共文化服务体系示范县，深刻体会到，公共文化服务要取得实效，必须针对行业、部门的不同特点，采取针对性的、关键性的举措，才能激发社会各界的参与热情。例如，针对政府有关部门，就必须从密切关系部门利益的目标绩效考核入手，从贯彻落实《公共文化服务保障法》的高度，协调推动党委政府把公共文化服务体系建设纳入政府目标绩效考核体系，并严格奖惩兑现，才能督促有关部门切实履行文化职责。

（四）让文化“飞入寻常百姓家”

从广义上来说，文化并无清晰的界限。日常生活中看似与文化毫不相干的吃穿住行，可以产生美食文化、建筑文化、服饰文化等等，各行各业经过一定的历史积淀，都会形成独有的文化习惯和文化特征。因此，公共文化服务体系要真正建成覆盖全域、惠及全民的惠民工程、民心工程，就必须以海

纳百川、有容乃大的胸怀接纳和包容一切可以满足人民美好生活需求的文化形态和文化现象，使之成为公共文化服务体系建设的有机组成部分。在日常生活的方方面面，可以通过文化创意形成充满文化味道的文创产品；可以将生活中的感人事迹、道德楷模通过文艺创作、艺术夸张，变成观赏性、艺术性、故事性俱佳的文艺精品力作，使其发挥春风化雨、温润心灵、润物无声的引导功能；勤劳勇敢的祖先遗留下的宝贵文化遗产，也可以经过合理开发利用，形成文旅产业。小到生活百态，大到家国情怀，无不能与公共文化相融共存、相得益彰。

四　问题与不足

尽管泸县在推行“以需定供”式公共文化服务、构建现代基层公共文化服务体系过程中取得了诸多成效，但是不难发现，仍然存在以下几点不足。

（一）文旅发展投入不足

近年在中央、省财政转移支付经费大量向贫困县倾斜的大环境下，作为非贫困县的泸县向上争取经费难度加大。泸县作为百万人口大县，财政保民生、保运转压力大，投入文旅发展的资金极其有限。投入不足导致泸县重点文旅项目推进不均衡，向国家、省申报的文物保护类项目得到国家财政资金的足额保障，推进比较理想，但文化基础设施等民生项目缺乏足够资金保障，在建的龙城文化艺术中心、体育中心，新建的图书馆、龙桥数字博物馆等项目推进缓慢。文化部门在推进项目建设和招商引资上与经济部门相比缺乏丰富的经验、有效的渠道和手段，项目包装、储备不足，招商引资难。

（二）人才队伍结构不优

现有文化人才队伍年龄、知识结构偏于老化，尤其是镇、村文化干事兼职现象仍然存在。基层文化干部大多凭自身兴趣爱好开展文化工作，缺乏专业特长，导致个别镇村文化设施利用率低、活动开展不多、服务效能不高，难以适应新形势下的文化建设要求。县文博图“三馆”普遍缺乏高水平专业技术人才，文史研究、文艺创作中鲜有精品力作诞生。农民演艺队伍受限于自身素质和艺术基础，培训效果不佳，演艺质量难有大幅度提升，与专业文艺院团比差距太大。

（三）文旅体制机制不畅

大多数基层干部的主要精力用在了经济指标、扶贫、环保、维稳等硬指标上，对文旅发展还不同程度地存在“说起来重要、干起来次要、忙起来不要”的现象，领导干部抓文旅意识普遍不强，部门单打独斗的现象依然存在，泸县文旅发展特别是旅游业发展与周边区县差距较大，为公共服务事业发展提供的支撑不足。文旅发展考核尽管列入了县委、县政府综合目标考核，但还存在执行不严、结果运用不充分的现象。个别文旅公共服务设施、景区还存在多头管理、各自为政、推诿扯皮等问题。

五　对策与建议

为进一步推动泸县“以需定供”式公共文化服务的发展、构建现代基层公共文化服务体系、满足人民群众的基本文化需求，笔者提出以下几点建议。

（一）升级完善文体设施网络

要多渠道筹集文化设施建设资金，建成龙城文化艺术中心、泸县体育中心等重点项目，加快建设图书馆新馆、龙桥数字博物馆，持续升级改造乡镇综合文化站、基层综合性文化服务中心。推广创建工作中探索的“公共文化综合体”模式，推动基层文化资源、文化设施大整合，实现效能大提升。鼓励和支持基础扎实、积极性高的学校、企业、机关事业单位、农民演艺团队自有场地等成为基层公共文化服务点，推动基层文化设施共建共享。

（二）深化文化旅游融合发展

要紧扣“千年古县·宋韵龙城”“中国龙文化之乡”品牌，深入实施“文旅联动”发展战略，抢抓乡村振兴战略机遇，突出“资源变现、基础配套、环境优化”，努力把泸县打造成为全国知名的龙文化休闲度假旅游目的地，全力争取四川天府旅游名县候选县资格，重点抓好旅游与本土历史文化、传统农耕文化的融合发展，提升文化旅游配套和服务质量。加强政策扶持，优化发展环境，争取项目落地泸县，推动文旅融合高质量发展。

（三）发展传承优秀传统文化

要规范宋代石刻博物馆、屈氏庄园博物馆的开放运行。依托中国东方文化研究会龙文化研究院，深入研究泸县龙文化起源，形成一系列研究成果，讲好泸县龙故事。组织“非遗”进校园、进机关、进社区、进军营、进院坝，培育和打造一批传习示范基地。依托雨坛彩龙演艺有限公司，适时引进优秀剧目，打磨提升《龙城宋韵》舞台剧，以雨坛彩龙表演为重点，创作龙舞表演剧目。

（四）完善群众文化活动体系

继续深入实施“112”农村文艺演出惠民工程，以学习贯彻党的十九大精神、乡村文化振兴为切入点，开展弘扬社会主义核心价值观创演活动。积极承办国家级、省级大型文体赛事活动，持续举办农民春晚、农民演艺大舞台、激情广场大家乐等群众文化活动，着力办好以龙文化、农民演艺为特色的跨区域、跨行业文化活动，全力支持社会力量参与，引导群众自办“村晚”、农民运动会等文体活动，最终形成完善的群众文化活动体系。

（五）加强文化人才队伍建设

设立培训基金，协调省内外高等艺术院校、专业文艺院团、文艺协会等机构提供高水平师资力量，每年定期联办文化人才培训班、农村演艺人才培训班。采取“上挂下派”等形式，促进文化干部队伍流动。强化政策激励引导，引进一批急需的高水平文化人才。针对基层文化人才队伍实际情况，探索文化职称评审制度改革。加强文化行业职业技能鉴定，实现“技能鉴定＋职称评审”双管齐下，有效激发基层文艺队伍的创造活力。

六　结语

基层公共文化服务体系的建设能丰富群众精神生活、传播先进文化、满足人民群众文化需求、保障群众基本文化权益。泸县在现代基层公共文化服务体系建设中以公共文化需求征询反馈与评价机制准确把握公众文化需求，并采取“以需定供”公共文化服务模式，充分发挥基层公共文化服务效能，这其中的经验值得借鉴并加以推广。此外，面对在“以需定供”公共文化服务模式建设中暴露出的问题，也应采取有效措施加以解决，不断完善基层公共文化服务体系，提供更加完美的“泸县路径”和“泸县方案”，助力全国公共文化服务体系建设。

关于我国博物馆策展实践的思考

——以重庆市博物馆系统优秀展览评选活动为例

牟元义*

摘　要： 策展是博物馆的重要职能，在博物馆各职能环节中发挥着承前启后的中枢与核心作用，也体现了博物馆办馆水平。2018 年，为了推出高质量的展览、满足人民群众高品质生活需求，重庆市文物局开展了每年一度的优秀展览评选活动，并取得较好的成效。为推动博物馆展览提档升级、实现博物馆内涵式发展，本文以重庆市优秀展览评选活动为例，对如何加强博物馆策展管理提出对策建议，以期提升博物馆整体管理水平和服务质量。

关键词： 博物馆　策展　公共文化　重庆市

一　重庆市2018年博物馆系统优秀展览评选活动概述

2019 年，重庆大韩民国临时政府旧址陈列馆受重庆市文物局委托，承办了全市博物馆系统 2018 年度优秀展览申报评选活动。活动采取单位自主申报、评选小组实地踏勘、专家遴选等环节，自开展以来，社会各界积极参与，得到了广泛关注，这次优秀展览评选也集中反映了重庆市博物馆系统 2018 年度策展水平和策展成效。

* 牟元义，大韩民国临时政府旧址陈列馆馆长，研究方向为公共文化服务与文化产业发展。

（一）展览质量更优

本次参选的展览呈现选题立意精准、设计制作精良、总体水平大幅提升的良好态势。获奖的展览内容丰富、题材多样，呈现了鲜明的时代性、思想性和艺术性，在围绕中心、促进经济社会发展等方面发挥了重要作用。2018年是改革开放四十周年，全市各博物馆策划推出了一系列重大展览宣传活动。其中，重庆红岩革命历史博物馆的《不忘初心　牢记使命——中国革命精神联展（1921～1949）》，为迎接新中国成立70周年，做了浓墨重彩的前期铺垫，在本次评选中获创意奖。重庆川剧博物馆《傲雪寒梅喜迎春，百花共贺新时代——重庆市川剧院纪念改革开放40周年成果展》获内容设计奖。从获奖展览的题材来看，历史文化类仍居主流，同时涌现了一些门类独特、以小见大的专题展览、联合展览，令人耳目一新。重庆中国三峡博物馆推出的《盛筵——见证史记中的大西南》还同时成功入选中国博物馆展览十大精品奖，深受社会各界充分肯定。重庆中国三峡博物馆《回望归鸿——徐悲鸿抗战时期绘画作品展》，内容精彩纷呈，展品中不乏名家后人捐献的大量真迹原作，让观众领略了大师风采。

（二）策展亮点纷呈

本次共收集申报展览涉及21个单位，共28个展览，同比增长50%、33.3%。其中基本陈列8个，临时展览20个。部分展览资金投入多、展厅面积大、展线较长等成为本次申报展览的主要亮点。其中，获本次优秀奖的忠州博物馆《“忠义之魂大地史书”基本陈列》，展厅面积6000平方米，展线达940米，资金投入5500万元。九龙坡区建川博物馆申报的《兵工署第一工厂陈列》《抗战文物陈列》共计展厅面积2900平方米，总投入5000万元。重庆湖广会馆移民博物馆的《千秋红岩——中共中央南方局历史陈列》展厅面积3100平方米，展线长700米，资金投入1350万元。重庆自然博物馆《“达尔文星球”VR科普展》展厅面积2000平方米。在优秀奖中，获奖机构的地域和层级分布均衡全面，其中分布在重庆主城九区的相对较多。从展览题材看，历史、纪念、艺术、自然、科技等类型展览均有参赛，题材较往年同期更加丰富多样。

（三）社会参与度高

获得本次优秀展览第一名的《盛筵——见证史记中的大西南》展览，由重庆中国三峡博物馆牵头，联合重庆、广西、贵州、四川、云南5个省份的8个博物馆参加，形成了重庆引领、辐射西南，共同策展、打造精品的良好氛围。本次申报评选单位中，除了国营博物馆外，民营博物馆参选单位3家，占14%。其中，九龙坡区建川博物馆《兵工署第一工厂陈列》、重庆湖广会馆《湖广填四川移民博物馆基本陈列》获优秀奖。在参评单位中，大部分展览均由社会企业参与策展、设计和制作。如北京三恒文化传播中心参与《重庆川剧院庆祝改革开放40周年展陈设计和施工》。上海睿宏文化传播有限公司等承办了重庆自然博物馆主办的《“达尔文星球”VR科普展》。社会企业参与策展，为提升展览水平奠定了坚实的基础。

（四）深受观众欢迎

本次申报单位总计接待观众642.6万人次，其中未成年人140万人次。《千秋红岩——中共中央南方局历史陈列》观众70万人次，其中未成年人12万人次。获观众欢迎奖的有重庆中国三峡博物馆推出的《新春文化系列展：福犬迎春》接待观众24万人次。获本次综合效益奖的有重庆自然博物馆推出的《“达尔文星球”VR科普展》，媒体宣传《“达尔文星球”VR科普展》给广大市民朋友们带来一场寓教于乐的新媒体科普盛宴。该展览展期6个多月里接待观众24万余人次，其中免费18万人次，收费6万人次，体验性收入76.11万余元，纪念品销售收入13.87万元，实现了总产值近90万元。展览强调科普性与互动性，让体验者跨越时间和空间的限制，在游玩的同时去接触和学习科学知识。重庆市川剧院推出的《傲雪寒梅喜迎春，百花共贺新时代——重庆市川剧院纪念改革开放40周年成果展》受到了亚洲文旅卫视、重庆电视台《第1眼》、央视11频道《戏曲采风》、《重庆日报》等媒体大篇幅报道，并被给予很高评价。尤其是喜爱川剧的观众反响强烈，认为这样的展览很“接地气”，“参观很受益”。

二 重庆市博物馆系统策展取得的实效

重庆市博物馆系统策展获奖项目作为全市博物馆陈列展览的缩影，反映了文博单位积极推动文物活起来的尝试、广度和社会影响力。伴随文物保护利用改革的不断深化，陈列展览精品将持续呈现给广大公众，进一步引领博物馆系统激活文物资源、提升展览水平和开放服务质量，更好地满足人民群众对美好生活的新期待。

（一）推动全市文博系统实现内涵式发展

展览工作是博物馆履行文物征集、学术研究、对外开放、社会教育等职能职责的中心环节，是实现服务大众、馆际交流、参与地方文化建设等主体目标的重要载体。重庆市长期以来致力于博物馆内涵式发展，即在博物馆以数量指标为代表的外延发展基础上，更加注重以质量指标为代表的内涵发展，紧紧围绕展览提升工程，强化顶层设计，注重社会效益，提高管理质量，让博物馆真正以人民为中心，服务广大社会群众。

2018年，重庆市博物馆系统推出的一系列展览精品力作，切实让博物馆由需求侧向供给侧转变，不断引领观众提升消费水平、文化旅游发展方向。本次优秀展览评选活动申报单位共计展出文物7261件/套。其中，忠州博物馆达2000件、九龙坡区建川博物馆1184件、北碚区博物馆1200件，各单位纷纷推出镇馆之宝，让观众大饱眼福、直呼过瘾。策展工作也为文物考古发掘、文物修复、不可移动文物修缮等工作提出了新任务。2018年，重庆市开展考古项目73项，发掘面积37734平方米。历时八年的三峡库区水藻区考古阶段性收官，累计发掘面积10万余平方米，保护修复出土和馆藏文物656件/套。全市还大量开展了古民居、名人旧居等不可移动文物修缮保护工作，为展览提供了大量新的空间和场所。博物馆展览，对保持博物馆的生命力、提高观众的流量、提升自身的社会影响力、深度开发博物馆文化产业等发挥了非常重要的作用。

（二）助推全市文旅融合发展再上新台阶

文化是旅游的灵魂，旅游是文化发展的重要载体，文化与旅游融合发展是当今世界的发展潮流之一，也是社会经济协调发展的趋势。近年来新兴的博物馆旅游，更是成为文化、旅游消费的新亮点。博物馆成为市民茶余饭后的休憩处、接待亲朋的文化客厅、外出旅游的一道新的风景线。2018 年是文化和旅游融合发展的开局之年，重庆市以丰富的文物资源，配合快速发展的旅游发展态势，实现了“诗与远方”的兼得，《2018 年中国旅游城市榜单》发布数据：重庆市接待游客 5.5 亿人次，位居全国第一。其中，重庆市博物馆接待游客 3100 万人次，有力地推动了文化和旅游事业的融合发展，实现了互利双赢。

（三）彰显和提炼地方特色文化

博物馆展览是地方特色文化的集中展示、宣传推介平台。重庆是历史文化名城，在 3000 多年的悠久历史中，出现过多层次、多领域、多形态的文化现象，其中居于主体地位的是巴渝文化、革命文化、三峡文化、移民文化、抗战文化、统战文化六种形态。重庆历史文化是中华民族文化体系的重要组成部分，是民族的、大众的、科学的中国革命文化的重要组成部分，是具有重庆地域特点、人文特色、性格特征的，从重庆的大山、大河中生长出来的独特的文化品种，它与齐鲁文化、燕赵文化、三晋文化、中原文化、荆楚文化、湖湘文化、海派文化、吴越文化、南粤文化、东北黑土地文化等一起，共同构成了中华民族最宝贵的精神文化财富①。重庆市以重庆中国三峡

① 周勇：《答“重庆文化之问”——对重庆历史体系的探讨》，《重庆日报》2018 年 8 月 10 日第 7 版。

博物馆等为龙头的历史、革命、抗战、工业、自然与科技五大博物馆群，从不同的角度，集中或专题展示了重庆六种文化形态，成为传承与了解重庆文化的窗口和桥梁。

（四）开展国民终生教育，实现文化历史素养提升

博物馆是开展终身教育、提升国民素质的重要载体。博物馆在提高国民素质方面不同于一般的学校教育，不受性别、年龄、文化程度、健康状况等的限制，突出社会性、大众和普遍性的特征，可使全体公民共同享受这种无差别的服务。不同类型的博物馆可满足不同人群的需求，如重庆中国三峡博物馆作为综合性博物馆，以其大而全的基本陈列《壮丽三峡》《远古巴渝》《抗战岁月》《重庆——城市之路》等，满足各类人群需求。部分专题博物馆以其展览主题鲜明、有深度，不断满足部分人士的特殊需求。如重庆大韩民国临时政府旧址陈列馆推出的《大韩民国临时政府旧址在重庆》《韩国光复军总司令部在重庆》历史陈列，重庆抗战遗址博物馆基本陈列，九龙坡区建川博物馆《兵工署第一工厂陈列》等作为世界反法西斯战争的见证，吸引了国际、国内众多的游客来重庆观赏。

三　重庆市博物馆系统策展的思考

近年来，重庆市博物馆立足于规范服务、提升质量、加强内涵式发展，不断实现高质量发展，为观众提供高品质服务和产品。

（一）博物馆的快速发展为推出优秀展览打下了坚实基础

长期以来，重庆市各级党委、政府高度重视博物馆建设和发展。重庆于 1986 年被国家公布为第二批历史文化名城，全市有不可移动文物 25908 处，居西部第三位、直辖市第一位。重庆拥有全国重点文物保护单位 55 处、市级文物保护单位 384 处、博物馆（纪念馆）100 家，其中等级博物馆 16 家。历史、革命、抗战、工业、自然与科技五大博物馆群越来越健

全，丰富多元、结构优化、层级合理的博物馆体系基本形成。全市80%以上的区县已建成开放或在建博物馆，馆文物总量76万余件（套）。2018年度，全市新建成开放巴南、永川、梁平、重庆建川博物馆聚落等12家博物馆，新增国家等级博物馆5家，全市博物馆总数达100家，其中等级博物馆16家。出台《关于促进非国有博物馆发展的意见》，全市非国有博物馆数量达21家，采集登录藏品20972件（套），基本摸清藏品底数。重庆市博物馆的加快建设发展，为推出优秀展览提供了展示空间、奠定了坚实基础。

（二）优秀展览评优活动引领推出精品力作

近年来，重庆中国三峡博物馆、重庆自然博物馆多次获得“全国博物馆十大展览精品奖”，这表明重庆的博物馆策展能力、对馆藏资源的挖掘程度大幅提升，对馆际交流合作的探索持续加强。参照全国博物馆十大展览精品奖评选模式，重庆市文物局也从2009年开始举办“博物馆优秀展览评选活动”，一年一评，已开展10年，推出优秀展览100余个，展览单项奖60余个。目前，重庆市博物馆“优秀展览评选活动”已经迅速成为受到社会和公众关注的博物馆界的著名“品牌”，不仅吸引了越来越多的广大观众走进博物馆，也提高了文物、博物馆工作者的精品意识，推动了博物馆事业的建设和发展，取得了良好的社会效益，已经成为全市文博行业最具影响力的评选活动。

（三）博物馆规范化服务要求展览提档升级

经过近年来的大力推动，重庆市博物馆每年举办展览数量大幅提升。博物馆免费开放每年接待观众约3000万人次，平均每馆观众量比免费开放前增长50%，有些区县博物馆观众增量甚至达到免费开放前的数倍。2018年，重庆市坚持将原创展览与引进市外文博大展特展相结合，博物馆推出主题鲜明的精品展览310个，开展社会教育活动6603次。由国家文物局主办的智慧文博展区亮相首届“智博会”，由市内17家博物馆组成的重庆展团首次亮相“博博会”，故宫学院成功落户重庆，三峡博物馆获评为“2018 年全国最具创新力博物馆”，三峡数字博物馆入选《2018 中国智慧博物馆蓝皮书》实践案例，红岩干部党性教育基地成为中央国家机关党校首批 12 家党性教育基地之一，白鹤梁水下博物馆获评为“全国文物系统先进集体”。博物馆、纪念馆新建和改扩建步伐加快，展览门类多、更新快，展示服务水平、观众数量和社会关注度大幅提升，文化传播和普及功能日益增强，这些都对展览的质量评价包括精品评选活动的组织提出了新要求。

四　加快提升博物馆策展水平的对策建议

随着当前社会的飞速发展、科技发展日新月异，人们对博物馆展览的要求不断提高。博物馆亟须提升策展水平，以更好地服务社会、服务观众。

（一）切实加强博物馆建设，为展览培育生存土壤

博物馆建设是展览的基础和平台，好的博物馆建设将为优秀展览打下良好基础。加强博物馆建设首先要在数量上有增加。针对重庆市实际，要逐步达到博物馆建设一区（县）一馆全覆盖。要不断完善五大博物馆配套布局，不断为展览提供空间，组织实施“两江四岸”（长江、嘉陵江）人文荟萃风貌带打造、传统风貌街区保护利用等一批保护展示项目，让部分文博单位成为新的旅游打卡地。切实加强不可移动文物的活化利用，多策展览，让文物活起来，把文物利用起来。特别是要对已修复的不可移动文物空间，要加大利用力度，通过举办一些简洁、配套性的展览，让观众不但感受文物的魅力，还能系统了解文物，充分发挥不可移动文物的作用。其次是要在提质上下功夫，在规划建设博物馆时就应有相应的策展团队前期参与，对建筑物的层高、公共通道、无障碍设施、展览开放区与办公区合理分区、展线设置等要统筹考虑、提前谋划，对建筑风貌也要求符合内容大纲。其实，博物馆建筑本身就是一个大展品，就是当地的地标性建筑，随着时间推移，它也将成为文物进入人们的视野。

（二）加大博物馆策展投入

博物馆事业的发展情况、受重视程度，往往可以反映一个国家和地区的文化和教育事业的发展水平，也是反映一个国家和地区的国民素质的重要衡量指标①。博物馆推出好的展览需要投入大量的经费，才能满足群众求知、求新、求美的需求，才能真正让观众想来博物馆、来了不后悔、看了有收获。2017 年 7 月 5 日，财政部办公厅发布了《展览项目支出预算方案编制规范和预算编制标准试行办法》（以下简称《试行办法》）。这是我国展览项目支出预算的第一份全国性的规范和标准，对我国展览行业影响重大。《试行办法》的发布，对整个展览项目以及各环节中的精细化控制提供了重要依据。《试行办法》中提出，博物馆展览经费，每平方米不低于 14000 元，纪念馆不低于每平方米 12000 元。这将极大地保障各类展览的质量和水平，为各种展览手段的使用打下坚实基础。我们可以寻求细节上的突破，可以借助丰富的馆藏文物来更新展品，通过每隔一定时间更换部分展品来保持参观的新鲜感，保持循环，常换常新。内容丰富、主题鲜明、陈列形式新颖活泼的展览不仅能吸引学生，开发他们的智慧，还能培养学生的创造力。现代博物馆的陈列设计应该抛开只将展品摆在展柜里、将图片文字贴在展墙上的陈旧方式，而应该采用声、光、电结合的多样化表现手段，增强陈列的艺术性，满足观众的视觉感受需要和动手触摸的体验欲。大力提倡运用多媒体手段，让博物馆库房“展厅化”，尽量不让展厅“库房化”，以让观众有更好的观展体验，也为文物提供更好的安全保障。

（三）切实优化博物馆展览评选活动

一是改进评选办法。在现有专家评审的基础上，增加观众投票环节，让评选活动有更多的媒体参与、有更多的观众参与、吸引全社会关注，形成良好氛围。特别是就观众最喜爱的展览设立综合效益展览专题奖，充分体现社

① 张经：《韩国博物馆印象》，《博物馆研究》2016 年第 3 期，第 4 页。

会反馈、观众评价，真正把受社会欢迎，社会效益、经济效益双丰收的优秀展览评出来、推出来、吸引全社会共同参与。二是切实加强成果运用，激发策展积极性。将考核结果运用于年度考核、免费开放绩效考核、博物馆等级达标考核等。同时，对参与的策展人、内容设计师、形式设计师、宣传推介人员等进行奖励。对推选出来的优秀展览，通过举办培训班、编辑出版图书、经验资料分享等形式，加大宣传推广力度，不断提升全市各博物馆策展水平。培育新的作品及策展团队，做到既出作品又出人才。同时，鼓励社会企业参与，评选并推出一批策展公司、制作公司等社会企业和设计师、设计团队等策展人才队伍，切实加强鼓励，让更多的社会力量参与到博物馆展陈事业中来，营造全社会关注、参与、支持博物馆展陈事业的良好氛围。三是切实加强展览后续服务工作，让博物馆展览发挥更大的综合效益。在博物馆社会教育活动、文创产品开发、观众接待讲解等方面继续深挖细掘，让博物馆成为公众青睐的文化体验点。吸引更多的观众走进博物馆、走近文物本体，深入挖掘文物背后的“人文精神”，为市民文明素质提升提供深厚滋养。

（四）用观众“回头率”来考核博物馆的策展水平

观众总人数是体现博物馆发展数量的主要指标，但是业内常常也将其作为反映博物馆及其展览发展质量的指标来看待，而这显然是不够准确的。随着公众文化需求的不断提升，评判博物馆优劣的标准，不再是单纯看观众人数——“参观率”很重要，但更重要的是公众体验，这也决定着博物馆能否提升“回头率”[①]。优秀的博物馆展览是提升观众“回头率”的重要筹码。许多博物馆由于长期不更新展览，观众也只看头一回，很难有较高“回头率”。博物馆虽然基本陈列是老面孔，但是可以在临时展览上大做文章，做出专题，做出特色，做到常换常新，让观众主动“回头”。有了较高“回头率”，说明博物馆有了一批比较固定的、长期的观众。对于绝大多数

① 朱凯：《亲近公众，博物馆才有“回头率”》，选自《南京日报》2016 年 5 月 21 日 A1 版。

博物馆特别是非旅游地博物馆来说，通过了解博物馆观众的参观意愿与行为方式来研究观众的“回头率”问题，对于建立和发展相对固定的观众群体，以及开发新的观众群众，都有十分积极的意义和价值。

（五）大力推进研学旅游

当前，许多旅游通过旅行社组织，在规定时间内参观完文博景点，观众参观只是走马观花、浅尝辄止，效果十分不理想。而且，这种旅游对博物馆海量的参观资源而言是浪费，也导致部分博物馆为迎合观众观展习惯，推出“短、频、快”、只注重表面印象的低水平展览。博物馆大部分展览均有一定内容深度、视野广度、人文温度，只有通过静心澄虑的观摩把玩，方能品出其中三昧。因此，很有必要推出研学旅游以切实解决这一问题。研学旅游是衔接学校教育与校外教育的创新形式，也是开展深度游、专题游的重要旅游形式。研学旅游最突出的特点是它的体验性，让游客在体验中获取知识、身心素质得到提升。在博物馆开展研学旅游是文化与旅游融合的最佳模式，可以充分利用博物馆展览的海量信息储备，让观众进行系统、全面的了解、观赏、深度解读，真正让观众游有所值，实现开阔眼界、体验交流、知行合一、认识自己、感知世界。

浅谈博物馆与社区文化共建新模式

——以武汉博物馆为例

杨　颖*

摘　要： 近年来，博物馆的社会教育功能进一步强化，随着2019年“国际博物馆日”主题的确立，博物馆与社区之间的文化共建日益加强。从广义上讲，社区是若干社会群体或社会组织聚集在某一个领域里所形成的一个生活上相互关联的大集体，是宏观社会的缩影。对于城市来说，社区一般指的是经过社区体制改革后做出规模调整的居民委员会辖区，如学校、工厂、居委会等。本文立足于城市社区的范畴，通过对博物馆职能的演变、博物馆与社区关系的思考和分析，阐述博物馆与社区之间的互动性、共建性与创新发展。

关键词： 博物馆　社区　社会文化教育　武汉市

一　博物馆职能的演变

1988年英国博物馆与美术馆委员会为博物馆下的定义是“为公众的利益而收集、记录、保护、陈列、阐释物质证据及相关信息的机构”。似乎，

---

* 杨颖，硕士，武汉博物馆社教部助理馆员，研究方向为中国史、文化理论。

博物馆从一开始就是陈列历史文物的场所，只是一个静态的展陈场所。从博物馆的发展轨迹上看，最初收藏、科研和教育是博物馆的三大功能，但随着时代的变迁，三者的地位也此起彼伏。2007 年 8 月，在维也纳召开的国际博物馆协会第 21 届全体会议，将博物馆定义修订为“博物馆是一个为社会及其发展服务的、向公众开放的非营利性常设机构，为教育、研究、欣赏的目的征集、保护、研究、传播并展出人类及人类环境的物质及非物质文化遗产”。这一定义不仅提出非物质文化遗产的概念，还将“博物馆教育”列为博物馆的首要功能。

纵观近三年的国际博物馆日主题，博物馆的社会教育职能正在进一步强化，无论是收藏、研究、陈列、教育、讲解或其他岗位都确立了以为公众服务为核心的工作理念，强调博物馆与社会公众的交互性。

2017 年“国际博物馆日”主题为“博物馆与有争议的历史：博物馆讲述难以言说的历史”，其关注的是博物馆所发挥的社会作用，即博物馆是努力造福社会、致力于促进人类和谐共处的重要场所。该主题同时强调，接纳具有争议的过去是走向和解、畅想共同未来的第一步。

2018 年“超级连接的博物馆：新方法、新公众”，即要求博物馆将视野投向当地的社区，以及组成社区的多元群体，开创藏品阐释与展示的新方式。随着科技的发展，博物馆可以吸引核心观众以外的群体，并通过新的藏品阐释手段找到新的观众。例如，博物馆可以将藏品数字化，为展览增添多媒体元素，甚至一个简单的社交媒体“标签”就可以让观众在社交媒体上分享体验。这种创造性转化和创造性发展，不仅是新科技、新媒体的探索与实践，还包括理念的变革与创新。

不同于过去静止不变的机构，当今博物馆的社会作用正在变得更具交互性，以观众为中心，以社区为导向，更具灵活性、适应性和可移动性，博物馆遂成为文化中枢，观众可以共同创造、分享和互动。因此，2019 年国际博物馆日主题是“作为文化中枢的博物馆：传统的未来”，即博物馆在保持其原始使命——收藏、保护、交流、研究和展览的同时，也在逐步增加新的功能，使自己与所在社区保持更加紧密的联系。

二 博物馆与社区协作的发展趋势

（一）博物馆走进社区的必要性

从博物馆的社会定位来看，我国博物馆确立了“以人为本，为社会及其发展服务”的宗旨。[①] 博物馆作为社会文化的重要组成部分，承担起了对这一区域文化收集、整理和宣传的职能。社区是指在一定地域内，按一定的社会制度和社会关系组织起来的具有共同人口特征的地域生活的共同体；社区文化则是指社区居民在特定区域内长期活动过程中形成的，具有鲜明个性的群体意识、价值观念、行为模式、生活方式等文化现象的总和。[②] 社区是博物馆走近民众、走向基层的最佳途径。为了更好地服务于社会、实现博物馆的社会职能，博物馆在日常管理中需时常与公众保持密切联系。

从观众需求上看，随着经济的发展，人们的生活愈加富足，对精神文化的追求也达到了新的高峰。现代型博物馆已不再单纯是文物标本的收藏、保管和研究机构，而是一个具有更广泛意义的、为公众和社会服务的文化教育机构、休闲游览的场所和信息资料的咨询中心。如今，博物馆吸引着越来越多的观众驻足浏览，感受历史文化的魅力；与此同时，博物馆也开始逐渐走出殿堂、走入基层，使原本让人望而却步的文化殿堂通过更加通俗的方式吸引大众，满足观众需求，亦使博物馆的职能更加多元化、亲民化。

从保护文化遗产方面看，在五千年的历史长河中，华夏儿女创造了珍贵独特的文化遗产。然而，随着经济全球化和社会现代化步伐的不断加快，蕴含大量传统与民族文化信息的隐性文化符号，即文化遗产逐步遗失。在遗失

① 刘勇：《浅谈博物馆的社会职责》，《魅力中国》2018 年第 23 期。
② 刘恒等：《试论博物馆在社区文化构建中的作用》，《神州》2014 年第 9 期。

中保存记忆，在记忆中避免遗失，博物馆作为构筑历史发展记忆与收藏遗失文化的高雅艺术殿堂，承载着在展示和活动的过程中将不同文化内涵传承下去的重任。从深层来讲，博物馆要将保护历史延伸到保护和管理社会可持续发展的历史文化资源上，加强对社区居民的宣传教育，增强公众对文化遗产的保护意识。

（二）博物馆服务社区的方式

博物馆是面向公众开放的，其服务对象广泛，从学术界的专家学者到对历史文化感兴趣的公众，以及普通民众，博物馆逐渐走向基层、走进社区。现今，博物馆服务社区的方式主要有馆内资源开放、开展教育推广活动、组建社会志愿者团队等。

1. 馆内资源共享

博物馆作为公共文化的宣传中心，展示的是记录人类文明发展历程的历史文物、历史人物资料、历史建筑资料以及非物质文化遗产等。2007 年 11 月 6 日，湖北省博物馆成为中国第一家免费开放的省级博物馆，随后，其他地区的一些博物馆也陆续向大众免费开放，吸引了大批观众走进博物馆，真切地感受历史、领悟文化，公众增加了对历史文化的感性认识，这是馆内资源开放的第一步。武汉博物馆在每年“国际博物馆日”都会组织义务文物鉴定活动，旨在增强市民的文物保护意识，进一步普及文物收藏的相关知识，为文物艺术品收藏爱好者搭建交流平台，引导规范文物艺术品市场，服务大众，回报社会。

随着博物馆数字化技术的发展，公众还可借助互联网等渠道游览世界各地的博物馆。在数字博物馆里，如今只需敲击一下鼠标，传统博物馆中的展品就可以清晰且内容详细地呈现在阅览者面前。利用虚拟现实技术，人们更能实现在虚拟博物馆中的漫游，数字化真正实现了博物馆与公众的资源共享。武汉博物馆是武汉首家试点“数字博物馆”，市民借助互联网平台实现了对珍贵展品一饱眼福的殷切希望，并且在微信、微博等新媒体平台上留言互动，这些都拉近了公众与博物馆的距离。

2. 教育推广活动

当代博物馆已认识到公众不仅是重要的服务对象，更是博物馆的生命所系，要将公众和社会的需要和利益作为一切工作的出发点和归宿，逐渐根据目标服务群体的特点和需求，组织丰富多彩的社会教育活动。武汉博物馆“行走的课堂”系列精品课程，是武汉博物馆的品牌，已陆续推出“文物故事”“传统节日”“武汉记忆”等三个系列，课程内容涉及武汉人文典故、历史文物知识、年节风俗等方方面面。“行走的课堂”通过多媒体授课与趣味互动体验相结合的课堂形式，让公众在寓教于乐中了解武汉地方历史文化，无论是走进社区还是走进学校都广受好评。

3. 社会志愿者

志愿者是连接博物馆与公众的重要桥梁和纽带，也是博物馆服务社会的重要力量。为了全方位发挥博物馆的教育功能，博物馆要借助社会的力量，组织热爱博物馆的社区公众，以志愿者或博物馆之友的形式加入博物馆，壮大来博物馆学习的观众群体，为博物馆注入新的活力。武汉博物馆每年会组织一到两次社会志愿者的招募工作。参加面试的既有初入职场的年轻人，也有经验丰富的行业精英以及年近花甲的离退休人员，他们都热切地表达了对博物馆志愿工作的憧憬和向往，及助力中华传统文化传播的信心与决心。武汉博物馆的老师们通过科学系统、全面的培训使志愿者们对武汉博物馆志愿服务工作有了清楚的认识，同时，不定期举办的专题讲座、志愿者讲解等活动，加强了与志愿者队伍和博物馆之友的交流与合作，进而夯实了与社区的互动交流基础。

三　博物馆教育融入社区的实践

（一）传统节日走进社区

在我国五千多年文明发展历程中，中华民族创造了博大精深的灿烂文化。继承和弘扬中国传统文化，将其与现代化相融合，能够发挥出我国优秀传统文化的价值。为了推动中华优秀传统文化传承创新，武汉博物馆将精品民俗课件送进社区，通过趣味化的博物馆教育活动形式，增强居民对传统文化的热爱，拉近了博物馆和公众之间的距离，实现了真正意义上的资源共建共享。

民俗节日是传统文化的重要组成部分，武汉博物馆结合时令，设计了《元宵喜乐会》《杏花春雨话清明》《天涯共此时　月圆话中秋》等民俗课程，通过多媒体授课与趣味互动体验相结合的课堂形式，陪伴社区居民度过难忘的佳节。

2018 年元宵节，武汉博物馆“瑞犬贺岁”元宵喜乐会民俗活动点亮了全国文化先进社区——百步亭社区。武汉博物馆以民俗趣味课程、生肖民俗灯展等特有的方式为百步亭社区的元宵节活动注入更多的传统文化内涵，陪伴社区居民开心闹元宵。此次课程从春节的起源开始说起，以生动的体验式课程让居民了解到久违的小年祭灶、新春扫尘、丢药去百病等有趣的传统习俗，探究关于春联、年画、窗花、压岁钱的历史典故和传说故事。贴春联、挂灯笼、请门神、舞龙灯、剪窗花、民俗互动表演等欢乐的游戏体验，让现场的节日气氛热闹而浓烈。

“幸福童行”是面向留守儿童、农民工子女、心智障碍儿童等特殊群体开展的大型公益活动，武汉博物馆曾多次与江汉区友谊青少年空间联合开展“大手牵小手”“幸福童行”等特色公益活动。在中秋佳节到来之际，武博特邀来自江汉区三十多个社区的家庭欢聚一堂，听故事、看 Flash、自己动手 DIY 月饼和灯笼……和家人一起感受浓浓的传统节日氛围，体验一堂别开生面的博物馆特色互动课程，在游戏中了解中秋的由来与习俗，在创作中感受中国传统节日的魅力！

“武博行走的课堂”传统文化系列课程作为武汉博物馆进校园活动的品牌之一，通过富有文化韵味又不乏热闹喜庆的活动形式，让参与者耳濡目染、动手动脑、亲身体验，拉近了博物馆与公众之间的距离，加深了他们对中国传统节日的了解和热爱，进一步结合时代要求传承发展，让中华文化展现永久魅力和时代风采。

（二）武汉记忆社区开讲

一座城市需要文化的积淀，文化蕴藏在城市的记忆之中。随着时代的发展，最初的城市记忆逐渐远去，“在遗失中保存记忆，在记忆中避免遗失”已成为守护和弘扬城市文化的重要理念。武汉坐拥“九省通衢”之地，历史文化深厚，留下了珍贵的“老武汉”记忆。为了发挥博物馆的社会教育职能，加深武汉居民对中华传统文化、武汉地方历史的了解，武汉博物馆围绕独特的“汉味文化”，自主研发了诸如《“古三镇图”里话三镇》《武汉的桥》《舌尖上的武汉》《从“武汉城市之根”话青铜文化》等精品课程，做本土文化的自信传播者。

武汉博物馆“行走的课堂”走进百年老巷——永康里，为社区居民奉上了一次别开生面的互动体验课程——《舌尖上的武汉》。课程介绍了武汉的“过早”文化、户部巷的由来、热干面的故事、毛主席都点赞的豆皮以及地道的“武汉制造”——面窝、糊汤粉等等，将美食与其背后的故事和文化内涵相结合，唤醒了老武汉人记忆深处的味道。穿插其中的“汉味早点连连看，面窝是怎样做成的”等小游戏，以及“巧手弄汤包，我心中的汉味美食”等创意 DIY 环节让大小朋友都玩得不亦乐乎。汉味美食可以说是武汉的城市名片，永康里作为武汉“老里弄”文化的代表，蕴含着武汉独特的地域文化和记忆。这次活动穿越百年历史长廊，将当代文化与传统文化联结，引领人们回顾老武汉的记忆。谈到武汉美食，居民们都激动不已，现场始终洋溢着武汉人如火的热情。孩子们新奇的眼神与老人们会心的笑容交织成一幅美妙的画面，整个活动也在一片欢声笑语中落下帷幕。

在第 109 个国际妇女节到来之际，为了让社区女性朋友度过一个开心愉悦、充满文化气息的节日，武汉博物馆围绕热门特展《皇家气象——清代宫廷生活用品展》，精心策划了“风姿华彩・古韵新容”“女神节”传统文化体验活动，于“女神节”当天走进江汉区团委，来自江汉区天后社区、多闻社区、唐家墩街、满春街的街道社工，惠康里小学老师，团区委团干等 30 余位女性朋友温馨相聚，开启了一次温婉而文艺的博物馆之旅。武博老师通过多媒体授课、情境再现与手作互动相结合的沉浸式体验方式，引领社区女性朋友现场感受清代贵族女子的宫廷时尚生活，亲身体验“指尖上的非遗”，亲手制作掐丝珐琅耳环、绒花发簪，让社区女性朋友的节日充满了古风意趣。

（三）流动展览进社区

社区文化是城市文化的重要组成部分，在帮助百姓记录变化、寻回记忆、留住乡愁，弘扬优秀传统文化，引领社会风尚，传递核心价值观等方面发挥着重要的作用。武汉博物馆结合武汉地方历史与民俗文化，设计了《寻访武汉城市文明》《十二生肖民俗展》《金猪拱福——己亥新春生肖文物图片联展》等流动展览，以新的方式让居民们在家门口体验民俗。

一年一度的元宵灯展，已成为根植百步亭、辐射全武汉的民俗文化，至今已连续举办十八届，吸引武汉三镇市民慕名前来。为配合当年的百步亭社区灯会，武汉博物馆精心制作“生肖贺岁迎新春”民俗知识灯展，并围绕展览内容开展“灯谜竞猜”活动，让社区居民边观灯展、边猜灯谜，感受民俗文化的魅力。

《寻访武汉城市文明》流动图片展将武汉数千年的城市发展史直观生动地呈现在公众面前。缤纷的展板仿佛社区里的一道风景线，翔实的展览内容不断吸引往来的居民驻足观看。活动主要通过流动展览、共享图书、志愿讲解服务等方式，传播武汉地方历史，在社区刮起了一股“回眸千年，共读武汉”的热潮，“大武汉的前世今生”一时间成为热议的话题。

展厅陈列以“物”为主，解说牌因篇幅的限制，信息不够全，只是就物论物，观众若需得到所陈列的文物更详细的信息，需要借助人工讲解。流动展览弥补了展厅陈列信息的不足，内容更加集中、翔实。此外，流动展览将博物馆的文化信息引入社区，突破了时间和空间的局限，使其覆盖面更广，有利于文化知识的宣传，为观众带来了便利。流动展览与展厅陈列二者相辅相成，共同促进了博物馆更加全方位地展示中华优秀传统文化。

四　结语

博物馆从它的诞生之初就被赋予了重要的社会教育使命，“博物馆走进社区”也成为社教活动不可分割的一部分。从博物馆与社区共建的必要性来说，博物馆在与社区的协作上要坚持“以人为本”，承担起对特定区域文化收集、整理和宣传的职能；为满足观众日益增长的精神需求，博物馆必须走出殿堂、走进基层，不断拓展其服务内容，向多元化、大众化发展；博物馆要以保护和管理社会可持续发展的历史文化资源为目标，加强对社区居民的宣传教育，增强公众对文化遗产的保护意识。如今，博物馆与社区共建的方式主要有馆内资源共享、开展教育推广活动、大力培养社会志愿者等。

党的十九大报告指出，“文化是一个国家、一个民族的灵魂。文化兴国运兴，文化强民族强。没有高度的文化自信，没有文化的繁荣兴盛，就没有中华民族的伟大复兴。要坚持中国特色社会主义文化发展道路，激发全民族文化创新创造活力，建设社会主义文化强国”。

为了以实际行动践行十九大精神、坚定文化自信、弘扬中国优秀传统文化，武汉博物馆研发了“行走的课堂”多项社会教育方案，即“年节习俗”“武汉记忆”“流动展览”三个系列，内容涉及武汉人文典故、历史文物知识、年节风俗等方方面面。武汉博物馆通过趣味性的课堂讲授与创新性的互动体验，让居民们在沉浸式的博物馆教学中传承创新中华优秀传统文化，做本土文化的自信传播者。

鄂州博物馆“吴都古韵”文博小课堂手工教具制作活动初探

方　燕*

摘　要： 博物馆作为人类文明精华的储藏室，是天然的学习空间。近些年，许多博物馆主动面向少年儿童开设课程，在传播文化的同时，帮助激发孩子们的学习热情、增强孩子们的学习能力。鄂州博物馆尝试将手工教具制作活动运用于文博小课堂，研发出系列手工教具制作活动课程，取得了很好的实践效果。本文以鄂州博物馆“吴都古韵”文博小课堂之系列手工教具制作活动为研究对象，先介绍制作活动的设计思路，再分享具体案例，最后基于实践经验，就如何设计文博小课堂手工教具制作活动课程给出建议。

关键词： 博物馆　文博课堂　手工制作　鄂州

著名教育心理学家皮亚杰有这样一句话：“教育的真正目的不是增加儿童的知识，而是设置充满智慧刺激的环境，让儿童自行探索，主动学到知识。”目前，不少博物馆开设面向少年儿童的课程，在少年儿童教育中发挥着越发重要的作用。但是博物馆的教育属于非常规式教学，不同于体系成熟的学校教学，在这种情况下，博物馆该如何激发孩子们的学习兴趣？如何调动孩子

* 方燕：鄂州市博物馆副馆长，研究方向为博物馆社会教育、文物保护。

们参与课程的主动性？根据鄂州博物馆的实践经验，除了可从课件设置上下功夫外，还可以通过将手工制作融入课堂的方式增加课程的趣味性，以提高孩子们的课堂参与度。与此同时，将手工制作活动融入课堂的做法还可以让孩子们在实践中提高动手及动脑能力，有助于引导孩子们自主探究、自行思考。笔者将立足鄂州博物馆“吴都古韵”文博小课堂近三年来在手工教具课程开发方面的实践，就如何设计博物馆手工教具制作活动课程进行初探。

一 “吴都古韵”文博小课堂手工教具制作活动设计思路

古人云：“工欲善其事，必先利其器。”传统的博物馆课程，往往是由教师依照 PPT 课件、对照文物，向学生们口头讲述文博知识。然而，这种“我讲你听”的方式缺少趣味性，难以调动孩子们的积极性。博物馆教育属于探索体验型教育，应通过孩子们喜闻乐见的体验型课堂授予其丰富的馆藏文物信息以及相关衍生知识。基于此，博物馆课堂应妥善处理“教”与“学”的关系，让孩子从“被传授”的角色转换至“主动学”的角色。鉴于手工制作的较强体验性和参与性，鄂州博物馆“吴都古韵”文博小课堂尝试将手工教具制作融入课堂，在组织孩子们自行制作手工教具的同时，同步传授相关文博知识，让孩子们在实践中学习知识，在实践中提升能力。鄂州博物馆主要是围绕馆藏展品的纹饰造型、鄂州市非物质文化遗产、鄂州市历史以及古代传统工艺四大主题组织手工教具开发活动的。

（一）依托鄂州博物馆馆藏展品的纹饰与造型

鄂州博物馆共收藏有八万多件文物，其中最有特色是三国青瓷和铜镜。其中馆藏铜镜不仅数量较多且出土年代跨度较大，从战国一直到明清。此外，镜背的纹饰图案内容丰富、构思巧妙：从简洁的几何纹饰到形态活泼的禽鸟花卉、灵异瑞兽；从缥缈的神仙世界到平凡的现实生活；从传说故事到道德说教……可谓天上人间、人神佛道、动物植物、包罗万象。基于此，鄂州博物馆结合《以铜为鉴——鄂州铜镜文化》展览，组织“四神与方位”

主题手工活动，用“纹饰”贯穿整个活动过程。在课程活动中，先让孩子们了解四神规矩镜纹饰，由老师向其讲解“四神”以及太阳纹的含义以及衍生知识，继而让孩子们根据所讲的内容，通过古今方位的对应，借助尺规画出铜镜纹饰中的方位图。

鄂州博物馆曾多次组织类似的课程活动。比如基于展厅中的青铜爵开设《古代酒杯——爵的前世今生》课程，教师在依照课件口头授课的同时，带领孩子们用纸制作商代铜爵。在孩子们制作商代铜爵的过程中，老师引导他们思考以下问题：古人为何要用三足作为爵足，其用途是什么？中间的圆鼓腹能装多少酒？为何有两个流口，哪一个是古人用于喝的流口？两个像蘑菇一样的柱子的用途是什么？古人执爵饮酒有何礼仪？通过手工制作和口头传授的结合，使孩子们更好地理解铜爵的用途、造型意义以及相关礼仪。

（二）基于鄂州市非物质文化遗产

“非物质文化遗产”是人类以口头或动作方式相传、具有深厚民族历史积淀、具有突出代表性的民间文化遗产，被誉为“历史文化的活化石”“民族记忆的背影”。鄂州博物馆灵活应用鄂州市域内非物质文化遗产，设计博物馆手工教具制作活动课程。如，曾推出“虎形围诞——妈妈的祝福”活动。该活动是依据“人类口头与非物质文化遗产代表作”鄂州雕花剪纸构思而成的，让孩子们在自行使用刻刀和蜡盘雕刻虎形围诞的过程中，了解雕花剪纸的精致工艺、繁杂流程，以及多元样式所蕴含的文化内涵和艺术内涵。

（三）立足鄂州市历史

鄂州地区的发展历史十分悠久，可为手工教具制作活动提供诸多主题选项。春秋时期，楚王（熊渠）封其子熊红为鄂国①之王。自此，鄂州地区便与“鄂”结下了不解之缘，在之后的两千多年里，鄂州地区相继被称为“鄂县”“鄂邑”“鄂城”“鄂州”，时为郡治，时为州府，始终是长江沿岸

① 即现在的鄂州地区。

的政治军事重镇和重要商埠。公元221年（三国时期），吴王孙权在鄂州地区定都，公元229年称帝后，改“鄂县”为“武昌”，意为“以武而昌”。依据三国历史，鄂州博物馆曾设计“赤壁之战谋划之策略”青少年体验活动，让学生通过分析赤壁之战中所用谋略、讲述历史人物的故事、绘制作战路线，更好了解三国时期的历史知识。此外，鄂州博物馆还研发出“鄂与鄂州”陶艺体验活动，活动以鄂字的演变为主题，结合课堂讲解和陶艺制作，让孩子们在实践中掌握“鄂”字书写形式的演变历程以及具体含义的变化过程。

（四）围绕古代传统工艺

鄂州市博物馆还会围绕古代传统工艺设计手工教具制作活动课程。鄂州博物馆设有铜镜研究基地，该研究基地一直致力于古代青铜范铸工艺的研究。基于其独特的资源优势，为使此项工艺得到传承，鄂州博物馆曾策划“穿越时空：追寻铸镜师的梦想”青少年体验活动，旨在让青少年了解古代范铸工艺，共分四个课时，包括铜镜设计、制模、制范、浇铸、打磨、抛光等一系列流程。

二　“吴都古韵”文博小课堂手工教具制作活动案例

（一）案例一：“古代酒杯——爵的前世今生”

1. 创意来源

“爵”在字典里有两种解释：一是指古代的饮酒器，二是古代皇帝对贵戚功臣的封赐。作为饮酒器，青铜爵的独特造型及特殊结构是出于何种用意？作为封赐，青铜爵是如何与“官位”联系起来的？这些问题都值得探讨。

2. 设计思路

针对人群：6～12岁未成年人。对青铜爵的结构进行分解并放样，将各部分绘制于一张铜版纸上。让学生自行裁剪、拼接、绘图、造型，制作出立体的纸版爵杯。

3. 课程实施

先由教师进行示范操作，接着，让学生在教师的指导下，自行制作纸版爵。制作过程中主要使用剪贴和堆塑两种方式，先通过剪贴制作出基本结构，再从硬纸板上剪出饕餮纹图案贴到器身上，即完成纹饰部分的制作。青铜爵的隆起部分，用纸团进行堆塑制成。最后，涂上墨绿色颜料（见图1）。

4. 制作反馈

活动效果较好。学生的兴趣和参与度高，并均顺利完成了纸版爵的制作。但是由于铜版纸过于光滑、单薄，纸版爵未能很好显示青铜爵杯身的流线型，且三足不够稳固。

图1　纸版爵

（二）案例二："穿越时空：追寻铸镜师的梦想"

1. 创意来源

每一位孩子都有对美的追求以及丰富的想象力和创造力，部分孩子怀揣着成为一名设计师的梦想。基于此，可以考虑围绕鄂州博物馆所收藏的具有极大艺术价值的铜镜设计博物馆手工教具制作活动课程。一方面教授孩子们相关历史知识，如铜镜的纹饰、实用功能以及相关文化背景等，引导孩子们探索铜镜纹饰所蕴含的古人对于精神文化生活的追求；另一方面，让孩子们尝试运用古代文化元素设计一面独一无二的铜镜，为其提供释放想象力、创造力的机会。

2. 设计思路

针对人群：8～12 岁的学生，要求能理解课程意义，并能独自完成手工制作。主要活动内容是让孩子们基于对铜镜展厅里铜镜纹饰的采风，自行设计创意铜镜主纹饰。材料选取方面，选择 PVC 板和镜面板作为主要原材料。PVC 板可塑性强，便于雕刻制作；镜面板光滑、安全性高，可以照人。两者相互黏合，正好可构成铜镜的阴阳面。

3. 课程实施

共分为四个课时，四个课时的内容各不相同：一是参观铜镜展区，并前往铜镜铸镜基地体验制作陶范及抛光等过程；二是在博物馆内写生取样稿，并设计铜镜图案；三是拓稿，继而绘制于 PVC 板材上，同时区分阴阳面，接着在 PVC 板材上进行雕刻，制作铜镜镜模；四是打磨、上色，出成品。

4. 制作反馈

手工教具制作活动课程总体上成功。但是孩子的美术基础不同，基础稍弱的孩子在绘制设计稿时较困难，创意力未充分发挥。此外，由于孩子们对雕刻技法不够熟练，部分成品的样式不够美观。

（三）案例三：“乡音、乡情与陶艺有个约会”

1. 创意来源

方言被称为“语言的活化石”，是地域文化的重要承载者。然而，方言却在城市化进程中逐渐被边缘化，如今许多少年儿童并不知自己出生地、生长地的方言是什么。无论是为传承传统文化，还是出于让孩子们了解家乡文化的考虑，都有必要让孩子们走进乡音、了解乡音。

2. 设计思路

针对人群为低年级学生。让孩子们通过制作陶艺瓷板画的流程把方言烧制于瓷板上、制成方言瓷板，再将方言瓷板组合悬挂构成方言墙。借助这种饶有趣味的方式，让孩子们走进方言。

3. 课程实施

先由教师进行示范性操作，再让学生在教师的指导下，根据示范作品制作方言瓷板。具体流程：制作泥板并烘干，写上方言，顶端打孔，在字的周边刷上红色的釉，烧制。待瓷板成型，将瓷板悬挂于展示区域，再写上相对应的词，构成创意方言墙（见图2）。

图2　创意方言墙

4. 制作反馈

方言墙创意教学比较成功，并引起了家长和孩子们的极大兴趣。美中不足在于：部分学生因在制作泥板时手法没到位而导致泥板烧制后出现破裂的情况。

（四）案例四：“赤壁之战谋划之策略”

1. 创意来源

赤壁之战是三国时期“三大战役”中最为著名的一场，战争中运用了连环计、苦肉计、借刀杀人、反间计、火攻等多种谋略，与此同时，战争路线涉及多国，其中蕴含着丰富而有趣的历史知识，可用于讲授。另外，战役还与周瑜等多位知名历史人物有关，这些历史人物的生平事迹亦值得讲解。

2. 设计思路

针对人群为 12 ~ 15 岁中学生。让学生们根据影视短片提供的信息，在汉末地图上绘制赤壁之战路线图，并标出相应历史人物的位置。

3. 课程实施

事先准备一张绘制有赤壁之战地图的规格为 3 × 9 米的喷绘布、相关影视片段。活动正式开始前，由教师组织，将报名学生分为三组，每组代表一个国家。接着，教师播放影视片段，并在具有重要历史信息的地方暂停。暂停时，由对应的队伍派人介绍相关人物、计谋等，同时绘制作战地图。

4. 制作反馈

活动整体上比较成功。活动开展之前，不论是教师还是学生，都需要做好充足的课前预习，因为他们对于历史知识的了解程度直接影响课堂效果；建议结合中学生历史课本设计该活动；可考虑走进初中校园开设特色班课。

三　关于如何设计博物馆手工教具制作活动课程的思考

中世纪捷克著名教育家夸美纽斯在《大教学论》中指出“应该尽可能地把事物本身或代替它的图像放在面前，让学生去看看、摸摸、闻闻……”“吴都古韵”文博小课堂从 2016 年开设起至今，组织了约 36 场手工教具制作活动课程。这些课程以给学生的成长创造无限空间为目标，注重学生真实的学习体验和个性的创意表达。笔者综合多次组织手工教具制作活动课程的经验以及实际教学情况，对如何设计博物馆手工教具制作活动课程有以下思考。

（一）博物馆手工教具制作活动课程设计应注重文化内涵的融入

一方面，开设手工教具制作活动课程的根本目的在于启发、引导学生自主探索，大胆创造。基于此，手工教具制作活动课程应当从启发学生的角度出发进行设计，适时、适度地引导学生发现知识、掌握方法、提高能力。另一方面，作为博物馆课程之一，手工教具制作活动课程应当发挥出传播中国传统文化的作用。基于此，鄂州博物馆在设计手工教具制作活动课程时，特别注重文化内涵的融入。在进行文化内涵设计时，要注意以下四点：一是依据博物馆所在地的“特色文化”挖掘文化元素，只有立足特色文化，才不会出现课程活动大同小异、千馆一面的情况。二是要秉持当前博物馆青少年社会教育活动的“寓教于乐”理念，在设计手工教具制作活动课程内容时，知识点不要过于广泛或过于繁多，此外，虽然为体验型课堂，但依旧是学习过程体验重要于手工制作结果。三是各博物馆在借鉴其他博物馆的手工教具制作活动课程时，要注意与馆藏、所在地的特色文化相结合，不能完全照搬全收，以避免同质化。四是要提高社教人员的水平。社教人员是博物馆手工教具制作活动课程的设计者和教授者，其知识储备及教学水平直接影响手工教具制作活动课程的实际效果。因此，社教人员应当主动学习以拓宽知识面、提高教学水平，博物馆则应为其找寻培训、学习、交流机会。

（二）博物馆手工教具制作活动课程设计要满足目标群体的需求

博物馆手工教具制作活动课程的目标群体是少年儿童，为了保证课程的质量及实用功能，课程设计者必须立足少年儿童的特征和需求进行设计。截至目前，鄂州博物馆手工教具制作活动课程的目标群体主要为青少年，基于多次活动的策划和组织经验，就博物馆如何使手工教具制作活动课程更好地满足青少年群体的需求、更好地匹配青少年群体的特征提出以下三点供参考：一是要有直观性和新颖性。新奇事物，尤其是直观的形象，往往能很好地吸引青少年群体的注意力。对于青少年来说，博物馆的诸多馆藏文物均是新鲜的、直观可感的形象，手工教具制作活动课程的设置，可以从这些文物出发，通过手工复原的活动形式，让青少年将文物所承载的知识具体化、形象化，让青少年与文物有更为亲密的接触。二是明确目标群体的特征。孩子的成长阶段分为学前期、儿童期、少年期等阶段，各阶段的特征差异较大。学前期和儿童期的孩子多追求感性认识，活动课程只需借助简单有趣的文字图片、模型等，只需教授文物的名称、造型、用途等基础知识。青少年则已具备一定的文化知识，活动课程既要授予他们文博知识，又要激发他们的求知欲。三是要能把控手工教具制作活动的难易程度。建议从手工制作的具体要求以及课程的时长分配入手。在手工制作的具体要求方面，为确保学生能够顺利完成手工制作并有足够时间听老师讲解，要避免过于繁杂的手工制作活动，并可采取“先由教师示范，再由学生操作”的方式；课程的时长分配方面，可考虑将手工教具制作活动课程分为“听、做、讲”三大时段。“听”是指听老师口头传授知识，“做”是指动手制作教具，“讲”是指分享手工制作的体验以及习得的知识。

（三）博物馆手工教具制作活动课程设计要兼顾知识性、趣味性和可操作性

博物馆拥有丰富的文化元素、保存着古人的智慧，为通过手工教具制作活动课程将文化元素和古人的智慧更好地传递给孩子们，手工教具制作活动课程必须兼顾知识性、趣味性和可操作性。只有确保趣味性和可操作性，孩子们才会被吸引；只有具备知识性，孩子们才会学有所获，顺利吸收文化元素和古人智慧。知识性的强弱，主要取决于课程的内容和主题选择；提升课程的可操行性和趣味性，则可从手工制作的原材料、活动形式的选择入手。截至目前，鄂州博物馆手工教具制作运用的原材料主要有纸质品、PVC 板、木板、陶泥、碎布、石膏等容易塑型的材料；活动形式包括复原展品设计，如爵、鼎等手工复原制作活动，以及非物质文化类手工设计，如方言墙、陶艺课程等活动。鄂州博物馆始终注重手工制作的原材料、活动形式选择，所有手工制作活动课程均是借由合适的原材料和活动形式，将丰富的知识内容传递给学生，所有活动都较好地兼顾了知识性、趣味性和可操作性，得到学生和家长的一致好评。基于此，建议各博物馆在设计博物馆手工教具制作课程时，先由课程设计者谨慎选择活动的主题和具体知识点，再按照实际需求选择最合适的手工教具制作原材料以及活动形式。

新时代公共图书馆服务效能提升探索

——以山东省图书馆为例

鹿 贺　王孟媛*

摘　要： 公共图书馆是公共文化服务体系中的重要机构，公共图书馆的发展关乎人民群众的基本文化权益，关乎现代公共文化服务体系的构建。得益于政府的大力支持，我国公共图书馆事业发展迅速，不论是在场馆建设方面，还是在服务水平方面，均取得了显著成效。但是，目前还存在发展不平衡、专业化水平偏低等问题，公共图书馆的服务效能有待进一步提升。本文结合现代公共文化服务体系的建设要求，立足公共图书馆服务效能的现状，指出新时代公共图书馆服务效能的提升方向，并以山东省图书馆为例，就如何提升效能展开探讨。

关键词： 公共图书馆　服务效能　山东省

习近平总书记在党的十九大报告中指出："中国特色社会主义进入新时代，我国社会主要矛盾已经转化为人民日益增长的美好生活需要和不平衡不充分的发展之间的矛盾。"随着社会经济不断发展、生活水平逐步提高，人们的文化需求日益增长。广大人民群众不再满足于简单的"视觉享受"，而更注重"心灵感受"；不仅渴望知识技能方面的教育传授，还追求思想精神

* 鹿贺，山东省图书馆办公室，馆员；王孟媛，山东省图书馆少儿部，馆员。

方面的教育熏陶。公共图书馆作为公共文化服务体系建设的重要阵地，承担着收集、保存、传播知识的重任，然而，目前我国公共图书馆的发展不平衡问题显著、专业化水平普遍较低，服务效能整体不高，尚未能充分调动自身资源强有力地助推公共文化服务体系建设。基于此，公共图书馆有责任有义务通过创新发展尽快提升服务效能，为促进我国文化事业发展做出更大贡献。

一　公共图书馆服务效能政策保障

近年来，国家高度关注公共文化服务体系建设，相继出台了多部政策，就“如何加快构建现代公共文化服务体系”作出规定、指示和说明。其中，“提升公共服务效能”是政策讨论的重要内容。

2015 年，中共中央办公厅、国务院办公厅联合印发《关于加快构建现代公共文化服务体系的意见》，该意见指出要着力“加强公共文化产品和服务供给”，具体要求各地区各部门“提升公共文化服务效能、丰富优秀公共文化产品供给、活跃群众文化生活”①。2017 年 3 月，文化部发布“第六次全国县级以上公共图书馆评估定级标准”，对比前五次评估标准，有较大调整。该评估标准首次将“服务效能”置于首要位置，并要求对服务效能进行量化打分，且以 30% 的权重参与公共图书馆综合得分核算，这表明我国政府格外重视公共图书馆服务效能的提升。

公共图书馆服务效能的提升不仅是构建现代公共文化服务体系的要求，而且是未来图书馆事业发展的方向。2017 年 3 月 1 日，《中华人民共和国公共文化服务保障法》正式实施，该法规定县级以上人民政府要着力“提高公共文化服务效能”，并提出了体系化要求和指导性意见。2018 年 1 月 1 日起施行的中国第一部图书馆专门法《公共图书馆法》对加强公共图书馆管理运行、推进公共图书馆事业发展、保障人民群众相关文化权益等做出了明

① 中共中央办公厅、国务院办公厅：《关于加快构建现代公共文化服务体系的意见》，2015 年 1 月。

确规定，提升图书馆服务效能更显紧迫。

这些政策、法律或是对“公共图书馆服务效能提升”提出要求，或是给出指导和建议，均为公共图书馆服务效能提升提供了政策保障。

二 公共图书馆服务效能现状

基于国家对公共文化服务体系建设、公共图书馆事业发展的重视，各级政府对公共图书馆的财政保障力度日渐加大，公共图书馆已从早期的“缺钱少人”到如今的新馆林立、资金更有保障、服务向纵深发展。目前，我国公共图书馆无疑处于历史最好的发展时期。但是从现代公共文化服务角度分析，我国公共图书馆发展不平衡问题突出、专业化水平整体偏低，服务效能有待进一步提升。

（一）区域发展尚不平衡

现代公共图书馆事业发展的最直接影响因素是经费支持力度。如果某个图书馆经费充足，就更有可能实现资源建设、服务提升的弯道超车。但现代公共图书馆的发展并不能仅依靠于经费，它还需要政策的持续保障、文化的不断积淀以及从业人员的薪火相传。总体而言，西部地区的经济发展状况不如东部地区，公共文化服务体系的构建迟于东部地区，区域内公共图书馆事业得到的财政支持、政策保障弱于东部地区，另外，公共图书馆发展所需的人才、全民阅读氛围以及文化创新能力等条件也均逊色于东部地区。这就导致了公共图书馆发展不平衡的局面，东西部的差异尤为明显。我国第六次县级以上公共图书馆评估定级工作的评估标准可以间接反映上述问题。在第六次公共图书馆评估定级中，评估标准的制定充分考虑了全国各省份、地区的经济发展差异，按照东部、中部、西部三个区域，选用不同的评分标准进行评估，东部地区的评分标准相对最高，西部相对最低。以地市级图书馆服务效能的必备衡量条件之“中年文献外借量”为例，西部地区的标准数量仅是东部地区的一半，其他诸多指标的西部地区标准也远低于东部地区。

（二）管理水平仍需提升

由于政府对公共图书馆事业日益重视，加之公共图书馆在公共文化服务中发挥着愈来愈大的作用，公共图书馆的发展状况成了地方政府业绩、城市精神文明建设状况考核的重要指标，并在考核中占有较大分值，甚至存在“一票否决”的现象。这催生了急功近利的情况，有些图书馆为了追求“成绩”和“荣誉”，忽视自身发展实际，盲目追求馆内藏书量、资源量、人流量、活动量等。在各种努力下，这些图书馆的确优化了上述指标，但是由于管理理念、管理方法、管理制度等未得到改进，图书馆并没有实现真正的发展。换言之，馆内藏书量、资源量、人流量、活动量等指标只是得到了“昙花一现”似的提高，而并不是可持续的提高。

我国公共图书馆管理水平不高主要体现在三个方面。一是内部“大锅饭”思想犹存、绩效管理较弱、薪酬以及聘任等激励机制未充分发挥作用，导致资源建设质量不高、使用率偏低，服务效能不高。二是纵向上，目前国内公共图书馆在行政体制上受当地文旅部门直接分管，图书馆管理的自主性和独立性受到一定限制。另外，地方政府直接决定图书馆可得的经费保障，间接影响着图书馆的管理水平。三是横向上，各公共图书馆间存在着业务联系，但是囿于行政管理、资产管理、财务管理等方面的传统逻辑且缺少整体性的上层规划，各图书馆无法从根本上打通内在联系，导致资源建设和使用缺少互联、互通，更多的是“各扫门前雪”。总体而言，在文化体制改革的浪潮中，我国公共图书馆管理水平的提升速度未与社会发展速度匹配。

（三）创新意识整体偏弱

日新月异的科技影响着生活方式，人们的阅读习惯已同过去发生较大变化，传统图书馆的到馆人数、读者黏性均受到了冲击，有些学者甚至发出了公共图书馆消亡论的警示。公共图书馆消亡论的正确性待议，不过回溯图书馆事业的发展历程，考虑当下大众文化消费的特征，我们必须承认公共图书馆需要转型。目前，公共图书馆面临着转型慢、转型难的窘境，主要存在两大阻碍：一是缺乏足够的专业技术人才，二是从业人员大多安于惯性思维，求稳不求新，此外还存在怕担责的心理，导致少能提出或采取基于图书馆实际的建设性意见及举措。放眼全国，我们不难发现各公共图书馆服务模式的相似性，例如绝大多数公共图书馆均有讲座、微服务、“你选书、我买单”、“邮寄借还书”等活动，一旦某个公共图书馆有了创新，就会引起其他图书馆的效仿。这是公共图书馆“见贤思齐”、力求创新的表现，但是由于很多借鉴仅停留在最基础的形式上而缺乏立足自身实际的内容设计、可行性分析和绩效评价，导致读者参与度不高、经费使用效率低，服务效能大打折扣，活动或是不了了之，或是苦苦支撑。

三　公共图书馆服务效能提升方向

公共图书馆的服务效能提升方向和发展方向是统一的，二者相互联系、相互促进。发展目标对服务效能提升提出要求、提供角度，服务效能提升为发展目标的实现起助推作用。当服务效能提升方向背离发展方向，或者发展方向不能体现服务价值时，势必会倒逼图书馆进行改革。公共图书馆的服务效能提升方向应与发展方向保持一致。

原上海图书馆馆长吴建中曾对图书馆的发展方向做如下解释：“到2025年图书馆将成为知识中心、学习中心和交流中心，其主要功能不只是提供图书和信息，还要充分发挥自身的专业技能和资源优势，向支持人类学习和创造知识环境的方向发展。”① 可知公共图书馆的发展目标是成为可提供多种文化服务的文化空间，基于此，服务效能的提升需要立足于“如何提供并优化各种文化服务”。在第六次全国公共图书馆评估定级标准中，服务效能的考核指标包括基本服务、未成年人及其他特殊群体服务、阅读推广与社会教育、信息咨询服务、网络资源服务、新媒体服务、服务管理与创新、读者评价 8 大项，之下又分 27 个小项，对比以往对基础建设的重视，增添了对

① 吴建中：《从未来看现在——图书馆发展的下一个十年》，《图书馆建设》2016 年第 1 期。

服务范围和效果的关注。

无论是我国的《公共图书馆法》、公共图书馆评估定级指标，还是国内外的图书馆学理论、创新案例，都印证了强化图书馆服务功能的必要性和重要性。正如图书馆学家阮冈纳赞在《图书馆学五定律》中所写的，“书是为了用的，每个读者有其书，每本书有其读者，节省读者的时间，图书馆是一个生长着的有机体”①。图书馆是由藏书、读者和馆员构成的生长着的有机结合体。当下，公共图书馆面临着前所未有的挑战与机遇，应该基于服务定位，整合资源、优化服务，以此提高服务价值、提升服务效能。在提升公共图书馆服务效能的实践中，越来越多业内人士关注到技术的力量，比如主动将人工智能、大数据、云计算等运用于图书馆的服务体系，致力于扩大服务范围，提升服务效能。中国人民大学索传军教授指出，目前公共图书馆热衷于空间环境的完善与改造，通过建设新馆、改造旧馆、开辟创客空间及书吧等场所、举办大讲堂和阅读推广等活动、增设 24 小时自主借还机等设备多途径打造智慧图书馆。②

四　山东省图书馆服务效能提升的经验做法

近年来，山东省图书馆紧密围绕山东省委、省政府建设“文化强省”的战略，在山东省文化和旅游厅的领导下，“以构建现代公共文化服务体系，提高标准化、规范化服务水平，提高科学化管理水平，推动整体服务效能提升为出发点，激发部门和全体职工务实高效、积极创新、优质服务的主观能动性，深刻把握公共图书馆发展方向，引进先进管理理念，在全馆营造科学管理、积极创新、创优争先的氛围，提振精神士气，转变工作作风，创新工作理念，提升管理水平，推进图书馆事业的良性可持续发展”。③

---

① （印）阮冈纳赞：《图书馆学五定律》，夏云、王先林、侯汉清译，书目文献出版社，1988。

② 参见中国人民大学索传军教授关于新时期图书馆的转型与发展的报告（2019）。

③ 参见 2018 年《山东省图书馆服务效能提升计划》。

（一）强化制度保障

公共图书馆如果想提升服务效能，不被社会淘汰，就必须着眼未来进行革新，而革新又必须要有科学规范的制度作为保障，故此，公共图书馆需尽快修改或重制相关制度。立足现代公共图书馆的发展理念和发展趋势，山东省图书馆对《馆长办公会制度》《党委会制度》《财务内控管理办法》《服务效能提升计划》《学术提升计划》《离岗制度》《固定资产管理办理》《文献剔旧管理办法》《志愿者管理办法》《读者意见管理办法》《读者文献使用违规管理办法》等近20项馆内制度规范进行了修订完善。这一举措，细化了工作流程，完善了岗位管理机制，为山东省图书馆服务效能提升提供了重要保障，具体表现为馆内重大问题决策过程更为科学高效，日常管理更加规范，工作效率大幅提升，读者满意度显著提高。

（二）营造创优争先氛围

为提升图书馆服务效能，山东省图书馆着力健全激励机制，每年均会开展年度优秀管理部门、优质服务窗口、优质服务个人的评选活动。评选秉持优中选优、客观公正的原则，结合年度考核和日常考核，选出真正有工作成绩、服务水平高、管理能力好、创新成绩强的部门、窗口和个人。山东省图书馆充分发挥典型部门、窗口和个人的模范带动作用，在全馆范围内营造创优争先的良好氛围，激发各部门和全体职工的主观能动性，促使其提高创新能力、业务能力、管理能力、服务能力，进而从总体上提升服务效能。

（三）更新服务内容

山东省图书馆总馆自2002年正式投入使用以来，顺应社会发展趋势，依据行业发展需要，适时更新服务内容。一是更新场馆空间的利用方式。在充分借鉴国内外先进图书馆管理方法和发展理念的基础上，山东省图书馆总馆对服务空间进行了重新布局，把办公用房、活动教室等约1500平方米的场地用作公共文化空间、向读者开放。二是根据读者需求调整文献资源供给。近些年，社会各界重视党建知识学习，相关图书从少有人问津摇身成为热门图书，为此，山东省图书馆专门设立党建书房，不仅提供纸质文献、数字资源，还会不定期举办展览。此外，近些年，民国时期以及新中国成立前后的文献的查询量明显增加，鉴于此类文献酸化、老化情况较严重，极有可能在翻阅过程中被损坏，山东省图书馆着力推进文献保护工作，一方面加快馆藏文献的整理出版工作；另一方面通过多部门共建共享，构建文献资源电子数据库，向读者开放，在方便读者查阅文献的同时，保证原始文件不受破坏。

（四）推进馆藏资源建设

馆藏资源是公共图书馆的灵魂，图书馆的可持续发展必须以保障馆藏资源的质与量为基础。近些年，山东省图书馆积极争取财政支持，加大文献购置的投入，着力推进馆藏资源建设工作。尽管可用经费增长相对缓慢，且经费总量仍与发达省份存有不小差距，山东省图书馆力求经费利用的科学性以确保馆藏文献资源结构和数量的合理性。具体而言，山东省图书馆会先理清馆藏资源建设要求和收藏重点，再深入分析馆藏结构，继而确定购书经费的具体分配方式，并始终坚持以下原则：一是坚持高质量供给、高效率推送和有效资源配置的服务理念，强化服务意识，将优质资源及时提供给读者；二是在保证馆藏资源数量的同时，在馆藏文献的质量上下功夫，努力做到资源不缺、不滥，与此同时，保持对社会热点的观察以及时补充馆藏；三是根据用户需求定期调整馆藏资源结构，以更好地满足用户需求、提高图书馆的服务效能。

（五）健全数字化服务平台

山东省图书馆拥有大量数字资源，其中很多资源质量极高，但检索位置相对靠后，资源的利用率不高，造成了资源浪费。基于此，山东省图书馆努力提高信息化数字化建设水平，加快数字资源整合、加大宣传推广力度，借助微信平台、网站平台等开设自建资源、特色资源专栏，进行宣传推广。同时，及时跟进云计算、大数据、人工智能、物联网技术等前沿技术，结合实际需求、使用效果等适时升级馆内技术。

（六）创新阅读活动

保障公众的阅读权益是公共图书馆的首要义务，优化阅读服务是提升公共图书馆效能的重要内容。为更好地提供阅读服务，山东省图书馆以品牌化、系列化建设为目标，积极推动全民阅读，构建覆盖全省的社会阅读机制，并努力增强影响力以推广至他省，以发挥全国性的积极效益。在具体实践上，山东省图书馆融合馆内外资源，在巩固原有品牌活动的基础上策划打造系列新品牌，以此构建以“书香齐鲁，全民阅读”为主题的引领性全民阅读推广平台。目前，山东省图书馆已成功打造出全省读书朗诵大赛、大众讲坛、奎虚图书奖、书海灯谜会、少儿绘本阅读、少儿诗词诵读、少儿故事会、“带一本好书回家”、“你选书，我买单”、鲁图展览等品牌活动，还有面向特殊人群的阅读推广活动。其中，少儿诗词诵读、少儿故事会等活动凭借山东公共文化云平台实现了全省线上报名、线上参与，活动报名人数众多、社会影响力较大；“奎虚图书奖”评选工作的开展推动了出版物的交存工作，更多优秀的山东文献出版物被成功推向社会，有力加强了地方文献资源的建设与推广；“你选书，我买单”活动给予了读者更多自主权和选择权，使馆藏资源的更新工作更加及时高效；针对视障儿童、自闭症儿童、进城务工人员等开展的专题化、系列化活动，满足了特殊群体读者的需求，更好地保障了他们的基本文化权益。

（七）推进优秀传统文化教育培训与普及

优秀传统文化的教育培训以及普及工作不仅有利于文化的传承，还有利于建设社会主义先进文化、构建共有精神家园。作为公共图书馆，山东省图书馆通过古籍保护工作和“图书馆＋书院”模式主动承担起优秀传统文化的教育培训以及普及责任。古籍是中华民族优秀传统文化的重要载体，山东省图书馆主动肩负起古籍文献的整理、研究、出版工作，深入挖掘优秀典籍，特别是齐鲁典籍，通过影印、点校、再版等形式，让古籍里的文字“活”起来，同时，还通过举办相关活动，让深藏在书库中的优秀传统文化更好地走近群众、走向社会。如，联合国家图书馆（国家古籍保护中心）举办“册府千华　守望文明：泰山·黄河·孔子——山东珍贵古籍展”；首创“古籍修复技艺进校园”活动；在澳大利亚南澳州举办“一山一水一圣人——山东珍贵文献展”，开了省级公共图书馆赴国外举办文献专题展览的先河；开展文化遗产日系列主题活动。基于多年实践，山东省图书馆摸索出“普查、修复、培训、展示、研究、利用”六位一体的古籍保护模式，得到了业界肯定，被作为典型在全国省级古籍保护中心工作会议上加以推广。

与此同时，山东省图书馆尝试打造“图书馆 + 书院”模式，推进尼山书院建设。在山东省文化和旅游厅的大力支持下，“图书馆 + 书院”模式目前已经成为覆盖全省、运行规范、服务有效的以弘扬中华优秀传统文化为目标的公共文化服务网络。近些年，尼山书院陆续推出孔子公开课、孟子公开课、荀子公开课等，邀请国内知名专家讲授课程，并通过山东文化云平台，以直播的形式实现省内 140 个尼山书院、9000 多个讲堂的同步传播。2018 年，尼山书院邀请名家举办系列讲读课程 260 场，其中《论语》《孟子》《传习录》等“经典精讲课”总计约 120 场，现场听众人数多达 12000 余人；传统礼乐和现代礼仪常识相结合的“常礼举要讲习课”共 12 期，听众总计 1300 余人次，系列活动的举办不仅普及了优秀传统文化，还提高了图书馆的社会声誉。

（八）融合社会发展

作为社会的有机组成部分，图书馆只有主动适应时代要求，紧随社会发展步伐，充分与社会融合发展，才能更好发挥作用，实现服务效益的提升。山东省图书馆立足全省发展战略，强化大格局理念，联手省学会、省古籍保护中心、省共享工程中心发挥在全省的业务指导职能，推动全省范围内的资源共享、服务共享、技术共享，创建共享共建、协同发展、整体促进的良好局面。为发挥好指导职能，山东省图书馆参照文化部颁布的第六次县级以上公共图书馆评估定级标准，于2018年制定并实施《山东省市级（副省级）公共图书馆绩效评价标准》和《绩效评价标准细则》，规范开展绩效评价工作以实现图书馆服务体系的良性可持续发展。同时，基于此积极拓展对外服务。一方面，加强与政府机关、企事业单位、农村等的横向协作与融合，实现公共图书馆服务走出去、融进去。推进信息咨询等延伸服务，丰富完善决策咨询服务是其中的重要内容。以2018年为例，山东省图书馆完成了《全国微博微信检测月报》的升级扩版，将监测对象由原来的80家图书馆增加至422家，并实现了对全国地市级以上图书馆服务账号的全面监测；编制了《现代经济体系》《乡村振兴战略》《脱贫攻坚》等六种专题“两会”资料，为代表及委员提供科学、深入的专题信息服务，继续做好“两会”服务。另一方面，注重引入社会力量，坚持以政府为主导的原则，增加与社会组织的合作，注重对民营资本的运用，激发群众参与图书馆建设的积极性，以此提高图书馆的服务弹性和服务效能。比如在民间艺人、艺术团体的协助下举办六艺体验、京剧、戏曲、传拓等活动；通过与专业机构合作，推进文创产品的开发研究工作。概括而言，山东省图书馆立足社会需求延伸对外服务，不断健全图书馆的服务网络体系，最大限度地活化馆藏资源，充分提升社会效益，实现图书馆服务效能的提升。

图书馆阅读推广服务探析

——以襄阳市图书馆“齐悦读”读书会为例

邓　辉*

摘　要： 在文化强国的大背景下，全民阅读成了国家和个人越发关注的焦点。图书馆这一公共文化服务机构需要承担起保障居民阅读权益、激发居民阅读兴趣、增强全民阅读氛围的责任。本文以襄阳市图书馆“齐悦读”读书会为研究对象，基于襄阳市公共图书馆的读者需求以及襄阳市图书馆“齐悦读”读书会的现有策略，就如何实现“齐悦读”读书会的可持续发展给出建议，欲使其在推广全民阅读、构建书香社会的工作中发挥更大作用。

关键词： 全民阅读　襄阳市图书馆　阅读推广　齐悦读　读书会

文化是一个国家、民族的灵魂，文化兴国运兴，文化强则民族强。文化是民族凝聚力和创造力的重要源泉，是综合国力竞争的重要因素，是经济社会发展的重要支撑。文化高度决定城市高度，文化力量决定城市力量，文化影响力决定城市影响力。

“没有高度的文化自信，没有文化的繁荣兴盛，就没有中华民族伟大复兴”，党的十九大报告将文化自信的重要性提升到一个新的高度。早在

* 邓辉，湖北省襄阳市图书馆研究馆员。

1972年，联合国教科文组织就向全世界发出“走向阅读社会”的号召，建议各国政府把推进国民读书纳入政府议程。1995年，国际出版商协会提出设立“世界图书日”的建议，得到各国积极响应。如今，每年4月23日，包括中国在内的众多国家都会举行丰富多彩的“世界图书日”活动。

2006年，中宣部、国家新闻出版总署等11个部委联合倡议开展全民阅读活动。此后十多年来，我国各级政府在推动全民阅读上做了很多努力，推出书香社会建设等多项工程，如投资建设农家书屋与职工书屋，把11亿册图书送到农民家门口，设立全民阅读节、全民阅读日、阅读周、阅读季等。2016年，国家新闻出版广电总局发布《全民阅读“十三五”时期发展规划》。2017年3月施行的《中华人民共和国公共文化服务保障法》以及2018年1月施行的《中华人民共和国公共图书馆法》更是将全民阅读纳入国家法律体系。一系列政策法规表明公共图书馆作为社会主义公共文化服务体系的重要组成部分，肩负着全面推广全民阅读的义不容辞的责任和使命。如何更全面更充分地发挥公共图书馆的作用是亟待解决的重要课题。

一　襄阳市图书馆“齐悦读”读书会简介

为贯彻落实《中华人民共和国公共图书馆法》，弘扬社会主义核心价值观，发挥基层阅读推广力量，襄阳市图书馆以完善公共文化服务体系为目标，以习近平新时代中国特色社会主义思想和十九大精神为指导，积极开展文化惠民工程，探索激发基层阅读兴趣的有效途径，以更好地助推襄阳市“书香溢襄阳”全民阅读工程，帮助营造全城“爱读书、读好书、善读书”的浓厚氛围，助力构建书香社会，打造襄阳市文化服务特色品牌。

2008年4月，襄阳市图书馆承办“汉江讲坛”系列讲座——面向襄阳市民的传承文化知识的系列公益性讲座，这标志着襄阳市图书馆的公共文化服务迈上新台阶，其在推动襄阳市全民阅读工作中发挥的作用显著增强。以后，襄阳市图书馆立足自身优势，通过深入挖掘地域文化精髓，整合各领域优质资源，聚集各行业领袖级专家、学者、精英，为广大市民搭建互通共建知识桥梁，为襄阳市打造特色文化服务品牌，营造全民阅读的社会氛围。如，襄阳市图书馆于2013年3月及2014年3月分别开办“市民大讲堂”系列公益讲座、“市民沙龙”系列沙龙活动，得到了很好的社会反响。

为紧随社会发展脚步、满足时代新要求，襄阳市图书馆不断更新着阅读推广活动。如在第二届“长江读书节”中开创面向全省招募百名领读者的全新推广模式。其中，领读者邓辉本着“丰富市民文化、弘扬人文精神、提高生活品质、拓展教育思路”、“携手共进，博采众长，沐浴书香，悦读成长”的宗旨以及“播撒智慧种子，激发内在潜能，携手阅读成长，共创和谐襄阳”的核心理念，于2017年5月创办“齐悦读”读书会系列“线上共读+线下阅读”的阅读推广活动。这些阅读推广活动的内容设置以社会主义核心价值观为建设标准和行动指南，旨在尽可能惠及民生、点亮心灯，尽可能贴近市民生活，提高幸福指数，具体涵盖国学、传统文化、旅游、襄阳特色文化、非物质文化遗产、亲子共读、职业精神、心理健康、家庭教育、法律法规、养生保健、生活礼仪等主题，为广大襄阳市民搭建起一个全方位、多功能、深层次、超时空的共创共建文化交流共享平台，把丰富多彩的知识，贴心、温心、暖心地送至广大市民身边。2018年，在第三届“长江读书节”的指导引领下，襄阳市图书馆继续面向全市招募领读者，实施“领读者行动”，在全市组建更多“齐悦读”领读者队伍。截至2019年3月，各分团队已成功开展活动100余场，隐性服务对象达10余万人次。依靠多支“齐悦读”领读者队伍以及系列“齐悦读”阅读推广活动，襄阳市图书馆得以建立以总馆为总平台，下设阅读馆、站、点、台、人的全市级阅读体系。基于图书馆自身的努力，加上社会各界的大力支持，襄阳“齐悦读”品牌成功构建，极大地激发了市民的阅读热情，丰富了市民的精神生活，营造了全民阅读的浓厚氛围，创建了和谐发展的书香社会。

二 襄阳市图书馆“齐悦读”读书会的创新策略

（一）挖掘本地特色，普及文化传承

在当今高速运转的市场经济体制下，文化底蕴与人文储备变得尤为重要，地域文化与市场经济相辅相成、水乳交融、相互渗透、相互依托。丰富的地域文化是支持区域经济发展的重要软实力，作为楚文化、汉文化、三国文化的发源地，襄阳文化遗产丰厚，孕育过众多文人墨客，保留有襄阳古城等历史遗址，拥有着灿烂的非物质文化遗产。为了让更多襄阳人了解家乡文化，进而热爱家乡、建设家乡、宣传家乡，襄阳市图书馆“齐悦读”读书会把保护地域文化置于首位，先后围绕人、文、景、物等开展极富襄阳地方特色的文化活动，邀请广大市民共同保护、传承、弘扬襄阳地域文化。

（二）寻找供给源头，广泛链接资源

襄阳市图书馆“齐悦读”读书会以社会阅读为支撑，深入调查分析读者的各种需求，以问题为切入点，层层剖析解决之道，向外拓展源头活水。具体通过网格化、布点化、多维化等广泛链接各类需求资源，通过与多方沟通串联，搭建资源整合的公益互动平台。这一做法让供给问题得以从复杂转为简单，从混沌转为清晰。同时，“齐悦读”读书会组织定期和不定期的监督、检查、评估和管理，以便及时消除读者的困惑、满足读者的需求。

（三）增进沟通，聚集各方助力

襄阳市图书馆“齐悦读”读书会根据项目的出发点、目标以及规划，主动与相关部门进行有效沟通，以此得到国家机关（部、办、委、局）、企事业单位与社会团体的理解和支持。这使得襄阳市图书馆的各个项目得以顺利推进，并进一步形成常态性、专业性的运行机制，实现可持续的良性运转。

（四）放大规划格局，统筹协调发展

图书馆作为重要的信息集散地，担负着推动全民阅读的重要职责，不仅应做好整理图书、新刊推介、好书共读、信息咨询、讲座、展览等日常服务，还应该积极组织开展导读、分享、研讨会等活动。“齐悦读”读书会以襄阳市图书馆为阅读总平台，下设阅读馆、站、点、台、人五大节点，形成了全市自上而下一盘棋统筹开展“齐悦读”阅读推广活动的格局。目前，襄阳市区内已有10余个“齐悦读”延伸扩展领读者团队，在培养襄阳市民阅读习惯的工作中发挥着重要作用。此外，“齐悦读”读书会的影响力已延伸至襄州区、宜城市等周边地区，这些地区的公共图书馆目前也在积极开展“齐悦读”读书会。

（五）加大宣传力度，扩大品牌影响力

襄阳市图书馆“齐悦读”读书会利用报刊、QQ、新浪微博等各类平台，多渠道、全方位地进行“齐悦读”品牌宣传。此外，襄阳市图书馆还通过组织大型活动，通过做精、做细、做优、做好“齐悦读”读书会前后预告、报道，通过链接各类资源平台等手段扩大品牌影响力。“齐悦读”读书会各种高质量活动促成了行业推介、读者推荐，为“齐悦读”品牌影响力的提升起到了助力作用。

（六）吸引优质资源，择优择精录用人才

由于襄阳市图书馆“齐悦读”读书会已成功塑造品牌形象，众多资源会主动上门寻求合作，欲就“齐悦读”读书会实现互利共赢。为保证项目质量，“齐悦读”读书会始终本着宁缺毋滥的原则，坚持合作资源筛选机制，采取人才评价机制和分配管理机制并行的举措，建立有利于实现创新、开放、交叉、共享的运行机制。在员工聘任上，择优择精录用优秀人才，并充分发挥其聪明才智；在合作对象上，基于评估结果选择合作单位，以保障合作项目的质量。

（七）确保阵地服务，延伸品牌触角

为了拓展社会教育功能、增强服务辐射能力、扩大服务覆盖面、丰富服务内容，以向市民提供更多个性化、多样化服务，襄阳市图书馆“齐悦读”读书会在确保阵地服务的同时，采取“引进来＋走出去”的多方融合链接模式，将服务延伸至福利院、幼儿园、学校、社区、农村、军营、戒毒所等地，形成了以襄阳市图书馆为中心的纵横交错、相互连接、流通便捷的网络体系，进而更好地助推文化传播、促进社会和谐。

（八）加快战略布局，凝聚各方英才

“齐悦读”读书会坚持“发展是第一要务，人才是第一资源，创新是第一动力”的理念，吸纳社会各界英才组建读书会团队，再由各团队基于自身优势资源开展活动。现襄阳“齐悦读”读书会吸纳的团队及其活动组织情况如下：“齐悦读—襄阳古玩城”开展全国、省、市级鉴宝、非遗市集、古玩、书画、文艺、收藏等活动；“齐悦读—襄阳拾穗者”有吾爱吾襄、樊城记忆档案文献展、读城等系列品牌活动；“齐悦读—襄阳朗诵者”结合各类节假日，开展各种形式的传承经典朗诵活动；“齐悦读—书韵韩庄”每月会根据居民需求举办丰富多彩的读书会活动；“齐悦读—花儿心理”以“情绪疏导”为主题，开展各类大众心理健康活动；“齐悦读—襄阳少年作家班”旨在为学生们创建作文写作平台和文学交流平台；“齐悦读—襄阳市诗词学会”致力于传播经典诗词文化；“齐悦读—相约经典·诗书为伴”以“读经典、学茶礼、诵国学”为活动的主要内容；“齐悦读—易德国学”以“传诵经典，倡导吟诵，助力教育”为目的举办活动；“齐悦读—襄阳诗人协会”常组织会员们学朗诵、诵诗词；襄州区图书馆“齐悦读—鹿门少年”举办各类领读、共读、导读活动；宜城市图书馆“齐悦读—楚童趣读”常开展各类亲子共读、趣味导读活动；谷城县图书馆“书香谷城读书会”、杜权成图书馆会结合地方特色开展读书活动，意在引领经典文化的学习与传播。

（九）借助互联网科技，遨游知识海洋

随着互联网、移动终端的迅速发展，数字化阅读越来越普及，同时，公共图书馆服务进入智能化的新阶段。襄阳图书馆基于“互联网＋”思维，通过数字技术和网络平台充分发挥资源和阵地优势，开展系列数字阅读活动，在发展襄阳市图书馆“齐悦读”读书会过程中，也积极运用数字技术和网络平台。如，襄阳市图书馆“齐悦读”读书会依托湖北省图书馆长江读书节平台，每周推出一本电子书，借助QQ群邀请市民共同阅读，引导市民培养良好的阅读习惯。在具体操作上，“齐悦读”读书会每晚均会安排领读者在几个千余人的QQ群中引领线上阅读，截至目前，已成功开展75场线上阅读活动。另外，每天早上，领读者会在QQ群中基于该群读者的主流阅读需求针对性地分享文化、旅游、诗词、健康、百科等知识。除去QQ群，“齐悦读”读书会还充分利用图书馆网站、微信、微博等平台向各地读者推送3000多种报纸和杂志微刊。襄阳市图书馆还积极整合各地优秀资源，构建“云阅读”平台，让人们能够在线查阅期刊、报纸和图书，在线观看各类科普知识视频以及图书馆公开课。与此同时，向人们提供有声视频电子书阅读服务。民众只要通过手机扫描图书二维码，便可下载电子版图书。以上做法既能全面普及智能化阅读，又可培育阅读新动能。

三　关于实现襄阳市图书馆“齐悦读”读书会可持续发展的建议

（一）制定长期规划，做好组织保障

政府的参与指导是实现襄阳市图书馆“齐悦读”读书会持续长久发展的重要保障。首先，应当针对阅读推广的主要环节，拟定5年、10年及更为长远的系统递进目标，并制定详细的阅读推广计划和策略。其次，应设立“齐悦读”全民阅读推广办公室以进行全面统筹，确保各部门工作正常运行。

再次，需建立市（区）、县联络员制度，保障各级各地间联系交流的畅通性。最后，还应认真研究辅助性措施，做好活动指导、绩效评估、质量督导等。

（二）完善财政保障机制，助力阅读事业发展

图书馆是公共文化机构，并不以营利为目的，日常运作需要有大量的财政补贴加以支持。作为规模较大的项目，“齐悦读”读书会需要有足够的资金支持方能顺利开展、持续发展。基于此，襄阳市政府应当尽快建立全民阅读推广机构，在该机构的协助下为“齐悦读”读书会拟定翔实有效的财政补贴制度。与此同时，要鼓励社会各界参与“齐悦读”读书会的建设，帮助“齐悦读”读书会获得社会组织以及个人的经费资助。

（三）建立读书制度，常态募集领读者

襄阳市图书馆应尽快制定与读书会有关的各项规章制度，为读书会的长久发展提供制度规范和制度保障。一是要实现领读者招募工作的规范化。襄阳市图书馆应与领读者签署《志愿者协议》，在要求其认真履行义务的同时，保障其权利。二是要构建会员信用体系。一方面通过制度化的活动计划，要求读书会定时、定点、定期、定量开展活动，以此增强会员对读书会的信任；另一方面，可面向会员建立阅读积分、家庭阅读小组等制度，以此激发会员的积极性，实现会员间的互帮互助、互推互进。

（四）设立专项模块，拟定营销推广规划

首先，襄阳市图书馆应根据不同年龄段、不同专业、不同爱好、不同阅读渠道的读者需求，结合“齐悦读”读书会各领读者团队的特长以及襄阳市各地的地域文化特征，建立特色专项、专长、专精的“线上＋线下”悦读模块，以此打造“品牌＋定位＋差异化”的“口碑”文化。需要注意的是不能忽略特殊群体。襄阳市图书馆应要求“齐悦读”读书会为特殊群体专门设计触摸式、声动式、体验式的各类活动。其次，襄阳市图书馆应协助“齐悦读”读书会制定短期、中期、长期悦读营销规划，并明确制度化、常

态化、规范化的悦读营销策略，联合相关部门组建“部门 + 图书馆 + 教育（学校） + 社区 + 家庭”的五位一体联动、互助、传导运行机制。另外，襄阳市图书馆还可帮助“齐悦读”读书会与全国、全省各地特色资源进行跨越式网络链接，实现互联互通。

（五）建立激励机制，构建合理竞争

领读者和会员的积极性是“齐悦读”读书会长久发展的关键。“齐悦读”读书会可以通过建立激励机制以调动领读者和会员参与阅读活动的积极性。一方面，可以对表现优异的领读者和会员公开表彰、奖励、进行报道等，以此形成领读者与领读者、会员与会员之间的合理竞争，激发其主动性、积极性。另一方面，可组织优秀领读者走进大自然，感受大自然，事后撰写心得进行网络分享，通过文字传播正能量。

参考文献

韩怡华：《敏读会：全媒体时代的阅读推广探索》，《图书馆杂志》2014 年第 4 期。

朱立红：《读书会在阅读推广中的重要作用：华中师范大学“风雅读书会”解析》，《图书情报研究》2015 年第 4 期。

向剑勤：《读书会的演进及其功能探析》，《图书情报工作》2016 年第 5 期。

吴惠茹：《阅读推广视角下的高校图书馆读书会实践研究》，《图书与情报》2014 年第 6 期。

中共中央办公厅、国务院办公厅：《国家“十二五”时期文化改革发展规划纲要》，http：//www. china. com. cn/policy/txt/2012 - 02/16/content_ 24647982. htm，2015 - 04 - 16。

孟广菊：《在亲子阅读活动中拓展少儿图书馆多元化服务领域》，《图书情报工作》2009 年第 S1 期。

李晓蔚：《高校图书馆多媒体 UGC 服务探索——以四川大学图书馆为例》，《图书馆论坛》2016 年第 2 期。

陈姣：《科特勒营销全书》，中国华侨出版社，2013。

邓辉：《湖北省公共图书馆阅读营销推广的现状与策略研究》，《中国公共文化政策研究实验基地观察报告（2018 ~ 2019）》，社会科学文献出版社，2019。

文化馆文化志愿服务的实践探索

——以青岛市文化馆为例

李凤艳*

摘　要： 青岛市文化馆以构建现代公共文化服务体系为契机，积极发挥群众参与公共文化服务的积极性，在创新服务模式、优化服务内容、打造服务品牌等方面进行了大量实践和探索，促进了文化志愿者队伍的不断壮大和志愿服务活动的蓬勃发展。本文通过分析青岛市文化馆文化志愿服务基本情况、典型案例和创新模式，对其文化志愿服务建设工作中存在的问题、改进策略及未来发展方向进行深入探讨，以期为文化馆文化志愿服务的发展提供有益经验，助力文化馆文化志愿服务向纵深发展。

关键词： 文化志愿服务　文化馆　青岛

随着青岛市公共文化服务体系建设的推进，以广场周周演、“微演艺”以及“艺术彩虹”走基层等形式开展的系列文化品牌活动的覆盖面和影响力持续扩大、增强。文化志愿活动作为其中的重要一环，释放着巨大的能量。本文基于青岛市文化馆文化志愿服务基本情况，分析典型案例，探索发展文化志愿服务的创新机制，以期应对挑战，推动青岛市文化志愿服务工作健康、快速发展。

* 李凤艳，青岛市文化馆馆员。

一 青岛市文化馆文化志愿服务基本情况

（一）文化志愿者及分类

2016年文化部印发的《文化志愿服务管理办法》中指出："文化志愿者，是指利用自己的时间、知识、技能等，自愿、无偿为社会或他人提供公益性文化服务的个人。"文化志愿服务则是指文化志愿者自愿、无偿地服务他人和社会的公益性文化活动。

《文化志愿服务管理办法》规定，"文化志愿服务组织单位应按照专业技能、服务对象等对文化志愿者进行分类管理"。基于此，笔者将文化志愿者分为服务型和技能型两类，分别对应文化志愿者服务队和文化志愿者艺术团。前者主要从事各类公益文化活动的前期现场准备，活动期间的引导、讲解、秩序维护，活动后期的现场收尾、相关材料协助整理等工作；后者主要参与公益性群众文化活动、开展文艺技能培训、参加各种公益文艺演出及相关文化宣传工作以丰富群众精神文化生活。与文化志愿者服务队相比，文化志愿者艺术团更强调戏剧、曲艺、音乐等文艺特长。

（二）青岛市文化馆文化志愿者构成

1. 人员构成

结合工作实际，青岛文化馆根据以专职骨干为主、社会兼职队伍为辅的原则建成了立体志愿服务体系。笔者根据调研得知，文化馆文化志愿者有6000余人，包括"艺术彩虹"群文辅导团、文化系统在职和离退休人员、社会知名专家学者、在青高校学生、老年大学等文化活动积极分子，以及在音乐、舞蹈、曲艺、表演、书法、美术、摄影等领域有一定特长的社会人员。

其中，"艺术彩虹"群文辅导团由青岛市文化馆联合各区市文化馆共同组建，共计2500余人。群文辅导团依托市内20个市级示范辅导点、100多个区级示范辅导点，每年培训群众和基层文化骨干20万余人次，推动青岛市公共文化蓬勃发展。与此同时，群文辅导团还积极扶持优秀基层群众文艺表演团队参加各种演出及比赛。

文化系统在职和退休人员，主要指青岛区市各级文化馆退休员工或其他文化战线上的在职员工，不包含区市各级文化馆在岗员工，共计600余人。他们积极参与文化馆举办的各类活动和比赛，为青岛市文化志愿者储备优秀人才，提升公共文化服务的档次。

社会知名专家学者主要指通过老年艺术大学和非物质文化遗产中心等平台聘请、大规模比赛评委邀请等方式，吸收社会知名专家学者而组建成的专家库。目前已储备优秀和高级师资人员500余人。

青岛市文化馆老年艺术大学于2017年9月开办至今，录取学员800人，开设模特、古筝、书法、声乐、合唱、水彩、朗诵、舞蹈、拉丁舞、二胡等15个专业课程，并定期举办阶段性教学成果汇报展示。老年艺术大学坚持自身的艺术特色，聘任专业领域内的知名教师，基于艺术专精的办学思路，保证高品质的教学质量，为青岛市文化馆文化志愿者团队提供了大量优秀人才。

青岛市文化馆其他社会文化志愿者，经过多年的积累，共计1300余人，包括在青岛高校学生、企事业宣传干部等社会人员（见图1、表1）。

2. 招募途径

从招募途径来看，青岛市文化馆文化志愿者除了面对传统的综办团体进行文化志愿者的选拔以外，还通过建立专家名录库、社会公开招募、以赛推优及老年艺术大学优秀学员推荐等方式选择文化志愿者。

馆办团体是为不断满足青岛市公共文化服务发展和人民美好生活的需要，由青岛市文化馆充分发挥人才优势、资源优势和专业优势，积极扶持建设的艺术团体。通过馆办团体队伍建设，积极构建覆盖全市的群文辅导网络，通过培训辅导，让流动服务常态化，满足公共文化服务体系的建设需要。

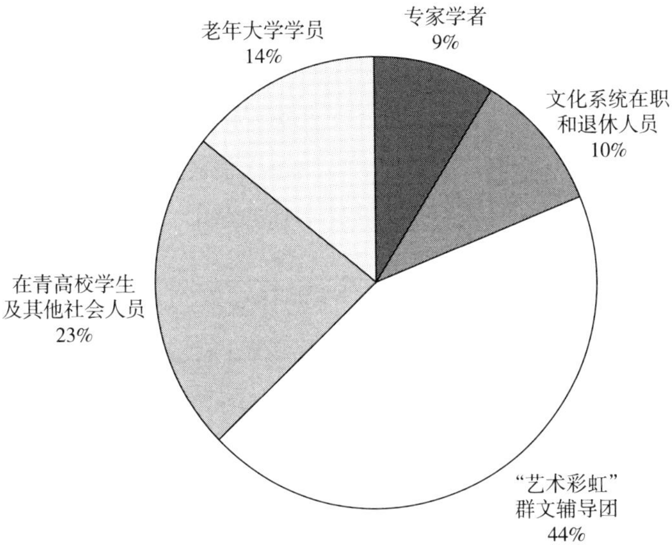

图1　青岛市文化馆文化志愿者人员构成

表1　青岛市文化馆馆办团体及数量

馆办团体	群星合唱团（少儿、青年、老年）	京剧票友社	民乐团	残疾人艺术团	儿童剧社	舞蹈团	模特队	《青岛群众文化》通讯员	合计
人数	150	60	80	30	10	150	60	100	640

建立专家名录库是将全市已退休和在职的专业、业余文艺骨干及非遗传承人汇集一起，整合人力资源，建立公共文化编外专家名录库和优秀节目资源信息库，形成一个庞大的艺术辅导人才体系，促进农村和基层文化建设。

在向社会公开招募志愿者上，青岛市文化馆在2015年进行了初步探索。青岛市非物质文化遗产保护中心成立了青岛市非物质文化遗产保护志愿者组织，40位热心文化事业的市民成为首批青岛市“非遗”保护志愿者。随后，通过“十佳新人”选拔及每年专题展览招募志愿者等方式扩大志愿者队伍。向社会公开招募的志愿者以高校学生和企事业单位宣传人员为主（见图2）。

以赛推优是指青岛市文化馆通过举办“五王大赛”“海燕奖”等青岛市原创文艺比赛，选拔出优秀的文化人才，组建“艺术团”。再通过“艺术团”走基层、进社区的方式，把优秀节目送到老百姓身边，实现资源整合，激发社会公众对文艺活动的参与热情。

老年艺术大学优秀学员推荐是指老年大学学员毕业后经引导进入艺术团体，成为青岛市文化馆的文化志愿者。这不仅使老年人的价值诉求得到充分满足，同时也回应了公众自发开展文化活动的需求。

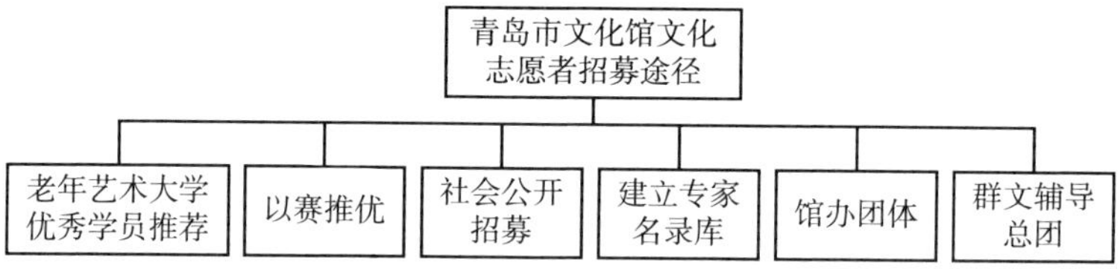

图2　青岛市文化志愿者招募途径

二　青岛市文化馆文化志愿服务的典型案例和创新模式

随着生活水平的逐步提升，公众对于公共文化的需求不再限于唱歌跳舞等基本文化需求，而对公共文化服务的内容提出了更高层次的要求。

青岛市文化馆积极整合资源，提升文化志愿服务水准，实施了一系列具有自身品牌特色的志愿服务项目。如近年兴起的传统曲艺剧场“群星书场”，入选为2016年基层文化志愿活动典型案例和文化志愿服务团队的青岛市文化馆五王艺术团文化志愿服务、群星儿童剧社等，以及“微演艺”非遗保护志愿者团队等。它们分别代表了青岛市文化志愿服务的三种新模式：“以赛推优”模式、“搭平台创品牌”模式以及“微演艺”传统文化进校园模式。

（一）“以赛推优”模式——“五王艺术团”文化志愿者

青岛市“五王大赛”自2014年底成功启动以来，在短短六年时间内，已吸引十几万名来自全国各地乃至其他国家的民间高手参与比赛。“五王大赛”使得青岛市基层文化因子更加活跃，更为重要的是形成了一系列以“五王”命名的公共文化服务项目及产品。其中，青岛市“五王艺术团”文化志愿服务团队为典型代表。它以青岛市文化馆为总团，依托十区市文化馆建立 10 个分团，团员不仅包括在比赛中荣获歌王、舞王、秀王等称号的优秀选手，还包括各区市阶段赛选出的“王者”。“五王艺术团”在带动城市基层团队及社会优秀团队加入的同时，也触发了来自基层的群众文化力量，为文化志愿服务奠定了坚实的青岛市文化馆文化志愿服务群众基础，成为青岛市近年来建设公共文化服务的成功案例。

“以赛推优”的文化志愿者发展模式，弥补了市民文化需求大幅提升和文化志愿者队伍发展迟缓之间的矛盾所造成的短板。大规模举办比赛可在较短的时间内选拔出大众喜欢的优秀人才和节目，有利于文化馆合理配置资源、及时调整政策以提升公共文化服务质量。如，青岛市文化馆按照服务内容高端化、服务方式多样化、活动安排常态化的要求，将“五王艺术团”文化志愿者分成多个演出小分队，使其深入社区、农村、商场等公共场所，深入省内 200 个贫困村。仅 2018 年，“五王艺术团”就组织 3000 多名文化志愿者深入城乡基层，举办各类演出 300 余场，文化志愿服务活动的直接受益群众近百万人次。

由青岛市“五王”大赛孕育而生的青岛市“五王艺术团”文化志愿者队伍，以“五王大赛”为驱动，上下联动，真正发挥出“带动一条线，激活一大片”的作用，让更多市民享受到优质公共文化资源。

（二）“搭平台创品牌”模式——群星儿童剧社、“群星书场”

由青岛市市文化馆打造的群星儿童剧社，成立于 2015 年。2016 年，群星儿童剧社荣获“文化部文化志愿服务团队”称号。其作品《丑小鸭》连续多年参加“春雨工程”——全国文化志愿者边疆行活动，赴内蒙古、新疆、甘肃等地为上万名边疆少数民族儿童进行公益演出。演出反响极为热烈，受到当地儿童欢迎，开了儿童剧加演的先河。此外，儿童剧社志愿服务团队每年携经典儿童剧《丑小鸭》下基层、进社区，先后走进城阳区、市南区多所幼儿园，为几千名儿童举行了多场公益演出。

“群星书场”是青岛市首个曲艺惠民演出场所，自2017年开始，在春节、端午节等节假日为青岛市观众献上多场曲艺专场演出，赢得了良好口碑。依托“群星书场”，青岛市曲艺界形成合力，为非遗进校园、演出进社区、辅导下基层、城际交流提供“1+N”多种惠民服务方式，是青岛市公共文化服务体系打造进程中的重要方式。“群星书场”为岛城的曲艺爱好者搭建起一个交流表演的平台。市民不仅能近距离感受传统艺术的独特魅力，欣赏到久别舞台的老曲艺名家的精彩表演，还可以对新创作的曲艺作品先睹为快。

这两个志愿服务团队，以“80后”“90后”年轻人为主，是青岛市文化馆为充分调动年轻同志工作热情，借助“春雨工程”、文化馆等平台创建的志愿服务品牌。不同于来自馆办团体和专家学者群体的文化志愿者，这两个团队专业强、技能高，更为年轻。团队成员会自觉吸引身边的同行，汇集一大批戏剧、曲艺爱好者，还会自行创作改编剧本，自导自演，为喜爱戏剧和曲艺的观众提供高质量的公益文化服务。

（三）“微演艺”传统文化进校园模式——非遗保护志愿服务团

2017年，青岛市文化馆和青岛市非物质文化遗产保护中心拓宽工作思路，将传统的“非遗进校园”活动进行创新，打造成“微演艺”形式，并将参与演出的十几位非遗传承人吸纳进青岛市非遗保护志愿团，开辟出一条非遗保护志愿服务的新途径。

这支队伍每年为青岛市20余所学校带去“微演艺”传统文化进校园的精彩表演。文化志愿者走遍青岛十个区市，以接地气的内容、经典的艺术形式为青岛的学生送去传统文化盛宴，滋养孕育优秀传统文化氛围。

青岛市非遗保护志愿服务团，吸纳的大多是非遗传承人，其中不少是享有极高声誉的艺术家，如胶东大鼓国家级代表性传承人梁金华，茂腔省级代表性传承人张梅香，柳腔省级代表性传承人袁玲，国家一级演员、文华奖双料获奖者京剧名家龚鲁阳等。这让“微演艺”非遗进校园的演出高度成熟且极具艺术能量。在节目内容上，志愿服务团选择了包括胶东大鼓、山东快书、茂腔、坠琴、变脸、相声、京剧等在内的多种传统艺术形式。“非遗进校园”开展六年来，累计演出百余场，受益学生达10万人之多，不仅助力了青岛非物质文化遗产的传承与发展，也扩大了文化志愿活动的品牌效应。

三　青岛市文化馆文化志愿服务发展中存在的问题及改进策略

（一）文化志愿者人员组成比例有待优化

现如今，高校大学生已经逐渐成为志愿服务的重要提供群体。大学生年轻而富有激情，同时具备较高的文化素质和专业技能，参与到志愿活动中，有利于提升志愿服务的质量。但是，在青岛市文化馆文化志愿服务者中，高校大学生所占比重相对较小，仅为1/370。此外，2019年3月19日发布的《2018年青岛市国民经济和社会发展统计公报》第九条社会事业部分载：“全市共有各类大专院校（含民办高校）25所，其中，普通高校23所。”青岛市在校研究生4.5万人，普通本专科在校生35.3万人，中等职业教育在校生8.4万人，共计48.2万人。参考青岛高校大学生的庞大数量，青岛市文化馆大学生文化志愿服务者所占的比例偏低。[①]

因此，需要进一步吸引高校大学生参与到文化志愿活动中，以优化文化志愿者人员结构。青岛市文化馆可以通过举办多种活动的方式吸引大学生参与，将他们培养成文化志愿者，进一步增加年轻文化志愿者的数量、优化文化志愿者人员结构、拓宽公共文化服务体系的范围和空间。

目前，青岛市文化馆开展了“行走的展厅”“美丽青岛行动”等走进高校活动，受到高校大学生的喜欢，起到了文化馆以及文化馆文化志愿服务前期宣传的作用，为大学生文化志愿者的招募奠定了基础。

---

① 青岛市统计局：《2018年青岛市国民经济和社会发展统计公报》，2019。

（二）文化志愿者社会招募机制急需健全

从招募诉求看，目前的文化志愿者以技能型为主，服务型偏少。文化馆各类公益文化活动的前期准备、活动中秩序维护、活动后期现场收尾、相关材料整理等工作主要由文化馆在职工作人员承担。小规模的公益演出活动，演员少，文化志愿者的作用不明显，但在大型公益活动的举办过程中，例如“五王”大赛、“海燕奖”全市原创作品大赛等，文化志愿者尤其是服务型的志愿者作用就变得尤为重要。但是，目前的文化志愿者社会招募机制尚不健全，缺乏相关培训以及奖惩等机制，导致文化馆难以招募到长期稳定的服务型文化志愿者。

因此需要规范文化志愿者的社会招募机制，明确文化志愿者的职责、权利与义务，明确培训、奖惩机制以及退出机制等内容，做到有章可循，进而增强文化志愿者的积极性，促进青岛市文化志愿活动的长期开展。

为了加强文化志愿服务规范化管理，青岛市文化馆将出台《青岛市文化馆文化志愿者招募细则》及《青岛市文化馆文化志愿者管理细则》，并将依托数字化平台对文化志愿服务做好志愿者注册、招募、培训、表彰等事项，以实现文化志愿服务规范化、常态化、数字化发展。

（三）农村文化志愿服务品牌需着力打造

中国文化管理协会演艺工作委员会会长崔兴亮指出，“公共文化的根在社区，在基层，在乡村，在城市的街道。公共文化的魂在活动，在人文”。农村，特别是贫困村的文化服务体系建设，是公共文化服务体系建设中的薄弱环节，农村公共文化产品和服务供给落后，更需要文化志愿服务的助力。开展志愿服务，要有针对性，需要及时知晓老百姓缺少什么、需要什么。青岛市文化馆发挥文化馆总分馆制的优势，依托各区市馆，整合全市文化志愿者队伍，开展经常性、周期性的“艺术彩虹”文化志愿服务走基层系列品牌活动。为基层文艺骨干和中小学生带去合唱、舞蹈、京剧等艺术培训，搭建与专家面对面交流学习的桥梁。

针对贫困村，青岛市文化馆以流动文化服务为重点，打造了一批文化扶贫项目，如“五王艺术团进农家”“蓓蕾艺术工作站”“暖阳春苗”等面向老年人、未成年人的公共文化活动。“五王艺术团进农家”被称为“文艺轻骑兵”，艺术团成员经常前往贫困村田间地头，为村民们带去文艺演出。这种流动服务在将送戏下乡、送春联、送演出纳入志愿服务范围的同时，邀请当地文化志愿者参与其中，让全省文化志愿团队下沉到基层，较好地满足当地人的文化需求。

四　青岛市文化馆文化志愿服务未来发展方向

（一）转变思维，推动文化资源均衡配置

青岛市文化馆文化志愿服务除通过传统的培训辅导、社会招募等方式汇集文化志愿者外，要积极转变思维，利用自身平台和人才资源优势，从新时期文化馆的职能定位出发，强化公共文化空间意识，把固定场馆和流动服务相结合，优化文化志愿服务，促进优质文化资源在城乡之间、地区之间均衡配置。

公共文化服务领域不能局限于馆内阵地和城市核心广场，而要尽可能扩展至基层社区、养老院、火车站、汽车站、飞机场，甚至是农村的田间地头，尤其是偏远地区和贫困村，以此实现文化志愿服务的全覆盖。偏远地区基层文化建设起步较晚的社区、盆村、偏远地区，基础性资源配置不到位，公共文化服务建设水平较低，良好的文化志愿服务对其文化建设尤为重要。以“五王艺术团”“艺术彩虹”辅导团为代表的青岛市文化馆文化志愿者积极进社区、进贫困村，用新鲜、灵活的表演形式，把文艺表演送到市民百姓身边，成为青岛市文化志愿服务的制胜法宝。青岛市文化馆文化志愿服务团队要从对公共文化服务建设的有益补充力量逐步发展壮大为公共文化服务建设的重要力量，成为繁荣全市文化工作的生力军。

（二）提升档次，优化文化志愿服务内容

为了满足人民群众日益增长的多样化文化需求，青岛市文化馆在开展文

化活动时，要在源头上自我提档，提供门类丰富、内容精彩的文化产品。近年来，青岛市文化馆文化志愿服务队伍，特别注重吸纳觉悟高、技能强、专业水准高的青年人，利用他们的专业和人气，组建拉丁舞、模特队等大众文艺队伍，大力培训辅导文艺志愿者，同时开展戏剧表演、曲艺演出等高精尖的“小众”文化活动。从大众到小众，两手一起抓，多面开花，用形式多样、内容丰富的文化志愿活动满足不同群体需求。

在自我提档方面，以“群星书场”志愿服务团队为例，为提升知名度和影响力，经常邀请国家级非物质文化遗产传承人、相声表演艺术家及众多曲艺名家表演经典节目。市民们经常能见到青岛市老中青三代同台献艺的盛景。经过几年的发展，“群星书场”知名度和影响力不断提升，团队中的年轻曲艺文化志愿者也得到了锻炼。“群星书场”趁势开启“周末喜相逢”专场，每周五在固定时间和固定地点上演评书联播，吸引青年曲艺家和曲艺爱好者陆续加入，极大地丰富了文化志愿服务内容。

（三）注重实效，发挥文化志愿服务品牌效应

随着青岛市文化馆文化志愿服务队伍的不断壮大、多样化志愿服务活动的深入开展，文化馆志愿服务工作迈上了新台阶。截至目前，青岛市文化馆共有“五王艺术团”、“微演艺”非遗进校园、“群星儿童剧社”、“群星剧场”、“广场周周演”、“老年艺术大学团队”、“艺术彩虹”走基层以及“快乐假期跟我学”等 30 个文化志愿品牌活动，示范带动全市文化志愿服务工作向前发展。

在此基础上，青岛市文化馆及各区市文化馆要结合本地实际，更加注重实效，进一步开展具有特色的文化志愿服务，创建一批特色鲜明的活动品牌，发挥文化志愿活动的品牌效应，提升公共文化服务效能。

五　结语

在文化志愿服务的组织和管理工作方面，青岛市文化馆已经初步探索出

一条符合自身发展特色的道路。但是，当前社会公众对于文化志愿服务的服务方式、服务内容、服务效能的要求不断提高，青岛市文化馆需要对日常管理过程中暴露的众多问题采取积极有效的措施加以解决，并深入思考文化馆文化志愿服务的未来发展方向，形成更加完善的文化志愿服务的“青岛模式”。

西安市鄠邑区文化馆文化惠民的实践探索与基本经验

程君宝　陈　蕾*

摘　要： 文化馆是建设现代公共文化服务体系的基本阵地。近年来，在国家大力推进文化建设的进程中，鄠邑区文化馆积极发挥基层文化馆在提供公共文化服务和进行非遗保护传承方面的职能和作用，探索出基层文化馆文化建设下乡经常化、场地使用经常化、活动内容形式多样化、活动档次品位化、活动安排科学化的“五化”经验，以及建设馆内专业人才队伍和馆外文艺辅导队伍相结合的经验。

关键词： 文化惠民　非物质文化遗产　公共文化服务　文化馆

文化馆是承担提供群众文化服务和活动、满足群众文化需求职员的主要机构，也是当前建设公共文化服务体系的重要阵地。近年来，西安市鄠邑区文化馆遵循国家文化发展趋势和公共文化服务体系建设要求，大力推进公共文化服务和非物质文化遗产保护，在实践工作中积极探索，积累了基层文化馆建设与发展的基本经验。

---

* 程君宝，陕西省西安市鄠邑区文化馆馆长、非遗保护中心主任，研究方向为公共文化服务建设、中华传统文化传承保护。陈蕾，陕西省西安市鄠邑区文化馆美术摄影部主任，研究方向为民间绘画艺术。

一　创新公共文化服务，惠及人民群众

鄠邑区文化馆成立于1950年，主要承担着鄠邑区群众文化业务文化馆管理、组织、辅导、非遗保护、基层文化建设及培训等工作。2013年6月，由鄠邑区文庙搬迁至人民路南段鄠邑区文化中心4～6楼，场馆面积共计5750平方米，设有办公室、文艺部、群文部、美术部、非物质文化遗产保护中心。地域文化传承方面，文化馆设有名人馆、非遗馆、书画珍藏馆，全年365天免费开放，年度免费开放时间达2400多小时，累计接待群众3.6万人次；阵地培训方面设有舞蹈排练室、戏剧排练室、多功能厅、音乐室、老年少儿活动室、书法绘画室、非遗传承人培训室等群众文化活动用房。2016年，鄠邑区文化馆被评定为“国家一级文化馆”，并先后获“全国公共文化政策研究实验基地”“陕西省十佳文化馆”“陕西省双服务单位”“西安市文明单位”等称号。近年来，文化馆在提供公共文化服务方面的主要举措如下。

第一，办好三个特色馆，为群众提供内容丰富、可视性强，通俗易懂的地域文化展示与传承服务。非物质文化遗产展览馆占地面积600平方米，展示鄠邑区国家、省市级非遗保护项目26个；名人馆占地面积450平方米，展出鄠邑区历史、近现代及当代人物400余人；书画珍藏馆占地230平方米，展出鄠邑区历史、当代艺术精品70余幅。民众从名人馆了解了鄠邑区悠久的历史，从非遗馆和书画珍藏馆了解了鄠邑区灿烂的文化艺术，2016年、2017年，三个特色馆分别接待各类交流团体126个、187个，分别接待群众2.3万人、3.6万人。民众从三个馆中增加了对本土文化的自信，从中汲取了“追赶”“超越”的精神力量。

第二，发挥文化馆文化龙头作用，紧紧围绕区委、区政府的中心工作，组织群众参与性强、艺术品位高的县（区）级群众文化活动。2016年，组织各类展示、展演文化活动135场次，累计受益群众30余万人次。如，组织辅导“北乡锣鼓”参加2016年央视春晚，组织户县“龟兹音乐”团队赴北京参加《百鸟朝凤》首映式展演，指导户县群星剧团参加

第十一届中国艺术节开幕式演出等。全年累计组织参加国家、省、市大赛获得各类奖项20余项。2017年，组织节目参加西安市红五月音乐会决赛，组织编排《陕西面食夸不尽》参加陕西省第八届艺术节群星奖决赛，组织鄠邑区脱贫攻坚宣传文艺巡演等，全年累计组织参加国家、省、市大赛、展演等96场。连续三年春节期间开展“百姓大舞台 群文展风采”民俗文艺展示展演，参与演职人员累计1.2万人次。纪念毛泽东“5·23”《讲话》75周年“红五月”文艺演出暨社区文化艺术节。

第三，做好各类艺术培训工作。先后开展12期“龙窝读书会”、“上林苑诗词楹联文学讲座”，深化“诗词楹联之乡”建设；邀请著名作家、音乐家、剧作家到馆举办创作类讲座、器乐技能培训12期，培训各类文艺骨干达2600余人，一大批群众文艺骨干脱颖而出；邀请民间曲子表演艺术家举办“眉户曲子”专题讲座，让国家级非遗项目眉户曲子走进百姓生活，走进2016年央视春晚，获得《中国文化报》《社会文化》《群众艺术》等省市媒体的报道。2016年组织开展阵地培训，先后举办书法、声乐、戏曲、器乐等各类培训班16期，下镇、村、街办、进社区辅导文艺团体30余个，累计培训人员近5000人次。2017年初，组织辅导鄠邑区“北乡锣鼓”参加鄠邑区第十二届民间艺术节暨鼓舞大赛前期的各镇辅导排练，历时2个月，培训人次在3万左右。组织各类艺术免费培训班（声乐、舞蹈、戏曲等8个专业）14期，累计培训文艺骨干2600余人，走基层指导、辅导镇站、村室文艺骨干1.5万人次。

二 加大非遗保护力度，保护人民群众的精神家园

鄠邑区为2017年新设立的区，原名户县，古谓“天府”，亦曰“陆海”，为九州膏腴，其先为禹父鲧的封地，后为禹子有扈氏的封地，有扈氏在此执天下农桑。其具有两千多年的建县史，历史悠久，民间文化遗存底蕴丰厚，是全国有名的现代“民间绘画之乡”“中华诗词之乡”“中国鼓舞之乡”，2015年获得“省级文化先进县”称号。近年来，非物质文化遗产申报

工作稳居西安市前茅。在所申报的项目中进入国家、省、市级非遗名录的项目达26个，其中国家级非遗项目2个，省级非遗项目15个，市级以上非遗项目26个。目前区内有30余位市级以上非遗传承人。

组织专业人员，进行非遗调研。2009年，组成户县非物质文化遗产普查队，对全县非物质文化遗产进行全面普查。填写调查表213份，调查了15大类213项非物质文化遗产项目（其中民间文学10项；民间美术21项；民间音乐23项；民间舞蹈20项；戏曲9项；曲艺7项；民间杂技9项；民间手工技艺29项；生产商贸习俗5项；消费习俗15项；人生礼俗21项；岁时节令17项；民间信仰13项；民间知识4项；游艺、传统体育与竞技10项）。采集影像资料65小时，录音资料106小时，照片2658张，征集书籍21本，手抄本复印件32本，文字资料126份，并编辑出版了《户县非物质文化遗产普查资料汇编》，提请县政府审查公布了户县第一批非遗代表作名录38个。

广泛宣传非遗，让《非遗法》深入人心。2011年6月1日，《中华人民共和国非物质文化遗产法》颁布实施。鄠邑区文化馆以举办非遗宣传日——“我们的节日”活动为契机，利用宣传版面在县城广场展示、发放《非遗法》宣传报纸1万余份，并联合电视台对《非遗法》及非遗传承保护工作进行宣传报道；2016年非遗宣传日发放宣传资料1500份，奖励优秀非遗传承人5名。参加省市非遗项目展示，文博会等活动9次，参与项目累计20个。此外连续十四年文化馆举办春节民间艺术节，让传统的民间鼓舞、民间杂耍、民间工艺等“活”起来、“火”起来，同时通过组织春节民俗展示、参加省市文博会等活动，将户县社火、户县龙窝酒、户县秦镇大米面皮、户县民间布艺老虎等非遗项目进行宣传和推介，让广大人民群众现场感受体验非遗文化的魅力，带动非遗产品销售，培育文化产业增长点。2018年，鄠邑区春节文化活动在中央电视台新闻频道播出，引起极大轰动。这些活动，让更多人了解非遗，认识非遗，认识到保护精神家园的重要性，自觉保护传承中华优秀传统文化。

加大政府投入，完善各类制度，建立非遗申报机制。2013年，县政府投入300余万元，建成户县非物质文化遗产展览馆，展示陈列30多个非遗项目。2014年县政府把非物质文化遗产保护工作纳入全县经济社会发展规划和财政预算，组建了非遗专家评审领导小组，建立了非遗工作联席会议制度，在县文化馆设立了户县非物质文化遗产保护中心，建立了户县非遗代表性传承人保护制度和年度考核制度。2017年鄠邑区文化馆非物质文化遗产保护中心制定了《鄠邑区非物质文化遗产代表性传承人考核办法》、《鄠邑区非物质文化遗产代表性传承人申报办法》、《鄠邑区非物质文化遗产项目申报管理办法》及《鄠邑区非物质文化遗产项目资金管理办法》，对传承项目及代表性传承人进行了省级、市级系统性考核，加大传承项目及代表性传承人的考核力度，使非遗项目得到最大程度的保护。

深入挖掘，积极申报，不断争取上级的重视支持。在省市文化部门的支持帮助下，从2006年至今，户县共申报市级以上非遗项目26个，其中国家级非遗项目2个（户县北乡迎祭城隍民俗活动、户县眉户曲子）；省级非遗项目15个（户县北乡迎祭城隍民俗活动、户县眉户曲子、终南山钟馗信仰民俗、蒋村正月民俗活动、户县北乡锣鼓、户县民间缯鼓技艺、户县社火、秦镇米皮制作技艺、户县龙窝酒手工酿造技艺及习俗、秦镇杨氏木杆秤制作技艺、甘水坊狮子爬杆、户县民间布艺老虎、古筝制作技艺、刘海金蟾俗信、关中事酒酿造技艺）；市级非遗项目26个（户县北乡迎祭城隍民俗活动、户县眉户曲子、终南山钟馗信仰民俗、蒋村正月民俗活动、户县北乡锣鼓、户县民间缯鼓技艺、户县社火、秦镇米皮制作技艺、户县龙窝酒手工酿造技艺及习俗、秦镇杨氏木杆秤制作技艺、甘水坊狮子爬杆、户县民间布艺老虎、古筝制作技艺、刘海金蟾俗信、关中事酒酿造技艺、户县李氏木刻、户县民间面塑技艺、终南山传说、谷子碨编席技艺、户县风味小吃制作技艺、什村制斗技艺、传统漆画工艺、户县石中村七巧龙灯民俗活动、户县古建营造技艺、户县崔氏龟兹鼓乐、魏邵氏肾病诊疗技艺）。2012年，户县先后有15人被确定为西安市非物质文化遗产代表性传承人，34人被确定为陕西省非物质文化遗产代表性传承人。2016年，鄠邑区文化馆挖掘整理县内非遗项目并积极组织申报“大王崔氏龟兹音乐”等5个项目，项目入选为西安市级非遗项目名录，挖掘整理县级非遗项目 15 个，撰写发表“北乡迎祭城隍”等相关调研论文数篇，共计 4 万余字。2017 年度成功申报“关中木构古建营造技艺”“魏邵氏肾病诊疗技艺”“传统漆画工艺”“户县民间面塑技艺”项目入选陕西省第六批非物质文化遗产保护名录。

设立非遗展示馆和 5 个传承基地，让非遗项目焕发新的活力。率先在全省建成了鄠邑区非物质文化遗产展览馆，展示非遗实物 350 件，全年免费对外开放，接待人次达 5 万以上。为了更好开展非遗传承培训，培养更多非遗传承人，户县非遗保护中心设立了户县眉户曲子、户县社火、户县龙窝酒手工酿造技艺及习俗、户县民间布艺老虎、户县北乡迎祭城隍民俗活动 5 个非遗传承基地，以省、市级代表性传承人为核心，长年坚持开展培训活动。户县龙窝酒手工酿造技艺及习俗传承人在全市率先完成了非物质文化遗产传习所建设，2010 年被市文化广电新闻出版局确定为西安市非物质文化遗产传习示范基地。户县社火传习所利用春节民俗活动，进行现场传习，同时以制作“微缩社火”为突破口，在户县社火的传承保护上走出了一条新路子，并经常受邀到外地展出交流，2015 年春节前，传承人宋志荣先生还受到习近平总书记的亲切接见。鄠邑眉户曲子的传承工作，主要由卢五桥曲子社、牛东曲子社和老年大学曲子班承担，曲子表演队伍人员稳定，学习兴趣高，大部分成员掌握户县曲子的主要曲调。户县北乡迎祭城隍民俗活动传承队伍不断完善组织机构建设，组建了城隍总社和十九个城隍分社，城隍总社和分社人员稳定，分工明确，定期召开例会将户县北乡迎祭城隍活动打造成为一项品牌型的民俗文化盛会。

组织精品节目，参加对外交流，扩大非遗影响力。组织国家级非遗项目《户县眉户曲子》参加央视“百年传奇”乡土栏目、央视《记住乡愁第三季开播晚会》节目。组织曲子解码参加新疆第三届曲子节、国家文化和旅游部、天津市人民政府主办的“全国非遗日”天津非遗曲艺周展演。鄠邑区文化馆、《户县眉户曲子》代表性传承人等参演人员被文化和旅游部授予“优秀参演奖”。《户县锣鼓》参加 2016 年央视春晚演出。二月二龙窝酒立春开窖仪式，已成为鄠邑区一张非遗名片。

三 鄠邑区文化馆文化建设的基本经验

（一）完善制度建设，坚持“五化”制度

坚持镇村基层文化“五进”制度，像农民种地一样，播种群众文化，培育群众文化，满足群众对文化生活的新期待，是文化馆多年来的一贯做法。

文化队伍下乡经常化。不要只抓年节文化，而对平时应推进的文化下乡工作搁置一边。下乡有两个任务：一是要组织专业人员创作、编排、表演、思想进步、内容健康、宣传科学、寓教于乐、群众喜欢的文艺节目，满足群众的文化需要；二要经常辅导当地乡村文化干部、文化骨干，把“送”文化变成“种”文化，把文化“输血”变成群众自己“生血”。不仅向他们送戏、送节目，还应该指导他们根据当地风土人情、当地文化优势，创作、编排、推出新节目，调动他们“写自己、说自己、演自己、鼓舞自己”的积极性，从而引导他们不断地创造生活，表现生活，经常性地开展群众文化活动。

文化场地使用经常化。村级文化活动室要做到长年使用，长年开放。县、乡文化单位，要指导村级文化活动，或乡镇联艺，或数村联办，或一村独办。可举办书画作品展、儿童作品展、妇女剪纸作品展、农民画作品展、老人读书会、故事会，还借由农村老人的寿诞、庙会等活动，举办有当地文化特点的主题教育活动。中小型节目排练、演出，都可在村级文化室进行，不要使村级文化变成“聋子的耳朵样子货”。农村的广播室要常播常新，农村的体育场地，如灯光球场等，也都要经常性地被使用，不能仅仅应付“年节文化”。

文化活动的内容形式多样化。随着新农村建设的推进，人们的审美能力大大提升，单一的文化活动内容，已无法满足人们的需要。为此，鄠邑区文化馆注重做到以下几个结合：一是文化活动与科普教育相结合，在文化活动

中介绍农业科技知识，包括果树栽培、养殖、农产品加工等方面的知识和技能；二是文化活动与政策宣传、主题教育相结合，与人口与计划生育宣传、农村宅基地政策宣传结合、农村普法教育，综合治理相结合，还可与禁毒宣传相结合；三是可与打工前的实用技术培训相结合；四是可与当地“采摘节”、庙会节等旅游节庆内容结合。从形式上来讲，要多样，尽可能避免枯燥乏味单一，这就需要通过“以文化搭台，多角色唱戏”，达到“文化作媒介、多方受教育”的目的。

文化活动的档次品位化。要注重组织建设的严密性、科学性，避免一窝蜂，避免低俗、酸腐，每一次活动要做到有主题、有目的、有特色，要能受到当地群众的好评，不可用低档次、低品位的节目、内容糊弄群众。一是聘请好演员、好节目，参加下乡演出，同时将当地的传统节目经过包装再高层次地推出；二是使用优质的音响灯光背景以营造氛围。这实际上是一个普及与提高的关系问题，要做到在普及基础上提高，在提高指导基层上的普及，以促使广大乡村文艺骨干在有一定品位的文化下乡实践中增强组织能力，提高工作水平。

基层文化活动的安排科学化。鄠邑区文化馆基本做到了年节时县、乡镇、村有活动，每一季度区上有活动，每一个月乡镇有活动，每半个月村组有活动。活动有大有小，有集中，有分散，尽可能保证群众的参与性，活动的品位性。这就需要县文化部门统一规划，分乡镇、分步实施，村组文艺人才的广泛参与，以此才能调动群众参与文化活动的积极性。

（二）坚持馆内、馆外“两手抓”，建设文化人才队伍

1. 按照政治过硬、业务精熟、拉得出、干得好的标准，抓好馆内队伍

近年来，由于受编制限制，文化馆进人“难于上青天”。有专长的人，年龄大了要退休；年轻的人，大多不是群文专业毕业的，对群众文化工作没认识，干工作没热情，缺乏上进心。

一是“结对子”，抓传帮带。老同志带年轻同志，要求他们学习习近平总书记关于繁荣社会主义文化的论述，学习党和国家关于群众文化的理论、

政策、方法，提高他们的思想认识和投身群众文化工作的自觉性，教给他们做基层群众文化工作的本领。

二是抓培养，抓提高。对有潜力、热爱文化事业的年轻同志进行有意识的培养。派他们到省市群文馆学习，到群众文化活动开展出色的地方学习。如，近年来先后派樊金红、宫小祥等同志到外地参观学习，让他们开阔视野，增长见识，提高能力。同时通过一些媒体，推出优秀的文艺干部，提高他们的影响力。如2016年采用“走出去请进来”的方式，邀请第三届国际丝绸之路艺术节7国巡演、第十一届中国艺术节群星奖优秀节目等来户县交流演出。此外组织县文艺骨干赴江西参加“第六届江西艺术节革命歌曲大赛”“第六届中国西部文博会民俗文化展演活动”等，通过交流演出，提升文化馆干部的业务水平。近三年来，文化馆组织职工参加各类艺术培训，受培训比例达100%。

三是压担子，赋重任。对于已经担任馆内中层干部职员的同志，文化馆给予压担子，赋予重任。如文化馆美术辅导部的陈蕾同志，拥有多年美术辅导经验，因此文化馆安排她担任美术辅导部主任，全面负责书画培训工作。陈蕾担起责任，妥善处理网上报名、请名家上课指导、安排作者练习、组织作品小展览等环节，美术培训效果良好。

在“文化加油鼓劲，助推精准扶贫”活动中，文化馆全体干部在全面扎实落实“一对一”帮扶任务的同时，冒着高温酷暑，组织编排扶贫主题的歌舞、小品、快板、戏曲、诗歌朗诵等节目，宣讲帮扶知识和扶贫政策，进行了25场文艺演出，受到社会各界好评。

2. 按照能独当一面、有社会文化影响力、有组织水平的三条标准，建设一支馆外文艺辅导队伍

一是重视本地文化人才培养。本地文化人才是文化建设和改革发展的基础力量，包括镇村（社区）众多扎根基层的乡土文化能人、民间文化传承人以及有较大影响力的网络作家、业余诗人、民间歌手等人，他们生活在基层，成长在基层，具有较为牢固的群众基础和较强的组织能力，通常靠自己文化方面的一技之长，服务当地，创业谋生。鄠邑区文化馆采取政治上关心

尊重，业务上培养引导、生活上关心的办法，对他们进行有意培养和扶持，让他们成为文化馆外的重要补充力量、借助一年两次的文化站长会，一年两次的非遗传承人会议、根据需要举办的多次基层文化辅导员会议等对其着力提高和培养。

二是加强高端文化人才引进和荣誉聘任工作。近年来，除吸引有专长的大学生到馆内从事宣传文化工作外，鄠邑区文化馆还采取客座邀请、兼职、定期服务、活动项目合作等多种形式引进在省里有一定影响力的高层次文化人才，由其指导或协助文化馆业务工作。近年来，聘任小品编导陈海洲、群文专家耿朝晖、表演艺术家杜智敏、书画专家刘水力等专业人才到馆内就某一项工作进行具体指导，获得显著成效。

三是强化民间团体管理，制定相关扶持政策。制定《鄠邑区农民画及其他民间艺术扶持奖励方法》《鄠邑区文化艺术协会考核管理方法》，设立100 万元扶持奖励基金，每年对优秀艺术协会、优秀文艺作品和优秀文艺人才进行扶持奖励，鼓励农民画、鼓舞、书法、体育等 30 多个群众文艺协会利用文化设施开展丰富多彩的文化活动。目前，鄠邑区文艺活动十分频繁，镇、村文化阵地每年平均开展文化活动达 300 场次以上，极大丰富了群众的文化生活。

关于优化基层文化机构人员结构的经验与启示

——以十堰市选拔聘用社会文艺辅导员为例

韩　谦*

摘　要： 开展群众文化工作是活跃群众文化生活、满足群众文化需求的重要途径，但在基层群众文化工作中普遍存在工作人员不足的问题，导致公共文化服务供给不足，影响了群众的文化获得感、幸福感，难以解决人民日益增长的美好生活需要和不平衡、不充分的发展之间的矛盾。本文以十堰市群众艺术馆为例，讨论其面向社会公开选拔聘用社会文艺辅导员，充分利用社会人才资源开展公共文化服务的措施，发现这种方式可以有效缓解基层群众文化工作中人员不足的问题，增强了群众文化工作实效，更好满足了群众文化需求，为我国基层文化机构更好开展社会服务提供了一种行之有效的经验。

关键词： 群众文化工作　人才需求　文艺辅导员

随着我国经济社会的高速发展，广大人民群众的文化需求日益增长，为积极顺应群众文化需求，切实增强群众文化获得感、幸福感，国家对文化建设高度重视。习近平总书记在 2014 年 12 月 2 日主持召开的中央深改组第七

---

* 韩谦，湖北省十堰市群众艺术馆副研究馆员，研究方向为群众文化理论。

次会议上强调，要把构建现代公共文化服务体系作为保障人民群众基本文化权益、建设社会主义文化强国的重要制度设计和重要民心工程。党的十八届三中全会明确提出“构建现代公共文化服务体系”的战略任务。2015 年初，中共中央办公厅、国务院办公厅印发了《关于加快构建现代公共文化服务体系的意见》，对构建现代公共文化服务体系作出全面部署，要求加快推进公共文化服务在价值取向、建设理念、管理能力、服务内容和服务方式等方面的现代化，实现公共文化服务的整体提升，打造“升级版”公共文化服务。

与国家对公共文化服务建设的日益重视和广大人民群众精神文化需求的日益增长相比，肩负着活跃群众文化生活重任的基层群众文化工作进展较缓，却普遍存在着人员不足的问题。以十堰市为例，全市文化馆（站）工作人员为313 人（见表1），但市内常住人口为360 万，1 名群文工作者需要服务 10000 位常住民，这让群众文化活动工作的开展较难推进，出现文化供需失衡情况，严重影响了群众文化的获得感、幸福感，经了解，相邻地市的情况亦大致如此。因此，在现有的资源和条件下，如何解决人员不足的难题以增加公共文化服务供给，缓解文化供需失衡现状，成为一个亟待解决的问题。本文以十堰市群众艺术馆选拔聘用社会文艺辅导员为例，探讨解决基层群众文化工作中人员不足问题的方向和路径。

一　十堰市群众艺术馆情况简介

（一）情况简介

十堰市群众艺术馆成立于 1971 年。2007 年 12 月和原市群众文化活动中心、市演出管理中心合并重组为新的十堰市群众艺术馆。馆舍建筑面积 10831 平方米，定编 57 人，在职 51 人，在职研究馆员 5 人，副研究馆员 8 人，馆员 19 人。常年围绕辅导培训群众文艺骨干、组织举办群众文化活动、创作群众文艺精品、开展非物质文化遗产保护等职能开展工作。

十堰市群艺馆每年举办各类群众文化活动近 100 场，有效丰富和活跃了广大群众文化生活。市群艺馆于2018年被省文化厅授予“全省最美文化馆”称号；2014年被评为湖北省首批公共文化服务标准化试点单位；在2011年、2015年的第三、第四次全国文化馆评估定级中，均被评为“国家一级文化馆”。

（二）选拔聘用社会文艺辅导员基本情况

如何破解群众文化工作中的“1∶10000”的难题，作为十堰市群众文化工作的网络中心和龙头单位，十堰市群艺馆把目光聚焦于社会文艺人才。

表1　十堰市文化馆（站）工作人员一览

单位：人

内容	丹江口市	郧西县	竹山县	竹溪县	房县	张湾区	茅箭区	郧阳区	武当山特区	市群艺馆
县市区文化馆	10	14	13	9	33	7	10	11	4	50
乡镇文化站	18	21	17	20	30	11	0	35	0	0
合计	313									

注：郧阳区20个文化站各配有文化站长一名，由乡镇政府宣传委员兼任。全区申请有20个公益性岗位，也就是文化助理员，目前在岗15个。郧西县21名乡镇文化站工作人员为“以钱养事”人员。茅箭区文化馆10人中，在职6人，街办专（兼）职4人。

在长期的探索和实践中，市群艺馆馆长发现，随着广场舞日益受群众欢迎，广场、社区、晨晚练点等地常常活跃着一支支社会文艺团队，每天自发地组织练习广场舞。每个文艺团队在日常练习时都有一名“主心骨”负责具体的组织、辅导、培训等工作。这些“主心骨”有能力、有热情、受欢迎，在文艺团队中起着领头羊的作用，是繁荣社区文化、广场文化等群众文化活动中的“活性因子”。如果把这些分布在民间的、松散的、无序的文艺人才“活性因子”进行有效整合，加强管理，使之成为群众文化工作在最基层的得力抓手，组织他们积极开展活动，可以缓解群众文化工作中人员不足问题，进一步完善公共文化服务网络，健全公共文化服务体系，更好地繁荣群众文化生活，破解文化供给不平衡不充分的难题。经过走访调研和精心组织，选拔聘用社会文艺辅导员的创新举措应运而生。

2015 年，十堰市群艺馆对选拔聘用社会文艺辅导员工作进行了首次尝试，通过理论知识考核和才艺展示的方式，从城区近 70 个社会文艺团队中，选拔、聘用了 19 名社会文艺辅导员，成立了十堰市第一支社会文艺辅导员队伍。

受聘的社会文艺辅导员，在市群艺馆的统筹安排下，充分发挥自身特长，积极走进广场、深入社区，扎实开展了丰富多彩、形式多样的文艺辅导活动，仅 2015 年，累计新编创辅导节目 200 余个，开展演出活动 350 多场次，辅导社会文艺爱好者 3 万余人次。在首次尝试取得成功的基础上，十堰市群艺馆及时总结经验、进行广泛推广。2016 年，经过层层推荐与选拔，再次聘用了 40 名社会文艺辅导员，辅导员来源涵盖了郧阳区、武当山旅游经济特区等偏远城区。2017 年，共选拔聘用了 70 名社会文艺辅导员，实现了十堰市城区社区全覆盖。2018 年、2019 年又先后聘用了 39 名和 40 名辅导员。经过多年的坚持，十堰市群艺馆壮大了十堰市社会文艺辅导员这支“编外”队伍（见表 2），并通过文艺辅导员的共同努力，以点带面，有效带动了基层群众文化队伍发展，迅速提高了十堰市社会文艺活动的整体水平，极大地丰富了十堰市群众文化生活，提升了公共文化服务质量，进一步保障了广大群众充分享有基本公共文化服务的权利（见表 2）。

表 2　2015 ~ 2018 年社会文艺辅导员开展辅导培训工作情况一览

年份	辅导员（人）	社会文艺团队（个）	辅导排练节目（个）	辅导培训人次（万）
2015	20	62	200	3
2016	40	127	280	5
2017	70	172	625	10
2018	39	201	515	8

目前，十堰市群艺馆公开选拔聘用社会文艺辅导员这一举措，充分发挥了群众智慧、激发了群众文化活力，成功利用社会资源开展公共文化服务，进一步延伸了群众文化工作在基层的抓手，把一颗颗文化的“种子”埋入基层文化工作土壤，让它生根、发芽、开花、结果，逐步形成了以点带面、从线到片的工作局面，建立了在基层就地培育人才的文化内生发展机制，有

效缓解了群众文化工作人员不足问题，实现了用“编外”人，做“编内”人的事，在推动群众文化工作中取得了较好成效。

二　十堰市文化辅导员选拔基本经验和做法

第一，严把选聘关。对报名参加辅导员选拔的人员，市群艺馆要求其有稳定的社会文艺团队归属并能在固定的活动场所、固定的活动时间经常性地开展辅导、培训各类社会文艺活动，以保证文艺辅导员在社会文艺团队中切实发挥以点带面的辐射作用。同时，还要求报告人员必须具备必要的文艺表演基础理论知识、才艺表演水平，以及基本的业务辅导培训能力。在选拔时，十堰市群艺馆本着宁缺毋滥的原则，经过理论知识和才艺展示双重考核，把业务素质好、沟通协调组织能力强、辅导培训水平高、参与社会文化活动积极性高的社会文艺爱好者选拔出来担任社会文艺辅导员，为各类社会文化活动组织开展人夯实基础。

第二，强化辅导培训。面对群众文化需求多样化、差异化特点，作为社会文艺辅导员，不仅要有丰富扎实的业务能力储备，更要有“取法于上，仅得为中；取法于中，故为其下”的目标意识和远见意识。为此，社会文艺辅导员队伍组建后，市群艺馆随即抓业务培训，相继邀请一批北京和省、市专家进行业务培训（见表3），并组织辅导员队伍外出观摩第十一届中国艺术节、“文化力量·民间精彩”全省广场舞大赛、第三届湖北艺术节等活动，以期辅导员们通过学习交流，开阔视野，丰富知识，积累经验。结合“请进来”和“走出去”方式，不断提高社会文艺辅导员的审美水平和业务能力。

表3　2015～2018年社会文艺辅导员接受辅导培训情况一览

年份	举办辅导班次	参加培训人次	外出观摩活动	外出观摩人数
2015	4	72	河南开封群众文化交流	18
2016	2	65	第十一届中国艺术节	18
2017	2	80	第三届全省广场舞展演	16
2018	3	96	第三届湖北省艺术节	12

第三，加强日常管理。选拔聘用社会文艺辅导员已成为十堰市群艺馆每年的“规定动作”，社会文艺辅导员队伍成立后如何对其进行有效管理从而使其切实发挥效能成为关键问题。经过近几年的摸索，十堰市群艺馆逐步建立完善了管理机制，不断提高社会文艺辅导员队伍的科学化、制度化、规范化管理水平。一是实行考核奖励机制。对社会文艺辅导员每年的节目编排数量、演出活动参加次数等进行量化管理，并通过辅导成果专场汇报演出、辅导员年终工作述职等形式进行考核，评选出年度“十佳社会文艺辅导员”。辅导员聘期为一年，荣获“十佳”者在获得相应的表彰和奖励的同时，可优先获得下一年度的社会文艺辅导员资格。同时，对辅导员辅导培训的文艺团队进行“十佳社会文艺团队”和“十佳社会文艺团队团长”评选，以此激励辅导员工作热情。二是实行内部竞争机制。在选拔各类演出活动的参演节目时，对辅导员报送的参演节目，组织专家从节目编排、服装道具、音乐设计等方面进行严格把关评审，只有通过评审方可登台演出，以此激活辅导员队伍内部竞争力，激发创作热情，防止“吃老本”。三是实行台账管理机制。对辅导员每年辅导排练的节目、参加演出活动的场次等内容建档立案，进行统计，变日常自发、松散的管理为自觉、系统的管理，增强管理实效。

第四，积极组织开展活动。为切实增强社会文艺辅导工作实效性，十堰市群艺馆积极组织社会文艺辅导员深入基层一线，广泛开展各类辅导培训活动，仅在2018年，辅导编排节目达515个，辅导培训达8万余人次。同时，积极为辅导员及其辅导的节目搭建平台，推动融合发展。一是搭建演出平台，做到辅导培训和演出融合发展。长年组织辅导员所在文艺团队及辅导的文艺节目参加“欢欢喜喜过大年”“人民广场大家乐”等十堰市群众文艺演出品牌活动，在集中展示最新辅导培训成果的同时，更好丰富群众文化生活。二是搭建比赛平台，做到辅导培训和比赛融合发展。在“文化力量·民间精彩”十堰市群众广场舞展演、十堰市社会文艺团队舞蹈大赛、十堰市戏曲爱好者“名家名段”展演、十堰市社会文艺展演等比赛中，组织辅导员积极编排节目踊跃参加，同台献艺，加强相互之间的交流学习。三是搭建创作平台，做到辅导培训和创作融合发展。要求每位辅导员每年须新创作6～8个节目（见图1），十堰市群艺馆组织业务专家对创作出的节目进行加工、打磨、提高、完善后，在文艺团队内进行推广，以提升团队整体创作水平和表演水平。

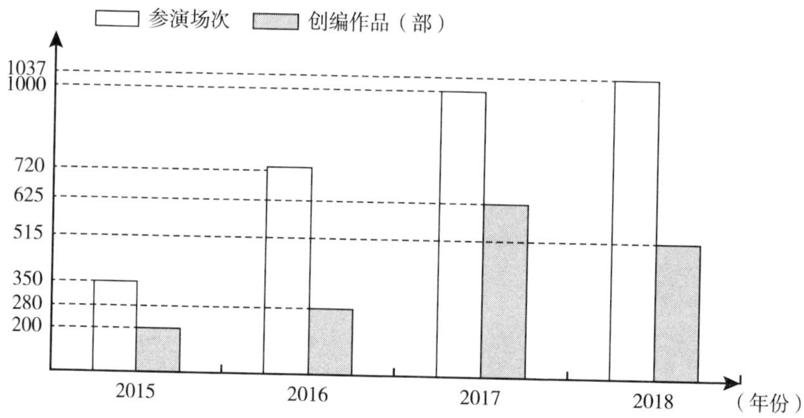

图1　2015～2018年社会文艺辅导员演出创作情况一览

第五，加大保障力度。为了稳步推进社会文艺辅导员积极开展工作，十堰市群艺馆不断加大支持和保障力度，在充分收集社会文艺辅导员意见、建议的基础上，根据具体需求，有针对性地为辅导员所辅导的文艺团队配发彩船、花轿、服装、腰鼓等演出所需物品，并为每个辅导员统一配备便携式音响和排练服装，从而改善辅导培训条件，提升辅导培训质量。

三　今后的改进方向及措施

（一）完善辅导员队伍专业门类

在已聘用的社会文艺辅导员中，绝大多数擅长的业务门类是舞蹈，尤其是广场舞表演，对于戏剧、曲艺、音乐等其他业务门类了解较少，出现了明显的“偏科”现象（见表4），这与群众日益增长的多样化、多方面的文化需求之间存在“逆差”，影响了社会文艺辅导员辅导培训的内容和质量。因此，还需要进一步加大“冷门”专业的人才挖掘力度，对特别优秀的人员，可以适当放宽报名条件，将其吸纳入社会文艺辅导员队伍，从而不断完善辅导员业务门类分布，增强服务能力。

表4　2015～2019年社会文艺辅导员业务门类一览

单位：人

年份	辅导员	舞蹈类	音乐类	戏剧类	曲艺类	理论类
2015	19	18	0	0	0	1
2016	40	36	1	1	1	1
2017	70	48	12	7	2	1
2018	39	34	2	1	1	1
2019	40	35	3	1	0	1

（二）改善辅导员队伍年龄结构

已被聘用的辅导员年龄均较大。以2019年聘用的40名社会文艺辅导员为例，年龄最大的63岁，最小的34岁，平均年龄52.8岁。其中，40岁以下的仅有1人，身为社会主力军的中青年很少参与选拔，这使辅导员的年龄结构出现了明显断层（见图2）。日益繁忙的辅导培训工作对现聘用的社会文艺辅导员的工作精力提出了考验，因此，改善社会文艺辅导员队伍的年龄结构就显得尤为关键。今后在选拔聘用时，可以适当扩大选拔范围，不仅要把目光放在社会文艺团队中，还可以考虑把大专院校中拥有一技之长的师生纳入选拔范围。他们既有专业优势，又不缺工作热情，并具有开展社会文艺辅导培训工作的能力，如能将这部分人才纳入社会文艺辅导员队伍，将十分有助于改善辅导员队伍年龄结构。同时，根据身份和职业的特殊性，对现有辅导员的日常管理考核奖励办法进行针对性的调整完善，使其更好开展社会文艺辅导培训工作。

（三）提升文化队伍数字化运用能力

社会文艺辅导员队伍的现有管理和工作方式还停留在传统的工作模式

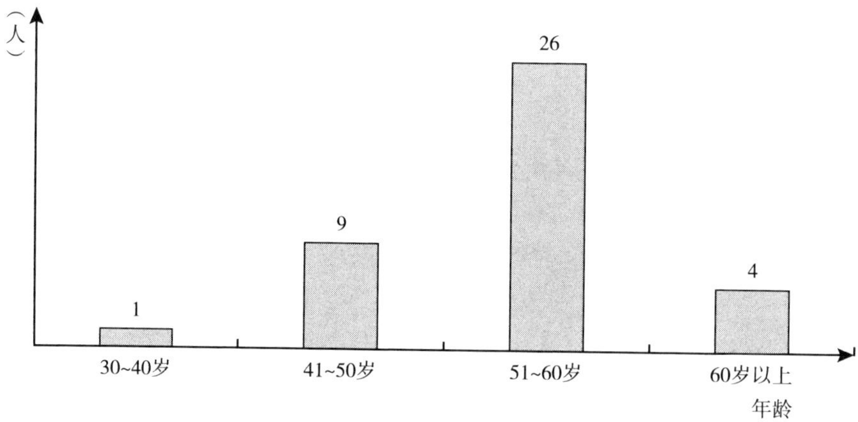

图 2　2019 年社会文艺辅导员年龄结构分布

中，日常的辅导培训主要还是“面对面”的方式，很少涉及数字化技术的运用，未能充分挖掘培训资源、丰富培训内容、放大培训效果。在今后的社会文艺辅导工作中，要不断强化数字化意识，提高数字化运用能力。要积极引导社会文艺辅导员充分利用国家公共文化云等数字化平台上提供的慕课等资源，进行学习培训，变以往的邀请老师进行阶段性培训为利用网络学习平台进行常态化培训，以此不断丰富培训资源、增加培训次数、增强培训效果。同时，在十堰市数字文化馆建设项目的线上平台设置群文社团栏目，把社会文艺辅导员新编排创作的文艺节目进行集中展示，在促进辅导员相互之间交流学习的同时，便于社会文艺团队及爱好者利用数字文化云平台学习，更好扩大新创编节目的受众面。此外，平台可开通评价交流功能，自主及时搜集群众的反馈意见和建议，便于社会文艺辅导员有针对性地弥补不足，提高作品质量，形成与群众的良性互动。

（四）加大力度培养挖掘新生力量

辅导员聘期为一年，每年均进行重新选拔聘用。综合历年的选拔聘用结果可以发现，在每年聘用的社会文艺辅导员队伍中，老面孔较多，新生力量较少。其中，在“十佳社会文艺辅导员”评选中，许多辅导员都是“专业户”，较少出现新面孔。长此以往，队伍内部竞争力会被削弱，不利于辅导员队伍的长期健康发展。因此，在社会文艺辅导员队伍建设中，在保持现有队伍稳定的同时，要把更多精力放在挖掘、培养新生力量上，尤其是要加大对“弱势”社会文艺团队的扶持和培养力度。此外，要把工作触角向各县市区乃至乡镇村延伸，积极寻找、发现、树立当地的“标杆”文艺团队，进而在带动基层文艺团队发展壮大，更好丰富当地群众文化生活的同时，也为社会文艺辅导员队伍补充新鲜血液。

四　结语

保障人民群众的文化权益是开放群众文化活动的第一目标，更是公共文化服务体系的终极目标。为建立健全公共文化服务体系，更有效配置公共文化资源，提高公共文化服务效能，更好保障公民的文化权益，2017 年国家制定出台的《公共文化服务保障法》明确指出，鼓励公民主动参与公共文化服务，自主开展健康文明的群众性文化体育活动（第三十七条）；倡导和鼓励公民参与文化志愿服务（第四十三条）。近五年来，十堰市群艺馆始终坚持挖掘社会人才资源，培育社会文艺辅导员队伍，积极参与公共文化服务，不断丰富群众精神文化生活。基于持续的实践和探索，十堰市社会文艺辅导员队伍不断壮大，管理模式不断完善，覆盖面不断扩展，工作能力不断提升，社会影响力增强，社会美誉度日渐增加，让广大群众更多、更好、更实在地享受到公共文化逐步发展的成果。目前，建设一支既专业又敬业的社会文艺辅导员队伍，已成为十堰市利用社会文艺人才资源参与公共文化服务建设，缓解基层群众文化工作人员不足问题的一个行之有效的途径。该方法较好地提升了公共文化服务质量、拓宽了公共文化服务渠道、提高了公共文化服务覆盖率，进而保障了公民的文化权益，增强了公民的文化获得感、幸福感。

“戏曲院线”联盟模式初探

——以湖北省黄梅戏剧院与黄冈保利剧院管理公司合作为例

李 智　高焕香*

摘　要： 在当今时代背景下，文艺院团想要实现新的突破性发展必须另辟蹊径，实现创新性突破，积极探索适宜自身的发展新模式。本文以湖北省黄梅戏剧院与黄冈黄梅戏大剧院保利管理有限公司组建“戏曲院线”联盟模式为研究对象，介绍此模式的概况并探究其创新点，以期为新时期文艺院团发展提供新路径，新模式。

关键词： 黄梅戏　戏曲院线　文化创新　湖北省

中国原有的“茶园”、“戏楼”或“戏园”等，现统称“剧院”。剧院建设的宗旨是提高受众体（包括贵宾、观众和演员）精神享受的质量、降低受众体精神享受的成本，这也是剧院价值的本质含义。当前，剧院具有多重作用，可作提高公众文化艺术修养、协助艺术教育、为艺术家创作活动提供交流借鉴机会的平台。因功能日趋向专门化和多层次方向发展，剧院现已成为多功能综合体。

剧院建设是演艺事业、演艺产业发展中的重要一环。对于包括演艺文娱

* 李智，湖北省黄梅戏剧院财务科科长。高焕香，湖北省黄梅戏剧院宣传策划部主任，中级工艺美术师，国家公共文化政策研究实验基地湖北省黄梅戏剧院实验基地特约研究员，研究方向为黄梅戏文化。

事业单位、演艺文娱企业在内的文化工作，中央有着明晰的发展思路，即“一手抓公益性文化事业，一手抓经营性文化产业”，通过深化文化体制改革，推动文化事业、文化产业的共同发展。这是结合我国文化工作实际，在尊重经济、科技和文化发展规律的基础上，制定的具有战略意义的发展思路。剧院一方面在积累国家文化财富、传承展示优秀民族文化方面肩负着重大责任；另一方面也在社会文化服务方面发挥越来越重要的作用，承载着文化建设大发展、大繁荣的重任。所以，在新时期推动剧院健康稳定发展，可对国家文化产业和文化事业发展发挥重要作用。

一　黄梅大剧院建设概况

黄梅戏，原名黄梅调、采茶戏等，起源于湖北黄冈黄梅，与京剧、越剧、评剧、豫剧并称为“中国五大戏曲剧种”。20 世纪 80 年代，湖北省委、省政府提出“把黄梅戏请回娘家，打向全国，走向世界”的文化发展战略方针，并联合发文成立湖北省黄梅戏剧院。30 多年来，湖北省黄梅戏剧院在党的文艺路线方针指引下，得到湖北省委、省政府、黄冈市委、市政府领导高度重视和亲切关怀。各级政府始终以传承发展黄梅戏为己任，坚持“抓创作、出精品，走出人出戏创风格”的艺术发展道路，成绩斐然。

为了满足广大市民对黄梅戏戏曲的文化精神生活需要，提高公共服务水平，提升黄冈城市形象，黄梅戏大剧院建设被提上政府工作议程。2009 年，黄梅戏大剧院项目被市政府常务会列入黄冈市当年五大重点社会发展项目之一，并被定为公益性文化事业发展重点项目。黄梅戏大剧院于 2015 年完工，主体工程为容纳 1300 名观众的中心剧场，配套建设有湖北省黄梅戏剧院的办公、排练场所。黄梅戏大剧院分大剧场、小剧场和商务区三个区，大剧场设座席 1000 个，小剧场设座席 100 个，两个剧场独立设置配套的化妆、服装、道具、布景、灯光、音响用房以及为观众服务的商务、休闲用房等。黄梅戏大剧院顶部呈梅花状，三朵花瓣对应三个不同功能的场馆，俯瞰黄梅戏大剧院，犹如一朵梅花盛开在遗爱湖畔。

二 运营管理的院线联盟模式

（一）戏曲院线联盟合作的必要性

每个城市的戏剧观众群体正随着戏剧的普及、经济水平的提高、文化素质的提升而逐步扩大，但是，与此同时戏剧创作及制作的成本也在飞速提升。如何在短时间内赢得更多戏剧观众，如何建立合理有效的经济运营模式，如何将优秀的戏剧作品推广到更为广阔的舞台，成为当前每个戏剧演出制作人都在思考的问题。戏剧演出不能仅停留在某一城市内，只有“走出去”，走向全国、全世界，才能为优秀戏剧作品赢得更为长久的生命力。

演出市场的飞速发展与极大繁荣令世界惊叹，各地政府为了能够提升本地的文化竞争的比较优势，纷纷投入大量资金进行文化艺术市场开发和文化艺术设施建设。剧场建成之后，剧场的经营与发展成了重要课题。

“戏曲院线”合作联盟可突破区域观众数量有限的问题，全国各地多家剧院陆续加盟保利剧院中进行巡演，以降低剧院的营销成本。为了能够创造更高的票房成绩和更为可观的社会效益，国内优秀的演出机构和院团把眼光放到本省城市之外。对于国内优秀演出团体和剧团而言，院线剧场是非常重要的演出阵地；对于院线剧场来说，高质量的戏剧作品可为剧院建设和当地市场开发提供强有力的支持。在“戏曲院线”合作联盟模式下如何策划运营优质演出、如何开发本地演出市场、如何培养地区观众是院线剧场经营者们探讨的问题。

（二）黄梅戏剧院与保利的合作模式

近年来，湖北省黄梅戏剧院倾力打造有本土特色的黄冈名人系列的黄梅戏，例如《李四光》《苏东坡》《李时珍》《活字毕昇》等剧目都获得了极大成功，观众反响热烈。按照原剧院创作剧目模式，面向市场的演出很少，大部分是奔着精品剧目、评奖剧目去的，评完奖后，这些剧目往往就被放起来了，放到剧场一般只演出两三场，实行的是“院场分离制”，即剧院和剧团是分开的。为了寻求经营上的突破，为了能够让演出与产出进入良性循环，增加演出场次，提高演出上座率，开发戏剧观众成为湖北省黄梅戏剧院演出运营机构面临的最为重要的课题。如何在短时间内赢得更多戏剧观众，如何建立合理有效的经济运营模式，如何将优秀的戏剧作品推广到更为广阔的舞台，如何开拓演出市场，成为黄梅戏剧院的重要目标。

北京保利剧院管理有限公司经营 32 家剧院，演出及剧院管理业务已进入全国 15 个省份，并打造了华中、华北、东北、山东、西南、长三角、珠三角等多个院线平台，成为综合性发展的集团化剧院管理企业。伴随着中国各地的演出剧场设施越来越完善，演出市场越来越活跃，每个城市的戏剧观众群正随着戏剧的普及、经济水平的提高、文化素质的提升在逐步增加。保利剧院在全国的 32 家加盟剧院，在短时间内赢得众多戏剧观众，建立合理有效的经济运营模式，将剧团创作优秀的戏剧作品推广到更为广阔的舞台。

经双方共同协商，湖北省黄梅戏剧院与黄冈黄梅戏大剧院保利管理有限公司组建“戏曲院线”联盟模式。该联盟是一个较为松散的联盟模式，一旦剧院有了优秀剧目，就可以突破地域和院线限制，可在全国各地加盟保利剧院中进行巡演，以降低每个剧院的营销成本。

按照把黄梅戏大剧院办成文化黄冈的标志、高雅艺术的殿堂、市民文艺欣赏的园地、社交旅游的首选定位，以及专业水平、管理标准、服务品位、经营效益和社会形象“五高”的经营管理目标，黄梅戏大剧院与保利的合作采取“政府财政补贴，目标管理，保利自主经营，自负盈亏”的运作管理模式。在黄冈市文化新闻出版广电局的监管下，黄梅戏大剧院由黄冈保利剧院管理有限公司负责经营管理。保利剧院管理有限公司作为目前全国最具实力的高雅艺术演出经营管理企业，具有丰富的剧院管理经验和完善的经营网络，由其对黄梅戏大剧院进行经营管理，既完善了保利在全国演出营销院线网络，同时也为政府承担了经营管理风险。

黄梅大剧院所采用的“政府财政补贴；目标管理；保利自主经营，自负盈亏”方式具体而言有以下三点。

“政府财政补贴”，即黄冈市政府与北京保利剧院管理有限公司签订经营管理合同，通过申请财政拨款，黄冈市文化新闻出版广电局代表政府对经营方组织的演出任务给予财政补贴。黄梅戏大剧院作为城市的一个象征，将其视作公益性单位实行政府补贴，这不仅是国际惯例，也是当前国内高雅演出场所普遍采取的运作方式。黄冈市财政局对黄梅戏大剧院的补贴主要被大剧院用于引进演出、人员经费、物业管理、水电费开支等方面。

“目标管理”，即黄冈市政府对经营方设定每年上演艺术演出场次、年均上座率不低于65%、年均票价不高于100元的演出经营指标。“高品质、低票价”的经营方针，让广大市民可以在这座国际一流、国内领先的大剧院里得以花费相当于大城市1/3的票价，欣赏到众多国家级高水平的演出。通过“目标管理”，使政府的财政补贴切实花费到市民身上。

“保利自主经营，自负盈亏”，即由北京保利剧院管理有限公司在黄冈市注册成立黄冈黄梅戏大剧院保利管理有限公司，自主经营黄梅戏大剧院的演出，享受经营盈利的权利并承担经营亏损的风险。这既可充分发挥黄梅戏大剧院丰富公众精神文化生活的作用，又可充分调动经营方的积极性，推动剧院健康稳定的运营。

“戏曲院线”的建立，使黄梅戏剧院的剧目得以在保利剧院经营的多家剧院巡演。湖北省黄梅戏剧院创作精品剧目不仅仅可以在一个城市演出，还可以通过“剧目院线”模式“走出去”，走向全国，这为优秀黄梅戏戏剧作品赢得了更为长久的生命力，提供了更为广阔的运营平台。“戏曲院线”合作联盟模式在当今中国演出市场中发挥举足轻重的作用，相信在不久的将来，中国保利加盟剧场将成为世界演出市场的重要参与者，为中国戏剧艺术家和戏剧演出制作及运营机构提供更为广阔的发展平台。

三　戏曲院线模式的经营效果

黄梅戏大剧院自2015年启用以来，黄冈市文化新闻出版广电局以制度监管、分类别监管和用考核监管的办法，对其演出、物业和财务运作进行规范。黄冈黄梅戏大剧院管理有限公司通过针对性策划、高品质服务、低票价造市等措施组织高雅艺术演出。明确的分工、规范的运转、和谐的合作，确保黄梅戏大剧院物业的保值和作用的发挥。

截至2017年12月31日，黄梅戏大剧院，共组织演出近200场，远超合同要求的年演出场次的指标，平均每周将有两场以上的演出在黄梅戏大剧院上演。其中，2017年，黄梅戏大剧院组织各类艺术演出90场，其中黄梅戏剧目达到30场次，包括《苏东坡》《女驸马》《活字毕昇》《大别山母亲》等精品黄梅戏剧目。与此同时，俄罗斯国家剧院芭蕾舞剧团、俄罗斯国家交响乐团、中国爱乐乐团、中央芭蕾舞团、中国儿童艺术剧院等国内外一流院团也纷纷在黄梅戏大剧院献艺，各类精彩剧目争妍斗丽，艺术大师各展风采。异彩纷呈的高雅艺术演出，让广大观众大饱眼福。

目前，黄梅戏大剧院的年平均票价为100元，最高票价为180元，最低票价仅为20元，远低于全国各地戏曲艺术演出平均票价。广大观众用相当于大城市1/3的票价，就能欣赏到同类型高档次演出，真正让平民百姓走进高雅艺术殿堂成为可能，使得政府财政补贴切实用在老百姓的身上。

黄梅戏大剧院开业至今平均上座率为69%，部分场次上座率高达99%，出现“一票难求”的景象。黄梅戏大剧院让黄冈市民在家门口就可以欣赏到国内外经典高雅艺术剧目，黄冈市民到黄梅戏大剧院欣赏高雅演出，培育雅致的气质，营造浓郁的高雅艺术氛围。

经过近四年的努力，黄梅戏大剧院的运作已全面步入良性循环轨道。上级领导以及文艺主管单位对黄梅戏大剧院上演剧目之多、演出档次之高以及平均票价之低表示赞赏。广大观众也对黄梅戏大剧院能提供“高水准，低票价”的文艺演出赞不绝口。黄梅戏大剧院给全黄冈，包括周边鄂东人民带来了极其丰富的文化生活享受。

四　结语

建好一座黄梅戏大剧院实属不易，管理大剧院更是一个难题。剧院的经营管理模式决定着剧院运营的成败。目前，在国内大多城市戏曲艺术演出市场尚未发育成熟、群众文化消费习惯尚未形成、剧院管理经验比较缺乏的情况下，湖北省黄梅戏剧院与黄冈黄梅戏大剧院保利管理有限公司“戏曲院线”合作联盟的模式，不仅可以共享优质连锁演出资源，提升管理标准，训练本土团队，培育观众市场，降低演出成本，而且能确保满足群众多方面多层次的文化需求。戏曲艺术演出和艺术普及必须平民化，让更多市民走进大剧院，享受到高品质的文化服务。政府投资剧院建设的资金来源于纳税人，回报纳税人、体现“以人为本”，让广大市民享受欣赏文化艺术的权利，是剧院建设的根本出发点和落脚点。因此，“戏曲院线”合作联盟模式在规定票价上必须努力体现大众化、“以人为本”。要在尊重市场规律的基础上，针对不同场次的演出制定不同的票价，做到让老百姓能看到戏、能看得起戏。目前，国内很多演出票价动辄数百元，甚至高达上千元，百姓难以接受。在黄冈这个市民艺术素养有待提高、艺术市场有待开发的城市，观众还没有完全形成买票看戏的习惯，观众群体还有待培育，黄梅戏戏曲艺术有待进一步普及。黄梅戏大剧院应继续抓住机遇，开拓创新，推进戏曲市场运作转型，努力建设成为古城黄冈文化新城的标志。

Contents

Ⅰ General Report

Observation Report on National Public Cultural Policy Research Experimental bases from 2019 to 2020

Fu Caiwu, Wang Dong and Wei Ji / 001

Abstract: Since 2018, Public cultural policy research experiment base of observation show that when building a modern system of public cultural services, under the strategic direction of the public culture actively adapt to the trend of institutional reform, constantly optimize the system and mechanism, promote the building of key cultural projects and projects, public cultural service ability and service level improved steadily. Thanks to the national cultural policy, most public cultural institutions, such as museums, libraries and cultural centers, have significantly improved their service performance, and cultural services have benefited the population. At the same time, it is also observed that the cultural institutions in the experimental base are faced with new tasks and challenges of mechanism reform in the new period, as well as the new trend of integrated development of culture and tourism. At the same time, some public cultural institutions have some problems, such as the slight decline in input-output performance, the loss of professional talents, the way of financial security and the performance evaluation system to be improved.

Suggestions: Adapt to the reform situation of national cultural and tourism departments, and explore the path of cultural and tourism integrated development. To establish and improve the performance evaluation system for public cultural services and force the optimization of the structure of fiscal input. To narrow the development gap and improve the standardization and equalization of public cultural services; We will focus on digitizing public cultural institutions at the community level.

Keywords: Public Cultural Policy; Public Cultural Services; Experimental Base

Ⅱ Special Reports

Empirical Study on Regional Equalization of Service of Mass Cultural Institutions in China

Peng Leiting, *Chen Yifang* / 019

(*National Institute of Cultural Development*, *Wuhan University*, *Wuhan* 430072, *P. R. China*)

Abstract: As public cultural institutions with "Chinese characteristics", the mass cultural institutions cover many levels, including provinces, cities, counties, townships, etc., extending to the grassroots level, which has the largest coverage and the widest range of services and So it is crucial to the equalization of public cultural services. Based on the perspective of regional equalization, this paper constructs the index system of equal evaluation for mass cultural institutions, and uses the Theil index method to conduct an empirical study on the degree of equalization of mass cultural institutions in China from 2011 to 2016. The results show that 1) there is a regional imbalance in the mass cultural institutions in China, showing the situation in the east has been the best followed by western, whereas the central region has been the worst; 2) the degree of non-equalization has deepened further from 2011 to 2016; 3) financial allocations and practitioners are the main factors leading to non-equalization. Based on this, relevant countermeasures are proposed.

Keywords: Mass Cultural Institutions; Equalization; Theil Index

International Experience and Enlightenment on Division of Cultural Powers and Expenditure Responsibility

Chen Geng, Xie Jiatong / 037

Abstract: Establishing a system which is compatible with cultural powers and expenditure responsibility is an important lever for China to promote comprehensive and deep reform. In Cultural field, it's essential for deepening cultural system reform to rationally divide the cultural powers and expenditure responsibilities between the central and local governments. At present, western countries such the United States, Germany, Britain, and France have already formed relatively mature experience and models about policy legislation on division of government powers and expenditures, powers division, payment subject definitude and institutionalization of inter-governmental transfer. Learning from western experiences, clarifying principle of cultural powers and expenditure responsibility's division, scientifically delineating boundaries of cultural affairs and expenditure responsibility, and optimizing transfer system in cultural field are important ways which can break the crux of cultural a and promote the reform of cultural system.

Key words: Cultural Powers; Expenditure Responsibilities; Public Finance; International Experience

Research on Countermeasures and Opinions for Promoting Service Efficiency of Cultural Centers (Stations)

Tang Jianchun / 051

Abstract: Because of the unbalanced development of regional economy and culture in China, there are great differences in regional development and obvious dualistic structure between urban and rural areas. The construction and development of public cultural service system has formed a differentiated pattern, which makes public cultural service face many inconsistent, mismatched and inconsistent contradictions. If we want to ovedom the shorts of cultural centers (stations) and improve the efficiency of public cultural services, we need to clarify responsibilities and identify objectives further Besides, We should constantly summarize our experience in practice, and promote the scientific and standardized development of modern public cultural service system.

Keywords: Public Culture; Complementing the Shortcomings; Improve the Efficiency; Cultural Centers ; Cultural Stations

The Legalization Process of the Protection of Citizens' Reading Rights: Constructing, Updating and Implementation

Zhang Chunchun / 063

Abstract: In recent years, the legalization process of public culture in China has accelerated, and the legislation system has been constantly improving, which further standardizes the construction of public cultural service mechanism and effectively promotes the improvement of public cultural service system in China. This paper sorts out the process of legalization of reading rights protection abroad and in China, puts forwards on innovation of managing by law, running libraries by law and using by law, shifting from legal systematization to legal governance, and proposes practical measures for promoting the protection of citizens' reading rights in China at present from the aspects of arranging ingredient accurately, optimizing structure, transforming main body, strengthening consciousness and establishing spirit, etc.

Keywords: Citizens' Reading Rights; Legalization; Nationwide Reading; Public Libraries

Rustic Opinion on the Second Transitional Development of Grassroots Public Libraries in China

Zhao Jiahua / 076

Abstract: Under the current general tendency of the reform of grassroots cultural institutions in China, the grassroots public libraries in China will enter the stage of the second transitional development. The second transitional development of grassroots public libraries in China is a great transformation and a great development from "book-based" to "reader-based", which requires implementing the project of hardware transformation and construction in grassroots public libraries and the project of innovating, transforming and constructing the service system of grassroots public library, in order to transform the old format of "book-based", "pan-service", "equal service" and "serving the few" into the new one of "reader-based", "precise service", "interactive service" and "serving the majority".

Keywords: Grassroots Public Libraries; Transformation and Development; Reader-oriented

A Discussion on the Construction of Characteristic Resources of Public Libraries in the Era of "Internet +"

Yang Hui / 087

Abstract: In the era of "Internet +", the construction of featured collections is the key point of libraries' development and is the effective means to enhance libraries' competitiveness and core values. This paper makes a thorough and detailed study on the construction of characteristic resources of public libraries, specifically analyzes the significance, current situation and existing problems of the construction, and puts forward corresponding countermeasures against the existing problems, so as to explore the future path of the construction of characteristic resources of public libraries and promote the development of libraries' characteristic collections construction.

Keywords: "Internet +"; Public Library; Characteristic Resources

The Analysis and Observation of the Development of Horticulture Exposition in China

Ruan Banfu / 097

Abstract: Horticulture exposition is an important part of exposition industry. Since Kunming City succeeded in bidding for the 1999 World Horticultural Exposition, the horticulture exposition in China has been developing rapidly, developing well as a whole. But there are several problems remaining to be solved. This paper takes horticulture exposition industry in our country as the object, beginning with horticulture exposition, analyzes existing problems, explores deep reasons and puts forward suggestions on how to achieve the sustainable development of horticulture exposition industry.

Keywords: Horticulture; Exposition; Exposition Industry

Considerations and Suggestions on Promoting the Integrated Development of Intangible Cultural Heritage and Cultural Creative Industries

Xu Yi, *Shen Hua* / 110

Abstract: Traditional intangible cultural heritages are facing with many problems in the new age, such as its development is restricted by the aging tendency of audiences to some extent. Modern cultural creative industries are new-kind industries of which the root and subject are both culture. This paper focuses on researching and exploring how to promote the innovation and development of outstanding traditional culture, aiming at developing intangible cultural heritages with innovative thinking and boosting the rejuvenation of intangible cultural heritages effectively.

Keywords: Cultural Creative Industries; Intangible Cultural Heritage; Cultural Confidence; Innovative Development

The Archaeological Interpretation of the Evolution Process of Tzu – Chu in China *Ma Guoqing* / 117

Abstract: Tzu – Chu is not only a football game which had succeeded and developed for over two thousand years in ancient China, but also a way of sport and entertainment that has influenced China for more than two thousand years. The evolution process of Tzu – Chu includes different stages, such as emergence, flourishment and decline. Each of stages has relevant documentary records. As the physical carrier of culture in different periods, cultural relics play a crucial role in proving history. This paper aims to interpret the evolution process of Tzu – Chu from a perspective of archaeology by enumerating cultural relics of Tzu – Chu in different stages of evolution process, combining corresponding documentary records and times background.

Keywords: Cuju; Archaeology; Cultural Relics; Evolution Process

Research on Means for Promoting Integrated Development of Culture and Tourism in Zigui County

Zheng Yan, *Zhou Mo* / 134

Abstract: With the popularization and normalization of tourism consumption, tourism in Zigui County has ushered in a golden period of great development, great improvement and great leap. Zigui County should seize opportunities and face challenges, follow the new trend of tourism development, analyze the regional tourism industry develop status and promote the integrated development of culture and tourism as soon as possible by ways of changing conception and consciousness, innovating the system and mechanism and creating high-quality travel goods, trying to construct Zigui City to be a nationally known tourist destination and tourist distributing center.

Keywords: Zigui County; Cultural Tourism; Integrative Development

The Practice and Considerations of the Integrated Development of Culture and Tourism in Qianjiang City

Yang Dailin, Pan Shimao and Chen Zhongmei / 145

Abstract: In recent years, the development of cultural undertakings construction and tourism in China have both entered the new era of culture and tourism integration. Local governments have obtained rich successful experience in the exploration of pushing the integration of culture and tourism. However, they still face many tough problems. How to promote the integration of culture and tourism further is a theme which is waiting for us to do deep research. This paper takes the development of cultural tourism in Qianjiang City as object, summarizes the experience of practice exploration and gives suggestions on how to achieve the deep integration of culture and tourism based on existing problems.

Keywords: Qianjiang City; Integration of Culture and Tourism; Cultural Cause; Cultural Industries

Ⅲ Regional Research Reports

A Study on the Supply of Grassroots Public Cultural Products in Chongqing City *Luo Zhimin, Yang Mei* / 154

Abstract: In this new era, understanding grassroots public cultural requirements and improving of the supply of public cultural products are of great necessity for developing grassroots public cultural service and meeting people's needs for a better life. Chongqing City Mass Art Museum went deep into the grassroots and grasped the current situation of the supply of grassroots public cultural products as well as the demands of grassroots by on-the-spot investigation. Investigators found out t the supply of grassroots public cultural products was unbalanced and inadequate and put forward some solutions including expanding the total demand and improving the quality of supply system, strengthening the construction of grassroots public cultural team, establishing the expression mechanism of the masses' need, speeding up the construction of the general and branch libraries of cultural libraries and guiding the masses to carry out cultural activities independently, etc.

Keyword: Grassroots Public Culture; Product Supply; Cultural Demand

Exploration and Analysis on the Construction of Cultural Reform and Innovation Mechanism in Baoshan City, Yunnan Province

Lu Xingyong, Yang Runyan / 167

Abstract: This paper starts from the development and construction of "cultural hardware" and "cultural software" in Baoshan City, Yunnan Province in recent years, analyzes the progress and efficiency of internal cultural reform specificaly, the construction of "Ten Cultural Projects", the promotion of the centralized construction of cultural venues, the operation of comprehensive measures aimigat benefiting the people, the brand building of cultural festivals, the creation of exquisite wltural works, the theoretical study of culture, the of culture, the development of digital culture, and the process and result of the establishment of demonstration zones of the national public cultural service system in Baoshan City, then presents the highlights and experience of cultural construction in Baoshan City of Yunnan Province during 40 years of reform and opening-up, in order to provide reference for the cultwral construction in remote access.

Keywords: Reform of Cultural System; Baoshan City; Culture Benefiting People

Research on Current Situation, Problems and Countermeasures of Farmer's Bookstore in Guilin City, Guangxi Province

Mao Xiangqun, Tang Tao and Lu Liangjuan / 177

Abstract: In view of the poor reading condition of farmers, the General Administration of Press and Publication launched the construction of farmer's bookstore in 2007. So far, it has basically covered the administrative villages of the whole country, and to a certain extent, it has solved the reading difficulties of farmers. Based on the investigation of farm bookstores in 12 counties of Guilin City in Guangxi, this paper analyses the current operation, management and service of farmer's bookstores, and puts forward some countermeasures and suggestions for the future development of former's bookstore on the guarantee for the main body of construction, the improvement of service capacity and the integration with county-level public libraries.

Keywords: Farmer's Bookstore; Functional Integration; Reading Service

Research on Current Situation and Countermeasures of Shandong Museum's Aesthetic Education Propagation

Xi Li / 185

Abstract: Aesthetic education is of great significance to realize the Chinese Dream centred on the great rejuvenation of the Chinese nation. Museums provide abundant exhibitions and cultural relic resources for the development of aesthetic education and have unique advantages in nurturing national emotions and promoting the spirit of aesthetic education. According to the audience survey results of Shandong Museum in recent years, there are some problems in aesthetic education commu propagation, such as andence's short attention time for exhibits, exhibits' low attraction for andience, inadequate interpretation for exhibits, insufficient guidance and interpretation system of exhibition. Museums should attach importance to the propagation of aesthetic education, strengthen basic research and exhibition design, improve interpretation system and enhance the level of aesthetic education activities, in order to strengthen the function of aesthetic education propagation.

Keywords: Museums; Aesthetic Education; Propagation Function

An Analysis on the Path of Protection and Development of Traditional Skills in Shiyan City *Wang Ping* / 196

Abstract: Traditional skills are inherited from generation to generation by the labours, which condense the crystallization of the wisdom of the working people, brand the national beliefs and cultural heritage, contain rich historical and cultural values, and reflect the great creativity. However, with the change of life style and the acceleration of urbanization, the demise of traditional skills is speeding up and the inheritance population is rapidly declining. Therefore, the protection and development of traditional skills is of great urgency. This paper takes Shiyan's traditional skills as an example to analyze the current situation and development problems of Shiyan's traditional skills and to explore the protection and development path of traditional skills.

Keywords: Shiyan City; Traditional Skills; Inheritors

A Research on the Current Situation and Countermeasure of Cultural Industry in Shiyan City *Chen Qiujuan* / 204

Abstract: Cultural industry is a sunrise industry in the 21st century and its proportion in GDP has increased year by year in recent years. Shiyan City, located in mountainous areas of central and western China, started relatively late in cultural industry. Focusing on the problems of aulture industries in shiyan guy, including the scale of cultural industry in mountainous areas, the singleness of industrial stmcture and the insufficient explortation of cultural resource and regional advantages of Shiyan City, this paper puts forward some countermeasures, such as the integration of culture and tourism, the interconnection of urban and rural areas, the connect of public culture and cultural enterprises, and the combination of funds, talents and competition platforms, in order to promote the vigorous development of Shiyan's cultural industry.

Keywords: Shiyan City; Cultural Industry; Integration of Literature and Tourism

Research on the Innovation and Development Model of Cultural Industries in Ezhou City under the Background of "One Belt One Road" Strategy

Qin Changlin, Niu Qin / 216

Abstract: "One Belt One Road" is a cooperation initiative put forward in 2013, including the construction of the New Silk Road Economic Belt and the 21st Century Maritime Silk Road. On this background, many fields in our country, such as economy and culture, have taken on new looks. In culture industries, the cooperative and open innovation and development model has shown up. This paper focuses on analyzing current develop situation and existing problems and putting forward the PPP model of innovation and development which is suitable for Ezhou city's cultural industries, based on the background of "One Belt One Road" strategy.

Keywords: "One Belt One Road"; Cultural Industries; Ezhou City; PPP Model

Practice and Innovation of Deep Integration of Culture and Tourism in Shanxi Province

—*Taking "Qujiang Model" in Xi'an as an Example*

Mu Pingchao / 228

Abstract: Characterized by "culture + tourism + city", the Qujiang Model has brought many glories to Xi'an City and even Shanxi. Province Under the new situation, it is undoubtedly a good method to optimize the development of cultural and tourism integration. Based on the fact that Shanxi is rich in culture and tourism resources, as well as the current integration of cultural and tourism integration and the outstanding problems that restrict the development of integration in Shanxi, this paper puts forward the new idea that to promote the integrated development of cultural and tourism in Shanxi by taking the Qujiang model for reference.

Keywords: Cultural Tourism; Integrated Development; Qujiang Model

A Research on Utilization and Value Development of Red Culture Resources in Macheng City

Zhou Yingzhi, *Huang Yonghong* / 243

Abstract: The education of revolutionary tradition is an important subject of social education in our country. The education of revolutionary tradition can inspire the masses, especially the young people, to inherit the revolutionary tradition and to devote themselves to the Chinese dream of revitalizing China and realizing the great rejuvenation. Taking old revolutionary areas, such as red revolutionary relics, revolutionary museums and memorial gardens in Macheng City, Hubei Province, as red educational resources, this paper analyses the significance of strengthening the revolutionary traditional education and carrying forward the red culture and the spirit of Dabie Mountain for the development of spiritual civilization and economic development of old revolutionary areas in China nowadays.

Keywords: Red Cultural Resources; Revolutionary Traditional Education; Dabie Mountain Spirit; Social and Economic Development

Ⅳ Case Reports

Research on the Model of "Demand-for-Supply" in the Construction of Grassroots Public Cultural Service System

—*Taking Luxian Established the First Batched of Demonstration Counties of Modern Public Cultural Service System in Sichuan Province as an Example*

Xiao Peng, *Sun Shangxuan and Li Chuan* / 251

Abstract: The Nineteenth National Congress of the Communist Party in China clearly pointed out that the main contradiction of our society had transformed into the contradiction between the people's growing need for a better life and the unbalanced and inadequate development. In the construction of grassroots public cultural service、system, this contraccliction appicers as following problems the dislocation between supply and demand, waste of public resources and service and the low effectiveness of supply. The purpose of this paper is to sum up the basic practices, practice results, practice enlightenment and shortcomings of the "demand-for-supply" public cultural service mode explored by Luxian during the process of establishing the first batch of demonstration counties of modern public cultural service system in Sichuan Province, and to put forward relevant countermeasures and suggestions in order to promote the construction of modern public cultural service system.

Keywords: Public Culture; Demand Feedback; Demand-for-Supply

Reflections on the Practice of museum's Exhibition Organizing in China
—*A Case Study of the Selection of Excellent Exhibitions in Chongqing City Museum System*

Mou Yuanyi / 266

Abstract: Organizing exhibition is an important function of museums. It plays a pivotal and core role in the functional links of museums, and is also a symbol of the level of museums. In 2018, in order to recommend high-quality exhibitions and meet the people's high-quality living needs, the Chongqing City Municipal Bureau of Cultural Relics conducted the annual excellent exhibition selection activity, and obtained good results. In order to promote the upgrading of museum exhibition and realize the connotative development of museums, this paper takes the excellent exhibition selection activity in Chongqing City as an example, puts forward countermeasures and suggestions on how to strengthen museum's management of exhibition organizing, hoping to improve the overall management level and service quality of museums.

Keywords: Museum; Curatorial Exhibition; Public Culture

A Brief Talk on the New Model of Museum and Community's Culture Co-construction
—*A Case Study of Wuhan Museum*

Yang Ying / 277

Abstract: In recent years, the social education function of museums has been strengthened further. With the establishment of the theme of International Museum Day in 2019, the culture co-construction between museums and communities is increasingly strengthened, and becomes the necessity of the times. Foucused on the communites, this paper elaborates the, co-construction and sharing and innovation development between museums and communities through the reflection the evolution of museum functions and the relationship between museums and communities.

Keywords: Museum; Community; Socio-Cultural Education

Research on Hands-on Activities of Making Teaching Aids in Ezhou City Museum's Courses of Cultural Relics and Museum

Fang Yan / 286

Abstract: As the storeroom of essence of human civilization, museum is natural learning space. In recent years, many museums have created specific courses for children and teenagers, stimulating their enthusiasm for learning while disseminating culture. Ezhou City Museum tried to apply hands-on activities of making teaching aids to courses of cultural relics and museum and have developed series of hands-on activity courses, obtaining great good practice effect. This paper takes series of Ezhou City Museum's hands-on activities of making teaching aids in courses of cultural relics and museum which called "Wuduguyun" as the object, introduces the design idea of hands-on activities and gives suggestions on how to design hands-on activities of making teaching aids in courses of cultural relics and museum.

Keywords: Museum; Courses of Cultural Relics and Museum; Hands-on Activities

Research on the Improvement of Service Efficiency of Public Libraries in the New Age

—*Taking Shandong Library as an example*

Lu He, *Wang Mengyuan* / 296

Abstract: Public library is one of the important institutions in public cultural service system. Its development is linked to basic cultural rights and interests of the people and the construction of modern public cultural service system. Owing to the strong support of government, public libraries have been developing rapidly and have got great achievements both in venue construction and service level improvement. However, there are still several problem remaining to be solved, such as the development is uneven and the specialization level is low. This paper takes Shandong

Library as an example, combining construction requirements of modern public cultural service system and the current situation of public library's service efficiency, points out improvement directions of public library's service efficiency in the new era.

Keywords: Public Library; Service Efficiency; Shandong Library

Research on Reading Promotion Service of Libraries

—*Taking "Qiyuedu" Reading Party of Xiangyang City Library as an Example* *Deng Hui* / 307

Abstract: In the context of reinvigorating China through promoting cultural progress, national reading has become the national and individual focus. As public cultural service organization, library is obligated to be responsible for protecting residents' reading rights, stimulating residents' interests in reading and enhancing the reading atmosphere in the whole society. This paper takes "enjoy reading" reading party of Xiangyang City Library as the object, gives suggestions on how to achieve the sustainable development of "enjoy reading" reading party based on the demand of readers in Xiangyang City Library and current strategies of "enjoy reading" reading party, hoping it to play a greater role in promoting the national reading and building the scholarly society.

Keywords: National Reading; Xiangyang City Library; Reading Promotion; "Enjoy Reading"; Reading Party

Practical Exploration of Cultural Voluntary Service in Cultural Museum

—*Taking Qingdao City Cultural Museum as an Example*

Li Fengyan / 316

Abstract: Qingdao City Cultural Museum took the construction of modern public cultural service system as an opportunity to fully exert the enthusiasm of the masses to participate in public cultural service, and had done a lot of practice and explorations in innovating the service mode, optimizing service contents and creating the service brand, which have promoted the continuous growth of cultural volunteer team and voluntary service. By analyzing the basic situation, typical cases and innovative modes of cultural voluntary service in Qingdao City Cultural Museum, this paper discusses deeply into existing problems, improvement strategies and the future direction of cultural voluntary service to provide beneficial experience for the development of cultural voluntary service and help the cultural voluntary service to develop in depth.

Keywords: Cultural Voluntary Service; Public Cultural Service; Cultural Museum

Practical Exploration and Basic Experience on Benefiting the People of Huyi District Culture Center in Xi'an City

Cheng Junbao, Chen Lei / 328

Abstract: Cultural center is the basic position of constructing modern public cultural service system. In recent years, the country is in the process of promote the building of culture, cultural center city area of hubei actively play the grass-roots cultural center in the provision of public cultural services and functions and role of intangible heritage protection, explore the construction of cultural center culture contents and forms of the countryside regularly, sites use regularization and activity diversification, activity class grade of scientific activities, "five" experience, as well as the construction of the library professional talent team and outside the combination of literature and art instructor team experience.

Keywords: Culture Benefiting People; Intangible Cultural Heritage; Public Cultural Service; Cultural Center

Experience and Enlightenment on Optimizing the Personnel Structure of Grassroots Cultural Institutions

—A Case Study of Social Arts Counselors Selected and Employed in Shiyan City

Han Qian / 338

Abstract: Mass culture is an active cultural life of the masses, meet the demand of mass culture's important way, but in the grass-roots cultural work are widespread the problem of shortage of staff, lead to the shortage of public cultural services, affected the cultural sense, happiness of the masses, make people the growing demand for a better life and unbalanced, inadequate development of the contradiction between the increasingly prominent. This paper based on the Shiyan public arts, carefully discuss the problem about how to make full use of social resources, how to carry out the measures of public cultural services. Found these, the approach can effectively alleviate the problem of shortage of personnel in the grass-roots cultural work, enhances the mass cultural work efficiency, better serve the needs of the mass culture, the better for our country grass-roots cultural institutions to carry out social service provides an effective experience.

Keywords: Mass Cultural Work; Talent Demand; Art Instructor

A Preliminary Study on the Alliance Model of "Theatre Line"

—Taking the Cooperation between Huangmei Theatre and Huanggang Poly Theatre Management Company in Hubei Province as an Example

Li Zhi, *Gao Huanxiang* / 348

Abstract: In order to achieve new breakthrough development in the context of present era, art troupes and theatres need to find new ways and actively explore new development models suitable for themselvies. This paper takes the alliance mode of " theatre line " established by Huangmei Theater and Huanggang Huangmei Theater Poly Management Co. , Ltd. as research object, introduces the general situation of this mode and explores its innovative points to provide a new path and a new mode for the development of art troupes and theatres and theatres in the new period.

Keywords: Huangmei Opera; Theatre Line; Poly Thetre

图书在版编目（CIP）数据

中国公共文化政策研究实验基地观察报告．2019－2020／傅才武，陈庚主编．－－北京：社会科学文献出版社，2020.9

ISBN 978－7－5201－6221－0

Ⅰ．①中…　Ⅱ．①傅…②陈…　Ⅲ．①文化事业－方针政策－研究报告－中国－2019－2020　Ⅳ．①G120

中国版本图书馆CIP数据核字（2020）第028620号

中国公共文化政策研究实验基地观察报告（2019~2020）

主　　编／傅才武　陈　庚

出 版 人／谢寿光
责任编辑／桂　芳

出　　版／社会科学文献出版社·皮书出版分社（010）59367127
地址：北京市北三环中路甲29号院华龙大厦　邮编：100029
网址：www.ssap.com.cn
发　　行／市场营销中心（010）59367081　59367083
印　　装／三河市龙林印务有限公司

规　　格／开　本：787mm×1092mm　1/16
印　张：24.25　字　数：369千字
版　　次／2020年9月第1版　2020年9月第1次印刷
书　　号／ISBN 978－7－5201－6221－0
定　　价／158.00元